通识美学教程

第二版

编　著　马建高　郑建华
副主编　徐　文

教学资源

南京大学出版社

图书在版编目(CIP)数据

通识美学教程 / 马建高,郑建华编著. —2 版.
—南京:南京大学出版社,2018.4
 ISBN 978-7-305-20086-1

Ⅰ. ①通… Ⅱ. ①马… ②郑… Ⅲ. ①美学-教材
Ⅳ. ①B83

中国版本图书馆 CIP 数据核字(2018)第 069358 号

出版发行	南京大学出版社
社　　址	南京市汉口路 22 号　　邮　编　210093
出 版 人	金鑫荣
书　　名	**通识美学教程**
主　　编	马建高　郑建华
责任编辑	严若城　尤　佳　　编辑热线　025-83686531
照　　排	南京理工大学资产经营有限公司
印　　刷	丹阳市兴华印刷厂
开　　本	787×1092　1/16　印张 13.75　字数 326 千
版　　次	2018 年 4 月第 2 版　2018 年 4 月第 1 次印刷
ISBN	978-7-305-20086-1
定　　价	33.00 元
网　　址:http://www.njupco.com	
官方微博:http://weibo.com/njupco	
官方微信号:njupress	
销售咨询热线:(025)83594756	

* 版权所有,侵权必究
* 凡购买南大版图书,如有印装质量问题,请与所购
　图书销售部门联系调换

前　言

美学是一门独立的学科，美学的研究对象、学科性质、研究方法等基本问题是我们需要了解和掌握的，这些问题同时也是该门学科的逻辑起点、理论支撑点。

讲述问题的方式有很多种，这是一本历史地讲述美学问题的美学教材。

西方哲学研究有一句名言：哲学就是哲学史。在强调理论的历史性、过程性意义上，我们同样可以说：美学就是美学史。任何一种美学理论都具有历史性、民族性和地域性，完全超越历史、民族和地域界限的美学理论是不存在的。美学总是在历史性的研究中生成和发展，它同其他哲学社会科学一样，本质上是一门"历史科学"，绝不可能存在一种亘古不变的美学。

当代哲学家周国平也这样说："一个好的哲学家并不向人提供人生问题的现成答案，这种答案是没有的，毋宁说他是一个伟大的提问者，他自己受着某些根本性问题的苦苦折磨，全身心投入其中，不倦地寻找着答案，也启发我们去思考和探索他的问题。他也许没有找到答案，也许找到了，但这并不重要，因为他的答案只属于他自己，而他的问题却属于我们大家，属于时代、民族乃至全人类。"[①]美学领域也是如此，历史上那些真正的美学家就是这样一群伟大的提问者，他们不断地提出问题，又不断地去解答这些问题。所有的这些问题和解答就构成了美学的全部历史，构成了美学。

为此，这本《通识美学教程》就有了自己明确的理论追求。一方面，十分强调对有代表性的、重要的美学问题的深入研讨与分析，注重其历史演变线索及思想内涵的明晰性；另一方面，又特别强调描述各种美学问题的"历史生成性"，努力寻找出它们演化过程中于历史深处涌动着的"源"和"流"，以此展现出美学理论的丰富性、复杂性和延续性，力求真正做到对美学理论的"历史"的叙述，而不仅仅是对概念、范畴的简单解读和评析。

本教材共分两大部分：第一章、第二章介绍美学的基本问题，第三章至第

[①] 周国平：《诗人哲学家》，上海：上海人民出版社1987年版，第2页。

六章详述这些美学问题在历史上的存在形态。以美学的问题（美的研究、审美的研究、艺术的研究）为核心，做一次美学问题的历史巡礼。希望能以点带面，围绕美学问题讲美学史，或历史地讲美学问题，严格贯彻逻辑与历史相一致的原则，突出前人学者为得出某些美学结论的困惑、探索、思考、体验、论证的过程，即某一美学结论究竟从何而来，努力将他们的美学智慧展现于读者的面前。

当然，无论是围绕美学问题讲美学史，还是历史地讲美学问题，其目的还是为了我们中华民族自身的文化和理论建设。如果我们站在时代的高度，能够对以往历史上各种美学理论学说有更深入、系统的理解，能从中辨析出相对科学的、有生命力的、符合当今要求的、更贴近文艺实际的"概念"、"范畴"，并且充实它、改造它、发展它，那么就能使这些理论成为新的美学理论"元素"，成为中国美学理论系统生成的"细胞"。毫无疑问，淘汰掉那些不够准确的、随着时间流逝和审美认识的深化逐渐丧失其价值的"概念"和"范畴"，蒸发掉那些浮在理论表面上的泡沫，滤去翻起的沉渣，美学定会透射出更加耀眼的光辉。

目 录

第一章 什么是美学 (1)
  第一节 美学的产生 (1)
    一、美学学科的建立 (1)
    二、美学学科的发展 (2)
    三、美学在中国 (4)
  第二节 美学的性质 (7)
  第三节 美学的对象 (8)

第二章 美学与文艺学、文艺美学 (12)
  第一节 美学与文艺学 (12)
    一、美学与文艺学 (12)
    二、美学与艺术学 (12)
  第二节 美学与文艺美学 (13)
    一、作为理论话语的文艺美学 (13)
    二、作为学科定位的文艺美学 (15)
    三、作为文化现象的文艺美学 (16)

第三章 西方古典美学史纲 (18)
  第一节 古希腊罗马美学 (18)
    一、美的研究：毕达哥拉斯、苏格拉底、柏拉图 (18)
    二、艺术的研究：亚里士多德 (25)
    三、美和艺术的研究：贺拉斯、斐罗斯屈拉特、朗吉弩斯、普罗提诺 (28)
  第二节 近代人文美学 (33)
    一、美的研究：英国经验派美学（夏夫兹博里、哈奇生、博克、休谟）、大陆理性派美学（沃尔夫、鲍姆加登） (33)
    二、审美的研究：康德 (39)

  三、艺术的研究：文化人类学(维柯)、艺术社会学(席勒)、
    艺术哲学(黑格尔) ·· (47)

第四章　西方现代美学史纲 ··· (66)
第一节　审美的研究 ·· (66)
  一、直觉主义：克罗齐 ·· (66)
  二、移情学派：立普斯 ·· (70)
  三、心理距离说：布洛 ·· (72)
  四、格式塔心理学：阿恩海姆 ··· (74)
  五、精神分析：弗洛伊德 ··· (77)
第二节　艺术的研究 ·· (81)
  一、表现主义：科林伍德 ··· (81)
  二、形式美学：克莱夫·贝尔 ··· (86)
  三、符号论美学：苏珊·朗格 ··· (89)
  四、存在主义：海德格尔 ··· (93)
  五、社会学美学：法兰克福学派 ··· (97)

第五章　中国古典美学史纲 ··· (109)
第一节　先秦两汉艺术社会学 ·· (109)
  一、儒家美学 ·· (109)
  二、非儒家美学 ··· (112)
  三、两汉美学 ·· (116)
第二节　魏晋南北朝艺术哲学 ·· (121)
  一、先导者——嵇康：《声无哀乐论》··· (121)
  二、集成者——刘勰：《文心雕龙》·· (122)
  三、终结者——钟嵘：《诗品》··· (127)
第三节　唐宋元明清艺术心理学 ·· (131)
  一、审美心理学：司空图、严羽 ··· (132)
  二、艺术心理学：李贽、汤显祖 ··· (138)
  三、创作心理学：王夫之、叶燮 ··· (143)

第六章　中国现代美学学人 ··· (150)
第一节　美学的启蒙：王国维 ·· (151)

  一、人生苦索与美学启蒙 …………………………………… (151)
  二、美的性质及审美范畴 …………………………………… (152)
  三、悲剧美学价值之发明——《〈红楼梦〉评论》 …………… (155)
  四、意境范畴的现代阐释——《人间词话》 ……………… (157)
  五、中国戏曲史研究的新开拓——《宋元戏曲考》 ……… (159)
 第二节 美育的中坚人物：蔡元培 ……………………………… (161)
  一、美学理想：人格的审美教育 …………………………… (161)
  二、人格美育的理论依据 …………………………………… (165)
  三、学术史意义 ……………………………………………… (169)
 第三节 贯通中西的理论体系：朱光潜 ………………………… (171)
  一、"美感经验"说 …………………………………………… (172)
  二、悲剧理论 ………………………………………………… (175)
  三、诗歌理论 ………………………………………………… (177)
  四、美的本质：美是主观与客观的统一 …………………… (179)
  五、人性、人道主义、人情味和共同美 …………………… (180)
 第四节 生命哲学与"散步"美学：宗白华 ……………………… (181)
  一、思想理路 ………………………………………………… (182)
  二、艺术意境 ………………………………………………… (185)
  三、艺术人生与审美人格 …………………………………… (189)
 第五节 实践美学的拓荒者：李泽厚 …………………………… (194)
  一、在"美学讨论"中崛起 …………………………………… (195)
  二、创立"实践美学" ………………………………………… (198)
  三、走向"人类学本体论美学" ……………………………… (200)

主要参考文献 ……………………………………………………………… (209)

后记 ………………………………………………………………………… (211)

第一章 什么是美学

第一节 美学的产生

我们生活在一个美的世界,我们天天遇见美学,美学就在我们饮食起居、交往劳作这些普通的生活现象中。

往大处说,美学是我们生活中诸多审美现象的哲学思考;往小处讲,这些思考和我们的生活现象密切相关。不用说游览西湖,那空濛的山色、激滟的湖光、无边的丝雨、如画的垂柳,会引起审美情思,哪怕就是在寻常的情况下,有时简简单单的一抹晚霞、一弯新月、一泓清泉、一块奇石、一枝斑竹、一朵荷花,也会向我们诉说着一种风情,令我们生出审美的感动;更不用说夜读鲁迅作品,意绪万千,浮想联翩,真正动情了。著名美学家车尔尼雪夫斯基(N. Chernyshevsky,1828—1889)这样说道:"美的事物在人心中所唤起的感觉,是类似我们当着亲爱的人面前时洋溢于我们心中的那种愉悦。我无私地爱着美,我们喜欢它,如同喜欢亲爱的人一样。"①

虽说美学无处不在,我们的日常生活中蕴涵复杂的美学现象和美学问题,但这些还不是美学本身。当我们系统地观察这些现象,抽象地思考这些问题时,美学作为一种知识层面便呈现出来了:是否存在纯粹美、永恒美的东西(美的哲学)?历史久远、已成陈迹的古典文艺,为什么仍能感染着、激励着今天和后世的人们(审美心理学)?为什么在民生凋敝、社会苦难之际,可以出现文艺高峰,而政治强盛、经济繁荣之日,文艺却反而萎缩(艺术社会学)?"美学"是个偏正词组,"美"修饰"学",从语义上说,美学似乎就是关于"美"的"学问",就像生物学是关于生物的学问,教育学是关于教育的学问一样,它是一种学问,一个学科的知识系统。但事实上,这个问题比我们想象的要复杂得多。

一、美学学科的建立

1735年,德国哲学家鲍姆加登(A. Baumgarten,1714—1762)在《诗的感想:关于诗的哲学默想录》里,第一次提出了诗的哲学的研究对象问题,并以希腊语中"埃斯特惕克"(Aithesis)一词称这种诗的哲学为"感性学"(德文为 Ästhetik),认为诗作为"完善的感性谈论",是"可感知的事物"(与"可理解的事物"相对),也是诗的哲学或诗的艺术的对象,"诗的哲学考察是指导感性谈论趋向完善的科学",诗的艺术是"一种有关感性表象的完善表现的科学"②。不过,鲍姆加登此时虽然把诗的哲学叫作"感性学",却还没有正式将之

---

① [俄]车尔尼雪夫斯基:《当代美学概念批判》,载《美学论文选》,郭宏安译,北京:人民文学出版社1957年版,第54页。

② [德]鲍姆加登:《美学》,简明等译,北京:文化艺术出版社1987年版,第169-170页。

图 1-1 鲍姆加登：《感性学》封面

命名为美学。直到1750年，他用 Aesthetica 作为书名，出版专门研究感性认识的拉丁文专著（即《美学》第一卷），首次明确提出创立一门新学科，这就是今天所谓的"美学"。"美学作为自由艺术的理论、低级认识论、美的思维的艺术和与理性类似的思维的艺术是感性认识的科学。"[①]

对鲍姆加登来说，美学的原意就是研究人的感性的学科。感性[②]，也称感觉，指人的感觉、情感、想象和幻想等活动。审美与艺术在那时候被认为同这些感觉活动紧密相连。与欧洲大陆已有的研究知识的逻辑学和研究意志的伦理学不同，美学这门新学科是要专门研究人的感性，为感性确立一块独立地盘。鲍姆加登《美学》的出版，标志着美学作为一门独立学科正式诞生，而他本人也因此被公认为美学学科的创始人，以"美学之父"的名望而蜚声美学史。正像美学史家所评论的那样："承认美学是一门独立的学科，这是人类思想史上一个最为重要的事件。"鲍姆加登的著作"在人类思想史上的主要功绩就在于，他论证了过去认为很平常的美学应该享有崇高的地位"[③]。

二、美学学科的发展

在鲍姆加登之前，美学在西方已有了久远的发展历史，而在他的开创性举动之后，美学又经历了更为丰富、更为复杂的发展历程。单从知识形态角度看，西方美学大体出现过如下一些重要的美学形态：本质论美学、神学美学、认识论美学、语言论美学和文化论美学。[④]

1. 本质论美学

生活中的各种美的事物之间是否存在共同特性？它们是自身本来就美还是由于某种终极原因的作用才成其为美？这种对美的共同特性和终极原因的追问倾向，正构成了本质论美学。本质论美学是在古希腊时期形成的以追问美的本质为中心的美学传统。本质(Essence)是古希腊思想家提出的一种主体设定，认为事物总存在着它之所以如此的核心原因。这种事物之所以如此的核心原因就是本质。柏拉图(Plato，前427—前347)将美的现象与"美本身"区别开来，认为在美的现象背后存在着一个终极的美的本质——"美本身"。他认为，"这美本身加到任何一件事物上面，就使那件事物成其为美"。"美的理念"是各种具体的美的一种终极范式，它"永恒地自存自在，以形式的整一永与它自身同一；一

---

① [德]鲍姆加登：《美学》，简明等译，北京：文化艺术出版社1987年版，第13页。
② 希腊文 aithesis 的原意就是指用感官去感知，即感性。
③ [美]吉尔伯特、[德]库恩：《美学史》，上卷，夏乾丰译，上海：上海译文出版社1989年版，第381页。
④ 参见王一川：《新编美学教程》，上海：复旦大学出版社2007年版，第2—6页。

切美的事物都以它为泉源,有了它那一切美的事物才成其为美"①。这样,美的本质是美的现象背后的最重要的原因,是美的现象得以发生和存在的终极根源。从柏拉图开始,西方形成了以追问美的本质为中心问题的美学传统,这就是本质论美学。它有两个突出特征:一是认定美的本质问题在美学中具有优先地位;二是主张本质问题存在于一切美学问题中,是美学的基础问题。本质论美学是西方美学的发生期形态,对于后世美学产生了深远的影响。从此,追问美的本质及其他本质问题成为西方美学的一个显著传统。

2. 神学美学

美是与事物形式的丰富多彩和赏心悦目相关的,但在基督教神学看来,这种美终究来源于唯一的造物主——上帝。神学美学是指盛行于欧洲中世纪的以基督教神学为主宰的美学。这种美学把古希腊本质论美学与基督教神学"嫁接"起来,认为世界的美来自万能的上帝的创造。古罗马的奥古斯丁(A. Augustinus,354—430)认为美是"各部分之间的比例得当,加上色彩的赏心悦目"②,但又把美的唯一的和终极的源泉归结为"上帝",相信上帝是世间一切美的最后的创造者。神学美学是西方美学被神学主宰而产生的结果。

3. 认识论美学

认识论美学是指欧洲17世纪发生"认识论转向"以来至19世纪的以理性问题为中心的美学。"认识论转向"(Epistemological Turn)是指17世纪欧洲哲学中出现的以人的理性觉醒取代神学统治的思想潮流,它相信人的知识不再来源于上帝,而是来自人凭借理性对世界的观察和分析。法国哲学家笛卡尔(R. Descartes,1596—1650)提出"我思故我在"的命题,在西方哲学史上首次突出了理性思考的重要意义,为从理性上探讨美学问题提供了理论基础。一般说来,认识论美学具有如下几种主要形态:英国经验主义美学、大陆理性主义美学、德国古典美学、科学美学和生命美学。认识论美学代表了西方美学的活跃时段,尤其是其中的德国古典美学标志着西方美学发展到一个空前的高度。

4. 语言论美学

语言论美学是指西方19世纪末期发生"语言论转向"以来盛行于20世纪的以语言问题为中心的美学,包括俄国形式主义、英美"新批评"、心理分析美学、分析美学、结构主义、后结构主义、存在主义和新历史主义等美学流派。"语言论转向"(Linguistic Turn)是19世纪末西方人文领域出现的语言转向潮流,从此语言取代理性问题成为学术研究的中心。这种"语言论转向"在美学领域的结果是出现了语言论美学。语言论美学让语言取代理性成为美学的中心问题,放弃美的本质及其他本质问题,注重用语言学模型去分析审美现象,认可具体问题的文本阐释。

---

① [古希腊]柏拉图:《文艺对话集》,朱光潜译,北京:人民文学出版社1980年版,第272-273页。
② [古罗马]奥古斯丁:《上帝之城》,卷22第19章,转引自[美]吉尔伯特、[德]库恩:《美学史》,上卷,夏乾丰译,上海:上海译文出版社1989年版,第171页。

5. 文化论美学

文化论美学是指西方20世纪80年代以来兴起的以文化问题为中心的美学，包括后现代主义(Postmodernism)、后殖民主义(Postcolonialism)、女性主义(Feminism)和"文化研究"(Cultural Studies)等美学与文化分析流派。文化论美学把"文化"视为人类的符号表意行为，强调运用跨学科手段去综合地和多方面地分析文化现象，消解文化的精英色彩而揭示其日常性，从大众传播媒介(Mass Media of Communication)和大众文化(Popular Culture)的角度对审美问题做新的研究。

三、美学在中国

尽管中国人拥有属于自身的独特的古典审美观念或审美传统，但美学作为一门严格意义上的现代学科是在晚清即20世纪初从西方引进的。美学进入中国的主渠道有三条：日本、西方(西欧)和苏联。日本在西方美学进入中国的过程中起到了中转站的作用。中江肇民(1847—1901)较早选用汉语词汇"美学"去翻译法文Esthétique，这个汉译词随后被引进中国，由于王国维等人的采纳和推广得以在中国流行。所以，以王国维等人在汉语学界使用和推广"美学"为标志，美学学科在中国诞生。此后，随着中国文化现代性进程的需要及其演变，美学从它的发源地西欧(英国、法国和德国)被直接移植到中国而不必再经日本中转。蔡元培、朱光潜、宗白华等先后亲自赴西欧"取经"，回国后迅速传播美学观念。从20世纪30年代至40年代起，苏联美学逐渐在中国占据主流地位。20世纪70年代末，西方美学重新成为主要的影响力量。无论是从日本、西方还是苏联输入，美学在中国至今存在不过短短百余岁。这同中国数千年的审美观念与艺术史相比，确实十分年轻，所以美学在中国是一门外来且年轻的学科。从百年来发展与演化的历程看，美学在中国经历了六个阶段：清末民初美学、五四美学、30—40年代美学、50—70年代美学、80年代美学、90年代以来美学。①

1. 清末民初美学

清末民初美学是指清朝末年至民国初年(1874—1915)期间的美学，属于中国现代美学的开创期，主要代表人物有梁启超、王国维和蔡元培等人。

梁启超(1873—1929)具有维新变法政治领袖和思想界斗士的身份，这帮助他在现代美学发生过程中起到了首开风气者的特殊作用。他先后倡导"诗界革命"和"小说界革命"，在现代率先突出了审美与艺术对于社会变革的特殊促进作用。他在中国美学史上首次提出了"小说乃文学之最上乘"的论断，产生了重大影响，有力地促使以往不登大雅之堂的小说，一举取代诗歌而成为现代文学的中心文类。

王国维生活在中国知识分子向西方世界积极寻找真理和思想武器的时代。从1903年始，王国维撰写了一系列文章介绍西方哲学与美学，其涉猎面之广、领悟之深、转述之达，远非时人能比。在美学方面，王国维首次向国人较为全面而深入地介绍了叔本华、康德、席勒的学说，其中尤以叔本华为最。王国维以叔本华的思想为标准观察中国文艺，撰写

---

① 参见王一川：《新编美学教程》，上海：复旦大学出版社2007年版，第7-10页。

了《红楼梦评论》;紧接着又回头研读康德,受康德关于美的超功利性、天才论等思想的影响,撰写了美学论文《古雅之在美学上之位置》;同时,王国维又运用康德、叔本华以及席勒、尼采等人的观点,对中国古典美学和文艺理论做了深入反思,把西方美学思想与中国传统美学思想尤其是先秦道家美学思想加以融会贯通,在1907年之后分别写出《人间词话》和《宋元戏曲考》两部重要著作。《人间词话》是王国维创构的以"境界"为核心范畴的美学体系,或许可以说是中国现代美学的第一个理论模式,一个开山纲领。围绕"境界",王国维阐述了物与我、意与境、虚与实、情与景、写境与造境、有我之境与无我之境、诗人之境与常人之境等一系列概念和命题,形成了坚实而丰厚的理论框架,扩展和提升了中国古典美学意境说的理论内涵。《宋元戏曲考》则是对中国传统的戏剧叙事和艺术形式所进行的系统研究。

蔡元培与王国维一样,都是中国现代美学的奠基人,并且都不单把美学看成学术,而更看成更新中国文化、创构现代思想形态、改造社会人生的手段。但与王国维不同的是,蔡元培注重西方美学思想与中国儒家美学思想的融通会合,他的美学思想都是以美育实践为轴心而展开和发挥的。蔡元培根据康德关于美超越一切利害计较的观点,把美的根本特征理解为普遍与超脱。由于普遍和超脱,因而美能够使人破除人我之见,去除利害得失计较,能够陶冶性灵,使人日进于高尚。蔡元培认为,美育的要义正在于用美的事物来陶冶人的伟大而高尚的情感和行为。在此基础上,他提出了著名的"美育代宗教"说,成为中国现代美育思想的最早开拓者。

2. 五四美学

五四美学是指"五四"新文化运动期间(1916—1926)的美学,它借助文化变革运动兴盛并产生广泛的社会影响,代表人物有陈独秀、胡适和鲁迅等。陈独秀(1879—1942)先后于1915年和1918年主编杂志《新青年》(第1卷名《青年杂志》)和《每周评论》,发起"五四"新文化及文学革命运动,这对于美学在中国的发生、发展和普及起到了重要作用。胡适(1891—1962)是中国第一个尝试写现代白话诗并产生重大影响的人,他在"五四"新文化运动期间提出的文学语言革命主张及其实践,有力地推动了白话文取代文言文的历史性变革进程,从而从语言变革的层面对现代美学做出了贡献。鲁迅(1881—1936)对于艺术的审美特性和社会功能有清醒的和辩证的认识。他的美学思考、中国小说史研究、外国美学名著翻译和审美创作实践,对现代美学的发展产生了积极的推动作用。这时期美学借助"五四"运动的浩大声势而产生了广泛的社会影响,起到了积极的启蒙作用。

3. 30—40年代美学

20世纪30—40年代是指1930—1948年间的美学,标志着现代美学走向学理化建设时期,主要代表人物有朱光潜、宗白华和钱锺书等。朱光潜在《悲剧心理学》、《谈美》、《文艺心理学》、《诗论》等专著中,运用西方美学思想中的直觉说、心理距离说、移情说、内模仿说,对审美心理和艺术创造心理做了细腻而独到的分析。其重要译著(如黑格尔《美学》、维柯《新科学》等)在美学的学理化建设方面也做出了开创性贡献。宗白华在他的《略谈艺术的价值》、《哲学与艺术——希腊大哲学家的艺术理论》、《中国艺术意境之诞生》等论文中,对审美、艺术与人生的关系,艺术意境的生成、构成和魅力,以及中西美学特征的比较等问题提出了精彩的见解。钱锺书(1910—1998)的《谈艺录》等著作,也为中国现代美学增添了厚实的内容。上述三人的这些思想在80—90年代产生了广泛而重要的影响。这时期的美学在社会普及、学科建设和中西比较美学方面都取得了扎实的成就。

4. 50—70年代美学

20世纪50—70年代美学是指从1950年到1976年期间的美学,它属于中国现代美学的"苏化"时期,其代表人物除朱光潜和宗白华外,还有蔡仪(1906—1992)、吕荧(1915—1969)、高尔泰(1935—)、李泽厚等。在这时期,英美"资产阶级美学"被拒之门外,而苏联"马克思列宁主义美学"则几乎被当成学习和仿效的唯一样板。1956—1957年出现过短暂而热烈的"美学讨论",围绕美的本质问题形成了客观论(以蔡仪为代表)、主观论(以吕荧、高尔泰为代表)、主客观统一论(以朱光潜为代表)和社会论(以李泽厚为代表)等多种不同学说及其争鸣场面。"文革"(1966—1976)时期的美学主要根据当时的国家政治控制与意识形态宣传需要而存在,"文艺为政治服务"、审美服从于"斗争哲学"以及"三突出"和"高大全"等泛政治化的理论成了压倒一切的美学宗旨,而与此同时,开始于30年代的美学学理化建设陷于中断。

这时期美学中值得注意的是20世纪50年代"美学讨论",它为后来20世纪80年代的"美学热"提供了人员和学理储备。这股美学热潮的焦点是对于一些学理性、知识性很强的美学基本问题的探讨和争论,其中最突出的是美的本质问题,与此密切相关的是自然美问题、美感问题,还有美学的对象和范围的问题,等等。

5. 80年代美学

20世纪80年代美学是指1977至1989年的美学,它属于中国现代美学的再度开放和活跃时期,出现了几乎涵盖整个人文社会科学领域的"美学热",代表人物有复出的朱光潜、宗白华、蔡仪、高尔泰等,但真正影响超群的美学家还是李泽厚。这次美学大讨论的主题仍然是美的本质,但范围已经扩展到美学的各个方面,其中主要有:第一,围绕马克思《1844年经济学—哲学手稿》而发生了激烈论争;第二,由介绍引进西方美学和文艺学研究的方法而引起了"方法论"热;第三,由于引进西方现当代美学思潮而引起了文艺实践和美学理论的变革;第四,前述持不同主张和观点的四个美学学派分别对自己的美学思想作了进一步深化与扩展。

6. 90年代以来美学

20世纪90年代以来美学是指1990年至今的美学,它表明中国现代美学进入一个正常而又平稳的学科建设时期。这时期美学的显著特点是:第一,抛弃美的本质传统而注重考察具体问题;第二,关注审美问题与语言及更广泛的文化问题的联系;第三,注重全面的学科建设及跨学科研究,形成了邓晓芒、易中天的新实践美学,杨春时等人的后实践美学,潘知常等人的生命美学,曾繁仁、鲁枢元等人的生态美学等美学建构;第四,对西方美学的翻译和研究呈现出几乎同步进行的新趋势(如身体美学);第五,美学的具体分支如部门美学(影视美学、语言美学、形式美学等)和实用美学(烹调美学、设计美学、服装美学、美容美学等)进入活跃时期。

这一时期美学中值得注意的是美学转型和审美文化研究等热点的形成,美学超越了以往学理研究和艺术探讨的狭小圈子,全面走向了现实生活,使得林林总总的生活内容趋于审美化,"日常生活审美化"之说风靡一时。以陶东风 2002 年发表《日常生活的审美化与文化研究的兴起——兼论文艺学的学科反思》一文为启,掀起我国文论界、美学界对"日常生活审美化"长达数年的争辩讨论。①

以上只是追溯了美学学科的历史,但美学学科的历史并不等于美学思想的历史。更进一步,美学学科 18 世纪中叶在西方哲学系统中确立起来,并不等于说美学只是到了 18 世纪才存在,也不等于说美学只存在于西方哲学中。作为一门学科,美学的历史只有 260 余年,但美学的思想古已有之。无论是西方的古希腊时期,还是中国的春秋战国时代,美学思想都相当活跃,这些思想资源即使在今天也仍是重要的美学文献和宝贵资料。

第二节 美学的性质

美学在今天是被当作一门独立的学科对待的。但它是一门什么性质的学科,却往往并不十分清楚。性质,这里是指学科的基本属性和特质。美学的性质就是指美学的基本属性和特质。要回答美学的性质问题,就需要思考美学与自然科学、人文学科的关系。

在第一节我们所提及的鲍姆加登开创性的工作中,有两点必须强调:第一,美学定名之初就是放在哲学门下,属于哲学的一部分。这个定位决定了美学的学科性质和所属门类。第二,美学的定名又把艺术和美作为核心,在鲍姆加登看来,美学是研究艺术中作为感性认识完善的美。于是美学和艺术结下了不解之缘。

鲍姆加登的贡献不只是为美学命名,更重要的是他提出了哲学是由逻辑学、伦理学和美学三大部分组成。但是,这个格局的完善则是由另一位伟大的哲学家康德完成的。②这位哲学上"哥白尼式革命"的创新者,在相当程度上秉承了鲍姆加登的学说。他为自己的哲学体系提出了三大任务:第一是自然秩序的论证,第二是道德秩序的论证,第三是前两者协调关系的论证。这就构成了他著名的"三大批判":纯粹理性批判、实践理性批判和判断力批判。这三大批判聚焦于人的三种基本心智能力和判断原则:纯粹理性是关于人的思想及其认识原则的,实践理性是关于人的意志及其道德原则的,而判断力却和人的情感及其情感原则关系密切。如果我们简化一下康德的理论体系、哲学内容及其美学的位置,大致可以做如下图示:

$$
哲学\begin{cases} 逻辑学—纯粹理性—思想—真 \\ 伦理学—实践理性—意志—善 \\ 美\ 学—判\ 断\ 力—情感—美 \end{cases}
$$

图 1-2 康德的理论体系、哲学内容及其美学的位置

---

① 姚文放将这种"日常生活审美化"研究热潮称之为继 20 世纪 50 年代、80 年代两次"美学热"之后的又一次"美学热"。详见姚文放:《新中国的三次"美学热"》,《学习与探索》2009 年第 6 期。

② 易中天戏称鲍姆加登为美学的"教父",而康德才是美学的真正父亲。详见易中天:《破门而入——美学的问题与历史》,上海:复旦大学出版社 2006 年版,第 51 页。

简单地说，古典哲学由三大部分构成，逻辑学或认识论关心的是理性认识何以可能的问题，核心问题是知识、思想和真；而伦理学则关注实践理性，探讨的是意志问题和善；美学则被规定在判断力的研究内，它是关乎人的情感问题的，与美相关联。康德所完成的这种古典哲学的三元结构，即认识论（或逻辑学）/知/真、伦理学/意/善和美学/情/美的三分法，一直延续到现代哲学的建构。

美学是哲学的一个分支，但如果从更加广阔的视野来审视，在人类的整个知识系统中，美学及其所属的哲学又如何定位呢？

人类的知识系统包罗万象，粗略算来可以概括为三类学科：首先是自然科学（Natural Science），包括基础科学和技术科学，前者如物理学、化学或数学，后者如计算机科学、工程学、建筑学等；其次是社会科学（Social Science），诸如人类学、经济学、法学、政治学、社会学等；最后一类是人文科学（Humanities science），诸如文学、语言学、历史学、哲学和艺术等。自然科学是通过科学的观察和分类的方法来探索自然现象的各门学科的总称，它是研究存在的物质层面的系统知识。社会科学则是研究人类行为的科学，它关心的是人类的社会结构、过程和组织，带有明显的经验性和应用性。较之于自然科学和社会科学，人文科学则属于另一种类型，它的历史最悠久，是最古老的学科。人文科学在西方多称为人文学科（The Humanities），从词源上说，在西语中人文学科一词是和"人性"（Humanness）、"人文主义"（Humanism）等概念密切相关的。在现在通常的用法中，人文学科有两种基本含义：第一，它是指文学、语言、哲学、艺术及其研究，它明显区别于自然科学和社会科学；第二，它是指古典语言和古典文学。更确切的解释是人文学科是一个区别于社会科学和自然科学的概念，具体是指文学、语言、哲学、历史、造型艺术、神学和音乐。

如果说哲学属于人文学科，那么很显然，美学属于哲学，所以美学当然也属于人文学科。可以用一个简单的图示来说明美学在人类知识系统中的位置：

$$
知识系统\begin{cases} 人文科学（人文学科）\begin{cases} 文学艺术 \\ 哲学（认识论、伦理学、美学等） \\ 历史 \end{cases} \\ 社会科学（人类学、经济学、政治学、社会学等） \\ 自然科学（物理学、化学、数学等） \end{cases}
$$

图1-3　美学在人类知识系统中的位置

第三节　美学的对象[①]

美学作为一门独立的学科，关键要有属于自己的研究对象，这是一门学科得以成立的前提，同时这也决定了该门学科的内容构成及其在整个人类知识系统中的定位。对于美学研究的对象，历来争论颇大，一直有不同意见，迄今尚无定论。

西方关于美学的研究对象主要有四种看法：

---

① 本节内容参阅马建高：《也论美学的对象与学科定位——兼与孔建平教授商榷》，《盐城师范学院学报》2013年第6期。

(1) 美学的对象是美。这种看法始于古希腊的柏拉图。柏拉图在严格区分"什么是美"与"什么东西是美的"两个命题的基础上,认为美学的沉思对象是"美",而不是"美的东西",因为前者是永恒、绝对的美本身,后者只是具体、个别的美的事物。18 世纪鲍姆加登也把美的对象定位为美,认为美是"感性认识的完善",美学便是研究感性认识的完善的学科。

(2) 美学的对象是艺术。这种看法最早为古罗马的普罗提诺所持有,他认为艺术可以体现本体和传达美,美学应当以艺术为思考对象。这一倾向后来被谢林(F. Schelling, 1775—1854)、黑格尔继承和发展。谢林将他的美学著作直接命名为《艺术哲学》,认为艺术远比自然界更直接地使人类理解自己精神世界中最美好的东西,当自然通过艺术作为自己的媒介时,自然的灵魂在艺术中变得更为清晰了。阿多诺评价说,自从谢林发表《艺术哲学》以来,美学已逐渐把全部的注意力都倾注在艺术的研究上。黑格尔虽然同意按照已经形成的习惯用法使用"美学"这个名称,但在其《美学》一开篇就指出,美学的"对象就是广大的美的领域,说得更精确一点,它的范围就是艺术,或则毋宁说,就是美的艺术",他认为美学的正当名称应该是"艺术哲学",或者更确切地说是"美的艺术的哲学"①。

(3) 美学的对象是人的审美心理、感受、意识。康德的"鉴赏判断",立普斯的"移情",布洛的"心理距离",弗洛伊德的"无意识"升华,荣格(C. Jung,1875—1961)的"集体无意识原型",萨特(J. Sartre,1905—1980)的"想象"等,都是这一观点的体现和发挥。

(4) 美学的对象是世界现象的全体。这是现当代西方哲学和美学研究的重要取向,这种取向在尼采(F. Nietzsche,1844—1900)那里较早凸显出来。尼采认为,传统真理论(逻辑学)已经日薄西山,不能再用来把握世界和生存,取而代之的应当是艺术论。艺术论不是别的,而是艺术的形而上学,它完全可以对世界和生存做本体论思考。海德格尔晚年通过阐释美学与艺术揭示存在之道,陈述"诗意地栖居",描绘天地人神四方游戏的始源存在局面,也体现出以全体世界现象为美学对象的取向。

中国当代关于美学的研究对象也有与西方大致相近的四种意见:

(1) 以洪毅然(1913—1990)为代表,主张美学的对象是美,认为美学顾名思义是关于美的科学。

(2) 以朱光潜、马奇(1922—2003)为代表,主张美学的对象是艺术,认为艺术是最高形态的美,最集中体现了美的规律,只有从艺术的美入手,才能更好地揭示自然的美与社会生活的美。

(3) 以蔡仪为代表,主张美学是关于美、美感及艺术创造的科学,而不单单以艺术为研究对象。

(4) 以李泽厚为代表,主张美学的对象应定位在人对现实的审美关系,以审美关系为中心,从客体方面研究美,从主体方面研究美感,从主客体统一方面研究艺术。

除上述四种意见外,学者孔建平所提出的"作为文学元理论的美学"的观点颇应引起我们的关注。20 世纪 80 年代以后,许多学者意识到,应当恢复美学的"感性学"意味。但美学究竟如何定位,究竟有何特殊研究领域和研究指向,却始终未能取得令人信服的一致

---

① [德]黑格尔:《美学》,第一卷,朱光潜译,北京:商务印书馆 1979 年版,第 3-4 页。

意见。孔建平在《作为文学元理论的美学》一书中围绕学科定位、美学对象等问题考察了"美学"这一晚近学科的形成以及影响中国的历史,并在此基础上提出了自己的看法①:美学自诞生之日起就不是"美的学问",而是对文学艺术独特价值进行阐释的理论。康德等人为其奠定了哲学基础,而现代意义上的"文学"观念的形成和歌德、席勒等人的创作实践及其理论批评为其确定了具体内涵,而中国文史哲不分的学术传统潜伏着与现代西方美学相契合的理论精华。20世纪西方美学不再讨论"美","转向艺术"的趋势是美学的本性使然。

中西方对美学研究对象的不同解说,正表明这个问题本身的繁难,也表明相关因素的复杂,还是让我们从西方美学的源起开始说起。西方美学源于三个基础:对事物的本质追求;对心理知、情、意的明晰划分;对各艺术门类的统一定义。

对事物的本质追求,是西方文化形成美学的最早、最重要的基础。美学来源于古希腊哲学家对美的哲学追问。我们称一朵花是美的,一位小姐是美的,一个坛罐是美的,一幢神庙是美的,但是什么使这些不同的事物成其为美?我们把这些不同的东西都称为美,必然有一个共同的东西使它们能够被称为美。正是这个共同的东西,是理论的思考对象。寻得这个东西,并以它为基础来理解一切具体的美,就是美学的任务。就是在这样的提问中,美学产生了。这种提问方式,看起来很简单,其实不容易,它建立在古希腊人的思维方式中。古希腊人认为,在千差万别的具体事物背后有一个共相,一个本质。把握住了这个本质,就能够说明一切具体的东西。与追求事物本质同样重要的是,古希腊人认为事物的本质是可以用明晰的语言表达出来的,这就是"定义"(Definition)。这两点构成了西方追求本质的模式。正是在追求本质这一思维模式背景中,柏拉图才会在《大希庇阿斯篇》中提出美的本质问题。有了柏拉图之问,西方才有了美学,理论家们于是通过对美的本质的追求,来理解各种具体的美。这一思路形成了西方以美的本质作为研究对象的美学。

西方美学的第二个基础是对人的心理所作的几何学式的知、情、意的划分。知,研究真,与之相应的是逻辑学;意志与善相关,与之相应的是伦理学。情感呢?也应该有一门学科,这就是美学。美学是研究情感或感性认识的完善。当鲍姆加登1750年出版《美学》时,他用 Aesthetica 这一名称作为自己著作的名字,是为了实现、也确实实现了自己的意愿——为美学这一学科命名。鲍姆加登不是因为写了一本好书,而是因为为书取了一个好名,而成了"美学之父"。柏拉图以一种天才的提问方式使西方有了美学,鲍姆加登以一个恰当的名称为西方美学举行了"成人礼"。鲍姆加登美学的基础之一就是主体的知情意结构,他对美学提出一种定义:美学是研究感性认识的完善的科学。西方的知情意结构引出的是以审美心理为核心的美学。康德美学和19世纪末20世纪初的审美心理学诸流派都是这类美学。

西方美学的第三个基础是各门艺术的统一性。在古希腊,艺术和技术是不分的,绘画、建筑是艺术,裁缝和剃头的技术也是艺术。它们都遵循一定的规律、法则和技巧。到了中世纪,艺术又与高雅的科学相关联。到了文艺复兴时期,建筑、雕刻、绘画、音乐、舞蹈、修辞、诗歌开始脱离技术和科学。到18世纪,查里斯·巴托(C. Batteux,1713—

---

① 孔建平:《作为文学元理论的美学》,北京:中国社会科学出版社2008年版,第1-49页。

1780)《论美的艺术的界限与共性原理》把这些艺术与技术和科学相区别,称为"美的艺术"(Fine Art),此观点被普遍接受。七门艺术既同为艺术,就应该有统一的性质,那就是追求美。由此形成了以艺术为主要研究对象的美学,又称为艺术哲学。鲍姆加登《美学》对美学还提出一种定义:美学是自由艺术的理论。鲍姆加登之所以被称为"美学之父",从其著作的内容来说,就是因为他力图把这两种不同类型总结到一起。后来黑格尔的美学、丹纳(H. Taine,1828—1893)的艺术哲学都是典型的以艺术为主要对象的美学。

通过浏览西方美学产生的三大基础,以及中西方美学关于美学研究对象的不同解释,我们认为,美学的对象是:美、审美和艺术。对应产生美学研究的三个部分,即美的研究、审美的研究、艺术的研究①。

正因为美学的研究对象是美、审美和艺术,所以美学研究的方法是多学科的。美的研究,主要是哲学的;审美的研究,主要是心理学的;艺术的研究,可以是哲学的(如黑格尔),可以是社会学的(如丹纳),也可以是人类学的(如格罗塞)。丹纳的著作名为《艺术哲学》,其实是艺术社会学;格罗塞(E. Grosse,1862—1927)的著作名为《艺术的起源》,其实是艺术人类学;普列汉诺夫(G. Plekhanov,1856—1918)的《论艺术》既是哲学的,又是人类学和社会学的。审美的研究也一样,移情说、心理距离说、格式塔、精神分析等方法是心理学的,康德、克罗齐的研究就是哲学的了。只有美的研究,基本上是哲学的,其他研究则兼而有之。所以,哲学仍然是美学最主要和最基本的研究方法。

综上所述,美学是一门以美、审美、艺术作为研究对象的综合性的人文学科,它包括三大部分,即美的研究、审美的研究和艺术的研究,是一种关于社会、文化、历史、人生的哲学思考,是人类生存的智慧。

【基本概念】

美学之父　本质论美学　认识论美学　语言论美学　文化论美学　人文学科　美学

【思考问题】

1. 美学学科在西方的发展形态有哪些?
2. 美学学科在中国的发展大致有哪几个阶段?
3. 美学的性质是什么?它的研究对象有哪些?

【扩展阅读】

1. 张世英:《哲学导论》,北京:北京大学出版社2002年版。
2. [德]韦尔施:《重构美学》,陆扬等译,上海:上海译文出版社2006年版。

---

① 李泽厚将美学的三大研究对象分别称之为美的哲学、审美心理学和艺术社会学。详见李泽厚:《美学的对象与范围》,《美学》第三期,上海:上海文艺出版社1981年版,第15页。

第二章 美学与文艺学、文艺美学

第一节 美学与文艺学

一、美学与文艺学

文艺学是一门以文学为对象，以揭示文学基本规律，介绍相关知识为目的的人文学科。当今的研究者还将文艺学的研究视角转向了新兴的、颇具活力的文化研究方面。"文艺学"这个学科名称是1949年新中国成立以后从俄文翻译过来的，实际上真正的名称应该是文学学，大概是因为汉语中两个"学"字重叠会导致不便，人们也就普遍接受文艺学这个名称了。目前，国内外文学理论界一般把文艺学区分为文学理论、文学批评和文学史三个分支。文学批评是对具体作家、作品或文学现象的个别研究，文学史是对文学进程及其发展规律的探讨，文学理论则是对文学总体特性的抽象概括，并对文学批评和文学史研究提供基本理论方面的支持。

其实，文艺学与文学理论只是对同一对象的不同指称：就"中国语言文学"这一学科来说，文艺学不同于哲学学科中的美学；另一方面，就文学研究领域本身来说，相对文学批评和文学史而言，作为文艺学研究的三大分支之一，文艺学往往被习惯地称为"文学理论"，也就是说，"文艺学"是对一门学科的称谓，"文学理论"则是对文学研究中某一研究领域的称谓，而在实质及内涵上却是一回事。在中国国务院学位委员会研究生培养目录中，"文学"门类包括中国语言文学、外国语言文学和新闻传播学三个一级学科。其中，中国语言文学包括文艺学、语言学及应用语言学、汉语言文字学、中国古典文献学、中国古代文学、中国现当代文学、中国少数民族语言文学、比较文学与世界文学共八个二级学科。关于这一目录的"介绍"，也是将文学基本理论研究作为它的基本内涵，将文学的总体特性及一般规律的研究作为它的基本任务。这是迄今为止中国学术界公认的且最权威的关于文艺学作为一门学科的诠释。

美学与文艺学有着共同的研究对象，即文学。因此，它们研究的问题常常会有某些交错，譬如文学作品中所表现出来的审美意识、审美理想、审美创造和审美欣赏的一般规律等既是美学又是文艺学所要研究的问题。

但美学相对于文艺学而言，更带有一般性。美学侧重于从哲学的角度阐发审美的规律，为后者提供理论范式和思维方式；而文艺学则更多地关注具体的文学经验和现象，它可以为美学研究提供丰富的经验材料。

二、美学与艺术学

艺术学（一般艺术学）是指综合性地、系统性地研究艺术世界，研究艺术之本质、原理与现象,探讨艺术实践、艺术活动的规律和特点的理论性、学术性的人文学科。艺术学作为一门系统、独立的学科,它的形成是19世纪中叶以来的事情,最终从依附或混杂于哲学、美学等其他学科逐渐自足、自立并体系化。

美学与艺术学的研究都与艺术实践有着密切的关系,但它们又是两个不同的学科。我们可以从以下三方面理解美学与艺术学的学科分野:

(1) 研究对象不同。美学与艺术学各有自己的研究对象,美学不只涉及艺术,还涉及非艺术,如自然美、社会美等非艺术美现象;而艺术在性质上始终是审美与非审美的融合统一,艺术学的研究对象就不只涉及艺术的审美层面,还涉及非审美层面(如观念、情欲方面的功利因素)。所以,艺术学只在艺术范围内研究审美现象;美学研究也包括艺术审美现象,但对艺术中的非审美现象就不会过问。

(2) 研究侧重点不同。美学与艺术学都研究艺术审美现象,有相互关联之处,但研究的侧重点不一样。美学重情,由情及形;艺术学重形,由形及情。艺术学的研究还有非情感因素的渗入(如理念、意欲等观念因素),艺术符号并非单纯情感的符号。

(3) 研究方法不同。美学与艺术学对于艺术现象都有不同的研究层面,虽然都可以运用哲学方法和科学方法,但是研究方法的侧重不同。艺术学更侧重对艺术现象的科学研究,而美学更侧重审美现象的哲学研究。

第二节 美学与文艺美学

一、作为理论话语的文艺美学

从现有资料看,"文艺美学"这一概念,最早见于20世纪70年代台湾学者王梦鸥的《文艺美学》。这一事件具有重要的意义:其一,第一次使用了"文艺美学"一词;其二,标示了一种现代性的思想,即认为文学"之所以成为艺术品之一,则因同是服务于审美目的。是故,以文学所具之艺术特质言,重要的即在这审美目的"①;其三,虽然王梦鸥先生当时并没有明确的学科意识,但却直接启示了当时执教于北京大学的胡经之先生对文艺美学学科的思考。

1980年,胡经之先生在昆明举行的首届中华美学学会成立大会上提议,建立和发展文艺美学学科,并首次正式提出如下新主张:文艺理论或文艺学不能满足于仅仅讲文艺的政治性、阶级性,而应让文艺学回归其审美品性,从而需要引进美学视野;同时,"高等学校的文学、艺术系科的美学教学,不能只停留在讲授哲学美学原理,而应开拓和发展文艺美学"②。1982年,他分别于《美学向导》、《大学生丛刊》上发表《文艺美学及其他》、《"文艺美学"是什么》两篇论文,初步探讨了文艺美学的学科性质和研究对象等问题。与此同时,他在北京大学开设了《文艺美学》课程,并招收了文艺学专业下的区别于哲学美学的文艺美学的硕士研究生。1985年,胡经之主编的《文艺美学论丛》第一辑由内蒙古人民出版

---

① 王梦鸥:《文艺美学》,台北:远行出版社1976年版,第131页。
② 胡经之:《文艺美学》,北京:北京大学出版社1989年版,第2页。

社出版,同年胡先生又发表了《文艺美学——文学艺术的系统研究》一文。1986年5月,山东大学中文系等六家单位发起召开的首届全国文艺美学研讨会,就文艺美学学科定位、研究对象、范围等问题展开了深入讨论。

20世纪80年代至20世纪末,除胡经之的文章外,有关文艺美学的定义、研究对象及其学科定位等问题的研究论文主要有:王世德《什么是文艺美学》(《美育》1983年第4期)、周来祥《文艺美学的对象、任务和方法》(《东岳论丛》1984年第4期)、陈炎《三足鼎立的文艺学:文艺社会学、文艺美学、文艺心理学研究的原则分野》(《文学评论家》1991年第2期)、姚文放《论文艺美学的学科定位》(《学术月刊》2000年第4期)等。主要书籍包括:王世德《文艺美学论集》(重庆出版社,1985年)、胡经之《文艺美学》(北京大学出版社,1989年)、杜书瀛《文艺美学原理》(社会科学文献出版社,1992年)等。

1999年11月,由《文艺研究》编辑部等四家学术单位共同举办的"文艺美学在中国"学术研讨会在暨南大学举行,就文艺美学的学科性质及研究进程、中国古代文艺美学研究等问题进行了研讨。同年,国务院学位委员会办公室和教育部研究生工作办公室在《授予博士硕士学位和培养研究生的学科专业简介》中,于中国语言文学(一级)学科下的文艺学(二级)下设"文艺美学"(三级)学科。2000年,国家教育部批准在山东大学建立文艺美学重点研究基地,文艺美学学科正式列入强化建设的人文社会科学重点学科之内。而且,国家社科基金项目评审也包含了文艺美学的类别。据不完全统计,30余年来,有关文艺美学的学术论文有400多篇,学术专著180余部,召开全国性会议三次以上。而胡经之先生也理所当然地被视为我国文艺美学学科诞生的关键人物——"文艺美学教父"①。

文艺美学一词由胡经之作为理论概念提出,但其背后关联的是北京大学的整个美学和文艺学的学术倾向。朱光潜认为美学是艺术理论,哲学系美学研究团队杨辛、叶朗、阎国忠等都认为,美学是以艺术为中心的。北京大学的美学丛书以"文艺美学丛书"为名,自20世纪80年代初到现在,出版种类有20余种。中国文艺学的重镇——中国社会科学院文学所文艺理论室,老资格的学术带头人钱中文和杜书瀛,都是文艺美学的支持者和论述者。杜书瀛《文艺美学原理》(1992年)、钱中文《文艺美学:文艺科学新的增长点》(2001年)集中表达了对文艺美学的理论思考。中国文艺学的另一重镇——北京师范大学中文系文艺理论室,占据了文艺理论的教学主流,以童庆炳为首的理论团队编写的种种文艺理论著作,认为文学首先是审美意识形态,实际上是把文艺美学作为文艺理论的核心。山东大学确立了文艺美学基地,其学术带头人曾繁仁和谭好哲以文艺美学为己任,曾繁仁撰写了《中国文艺美学学科的产生及其发展》(2001年),谭好哲著有《论文艺美学的学科交叉性与综合性》(2001年)。文艺美学的光芒不但在上述各个中心闪耀,且四射向全国:中国艺术研究院王朝闻主编的"艺术美学丛书"由多家出版社分别出版了10余种,四川大学王世德著有《文艺美学论集》(1985年),辽宁大学王向峰主编有《文艺美学辞典》(1987年),浙江大学王元骧写了《文艺美学之我见》(2001年)……以上是改革开放以来就一直活跃在文学理论界的一代研究者,改革开放后毕业的新一代学人,如王一川、王岳川、陈炎、姚文放、王德胜等,都是文艺美学话语的参与者和发布者。从以上这些学人为代表的

---

① 杜书瀛:《文艺美学的教父》,《南方文坛》2002年第5期。

言说,构成了一个庞大的关于文艺美学的理论话语。

这实在是文艺理论美学化的奇观。当文艺理论需要借助美学之力去冲击僵化传统的森严壁垒时,文艺美学就应运而生了,甚至一度呈现出超常的繁荣景象。可见,文艺美学的诞生正是文艺理论寻求美学化的必然结果。其时,高涨的文艺美学热潮内部包含着一种美的第一性逻辑:文艺总是美的,美是文艺的基本特性,而其他特性总是从属于美的特性的。

二、作为学科定位的文艺美学

新生的文艺美学属于什么性质的学科?从 20 世纪 90 年代中后期开始,学界就文艺美学学科定位问题展开热烈讨论:① 文艺美学是一般美学的一个分支,是对艺术美独特规律的探讨;② 将文艺美学作为文艺学的分支学科,国家教育部的学科专业及专业方向设置即如此;③ 文艺美学介于文艺学与美学之间,既相关于美学,又相关于文艺学;④ 文艺美学就是艺术哲学;⑤ 文艺美学是文艺学与一般美学相交叉形成的新兴学科。以上诸说虽具体有别,但基本都延续了 20 世纪 80 年代以来的说法,归纳起来,主要是这样两种:一种是交错说,另一种是特殊说。

交错说把文艺美学视为文艺学与美学相结合的学科,即属于交错学科。胡经之先生指出:"文艺学和美学的深入发展,促使一门交错于两者之间的新的学科出现了,我们姑且称它为文艺美学。文艺美学是文艺学和美学相结合的产物,它专门研究文学艺术这种社会现象的审美特性和审美规律。"[①]采用交错说去界定文艺美学,确实有其无可争辩的合理性和必要性。把文艺美学的研究对象概括为"文学艺术",显然不想仅仅固守在文学范围。不过,在实际的学科分类体系里,文艺美学又不得不被落实到中国语言文学下属的文艺学(文学理论)学科领域里,从而与其"交错"属性不尽相符。在这方面,胡经之先生本人也感到了一种无奈,所以在论述中不得不一面申明"文艺美学不过是文艺理论的一个部类","在文艺理论的所有学科中,文艺美学处于最核心的层次";一面又辩解说"文艺美学只是美学的一个门类,它不能代替其他部门"[②]。

与交错说不同,另一些学者认为文艺美学是研究文艺这种特定审美活动的特殊规律的学科,因而是美学学科内部的一个分支学科。这就是特殊说。这种说法相信美学可以有社会美学、文艺美学或艺术美学、宗教美学、科技美学、实用美学等多种分支,而文艺美学不过是其中之一。杜书瀛先生认为"一般美学结束的地方正是文艺美学的逻辑起点",与"一般美学研究人类生活中所有审美活动的一般规律"不同,"文艺美学的对象是一般美学的对象的特定范围,文艺美学的规律也是一般美学普遍规律的特殊表现"。他还给我们画了一个坐标图[③]:

[①] 胡经之:《文艺美学及其他》,《美学向导》,北京:北京大学出版社 1982 年版,第 26 页。
[②] 同上,第 32、44 页。
[③] 杜书瀛:《文艺美学原理》,北京:社会科学文献出版社 1992 年版,第 6 页。

```
                        一般美学
                          |
          现实美学—文艺美学—技术美学……
                          |
                      部门艺术美学
         （文学美学、绘画美学、音乐美学、戏剧美学……）
```

图 2-1　文艺美学坐标图

可见,这种特殊说的实质在于把文艺美学干脆归属于哲学美学名下,而不是像交错说那样让它在文艺学与美学两边都可以找到生存的依据。特殊说也沿用胡经之先生的宽阔界说,把研究对象划定为全称性的整个文学艺术。这种特殊说颇有影响力,甚至连主张交错说的胡经之先生本人也承认这种特殊说有其合理性:"如果说,哲学美学主要是研究人类审美活动共有的普遍规律,那么,文艺美学就应着重研究艺术活动这一特殊审美活动的特殊规律以及审美活动规律在艺术领域中的特殊表现。"①

交错说与特殊说各有其合理性和困惑。交错说揭示了文艺美学在文艺学与美学两边同时吸取学科资源的可能性,但事实上它却又只能或主要生存在文艺学旗下,这使得它无法不与哲学美学维持一种若即若离或渐行渐远的暧昧关系。特殊说一面把文艺美学划归入美学,一面又强调它在美学中具有特殊地位,从而可以避免文艺美学在交错说中的不确定地位。但这样强调特殊化的结果有两方面:一是把艺术的审美属性同众多的非审美属性相分离,造成艺术的特权化;二是在美学的包罗广泛的一般审美视野中,文艺美学无法获取在文艺学那里享有的中心地位,导致地位下降。显然,文艺美学到底是文艺学与美学的交错的学科还是美学中的特殊学科,各有利弊,难有定论。无论如何,有一点是没有分歧的:文艺美学的研究对象不限于文学而可以涵盖整个文学艺术。这是一种雄心勃勃的宏大学科抱负,由此可以窥见其时文学研究者高度的学科自信。②

三、作为文化现象的文艺美学

文艺美学发端于 20 世纪 80 年代,其时恰好是中国文化转型时期,我国"新时期"文艺理论界急于摆脱庸俗唯物主义而寻求审美的文论。文艺美学所提出的文艺自律性诉求无疑具有进步的意义,它直接配合了特定历史阶段的重大论争,顺应了时代的思想解放要求,批判了"文艺是阶级斗争工具论"思想,要求将文艺从政治的束缚中解放出来,还文学艺术以独立品性。由于文艺在中国的特殊地位,致使文艺的回归之路对改革开放以来的整个文化转型具有重要的影响,"文艺美学"也因此而名声大噪。必须承认和肯定的是,"文艺美学"的提出是有其历史必然性和学理依据的,它对传统美学的突破和超越至少有三方面的重要意义:

第一,摒弃了传统认识论美学的抽象思辨的思维模式,从对美的本质的形而上的探讨转向对具体文学艺术的观照,是以较为纯粹的文学艺术作为其主要研究对象的;

---

① 胡经之:《文艺美学》,北京:北京大学出版社 1989 年版,第 2 页。
② 胡经之、童庆炳甚而提出建立"文化美学"、"文化诗学"的构想。详见胡经之:《走向文化美学》,《学术研究》2001 年第 1 期;童庆炳:《文化诗学是可能的》,《江海学刊》1999 年第 5 期。

第二，重视文学的审美特性而非认识价值，认为文艺的本质特征是审美，要求从审美的角度透视文艺作品而非仅从意识形态的角度认识作品；

第三，较之于传统的认识论美学，文艺美学能更好地诠释和挖掘中国传统文论中零散的感悟式的美学观点，从而更好地促进中国古代文艺理论的现代转换，避免"失语"。

但反思20世纪80年代兴起的美学热，会发现其文化、政治原因大于学术原因。"80年代文艺学美学热的根本原因在于它与当时整个社会文化思潮之间的深刻、内在的勾连，它们是当时思想解放运动的重要组成部分"①，文艺美学作为这场美学热衷的一个重要因素，它的提出有着强烈的文化象征意义。正如胡经之先生在回顾自己提出"文艺美学"背景时所说的："开放改革给中国带来了新的憧憬和希望，审美理想之光引发了八十年代的新的美学热潮。但这时的美学已不是停留在哲学思辨，而是着眼于思想的自由解放，美被看成了自由的象征。"②学者陶东风则指出，"80年代美学文艺学热，乃至整个人文科学热的根本原因正在于它与当时整个中国社会、政治、文化思潮的内在联系，在于它充当了当时思想解放（意识形态革命）的急先锋"，"在本质上带有强烈的功利性、意识形态性乃至于政治性"，"并不是什么文学的'一般规律'的表现"③。

从今天的学科格局和学科视野的综合角度看，文艺美学主要是中国语言文学界从艺术视野考察文学审美的方式。在学科格局上，它固定地归属于文艺学（文学学）；而在学科视野上，它从文艺学向艺术学和美学开放。文艺美学实际上相当于艺术整体视野中的文学美学研究。我们不妨做出如下结论：文艺美学是文艺学或文学理论的一个分支，是在艺术整体视野中研究文学审美的分支性学科。

【基本概念】

文艺学　艺术学　文艺美学

【思考问题】

1. 美学与文艺学的联系与区别是什么？
2. 美学与艺术学的联系与区别是什么？
3. 试概括文艺美学的学科特点。

【扩展阅读】

1. 胡经之：《文艺美学》，北京：北京大学出版社1999年版。
2. 杜书瀛：《文艺美学原理》，北京：社会科学文献出版社1998年版。

---

① 陶东风：《80年代中国文艺学主流话语的反思》，《学习与探索》1999年第2期。
② 胡经之：《文艺美学的反思》，《江苏社会科学》1999年第6期。
③ 陶东风：《日常生活的审美化与文化研究的兴起——兼论文艺学的学科反思》，《浙江社会科学》2002年第1期。

第三章　西方古典美学史纲

第一节　古希腊罗马美学

西方古典美学始于古希腊美学,古希腊美学含于古希腊哲学,而古希腊哲学源自古希腊科学(自然科学),它是作为"物理学之后"的"形而上学"。"形而上者谓之道,形而下者谓之器",物理学(自然科学)就是关于"器"的学问,"物理学之后"(哲学)则是对于"道"的思考。古希腊美学也一样,它要回答的是关于"美"这个课题的最根本的问题,即美的本质和美的规律(道)。因此,西方美学的第一阶段必然是美的研究,必然是美的客观性研究,必然是客观美学,必然是美的哲学,这是它含于哲学又源自科学所使然。但美学毕竟不是科学(自然科学),也不等于哲学(形而上学),它终究要回到较为具体的问题上来,这就是艺术,而把美和艺术联系起来的则是审美。①

图3-1　拉斐尔作品:《雅典学院》

一、美的研究:毕达哥拉斯、苏格拉底、柏拉图

1. 毕达哥拉斯(Pythagoras,约前580—约前500)

西方美学第一人,古希腊罗马美学第一人,使科学精神从感性世界转向理性思维的第一人。他和他的学派创立的数目神秘主义,影响几乎涉及整个古希腊乃至近代哲学,而其

---

① 易中天:《破门而入——美学的问题与历史》,上海:复旦大学出版社2006年版,第177页。

以和谐为核心的美学思想,则成为西方美学史上对美的规律的第一次呼唤。黑格尔甚至说:"毕达哥拉斯本人就是一件制成了的艺术品,一个了不起的陶铸的天性。"①

从史料看,毕达哥拉斯及其学派的美学思想,大都包含在其自然哲学中,或者说,他们多是从以数学为核心的自然哲学的角度去看美学和艺术问题的。古希腊早期的哲学家,都致力于寻求万物的本原,毕达哥拉斯也不例外。不过他不像伊奥尼亚自然哲学家②那样,从水、气、土、火等具体物质形态中去寻求。因为在他看来,一切事物的质都必然是特殊的、短暂的,只有数才是无所不包的、无始无终的,故用任何一种具体物质说明宇宙,都必然有其局限性。而作为本原,不仅应能说明具体的事物,而且还能说明抽象的东西。这样,毕达哥拉斯及其学派提出"数"这一较为抽象但又是所有事物都包含着的东西作为本原。他们认为万物皆数,数既是万物的本体又是万物的范型。数先于可感事物而存在,万物都由于模仿数而存在,万物皆由数所派生,数的原则统治着宇宙的一切。

毕达哥拉斯学派为什么会把数作为万物的本原?原因之一可能是他们中许多人都对数学有较深的研究,哲学的思考因此实际成了数学研究成果的概括和总结。毕达哥拉斯本人就是当时杰出的数学家,据说"数学"这一概念也是他最先使用的。他在几何学上发现直角三角形斜边的平方等于两直角边的平方和,后被称为"毕达哥拉斯定理",据说该学派还为这一发现了举行了百牢大祭。此外他还发现三角形三内角之和等于两个直角,以及三角形、平行线多边形、圆、球、正面体的一些定理。从认识发展的角度看,数为本原的思想是人们对万物认识深化和抽象思维能力提高的表现。毕达哥拉斯及其学派受数量与谐音之间关系的启示而发现万物之间都有严格的数量关系,包含着一定的规律,没有数,

图3-2　毕达哥拉斯

人们就无法认识和把握事物,而数本身又要凭理性才能加以把握。难怪英国哲学家罗素(B. Russell,1872—1970)说:"有一个只能显示于理智而不能显示于感官的永恒世界,全部的这一观念都是从毕达哥拉斯那里得来的。"③这说明毕达哥拉斯力图在更高的基础上寻求万物的统一性,他比伊奥尼亚哲学家以水、气、土、火等具体物质形态为本原的理论更能合理地说明世界。

毕达哥拉斯及其学派从数的哲学研究中得出了一个极为重要的美学理论,即美在和谐,一切事物中凡是可以看出一定和谐关系的,就是美的。"和谐"被毕达哥拉斯学派称为"最美妙的东西",其原意主要是指一定数的比例关系和对立面的契合统一。照他们看来,凡能符合这种比例和统一关系的,就是和谐,就能产生美的效果。这个结论很大程度上来自对数量与声音关系的研究。他们认为,音乐美在和谐,并进一步提出雕塑、建筑、绘画等艺术的美也在和谐,由此而肯定整个天体宇宙的美也是一种和谐美。再看作为主体的人

---

①　[德]黑格尔:《哲学史讲演录》,第一卷,贺麟等译,北京:商务印书馆1959年版,第211页。
②　即古希腊伊奥尼亚族在东方小亚细亚伊奥尼亚地区的殖民城邦形成的,从米利都学派开始,经由赫拉克利特和恩培多克勒、阿那克勒戈拉,一直到以德谟克利特为代表的原子论哲学派别。
③　[英]罗素:《西方哲学史》,上卷,何兆武等译,北京:商务印书馆1976年版,第65页。

本身,其外在的人体的美与内在的灵魂的美也都由和谐而产生。毕达哥拉斯及其学派美学思想的精华,就表现在对各个领域的和谐的分析之中。

对音乐的研究是毕达哥拉斯学派学术活动的重要内容。据新柏拉图学派的扬布利柯(Jamblikhos,250—325)记载,有一次毕达哥拉斯路过铁匠铺,听到几个铁锤一起打铁时发出和谐的声音,他从中受到启发,经调查测定,发现不同重量的铁锤发出不同谐音之间的比例关系,从而肯定各种不同音调同数量的关系。后来他又在琴弦上做进一步测试,发现弦的长短、粗细、紧张程度成一定比例时发出的声音是和谐的,从而找出了八度、五度、四度音程的关系。如有两根绷得一样紧的弦,要是其中一根的长度是另一根的两倍,即2∶1,那么两根弦发出的音就相差八度;如果两根弦长之比是3∶2,则短弦比长弦发出的音高五度;如果两根弦长之比为4∶3,则短弦比长弦发出的音高四度。总之,琴弦长,振动慢,声音低;琴弦短,振动快,声音高。毕达哥拉斯由此确定了音程与弦的频率之间的数量关系,进而发现声音的质的差别,如音值的长短、音调的高低、音量的大小、音色的优劣等都是由发音体在某个方面的数量关系的差别所决定的。故音乐的基本原则在于数量关系,"数的关系是唯一规定音乐的方式"①。

毕达哥拉斯及其学派把对音乐艺术研究的结论推广到建筑、雕刻等艺术领域。因为如果音乐的和谐能归结为数,那么其他任何艺术的和谐也都可以归结为数。从而他们认为只要调整好数量比例关系,建筑和雕塑等就能产生出最美、最和谐的艺术效果。他们还确立了一些经验性的审美规范,如完整、比例、对称、节奏等,如他们首先发现最美的直线形是"黄金分割"的矩形(即长∶宽=1∶0.618),最美的平面图形是圆形,最美的立体图形是球形等。因为在他们看来,圆形和球形都有着一种绝对的对称与和谐。毕达哥拉斯学派的这些思想和实践,对后来美学中探讨形式美的规律影响甚大。

毕达哥拉斯学派还把美在和谐的理论应用于对宇宙美的探索。他们认为数的和谐不仅存在于艺术中,而且存在于自然界和宇宙的一切事物中。既然整个宇宙都是由数决定的,那么它也一定像音乐一样是和谐而有序的。并且,既然宇宙的存在是永恒的、绝对的,那么它的和谐与秩序也是永恒的、绝对的。毕达哥拉斯学派从数的规律来说明宇宙就是个大的和谐系统,他们称之为"科斯摩斯"(Cosmos),即所谓"世界秩序",这在某种意义上包含了宇宙规律性思想的萌芽。正如恩格斯评价时所指出的:"数服从于一定的规律,同样,宇宙也是如此,于是宇宙的规律性第一次被说出来了。"②

从美学思想的角度看,特别值得注意的是毕达哥拉斯学派把天体的运动秩序比作音乐的和谐。他们认为,既然琴弦可以因数的比例不同而发出不同音调的和谐的乐音,既然任何物体的运行都会产生一种声音,那么天体也必然会由于各个星体的大小、轨道和运动速度的不同而产生各种和谐的音调和旋律,即所谓"诸天音乐"或"天体音乐"。如天体运行速度快,则音高;反之,则音低,而这种运行速度本身又取决于各个天体间的距离。他们还断定由太阳、月亮、星辰的轨道和地球的距离之比,分别等于三种主要的和音,即八音度、五音度、四音度,各个星体都保持着和谐的距离,沿着各自的轨道,以严格固定的速度

---

① [德]黑格尔:《哲学史讲演录》,第一卷,贺麟等译,北京:商务印书馆 1959 年版,第 238 页。
② 《马克思恩格斯全集》,第二十卷,北京:人民出版社 1957 年版,第 521 页。

运动着,被它们的运动所震荡的太空,就产生出所有旋律中最美妙的旋律来。总之,整个宇宙就是一首和谐的乐章,宇宙中所发生的一切现象都具有一种和谐之美。

和谐存在于宇宙天体之中,那么对作为主体的人又如何呢?是否也存在和谐并以和谐为美呢?毕达哥拉斯学派的回答是肯定的。如果说人体外在的比例对称是由对立组合而成的一种和谐的美,那么人的内在的灵魂也是一种类似音乐的对立的和谐。这样,毕达哥拉斯学派对美的探讨便从自然转向了灵魂本身。在他们看来,人本身就是一个类似"大宇宙"的"小宇宙",人体构造是天体构造的反映,人体就像天体一样,也由数与和谐的原则统治着。当外在的艺术的和谐同人的灵魂的内在和谐相合,即产生所谓"同声相应"、"同气相求",灵魂就会受到外在和谐的陶冶,并感受到艺术的美,产生愉快的心理情绪。他们还认为,不同风格的音乐对人的心境的影响也不同,或刚烈、或柔美等。音乐可以使柔弱性格的人在刚烈激昂乐曲的影响下变得刚强、勇敢;也可使暴烈性格的人在柔美亲切乐器的影响下变得温和,达到内心的和谐与平衡。音乐艺术对人的性格和情感的这种陶冶和改变,正是艺术对心灵净化作用的表现。音乐家的使命就在于使音乐艺术的和谐不断地输入到灵魂中去。这些观点对柏拉图以及后来的美学思想产生了直接的影响。

毕达哥拉斯及其学派从数的比例得出了美在和谐的论断,又从音乐、雕塑、建筑等艺术以及天体、灵魂的和谐等角度证明了这一论断。应当说,它给人们的启示和对后世的影响,远不止这些命题本身所包容的内涵,而是在西方美学史上谱写了开创性的第一乐章,以后西方许多美学思想的提出和论证,不过是这一乐章的展开和发挥。

2. 苏格拉底(Socrates,前469—前399)

如果说毕达哥拉斯提出了美的合规律性,那么苏格拉底则提出了美的合目的性。苏格拉底认为,一个东西美不美,不在于它合不合规律,而在于它合不合目的,他首次不是把美看作一种属性,而是看作一种关系,即客观事物对人的"效用"关系。

苏格拉底的美学思想建立在他的目的论基石之上。在苏格拉底看来,宇宙不是自然生成的,而是全知全能的神一次性创造的。"那位安排和维系着整个宇宙的神(一切美好善良的东西都在这个宇宙里头),他使宇宙永远保持完整无损、纯洁无疵、永不衰老"。① 神像创造万物一样创造了人,同时赋予人宇宙主人的地位。人是这个宇宙的主人,这个宇宙的目的。宇宙的万事万物都是为人服务的。人需要白天,神就创造了太阳;人需要休息,神就创造

图3-3 苏格拉底

了黑夜;人需要食物,神就创造了田地、植物和动物等。一切客体事物都是为人而存在的,甚至人体的各种器官也是依据人的特定目的而创造的。人要知觉事物,所以有了眼睛和耳朵;人要品尝滋味,所以有了鼻子和舌头;人要相互交往,所以有了表达能力,等等。宇

---

① [古希腊]色诺芬:《回忆苏格拉底》,吴永泉译,北京:商务印书馆1984年版,第159页。

宙万物如此,人的实践活动也是一种有目的的活动。人的活动都有一个过程,整个过程都是为了相应的目的。人应该知道、能够知道、也必须知道的就是这些具体的目的。至于宇宙第一因、终极因一类的问题,苏格拉底认为,只有创造世界的神才能知道,人不能、也不必知道那些。

苏格拉底从两个不同的角度为美下过定义:美即事物功用的发挥,美即正义的行为。① 该定义包含以下几方面的内容:第一,事物的美不在于它具备一定的属性,而在于这种属性的实际发挥。只有使事物得到充分的利用时,这事物才是美的。第二,任何事物的美都是相对的。既然美在于事物功用的发挥,那么事物的功用的特性就决定了美的特性。而任何事物的功用都是有限度的,此时此地有用的事物在彼时彼地就可能是无用甚至有害的。这就决定了美的相对性。比如矛和盾,美不美呢?要看用在什么时候。进攻的时候,矛是美的;防御的时候,盾是美的。反过来,再好的矛,再好的盾,也是丑的。第三,美与善既有联系又有区别。苏格拉底认为,真与善是等同的,但善与美不可等同。善与真一样,可以以一种观念的形式存在,对一种事物的功能的把握既是真,也是善。因为人不是有意追求假丑恶,人一旦认识了一种事物,就必然按照这种事物的性质和功能来应用这种事物。因此,知识即美德。但是,知识不是美,美是观照的对象,只有把知识应用于一定的实践活动中,只有使善的观念变成善的行为,只有使事物的功用得到利用,人才能感受到这些事物的美。

显然,由毕达哥拉斯奠定基础的古希腊客观美学,在苏格拉底这里经历了一个从自然的客观论向精神的客观论的转变,这一转变的中介是人,而且是集物质关系和精神关系于一身的人。人的物质关系是实用,人的精神关系是美德,处于这两者之间,高于前者而低于后者的,则是艺术。②

3. 柏拉图

图 3-4 柏拉图

柏拉图认为真正的美是理念(或美的理念)。从毕达哥拉斯到苏格拉底所贯穿的客观美学原则在柏拉图这里得到了一个确定的形式,正是依靠这个形式,客观美学的基本精神在西方美学史上雄踞了两千余年之久。

对于美,古希腊先哲们已有不同的观点,尤其是苏格拉底已提出了有关美的问题。或许正是这些论述引起了柏拉图的极大兴趣,才使得他很早就开始对古希腊流行的各种有关美的观点进行批判与分析,这集中反映在其早期著作《大希庇阿斯篇》中。关于美,当时有五种流行的观点:第一,美是美的一些具体事物(如美的小姐,漂亮的母马、竖琴、汤罐等);第二,美是黄金;第三,美是荣华富贵;第四,美是恰当;第五,美是视听产生的快感。柏拉图借苏格拉底之口,对这些观点做

---

① [古希腊]色诺芬:《回忆苏格拉底》,吴永泉译,北京:商务印书馆 1984 年版,第 171-178 页。
② 邓晓芒、易中天:《黄与蓝的交响——中西美学比较论》,武汉:武汉大学出版社 2007 年版,第83页。

了认真的考察与分析,揭露它们包含的各种内在矛盾,说明它们在表达美的本质方面是不确切的、片面的。柏拉图继承了苏格拉底的方法论原则,即要寻找美的本质,不能限于一些具体的美的事物,而应建立一个"美本身"的本质定义,它可以用来解释一切美的事物之所以为美。"这美本身,加到任何一件事物上面,就使那件事物成其为美,不管它是一块石头,一块木头,一个人,一个神,一个动作,还是一门学问。"① 在批驳了上述五种美的观点之后,柏拉图自己也没有找到满意的答案,因此以一句名言"美是难的"作为暂时的结论。直到后来当他在哲学上完成了自己的"理念论"的哲学体系时,才找到了一条解决这个问题的根本途径。

柏拉图认为,世界的本体就是"理念"(Eidos,即英文 Idea),即抽象概念或一切事物的普遍形式。他把世界分为三种:本体世界,即理念世界;现象世界,即现实世界;艺术世界。理念世界是决定并支配后两个世界存在与变化的本体世界,它不可感知,永恒不变,是现实世界的原型或本原。现实世界中的一切事物之所以存在,就在于它"分有"了理念。由此而论,事物之为美,就在于"分有"了美的理念。"这种美是永恒的,无始无终,不生不灭,不增不减的","它只是永恒地自存自在,以形式的整一与它自身同一;一切美的事物都以它为源泉,有了它那一切美的事物才成其为美"②。因此,一切美的事物都只是美的理念的反映,现实世界的美是美的理念的影子,而艺术世界模仿现实世界,则更是"影子的影子"。如果说,在苏格拉底那里,客观论美学还处在从自然客观论向精神客观论转化的过渡阶段,那么柏拉图的美学已然完全是一种精神的客观美学了。

由于现实世界的美是分有了美的理念的结果,那么,由于理念中所包含的内涵与外延的不同,现实世界的美也必然分成许多类别、许多等级。沿着这一思路,柏拉图在《会饮篇》中对现实世界的美的形态进行了类别和等级划分。他认为现实世界的美可以分为两大类别,即感性美和理性美。感性美就是可以由感官直接感觉到的事物的外在"形体美",包括自然美、社会美和艺术美。理性美则是只有理性才能把握的事物的内在精神美,包括"心灵的美"、"行为制度的美"、"学问知识的美"等等。而在这一切现实之上,还有"一种奇妙无比的美",那就是"美本身"的美,"天国的至善至美",是"美的本体",在这种最高等级上,它与真和善是同一的,它就是"本原自在的绝对正义,绝对美德,和绝对真知"。它是"无色无形,不可捉摸的,只有理智才能观照到它",而这种观照也不是一蹴而就的,必须沿着现实世界的美的阶梯逐步上升,从喜爱个别形体的美上升到一切形体美的"形式",再上升到心灵的美,然后上升到行为制度的美、学问知识的美,最终达到这样一种光辉灿烂的境界:

> 这时他凭临美的汪洋大海,凝神观照,心中起无限欣喜,于是孕育无量数的优美崇高的道理,得到丰富的哲学收获。如此精力弥满之后,他终于一旦豁然贯通唯一的涵盖一切的学问,以美为对象的学问。③

---

① [古希腊]柏拉图:《文艺对话集》,朱光潜译,北京:人民文学出版社1963年版,第188页。
② 同上,第272-273页。
③ 同上,第272页。

柏拉图认为，这种真正的美不可能通过艺术的模仿获得，它只能是灵魂在迷狂状态中对美的理念的回忆。灵魂回忆的观念起源于早期的毕达哥拉斯学派，柏拉图接受了这一观念，并在对当时智者①派的"知觉即知识"观点的批判中，创立了自己的"灵魂回忆说"。柏拉图认为，人的灵魂是永恒不变的，任何人降生之前，其灵魂都已在阳世和阴间轮回了"好几次"，因此它获得了所有一切"事物的知识"。当灵魂下降尘世而附在人的肉体上之后，便忘记了这些知识，但只要通过对个别事物的感觉，特别是通过"对所感受而起的思维"，灵魂便能重新想起生前已知的东西。由此说来，"知识就是回忆"，"一切研究，一切学习都只不过是回忆罢了"。怎样回忆呢？主要是靠联想，即"由一个新的观念来代替那个离去的观念"。在柏拉图看来，审美作为认识的一种形式，其过程也是一种"灵魂回忆"。他认为，对一个具体的美的事物的知觉，并不是真正的审美，真正的审美是"见到尘世的美"之后，还必须凭借心灵和理想，"回忆起上界是真正的美"从而达到对"美本身"的把握。如此说来，审美就是一件高尚而神圣的事，同时也绝不是一件轻而易举的事。只有那些生前在上界观照过"美本身"并且在尘世没有染上罪恶的纯洁的灵魂，才能"恢复羽翼，而且新生羽翼"，"高飞远举"，达到美的极致。而要做到这一点，就要"净化"灵魂，即使"心灵与肉体相离"，不让灵魂屈从于肉体，超尘脱俗，去欲存智，以便使灵魂保持清静、明澈、纯洁，从而获得极大的审美愉悦——迷狂。迷狂主要有三种：高级的理智的迷狂，低级的宗教的迷狂，以及处于两者之间的诗性的迷狂，即灵感。哲学是理智的迷狂，它是哲学家直接进入理念世界把握理念，也是对理念的自觉把握。灵感就是诗人在迷狂状态下和神交通，不知不觉说出"神赐的真理"，即为"神灵所感"。艺术对理念的把握是不自觉的，所以艺术低于哲学。但艺术毕竟说出了"神赐的真理"，因此又高于只有癫狂信仰的宗教的迷狂，所以艺术高于宗教。当然，这里说的艺术，是"迷狂的艺术"或者"灵感的艺术"，不包括"模仿的艺术"，"模仿的艺术"是手艺人的产品，和诗人的作品不可同日而语。在柏拉图看来，"模仿的艺术"是不真实的，不道德的，没有用的，所以主张要将这样的艺术家驱逐出"理想国"。

透过毕达哥拉斯、苏格拉底、柏拉图的三重唱我们发现：他们都是围绕"美是什么"这一问题来研究的，这是西方美学第一个历史阶段（古希腊罗马美学）的第一个历史环节——"美的研究"。他们有一个共同的基调——美是客观的。在毕达哥拉斯那里，美是客观规律；在苏格拉底那里，美是客观目的；在柏拉图那里，美是客观理念。这是古希腊罗马的基调，甚至是康德之前西方美学的共同基调，后世美学基本上没有超出他们的范围——或者从事物的客观属性那里找答案（毕达哥拉斯的路子），或者从事物的客观关系那里找答案（苏格拉底的路子），或者把美归结为一种客观精神（柏拉图的路子）。②

---

① Sophists,指柏拉图、亚里士多德时代专门以教授青年而获取报酬的职业教师。由于智者能言善辩及晚期智者的末流堕于诡辩，柏拉图和亚里士多德把智者看成是歪曲真理、玩弄似是而非的智慧的人，因而智者在历史上又成为诡辩论者的同义语。智者最早和最主要的代表人物是普罗泰戈拉和高尔吉亚，他们的思想奠定了智者学说的基础。其他代表人物有：普罗狄柯、希庇阿、安提丰、特拉西马库和克里底亚等。

② 易中天：《破门而入——美学的问题与历史》，上海：复旦大学出版社2006年版，第36页。

二、艺术的研究：亚里士多德

在美学上，亚里士多德（Aristotle，前384—前322）抛弃了柏拉图的迷狂说，在柏拉图形式主义的基础上回复到前苏格拉底面向感性自然的科学态度，在他的极其冷静的形而上学的哲学基础上，建立了古希腊第一个艺术本体论。

在哲学上，亚里士多德与柏拉图的一个最显著的区别便是他的经验主义。他批判了柏拉图的理念论，认为科学研究应当从最具体的个别事物（第一实体）出发，然后再找出它们的原因。在亚里士多德看来，无论是自然事物还是人工制品，都是由质料、形式、动力、目的四种原因①构成的。质料因是指事物构成的物质性的因素，从具体的水、火、土、气到一般的"原子"、"种子"都是属于质料因；形式因是事物的实现形状；动力因是事物形成的动力；目的因是事物形成后所

图3-5 亚里士多德

要追求的效用。例如一所房屋，砖瓦木石是质料，建成后的房屋是形式，建筑师的活动是动力，房屋用来居住是目的。而动力、目的又从属于形式因，因此一切事物主要是由质料和形式构成，同时这两者又处在不断上升的等级序列中，低级的形式对于高级形式又成为质料。例如，砖瓦对于构成它的泥土来说是形式，对于它所构成的房屋来说又是质料。因此，这样追溯下去，必定有一个最高的绝对形式，它凌驾于一切相对的形式之上。作为动力因，它是万物的"第一推动力"；作为目的因，它是最高至善、最终目的，它是没有质料的"纯形式"，也叫作"神"。这样，亚里士多德就回到柏拉图理念论的理性主义立场，将那最普遍、最抽象的东西当作最现实的东西而与具体事物割裂开来，并由此走向了神学目的论。神学目的论是他整个宇宙论的最终归宿，把握这一点，是我们进一步理解他的美学体系的关键。

在《诗学》中，亚里士多德通过对大量艺术作品的分析、研究，展开了对艺术本质的形而上论证。首先探讨的是艺术的本体问题。艺术的本体是什么？古希腊传统的艺术观念是：艺术是模仿。这个观念揭示了艺术与现实的根本关系，表现了古代人们对艺术本体的直观的、质朴的认识。但是，如果把艺术仅仅看作是对客观事物的被动的摹写和照相式的反映，那么，艺术从本质上来说就不具有历史理性的内涵和客观真理的意义。柏拉图因此对艺术的本质做了否定的推理，提出了他不同于传统观念的独特的看法。他认为，艺术模仿的是现实事物，而现实事物又是模仿理念的，因此，艺术与最真实的理念世界隔了三层，是模仿的模仿，影子的影子。这种模仿的艺术永远也不能超越现实而达到理念世界，

---

① 亚氏"四因说"，可谓古希腊自然哲学的集大成者。"质料因"即"事物所由产生的，并在事物内部始终存在着的那东西"，来源于以泰勒斯为首的米利都学派以及留基伯和德谟克利特的"原子论"；"动力因"即"那个使被动者运动的事物，引起变化者变化的事物"，来源于赫拉克利特的"火"和恩培多克勒的"爱憎说"；"形式因"即事物的"原型亦即表达出本质的定义"，来源于毕达哥拉斯学派的"数"和柏拉图的"理念"；"目的因"即事物"最善的终结"，可追溯到巴门尼德的"存在"和阿那克萨歌拉的"理性"。"四因说"是对古希腊早期自然哲学各流派和学说所进行的一种"对号入座"的整理。

所以表达不出真理，表现不出真正的、最高的美。亚里士多德正是在这一点上表现出与柏拉图截然相反的看法。如果说，此前的哲学家们在美学中通常是从美的本质自然而然地推出艺术的本质，把艺术看作不过是美的一种现象和模仿美的一种手段，那么到亚里士多德则颠倒过来了。亚里士多德很少专门谈到美，凡是他论及美的地方，也是与善、目的以及有目的的创造（艺术）联系着谈，即美善整一。可以说，亚里士多德对美的本质规定正是从对艺术本体的探讨中引申出来的，他是西方美学史上首次把美学当作"艺术哲学"来研究的哲学家。

古代希腊人的"艺术"（Techne）概念与今天所说的概念不同，它包括一切人工制品，如工艺、技术、技巧，乃至政治、法律等等，凡是含有人的目的性的一切活动都叫艺术。亚里士多德从他的神学目的论出发，把这一概念更进一步推广到自然界一切事物中去。他虽然也注意到自然的产物与人工产品不同，它"为自然所创造，其所由来为物质，其所成就即自然间显存万物"，而人工制品则"或出于技术，或出于机能，或出于思想"，但是由于自然产品与人工制品的"创造的起点"都可归结为"形式"，所以"自然所成事物与技术制品也相同。种子的生产作用正像技术工作，因为这潜存有形式"。朱光潜认为，"实际上亚里士多德是把'自然'或'神'看作一个艺术家，把任何事物的形式都看成艺术创造"①，这可以说是抓住了亚里士多德美学思想的主要线索。

建立在神学目的论基础之上的亚里士多德美学思想模式可以概括如下：宇宙万物皆为神的艺术品，人本身则是神的最优秀的作品；人的艺术是对神的艺术的模仿；艺术的本质特征是有机的整体、多样的和谐，这不但反映了万物的本质，也体现了神的目的。因此，美就是神的目的，或者说是实现了神的目的的东西。正因为它们实现了神的目的，才美，也才是艺术，才是艺术品。

亚里士多德认为，所有的艺术在本质上都是模仿。各种艺术之间实际上"只是有三点差别，即模仿所用的媒介不同，所取的对象不同，所采的方式不同"。媒介指各门艺术的物质手段，如绘画用颜色来模仿，诗歌用语言、节奏来模仿，音乐用音调来模仿，悲剧用行动来模仿；对象指各门艺术表现的对象，如悲剧模仿好人，喜剧模仿坏人；方式指各门艺术的表现形式，如史诗用叙述式，悲剧用表演式。可以说，亚里士多德的整个艺术哲学都是从模仿论出发的，他建立了一个系统化的艺术模仿的学说。

1. 亚里士多德强调模仿应该是模仿事物的本质和规律，而不是柏拉图所谓"影子的影子"

亚里士多德认为，既然整个世界无非是神的目的支配的，那么艺术反映自然，就可以间接地反映出神的意图；真正的艺术可以不受现存自然事物的局限，而去描写那些在神的目的中可能出现或必然出现的事物：

> 显而易见，诗人的职责不在于描述已发生的事，而在于描述可能发生的事，即按照可然律或必然律可能发生的事。历史家与诗人的差别不在于一用散文，

---

① 朱光潜：《西方美学史》，《朱光潜全集》第六卷，合肥：安徽教育出版社1990年版，第86页。

一用"韵文";希罗多德的著作可以改写为"韵文",但仍是一种历史,有没有韵律都是一样;两者的差别在于一叙述已发生的事,一描述可能发生的事。因此,写诗这种活动比写历史更富于哲学意味,更被严肃地对待;因为诗所描述的事带有普遍性,历史则叙述个别的事。①

"更富于哲学意味"即更能揭示出事物的普遍的内在规律,亚里士多德由此把"可然律和必然律"作为衡量艺术表现生活的一个重要标准。在这里,艺术和诗被提高到和哲学相当的地位,甚至高于经验科学:"知识和理解属于艺术较多,属于经验较少,我们以为艺术家比只有经验的人较明智……只有经验的人对于事物只知其然,而艺术家对于事物则知其所以然。"②

2. 在模仿的对象上,亚里士多德认为艺术应当集中模仿"在行动中的人",而对人的模仿又集中于对人的心情的模仿

他认为在这一点上,画不如诗,诗又不如音乐,音乐可以说是"最富于模仿性的艺术"。这在一定程度上摆脱了由于把模仿看作一种认识而带来的过分冷静的弊病,而为艺术的情感表现留下了一定的余地。此外,柏拉图把诗人的创作归结为诗神凭附诗人身体,诗人在迷狂状态的灵感中,看到天国美妙绝伦的景象,从而写出动人的诗篇来。这种带有浓郁的神秘主义的创作论,是亚里士多德根本无法接受的。在他看来,艺术创作是"心之理性的生产状态",艺术家在创作时,必须有"真理之引导",而不能凭兴之所至随心所欲,违背艺术本身的规律。艺术创作应该是理智的而非迷狂的,应该是现实的而非超然的。艺术家首先必须了解生活,只有了解、熟悉生活,然后在创作中才能身历其境,"唯有这样,看得清清楚楚——仿佛置身于发生事件的现场中——才能作出适当的处理,决不至于疏忽其中的矛盾。""因此诗的艺术与其说是疯狂的人的事业,毋宁说是有天才的人的事业;因为前者不正常,后者很灵敏"。③ 不正常与灵敏是区分疯狂与天才的分水岭。

3. 亚里士多德还从人性论的角度研究了诗的起源,并把它归结为人类天生的模仿能力

德谟克利特曾认为人们"从天鹅和黄莺等歌唱的鸟儿学会了唱歌",这种童话般的理论,只是从表面现象上粗浅地表达了一种对艺术起源的天真猜测。亚里士多德认为:诗的起源有两个原因,都是出于人的天性。一是人的模仿本能,"人从孩提的时候起就有模仿的本能(人和禽兽的分别之一,就在于人最善于模仿,他们最初的知识就是从模仿得来的)"④;一是人的音调感和节奏感的本能。因为人对于模仿和音调、节奏总是会产生快感。那些天生最富于这两方面本能的人,就是从最原始的艺术冲动中一步步将艺术创造

---

① 《诗学·诗艺》,北京:人民文学出版社 1962 年版,第 28－29 页。
② [古希腊]亚里士多德:《形而上学》,转引自朱光潜:《西方美学史》,《朱光潜全集》第六卷,合肥:安徽教育出版社 1990 年版,第 91 页。
③ 《诗学·诗艺》,北京:人民文学出版社 1962 年版,第 55－56 页。
④ 同上,第 11 页。

了出来。由对物体的描摹而出现了绘画、雕塑,由临时口占而出现了诗歌。亚里士多德把艺术的起源建筑在人的天性上,这就排除了导致艺术起源能够发生的偶然的技巧的可能性,直接深入到原始艺术产生时创造者的心理状态和内在因素。他在提出模仿天性的同时,还提出了音调感和节奏感的天性在艺术起源中的决定因素,这已经触及近代人类对艺术起源探讨的真正焦点了。因为,无论是近代的艺术起源"游戏说"还是"劳动说"等,都指出了人的节奏感与原始艺术起源的深层关系。

从艺术是模仿这一古老的说法,到柏拉图对其的否定,再到亚里士多德的否定之否定,展示了古代希腊人对艺术本体认识的曲折过程。亚里士多德对艺术本体的探讨,达到了那个时代的制高点。他的艺术本体论学说,在西方美学史上第一次深刻揭示了艺术与生活的关系。他不仅描述了生活是艺术的本源,认为任何艺术都是对现实生活的模仿,同时还指出艺术的理性内容与生活内在逻辑的统一。艺术所表现的"必然律或可然律",就是现实生活发展的普遍性和必然性。因此,虽然亚里士多德沿袭古希腊传统的说法"艺术是模仿",他是"古希腊哲学家中讲模仿讲得最多、最全面、最深入的一人",但他所讲的模仿已经有了全新的内涵。它的要旨在于从特殊的人物和事件中找出普遍的意义,揭示出事物发生、发展的本质规律来。这样的"模仿",实质是"创造"。因此亚里士多德把艺术看作"创造的科学",以区别于"理论的科学"(数学、物理学)和"实践的科学"(政治学、伦理学)。这样"模仿"的艺术,不仅仅是人们娱乐的对象,而且还具有生活教科书的性质,比编年史"更富哲学意味",从而具有认识生活和教育的内容。认识生活,这是艺术在漫长的人类文明史中所担当的重要角色,艺术也曾出色地担当过这一角色。当人类已经认识到艺术的这一重要作用时,就标志着艺术的自觉时代来到了。可是,古希腊这一艺术自觉的思想,在亚里士多德之后,被长达千年的中世纪基督教神学思潮淹没了。直到文艺复兴,人文主义者才重新点燃这一思想,用文艺来成功地推动对旧生活、旧观念的改造,为西方文艺史写下了灿烂辉煌的一页。

另一方面,亚里士多德把模仿看作人的天性,因此,艺术是模仿也是人的天性的表现。艺术活动也是人的生命活动,是人的一种深层的存在方式,在艺术与人之间,也因此具有一种本能的依恋。"人对于摹仿的作品总是感到快感",人类在艺术活动中的这种快感是一种原始的、本能的、最具深层体验的快感,在这种快感中,人类似乎寻找到了自己的本体,发现了生命的真谛。艺术本体在这个意义上,也就是人的生命本体,是生命本体"在"的显现。在亚里士多德的这些平静的、甚至没有得到完整表述的思想中,我们不难发现一种深邃的激情。这不仅是对艺术本体的一种深刻的揭示,也是现代非理性主义美学和"酒神"文化之滥觞。

三、美和艺术的研究:贺拉斯、斐罗斯屈拉特、朗吉弩斯、普罗提诺

一般说来,希腊化—罗马美学在哲学美学上不及古希腊美学那么绚丽多彩,但在文艺美学上所进行的理论开创工作,却显示出其特有的光彩,尤其是贺拉斯、斐罗斯屈拉特、朗吉弩斯对诗学研究做了重要的推进,他们分别在适宜、想象、崇高诸美学范畴的研究上做了重要贡献,对美学的发展产生了重要的影响。

1. 贺拉斯(Horatius,前 65—前 8)

在亚里士多德提出的美即整一的基础上,结合斯多葛派①的"得体",贺拉斯提出了艺术美在于"适宜"(Decorum)。贺拉斯在《诗艺》中指出,当时罗马文艺创作中存在种种违背整一性的现象:有的胡乱拼凑,缺乏统一性;有的只求局部毕肖,忘记了整体效果;有的虽有"一两句绚烂的辞藻",但又显得"不得其所";有的"书中的形象就如病人的梦魇,是胡乱构成的,头和脚可以属于不同的种类"。总之,这些艺术家所犯的错误,关键就在于"他不懂得怎样表现整体"。由此,贺拉斯提出,"不论作什么,至少要做到统一、一致",只有遵循整一性,才能使艺术达到适宜性。何谓适宜性?在贺拉斯看来,适宜性无非就是人们所理解的"恰到好处",即合情合理。如果把这条原则展开,实际上大致可以分为三方面:

(1) 合乎自然创造的真实。贺拉斯认为,自然是世界万物之母,也是人类之母,它不仅创造了人类,而且也赋予人类以生命、情感与心灵。因此,人类应遵循自然去描写,如果违背自然,也就不符合自然创造的真实。同时,大自然创造五彩缤纷的世界,也创造了各式各样的人,人的身份不同,年龄不同,阶层不同,甚至地域不同,民族种

图 3-6　贺拉斯

族不同,都会使人物的遭遇不同,由此引起的内心情感也不同,只有根据人的具体情况来描写他们的内心活动,才能使人感到真实可信,才能做到合情合理。

(2) 合乎欣赏者欣赏心理及情感的真实。贺拉斯认为,艺术的目的是为了让读者喜爱,给人带来欢乐与教益。因此想达到这一目的艺术家就必须注意欣赏者的欣赏水平、接受能力与欣赏习惯,关注欣赏者的具体情况,使自己的艺术创作真正符合欣赏者的心理需要,合乎欣赏者的情感真实。

(3) 合于艺术本身的法则。就艺术本身而言,艺术的各种构成要素需要配合适当,自相一致,构成统一的整体,才是适宜。在题材上,"或则遵循传统,或则独创,但所创造的东西要自相一致";在人物塑造上,必须做到恰如其分,形如其人;在情节安排上,应选择适当方式来展示情节,适当运用各种因素来配合情节的发展;在语言运用上也要注意适度,"在安排字句的时候,要考究,要小心,如果你安排得巧妙,家喻户晓的字便会取得新义,表达就能尽善尽美"。

---

① 斯多葛学派(The Stoics)是希腊化时代一个有极大影响的思想派别,被认为是自然法理论的真正奠基者。它的创始人是芝诺(Zeno),由于他讲学的地方是在公共建筑下面的柱廊(Stoa),希腊人称之为斯多葛(Stoic)。其代表人物有爱比克泰德、马可·奥勒留、克里斯普等。斯多葛派把宇宙看作是美好的、有秩序的、完善的整体,由原始的神圣的火种演变而来,并趋向于一个目的。人则是宇宙体系中的一部分,是一个小火花。因此,人应该协调自身,与宇宙的大方向相协调,最终实现这个大目的。

贺拉斯认为,艺术有不可忽视的社会教育作用。艺术是一种美,它能给人带来美感享受,但是美感享受的中心必须包含进步的、有益的思想内容,这是艺术的更深刻、更本质的价值所在。贺拉斯谈到,如果是一出毫无趣味的戏,高傲的青年骑士会掉头不顾;而如果是一出毫无益处的戏,长老们则会把它驱下舞台。因此,"诗人的愿望应该是给人益处和乐趣,他写的东西应该给人以快感,同时对生活有帮助……寓教于乐,既劝谕读者,又使他喜爱,才能符合众望"①。"寓教于乐"是诗人进行艺术创作的目的,也是艺术品成功的标志,同时还是艺术品发挥其社会功能的重要表现:"既劝谕读者,又使他喜爱",教益与娱乐二者是兼顾的,不能忽视任何一面。二者之中,教益是首要的,娱乐仅占第二位。艺术的社会功利性要求艺术必须给观众有益的东西,给人的思想、理性以健康的食粮。贺拉斯认为,教益与娱乐二者是交织在一起的,艺术品在给人教益之时,仍引人快乐;在给人快乐之时,也渗透着教益的内容。这就是说,艺术品必须通过唤起人的情感效果来实现教益的目的。如何引起观众的快乐?贺拉斯认为,这就需要作品具有"魅力"。他说:

  一首诗仅仅具有美是不够的,还必须有魅力,必须能够按作者愿望左右读者的心灵。②

显然,美与魅力不是一回事。美在适宜,而魅力却在心灵的打动。魅力是一种打动人心灵的力量,它既然能打动人,支配人的心灵,当然是唤起了人的情感,使读者受到了深深地感染。而作品所具有的这种感染力、打动人的力量来自诗人:

  你自己先要笑,才能引起别人脸上的笑,同样,你自己得哭,才能在别人脸上引起哭的反应。③

成功的艺术品应该是美与魅力的结合,才能实现"寓教于乐"的功能。魅力正是作品引人喜欢、给人快乐的秘密所在,因而,魅力与寓教于乐是密不可分、紧密关联的。它们经贺拉斯首次明确指出,影响深远。

2. 斐罗斯屈拉特(F. Philostratus,170—245)

斐罗斯屈拉特认为,艺术是一种模仿,没有模仿就不会有艺术,只会像小孩子的胡乱涂抹,毫无目的亦毫无意义。由于"我们人生性爱摹仿",画天上的云彩时,才会把云彩视为宛如狼、马、独角兽等各种动物的形式,模仿它,画在画布上。因此,"'摹仿'是人生来自然就会的",模仿完全是人的天性,人在看天上的云彩时就会自然而然地把它们视为动物的形式,这不需要学习。如果这些动物的形式仅仅存在于人的心里,并不需要画在画布上,这种模仿只是用心的模仿,如果需要用绘画的形式表现出来,则必须要用心又要用手的模仿:

---

① 《诗学·诗艺》,北京:人民文学出版社1962年版,第155页。
②③ 同上,第142页。

摹仿就有两种，我们可以说叫作绘画的那种摹仿是要用心又要用手来描绘事物的，另一种摹仿却只用心去创造形象。①

斐罗斯屈拉特认为，"用心去创造形象"就是想象，而"想象比起摹仿是一位更灵巧的艺术家"。从根本上说，想象仍属于模仿，但由于想象具有"一种充满智慧的指导"，它又比模仿高出一等。同是表现神，希腊人用人的形象，埃及人却用动物的形象。希腊人用人的形象表现神之所以比埃及人的神更为优美生动，当然不是说希腊人的神就比埃及人的神更真实，而是指希腊人更多地运用了想象，是在智慧的指导下去创造的，故而扣人心弦，令人难忘。因此，想象高于模仿，其特征表现为如下三点：

（1）创造性。"摹仿只能造出他已经见过的东西，想象却能造出他所没见过的东西。"模仿只能跟随现实亦步亦趋，按照现实已有的样子依样画葫芦，而想象却能"用现实作为标准来假设"，它可以立足于现实，大胆去假设，去创造现实中没有的东西。它们是现实中可能有的，应该有的，而不是已经有的东西。正因为是现实可能存在、过去还没有存在的东西，所以它们是人所创造出来的。又因为它们是建立在现实存在的基础上假设出来的，因而又能给人以真实感。

（2）理想性。"摹仿有惊惶失措的时候，想象却不会如此，它会泰然升到自己理想的高度。"即使模仿力图完全照搬现实，它也永远不能达到与现实一模一样，因而它在现实面前只能诚惶诚恐，唯恐越雷池半步，只能自叹弗如。而想象由于需要大胆假设，因此它就能根据人的理想来进行设计、创造。这样，艺术家就可以通过自己的理想来重新描绘现实，改变现实，使其在现实性的描绘之中深深渗透理想性，这种向理想境界的飞腾，使艺术家超越了现实。

（3）自由性。"如果你要想象出天神宙斯的形象，你就得把他和天空、四季的变迁和星辰的运行摆在一起去想，像斐底阿斯在这座雕像里所努力企求的；如果你要刻画雅典娜，你就得从心眼里佩服她的足智多谋、文武全才，发现她是直接由宙斯产生出来的。"模仿要照搬现实、追随现实，艺术家只能做现实的奴隶，按现实的眼色行事，他不可能也不应该去自由发挥。而想象却可以去创造现实中可能没有的、更理想的东西，这就给艺术家以最大的自由。艺术家完全可以用智慧来指导自己，大胆地去创造新事物。并且，艺术家为了更好地进行创造，他就可以而且也应该自由地发挥，才能更好地表现自己的理想。

由于斐罗斯屈拉特看到了想象的这三个明显特点，因而也就把艺术创作与欣赏的基础建立在想象上，这就为后人突破艺术模仿论奠定了理论基础。

3. 朗吉驽斯（C. Longinus，213—273）

朗吉驽斯在其《论崇高》中已完全摆脱了亚里士多德模仿论的束缚，艺术中的情感因素和想象因素在他这里得到了综合性的强调。朗吉驽斯极力推崇柏拉图，到处使用柏拉图灵感说的词汇，如"迷狂"、"狂喜"、"心醉神迷"等等。在他那里，想象不再是斐罗斯屈拉

---

① 转引自北京大学哲学系美学教研室编：《西方美学家论美和美感》，北京：商务印书馆1980年版，第51页。

特所谓的一种模仿,而是"指这样的场合,即当你在灵感和热情感发之下仿佛目睹你所描述的事物,而且使它呈现在听众的眼前";其目的也不再是贺拉斯所谓的给人以理智的愉悦或轻松的消遣,而是以"使人惊心动魄为目的","表达强烈的情感",并"把情感传给观众,使他们如醉如狂地欢欣鼓舞",以致"心醉神迷地受到文章中所写出的那种崇高、庄严、雄伟以及其他一切品质的潜移默化"①。朗吉弩斯的美学观反映了其时一种摆脱理智和对外在世界的模仿,转入对内心世界的情感表现的审美趋势。

4. 普罗提诺(Plotinus 又译普洛丁,205—270)

普罗提诺是西方美学史上第一个成功地把美和艺术统一在一个美学体系里的人。罗素指出,普罗提诺的形而上学"是从一种神圣的三位一体,即太一、精神与灵魂,而开始的"②。太一,是普罗提诺哲学的最高概念,太一是万物终极唯一的最高本原,它产生出一切,但它又超越一切存在,而不是"万物中的一物",它没有任何具体规定性,因而是不可言说的,人们只能说它是它自身(有时候普罗提诺干脆称之为神)。由于太一有见到自身的内在要求,于是太一就流溢出心智。太一与心智的关系如同太阳与光的关系。在普罗提诺所说的心智中,包含一切观念和概念,即一切事物的原型,就这一点而言,心智相当于柏拉图的理念,只是柏拉图的理念是自在自足的,而普罗提诺则把太一置于其上。由太一流溢出的心智也仿效太一而流溢出此等的存在"灵魂"。灵魂一方面有趋向心智的倾向,另一方面又必然趋向现实界而与物结合,成为物的形式而形成自然。

由太一流溢出心智、心智流溢出灵魂、灵魂与物结合而形成现象界的过程,就是太一创造世界的过程。一方面从太一到现象界按完美程度的不同依次属于由高到低的等级;另一方面,为求得完善,每一低等级的事物必然要追求较高等级的事物,与流溢的过程相反而走一个回归的过程。当人的个体灵魂降入身体并与之结合时,人便堕落了,阻碍了灵魂与太一的交往。人的使命就在于完善自我的灵魂而回归到神(或太一)。要达此目的,人必须通过一系列具有神秘色彩的宗教启示、伦理实践及艺术创作等活动,摆脱尘世的纷扰,满怀虔诚地进入一种出神状态进而达到物我两忘、神人合一的审美境界。

普罗提诺的神秘主义美学正是包含在这种超越哲学中。他的美学思想的全部意图旨在说明:处于此岸的物质世界之美不在物体本身,而在于向彼岸的超越,即反映太一或神的光辉。普罗提诺说:"神才是美的来源,凡是和美同类的事物也都是从神那里来的。"世界因其距神或太一的远近有层次之分,那么由于神是美的根源,美也有等级之分。依由低到高的次序分别是事物美、心灵美、理念美(或神之美)。艺术问题是普罗提诺美学的一个重要组成部分,在普罗提诺看来,艺术美来源于理念。他说:

两块石头并列在一起,其中一块还不成形,还未经艺术点染,另一块却已经由艺术降付过,变成神与人的雕像……这块已由艺术按着一种理式(又译理念,

---

① 转引自北京大学哲学系美学教研室编:《西方美学家论美和美感》,北京:商务印书馆1980年版,第49-50页。
② [英]罗素:《西方哲学史》,上卷,何兆武等译,北京:商务印书馆1982年版,第363页。此处"精神"即"心智"。

引者注)的而赋予形式的石头之所以美,并不能因为它是一块石头。而是由于艺术所赋予它的那种理式。这种理式原来并不在石头材料里,而是被贯注到顽石里之前,就已在构思的心灵里。①

艺术美虽然源于理念,但并不等于理念美或心灵美,而是处于事物美与心灵美之间的一种美。艺术美高于事物美乃由于艺术美由心灵所创造,而心灵更接近理念世界。普罗提诺继承了柏拉图对感性世界与理念世界之区分,以及把理念世界作为唯一真实世界的思想。但不同于柏拉图,普罗提诺在感性世界和艺术之间突出了心灵的作用。心灵接近真实界(理念世界),是它将理念赋予物质而使之具有了形式,具有了整一性。因而艺术中是有理念存在的,它不仅不低于感性世界的自然,相反,由于其模仿了理念世界,能够避免自然难以避免的缺陷,它远高于自然。在普罗提诺的论述中还潜存有这样一个重要思想,即艺术是一种美的创造。感性事物由于分有了理念也是具有美的,但是艺术美之所以高于感性自然乃在于心灵的创造。心灵接近理念世界,而理念本身就是纯粹美,是感性事物美的来源,心灵赋予物体以理念,从某种意义上说,就是赋予物体以美。换句话说,艺术乃是一种美的创造,这种创造恰是艺术高于自然的内在原因。肯定艺术是美的创造,不仅突出了主体在美的创造中的能动作用,而且确立了美与艺术的内在联系:美是艺术的内在目的。在此基础上,一个根本性的美学原则也被确立起来,那就是肯定美是艺术创造与艺术价值的评判标准。这一点曾被誉为"柏罗丁(普罗提诺的又一译法,引者注)之无可超越的成就"②。

第二节 近代人文美学

在近代人文美学阶段,前康德认识论美学(包括英国经验派和大陆理性派)是美的研究,康德美学是审美的研究,维柯、席勒、黑格尔美学是艺术的研究。此时,西方美学在更高层次上回到了它的逻辑起点。

一、美的研究:英国经验派美学、大陆理性派美学

1. 英国经验派:作为感性认识的美感论

英国经验派哲学开始于培根(F. Bacon,1561—1626)和霍布斯(T. Hobbes,1588—1697),系统化于洛克(J. Locke,1632—1704)。洛克在《人类理智论》中首次以人类的认识机制为核心,建立了一套系统的经验主义认识论。洛克声称,人类一切知识来源于经验,人生之初,心灵犹如一块白板,没有任何标记,无论在思维领域还是在道德领域,都不存在作为知识源泉和基础的天赋观念,只有后天的经验才在这块心灵的白板写上观念的文字。因此,人类的全部知识都建立于经验。洛克还将事物的属性进行分

---

① 转引自北京大学哲学系美学教研室编:《西方美学家论美和美感》,北京:商务印书馆1980年版,第59页。
② [波]达达基兹:《西洋古代美学》,刘文潭译,台北:联经出版事业公司1981年版,第522页。

类,分为第一性的质和第二性的质。第一性的质是指事物自身所固有的原初性质,包括体积、广袤、形相、动静、数目,它们不以人的主观意识为转移,客观地存在并独立于人的意识的客观事物中。第二性的质不是客观事物本身所固有的,不是存在于对象本身中的东西,而是事物第一性的质在人们心中产生的各种不同的感觉,如色彩、声音、气味、滋味等等。

洛克的学说其时风靡英伦三岛和整个欧洲,哪怕是那些反对者也不知不觉地接受了他的术语和某些观点。英国经验派美学的奠基者夏夫兹博里(Shaftesbury,1671—1713)和哈奇生(F. Hutcheson,1694—1747)的美学正是在他的认识论的强大影响下形成的。既然洛克把第一性的质归于客体本身,而把第二性的质归于人的主观感觉,那么像美、丑这样的观念则更是内在主观的观念,它并不如实地反映客观对象的面貌,而是在客观事物(第一性的质)作用下,通过人自身的内在感官而体验到的,即夏夫兹博里的"心眼"或哈奇生所说的"第六感官"。

"内在感官"又称"内在的节拍感"、"内在的眼睛",它不同于视听等外在五官,是一种独立的起于直觉和悟性的天生能力,它具有直接性,即对事物性质的价值判断不经过概念和逻辑的推理。夏夫兹博里在《道德家们》一文中写道:"眼睛一看到形状,耳朵一听到声音,就立刻认识到美、秀雅与和谐。行动一经察觉,人类的感动和情欲一经辨认出,也就由内在的眼睛分辨出什么是美好端正的,可爱可赏的,什么是丑陋恶劣的,可恶可鄙的。"[①] 夏夫兹博里认为,内在感官虽与外在感官一样具有直接性,但与五官不同,它融合理性于其中,只有人类才有这种高级的先天能力。他说,草原上的牲畜欢天喜地,但不是认识到美而快乐,它们所喜爱的不是形式而是形式后面的实物,它们没有人类特有的高尚的审美感官。因此,这种高级的审美感官并不是人类与动物相同的外在五官,要欣赏美,只能通过较高级的途径,即人的心灵和理性。

哈奇生深受夏夫兹博里的影响,声称自己写书就是为夏夫兹博里辩护。他把夏夫兹博里的内在感官说发展成一个完整的伦理学与美学体系,主要表现在如下几个方面:

第一,哈奇生认为人除了通常的五官外,还有如下"内在感官":意识,通过它每个人能知道一切;美感,人们运用它来分辨美丑;道德感,对行为中善的知觉,通过它可以感知自己与他人行为中的善恶;荣誉感,它使得我们由于他人的赞许和感恩而感到高兴,由于他人的不满而感到羞愧;戏谑感,等等。

第二,内在感官与外在感官相同,都无关利害,具有直觉性,超越知识,因为精确的知识只能带来理性的快感;内在感官与外在感官不同,外在感官引起简单观念,内在感官引起美与和谐的复杂观念,简单观念只能带来微弱的快感,而拥有内在感官就能从对象中得到强烈的快感,"一首优美的乐器所产生的快感远胜过任何一个单音所产生的快感,尽管那个单音也很悦耳、完满和洋溢"。

第三,内在感官既然是天生的,又如何解释审美趣味的多样性呢?哈奇生考察了习惯、教育、观念联想等对内在感官的影响。哈奇生认为,联想规律在不同程度上影响了审美观点的形成;习惯可以增强我们的注意力和敏感性,提高我们的鉴赏力;教育灌输给我

[①] 朱光潜:《西方美学史》,《朱光潜全集》第六卷,合肥:安徽教育出版社1990年版,第236页。

们偶然的观念,它或多或少影响我们的内在感官,但这些都不能根本改变它,对事物的美的领悟仍要以我们天生的美感为前提。总之,内在感官具有不可动摇的原始性、独立性和天赋性。

夏夫兹博里和哈奇生显然都是站在洛克的认识论的立场,把美理解为"第二性的质",而把美感理解为对这种实质上是心灵之内的性质所产生的"反省的经验"。这标志着人的审美自我意识从客观美学的束缚下挣扎出来的初步努力。

如果说夏夫兹博里、哈奇生还停留于从人的自然天赋(内在感官)来研究美感的心理、生理基础的话,那么柏克(E. Burke,1729—1797)则沿着这条路深入到人的社会性本能中去了。他批评了夏夫兹博里和哈奇生的"内在感官"说,指出除了感官感觉、想象力和理解力之外,人体内并无先天的"第六感官",美感的根源不应到人的个体生理解剖中去找,而应到人类的"社会生活的情欲"中去找,这就是"爱":"我所谓美,是指物体中能引起爱或类似爱的情欲的某一性质或某些性质。"①柏克认为"社会生活的情欲"有两大类:异性间的情欲;一般人之间的交往要求或群居本能。

图 3-7　柏克

柏克指出,情欲的目的在于生殖,在于延续种族的生命。但在这方面人与动物是有区别的,动物并不凭美感去选择对象,而人则把一般性的情欲同某些社会性质的观念结合在一起。因此,它能指导并且提高人和其他动物所共同拥有的情欲,他名之为"复合的情欲",只有人所具备的"复合的情欲"才是"爱",而爱正是一般美感的主要心理内容。就人类而言,作为爱的对象,总是与人体美相联系,它总是具有"人体美的某些特点"。人之所以爱异性,除了对方是异性外,还因为对方美,所以是有选择的。

柏克所说的美感是一种社会的性质,并不是指民族性、阶级性、历史性、时代性或人民性,而是指美的对象能满足社交或群居的要求,实质上也就是他所说的第二类"社会生活的情欲"。柏克认为,作为第二类基本情欲的"一般社会生活的情欲"又可以分为三种:"同情"、"模仿"、"竞争心"。柏克谈得最多的是"同情"②:

> 由于同情,我们才关怀旁人所关怀的事物,才被感动旁人的东西所感动。……同情应该看作一种代替,这就是设身处在别人的地位,在许多事情上旁人怎样感受,我们也就怎样感受。因此,这种情欲可能还带有自身保存的性质。……主要地就是根据这种同情原则,诗歌、绘画以及其他感人的艺术才能把情感由一个人心里移注到另一个人的心里,而且往往能在烦恼、灾难乃至死亡的根干上接上欢乐的枝苗。大家都看到,有一些在现实生活中令人震惊的事物,放

---

① 朱光潜:《西方美学史》,《朱光潜全集》第六卷,合肥:安徽教育出版社1990年版,第270页。
② "同情"(Sympathy)在西文中原意并不等于"怜悯",而是设身处地分享别人的情感乃至分享他物的被人假想为有的情感或活动。现代美学家一般把它叫作"同情的想象"。同情说在柏克、休谟、康德以及立普斯、谷鲁斯等许多美学家的思想里占有重要的地位。

在悲剧和其他类似的艺术表现里,却可以成为高度快感的来源。①

"同情"是我们关心别人的种种情感中的第一种情感,由于这种同情,我们绝不会对别人的行为和痛苦熟视无睹、"冷眼旁观",而是设身处地,处于别人的地位,与别人一样受感动,在很多方面产生与别人一样的感觉。柏克从社会心理的角度,解决了亚里士多德所提出的"模仿本能"的问题,使亚里士多德关于描写丑的艺术因为模仿而可以是美的这一原理获得了新的含义:所谓模仿,其实就是一种变相的同情,描写丑的艺术之所以感人,不是因为对象本身,而是因为作家(艺术家)对这一对象的同情(即模仿),正是这种同情在观众心里造成了共鸣,引起了快感。艺术模仿本质上是将作者对一个对象的同情表达出来,借这个对象在别人心里引起同情。

在讨论了美的主观方面心理和生理基础(情欲)之后,柏克花了很多的篇幅研究客观事物本身产生美感的性质,贯穿这部分的内容有一个总的原则,就是美感指涉及客观事物感性方面的(即可用感官和想象力来掌握的)性质,这些性质很机械地直接打动人类某种基本情欲,因而立即产生美感,理智和意志在这里都不起作用。他认为美的对象的性质是:小、明亮、柔滑、具有渐进性等。正是在这个棘手的问题上,柏克遭到了美学史上几乎最多的责难。这种规定从表面看来是非常牵强附会的,也是极不确定的,尤其是将美塞进一个如此狭小的范围之内,不仅是削足适履,也显得肤浅。然而,如果我们不局限于字面,而是深入剖析这些观点的实质,就会发现柏克的这些规定并不是要给美限定一些纯客观的(不以人的意识为转移的)属性,将它们作为放之四海而皆准的标准来规范一切美。相反,他实际上已在一般形而上学意义上给美下了精确的定义,即物体中能引起爱的性质,上述属性只不过是举例说明这一定义而已。这些例子本来是可以无限列举的,只要它符合"能引起爱"这一本质规定。柏克并没有以为,美这个千古难题单靠从客观对象上拿出几种"属性"这种愚蠢的办法就可以解决。其实,柏克正是从洛克的"第二性的质"这种观点来看待美的性质的。"可爱性"虽是客体的体积、光度、运动等(第一性的质)所引起的,但它们本身作为一种"性质"则取决于人心的特点。从这种观点看,我们可以说,柏克美学本身就宣告了美的客观属性说的破产,同时暗示了美学发展的人本主义方向。

和柏克大体同时的休谟(D. Hume,1711—1776)干脆举起了主观美学的大旗。休谟美学不像柏克那样,在把美归于客观物质还是归于主观感觉这两者之间动摇;相反,他努力促成的是从一种主观,即作为认识的主观感觉,向另一种主观,即非认识的主观情感的过渡。他明确宣布:"美不是事物本身的属性,它只存在于观赏者的心里。每一个人心见出一种不同的美。这个人觉得丑,另一个人可能觉得

图 3-8 休谟

---

① 朱光潜:《西方美学史》,《朱光潜全集》第六卷,合肥:安徽教育出版社 1990 年版,第 265 页。

美。"①整个英国经验派的认识论和美学到了休谟这里已经被彻底主观化了,英国经验派美学开始突破自身的认识论美学的局限性,而跨入到了人本主义美学的领域中去,这也正是休谟美学真正的积极意义之所在。还是卡西尔(E. Cassirer,1874—1945)说得好:"休谟哲学在美学领域也占有重要的地位。而且从方法论观点来看,其贡献完全是有独创性的。休谟改造了美学论战的整个战场。"②

英国经验派美学最直接的理论成就是从美感的直观性和相对性出发,摧垮了西方传统客观美学和神学美学中占统治地位的形式主义,即把美归结为与人无关的和谐、比例、适当、多样统一、有机整体、"光辉"等形式主义观点,从而打开了人的内心世界的大门。

2. 大陆理性派:作为理性认识的美的概念论

如果说英国经验派美学是先确定个人的美感,然后再寻找它的普遍标准和美的概念,那么大陆理性派美学则是先确定美的普遍概念,然后再寻找认识和实现它的特殊途径。说得直白一点,英国经验派美学是从美感说到美,大陆理性派美学是从美说到美感。大陆理性派美学是从莱布尼茨(G. Leibniz,1646—1716)开始的。

莱布尼茨理性主义美学思想是他创立的以单子论为核心的哲学体系的组成部分。单子论主张构成世界万物的基础是单子。所谓单子,按照莱布尼茨的解释,它是一种组成复合物的单纯实体,没有部分,也不具有广延性。因此,它不是物质性的东西,而只能是精神性的。莱布尼茨曾明确说:"一切单纯的实体和被创造出来的单子就都可以称为灵魂。"莱布尼茨对美的本质和来源的看法,是建立在他的单子论的"前定和谐"说的基础上的。他认为,上帝创造每一个单子时,就已预见到一切单子的全部发展变化的情况,既预先规定了每个单子发展变化的历程和内容,也同时规定了周围其他单子发展变化的历程和内容,使其变化发展相互和谐一致,因此能保持其成为连续的整体。在他看来,这世界好比一架钟,其中部分与部分以及部分与全体都安排得十分妥帖,各部分虽然各走各的却又自然彼此一致,成为一种和谐的整体,而上帝就是做出这种安排的钟表匠,这个由上帝精心安排并作为和谐整体的世界,是"一切可能的世界中最好的世界"。从美学观点看,它也就是最美的,因为它充分体现了和谐、秩序与美的统一。莱布尼茨的"前定和谐"说,认为上帝是形成整个世界的和谐一致性的原因,因而上帝也就是一切美的源泉。"上帝是一个绝对完美的存在",他是全智、全能、全善的。上帝要给这个世界以最大限度之完善,所以"关于宇宙的美和善,我们平常总归之于上帝所做的工作"。

总之,莱布尼茨认为美就是事物的秩序,多样的统一,就是宇宙的和谐与完善。这种和谐与完善是由上帝"前定"的,只有上帝才知道它的来龙去脉,但人类可以认识和把握这和谐与完善。莱布尼茨批评了洛克的"白板说",提出著名的"大理石纹路"说,他认为,人类心灵不可能是一块"白板",毋宁说它像一块有纹路的大理石板,即人生来就有些先天的并且先验的理性认识,一种"一般概念",它们就像"隐藏在我们心中的火种,感官的接触就使它们迸射出像打钢铁时所迸射出的火花"。他把他的"连续性"原则(程度不同的事物由

---

① 朱光潜:《西方美学史》,《朱光潜全集》第六卷,合肥:安徽教育出版社1990年版,第252页。
② [德]卡西尔:《启蒙哲学》,顾伟铭等译,济南:山东人民出版社1988年版,第299页。

低到高渐次上升)应用于人的认识,认为"明晰的认识"是认识的最高阶段,它的下面有不同程度的"朦胧的认识",处于前意识或无意识状态,譬如梦中的认识就属于这一类。"明晰的认识"又分"混乱的"(感性的)和"明确的"(理性的)两种。哲学家对宇宙的"前定和谐"的认识经过逻辑思维,是为"明确的认识";审美则是认识到事物的笼统的形状,印象可以很生动,但未经分析,是为"混乱的认识",它是达到哲学的明确的认识的低级阶段。所以审美就是人凭借自己的先验理性认识(一般概念)去把握宇宙天然理性结构(前定和谐)的活动。较之于无意识,这种认识是明晰的;较之于理性认识,则又是混乱的,因此是"明晰的混乱的认识"。

莱布尼茨的门徒沃尔夫(C. Wolff,1679—1754)根据莱布尼茨的上述思想给美下了一个明确的定义:"美在于一件事物的完善,只要那件事物易于凭它的完善来引起我们的快感。"①沃尔夫的功绩主要在于对莱布尼茨的理性主义哲学加以系统化和通俗化,独到的见解不多。上述定义是把客观事实的完善和它在主观方面所产生的快感效果作为美的两个基本条件:美,是感性认识到的完善;而那"完善"则是对象自己的。

图 3-9 鲍姆加登

鲍姆加登是沃尔夫的门徒,正如沃尔夫是莱布尼茨的门徒,但他把在莱布尼茨、沃尔夫那里尚归之于客观上帝的美(和谐或完善)放到了人的主观认识能力本身之中,把莱布尼茨、沃尔夫"美是感性认识到的完善"修改为他的著名的新定义:美是"感性认识的完善"②。"感性认识到的完善",是事物固有的完善,是属于客体的,只不过要靠感性去认识;"感性认识的完善",是认识自身的完善,是属于主体的。鲍姆加登把一个包含客观美学和神学美学残余在内的认识论美学定义,改造成一个包含人本主义美学萌芽在内的认识论美学的定义。这一提法在莱布尼茨学派美学体系的内部造成了一个巨大的变革。本来,莱布尼茨、沃尔夫虽然将人的审美视为一种"混乱的认识",但这种认识所要揭示的那个对象本身(客观美或完善)却是秩序井然、静穆和谐的,只有理性才能真正把握它;但现在,美或完善被归入了这种"混乱的认识"即感性认识自身。这样一来,美学本身也就不但和客观事物的属性无关,也和对这种属性的理性把握(理性认识)无缘了。鲍姆加登在美学史上第一次对美学进行了命名,称之为"感性学"(Ästhetik),即关于感性认识的科学。他这样做的本意,是将美学与逻辑学(关于理性认识的科学)和伦理学(关于实践的科学)都区别开来。于是,作为一门独立学科的美学——感性学就诞生了。美学第一次不再是自然科学的、神学的、认识论的、伦理学的、工艺学的附庸,而有了自己独特的"形而上学"的研究领域、自己的名称。

不过,尽管鲍姆加登突破了莱布尼茨、沃尔夫的偏见,用感性认识本身具有完善性这一观点"使得一些混乱的东西变成了不再是否定的而是肯定的东西",从而迈出了"巨大的

---

① 朱光潜:《西方美学史》,《朱光潜全集》第六卷,合肥:安徽教育出版社1990年版,第325页。
② 汝信:《西方美学史论丛续编》,上海:上海人民出版社1983年版,第91页。

步伐",但由于他与莱布尼茨学派的理性主义并未脱离干系,他在离开认识论而向真正属于美学的领域即人本主义的领域迈进时,显示出这一迈进的哲学准备不足,他依然坚持莱布尼茨的"连续性原则",没有彻底把感性认识和理性认识分开,以至于重新落回了大陆理性派美学和一般认识论美学的窠臼。这个窠臼,鲍桑葵(B. Basanquet,1848—1923)称之为"理性的畸形变体"①,克罗齐则讥为"那个没有出路的既是假又不是假的逼真,那个既是理性又不是理性的巧智,那个既是感性的和物质的又不是感性的和物质的情感的迷宫"②。西方唯智主义的古老传统在鲍姆加登这里虽已是强弩之末,但仍显示出它那无法抗拒的魔力。但无论如何,鲍姆加登是一个划时代的坐标,他虽无力爬上作为一门独立学科的美学的台阶,但他撞开了它的大门,让一片灿烂的阳光照临了美的园地。"他从理性主义立场上做着海峡对岸的休谟从经验主义立场来做的同一件工作——将美学变为人的科学。"③

二、审美的研究:康德

西方近代认识论美学沿着感性和理性两条道路(它们构成认识本身的两个环节)殊途同归,最终都走向人的主体精神,从理论上真正完成这一根本性转移的人是康德(I. Kant,1724—1804)。康德是西方美学史上划时代的人物,他是真正的"近代美学之父"。康德的意义,在于他进行了一场美学"哥白尼式的革命",把美学的基本问题由传统的"美是什么"变成了"审美是什么",从而开启了近代审美心理学的先河。

图 3-10 康德

康德哲学被称为批判哲学,批判哲学是欧洲哲学发展的产物。在康德之前,欧洲有两大哲学流派,一派是以莱布尼茨、沃尔夫为代表的大陆理性主义,一派是以洛克、休谟为代表的英国经验主义。理性派主张有所谓天赋观念,人的理性有无限的潜力和可能性,人靠理性和天赋就能获得普遍必然的真理。康德把他们称为独断论者。经验派反对天赋观念说,认为一切观念都来自感觉经验,人的心灵只是一块"白板",要由经验把印象或知识刻印在上面。这一派的极端分子甚至根本否认有所谓普遍必然的真理,也不承认因果联系。康德称他们为居无定所的游牧民族,是怀疑论者。两派各持己见,几经交战(最著名的是洛克与莱布尼茨关于天赋观念和感觉经验的论争)而不分胜负,于是使形而上学陷入危机。那么,怎样使形而上学摆脱危机,获得新生呢?这就是康德面临的历史任务。康德相信其时一种流行见解:如果有两种相反的意见相持不下,真理必在其中间。因此,他想取两派的合理成分,摒弃其弱点,构成一种新的哲学。他认为两派的谬误的根源在于对人类理性能力的认识不正确:

---

① [英]鲍桑葵:《美学史》,张今译,北京:商务印书馆1985年版,第241页。
② [意]克罗齐:《作为表现的科学和一般语言学的美学的历史》,王天清译,北京:中国社会科学出版社1984年版,第59页。
③ 邓晓芒、易中天:《黄与蓝的交响——中西美学比较论》,武汉:武汉大学出版社2007年版,第136页。

经验派低估了人的理性能力,根本不去运用它,导致了怀疑论;理性派高估了理性能力,竟至于超经验地使用它,让它去认识根本不可认识的神、自由、灵魂等经验中不存在的对象,因而陷入了独断论。为了克服两派的局限,给认识奠定坚实的基础,首先要考察、研究、澄清人的理性能力自身,为其划定范围和界限,这就是所谓"批判",即追问知识是否可能和如何可能。

对理性的批判称为批判哲学,批判哲学的核心问题是"先天综合判断如何可能"。这个问题实质上就是把理性派的先天观念与经验派的感性经验结合起来是否可能的问题。为了回答这个问题,康德写出了《纯粹理性批判》,在这部著作中,康德主张人的认识由感性开始,逐步与知性和理性相结合。康德认为人的能力不限于知识,还有伦理道德,即实践的一面,为此他写出了《实践理性批判》,在批判经验派的伦理思想(道德即快乐、幸福)和理性派的伦理思想(道德即完满、神的意志)的基础上提出了"普遍立法形式"、"人是目的"、"意志自由"等道德律令,又由德行和幸福的二律背反引出了至善的概念,最后以灵魂不灭、意志自由、上帝存在三个实践理性的公设而告终。这样,哲学就有了认识论和伦理学两大部分,前者使用的是自然概念,后者使用的是自由概念。这两个领域虽然都来源于人的最高理性,却彼此对立,难以统一。这是因为自然概念尽管能在直观中表现、掌握和认识对象,但所认识的并不是物自体,而是现象。反之,自由概念能表述超感性世界,却不能以直观的方式来表述,无法以经验加以验证。一个是现象界的此岸世界,一个是物自体的彼岸世界;一个是认识能达到的,一个是认识不能达到的。两个世界的桥梁如何才能架设起来?康德又按照他一贯的思想,从主体的机能着眼来解决这一问题。他按欧洲传统的观点,把人的心灵机能分为三种:认识机能、愉快及不愉快的情感和欲求机能,也就是通常所说的知、情、意三种机能。与此相应,他又把人的认识能力也分为三种,与认识相关的是知性,与欲求相关的是理性,与情感相应的是判断力。这三种能力又各有自己的先验原理和应用部门,这样,人的主体机能、先验原理和具体应用就构成了一个完整统一的体系。康德把这一体系列成一张表①:

表3-1 人的主体机能、先验原理和具体应用体系表

一般心意机能	认识能力	先验原理	应用
认识能力	知性	合规律性	自然
愉快及不愉快的情感	判断力	合目的性	艺术
欲求机能	理性	最后目的	自由

这张表是对康德哲学最简明、最高度的概括,其哲学体系的全部要点尽在于此。在这张表中,判断力介于知性和理性之间,它应该也必须把知性和理性联结起来。为论证这种联结的可能性,康德写出了第三大批判——《判断力批判》。

康德著作一向以难读难懂著称于世,据说他有一个叫赫尔兹的朋友,是专门研究哲学的,读了他的《纯粹理性批判》原稿的一半就退还给他,说:如果再读下去,非发疯不可。

---

① 蒋孔阳、朱立元主编:《西方美学通史》第四卷,上海:上海文艺出版社1999年版,第7页。

对于初学者来说，首先要克服的最大障碍是康德哲学中的一些理论术语，例如"想象力"、"知解力"、"理性"、"判断力"、"目的"、"合目的性"、"必然"、"自由"等等，这些术语在康德著作中皆非通常意义，如果我们用常用的意义去理解它们，就会发生误解。康德把认识限定于现象界（"物自体"是不可知的），把认识功能限定在想象力和知解力。想象力只能掌握事物的形式或形象，例如一眼看到一朵花的形状，用的就是想象力。知解力包括形式逻辑的推断、分析、综合和推理的能力，它也只能掌握自然界现象的某些部分，像"无限"、"整体"、"神"、"物自体"、"灵魂不朽"、"意志自由"之类的概念，康德称之为"理性概念"，只有通过理性才能掌握。康德的理性是与知解力（我们所谓的"理性"）对立的，它并不属于认识功能，所谓理性掌握某些概念，不过是说要使现象世界成为可理解的或合理的，就必须假定那些理性概念。康德的第一部批判虽然叫作《纯粹理性批判》，实际上它所讨论的是人如何认识自然界的必然（即规律，例如充足理由律、同一律、因果律等），心理方面主要只涉及认识功能，即知解力。至于和知解力对立的理性则主要用在肯定精神界的自由（即凭自由意志发出道德行为）方面，所以它主要属于《实践理性批判》的范围。《纯粹理性批判》只涉及知解力和自然界的必然，《实践理性批判》只涉及理性和精神界的自由，各自成为独立封闭的系统，所以二者之间就留下仿佛不可逾越的鸿沟，自然界的秩序和精神界的道德秩序仿佛彼此漠不相关。但是人的道德理想必须在自然界才能实现，精神界的道德秩序必须符合自然界的秩序，因此在理论上就必须找到一个沟通二者的桥梁。经过长期的摸索，康德认为"判断力"就是所需要的桥梁，于是写出了《判断力批判》。判断力不是知解力所用的逻辑判断，而是"反思判断"，即审美和审目的的两种判断力。康德所说的"目的"是指造物主在造物时设计安排中所存的目的。"目的分两种"，第一种是事物的形式符合我们的认识功能（想象力和知解力），它们具有某种形式，才便于我们认识到它们的形象并感到愉快，这是对于人（主体）而言，所以是主观的目的；因为这目的不是作为概念而明确地认识到，只是从情感上隐约地感觉到，所以是"主观的合目的性"。第二种目的是自然界有机物（即动植物）各有本质，如果它们的结构形式符合它们的本质，它们就是"完善"的而不是畸形的或有缺陷的，就显示出"客观的目的"。对于一种有机物按本质应该具有何种结构形式，我们必须有一个概念，才能判定它是否完善，所以和前一种"主观的合目的性"有明显区别。从情感上感觉到事物形式符合我们的认识功能，这就是审美判断；从概念上认识到事物形式符合它们自己的目的，因而显得是"完善"的，这就是审目的判断。这两种判断都不同于逻辑判断，都是对个别对象所起的感觉（即"反思判断"），而在对象是美的或完善的时候，这感觉是愉快的。

审美在康德那里叫作"鉴赏判断"，即主体从审美角度表达对对象的情感反应的活动。在《判断力批判》中，康德依照他的判断分类范畴（质、量、关系、情状）提出了鉴赏判断的四个契机：无利害而生愉快，非概念而又有普遍性，无目的的合目的性，不依赖概念却又有必然性。①

---

① 康德着重强调审美活动的特殊性，他比前人更充分地认识到审美活动中的这些相互对立的矛盾方面，也就是他所说的"二律背反"。

1. 无利害而生愉快

"鉴赏是凭借完全无利害观念的快感和不快感对某一对象或其表现方法的一种判断力。"康德认为,美是超功利的和没有实际利害关系的,人在审美时应排除利害感,以纯然淡漠的态度去欣赏美,这样才能获得美感。康德特别申明:

(1) 审美不是官能享受

单纯的官能满足或享受,康德称之为快适,"在感觉里面使诸官能满意,这就是快适"①。在这个定义里,起关键作用的是"感觉"一词。康德首先界定了包含在这一名词中的两种意义:第一种是客观的感觉,这是与对象的存在有关的感觉,称为"感官的客观表象",人经由感官从外界对象所获得的表象就是这种感觉;第二种感觉是主观的感觉,这种感觉不能成为一件事物的表象,没有表现或反映出客体的性质,只是由客体的性质所引起的纯粹主观的情绪。康德举例说:"草地的绿色是属于客观的感觉,作为对于感官对象的觉知;而这绿色的快适却是属于主观的感觉,它并不表示什么事物,这就是说它是隶属于情感,借赖它,事物被看作愉快的对象。"②两种感觉都可能是愉快的。主观感觉是审美感觉,是无利害关系的。客观的感觉如果是愉快的,就只能称为快适了。这种快适是对象满足了官能的需要,或引起了对它的欲望,主体对它不仅是赞许,还产生了爱好,人们常称此为快乐。关于快适的论述,在于告诫人们,切勿把官能的快乐误认为美感,更不能以此为根据断定审美是有利害关系的。

(2) 美不是善

自古希腊以来,一代又一代的哲学家、美学家之中,总有为数众多的人从伦理的角度来看待和理解美,有的认为美的基础是道德,有的认为美是善的一种,有的说美是真、善的统一,有的则干脆认为美就是善。这不能说毫无根据,但这类认识常常把审美与伦理混淆起来,使美学问题陷入难以厘清的尴尬境地。康德认为,一个道德方面的善的事物,也能给人以愉快,但这种愉快与审美愉快不同。与理性、自由相对应的是欲求机能,这说明不管善的概念和道德律令怎样抽象,具体的善的事物却一定与人的实际欲望相关,因而对善的愉快必定有实实在在的利害关系。善与感官的快适也有区别,虽然二者所引起的愉快都是有利害关系的,但快适只是事物对官能的直接关系,善则能够引起间接的愉快。

(3) 三种不同性质的愉快

《判断力批判》第5节的标题是"三种不同特性的愉快之比较",从愉快(审美、快适、善)与主、客体关系的角度出发,以突出审美愉快的重要性。三种愉快与事物的客观存在有三种不同的关系:快适完全依赖于物的存在,是物的质料或内容直接刺激感官而引起的,这种愉快完全是客观的、不自由的;善的愉快既受事物表象的制约,又受人的理性的制约,其中有概念和目的在起作用,也与事物的存在有关;只有审美愉快对于对象的存在是纯然淡漠的,鉴赏完全是静观的,没有概念,也没有目的,是纯粹的快感。三种愉快与主体的关系也是不同的:感官的快适给人的是快乐,美单纯地使人愉快,善是被人珍贵的。快

---

① [德]康德:《判断力批判》,上卷,宗白华译,北京:商务印书馆1964年版,第42页。
② 同上,第43页。

乐与偏爱有关,即与个别主体的感官癖好有关,肉味鲜美,但有人怕油腻,躲避唯恐不及,绝不能引起快乐。珍贵与尊重有关,某种事物得到你的敬重,你才能认为它很珍贵。审美是单纯的满意,它与惠爱有关,唯独这种愉快是自由的,因为它完全不受对象的制约。康德在这里提出了一个重要的思想,就是只有人才能有审美活动,美只适用于人。快适不仅适用于人,也适用于动物,动物也能因吃到可口的食物而感到欢快。善的愉快只能适用于理性的存在,与感性无关。审美则不然,它一方面要有一个感性对象,作为审美表象的来源;另一方面审美不涉及对象的质料,只与对象的形式有关,所以要由主体的超感性能力去把握,这种超感性能力就是人的理性,这样,人通过审美,就在自身把感性与理性、自然与社会、必然与自由连接起来,也只有通过审美,人的全面本质才能最终实现。

2. 非概念而又有普遍性

"美是那不凭借概念而普遍令人愉快的"。"审美无概念"在欧洲古已有之,柏克等人就表达过类似的思想,但"无概念的普遍性"的提出却不能不归功于康德。这种思想是针对理性主义美学提出来的一种反驳。鲍姆加登的美学是认识论的余绪,他认为审美是一种认识活动,不过是一种低级的感性的认识,这种低级的认识尽管是混乱的,却仍然与概念有关,认识依靠概念,概念保证了认识的普遍性,也保证了美的普遍性。但康德的鉴赏判断是审美的,不是认识,不以概念为工具但又要求有普遍性。

(1) 无概念却有普遍性

康德认为,这一点完全可以从审美无利害那个基本规定引申出来,鉴赏判断既然没有利害感,主体对客体就没有任何偏爱,没有任何依赖,不受对象存在的约束,因而是"完全自由的",对美的判断的根据就不仅仅与单个的主体有关,不是对某些对象有特殊好恶的感官,审美主体想当然地设想他的判断根据是大家共同具有的,由此获得的愉快也是大家一致的。由于这种想当然,人们在谈到美时,往往不知不觉地把美当成了对象的一种性质,好像审美判断是逻辑判断。当然,这仅仅是一种相似,鉴赏判断绝然不是逻辑判断。鉴赏判断哪怕真的借助于概念的逻辑判断也不能保证其愉快的普遍性,因为康德所说的愉快或不愉快是指纯粹的审美情感,由概念到这类情感没有通路,但到伦理情感却有路可通,因为道德概念和律令包含着实在的利害关系,由概念的分析和理解会引起主体的伦理性的愉快或义愤。鉴赏判断却完全不是这样,我们面对美的概念或美的各种抽象条件如比例、和谐等,无论如何不能产生真正的美感。可见,概念在纯粹鉴赏判断里没有意义,当然也就无法保证其普遍性。鉴赏判断具有普遍性,但这种普遍性不能由个体感官产生,也不能由概念得来,于是康德只好诉诸于一种特殊的"主观的普遍性"。

(2) 从量的观点比较三种愉快

感官的快适由于只凭个人的感觉,只表示个人对对象是否满意,所以没有普遍性。有人喜欢吃甜,有人喜欢吃辣,有人喜欢喝红茶,有人喜欢喝绿茶等。各行其是,互相尊重,没有人要求普遍一致。审美愉快与感官快适完全不同,它不限于个体的独特反应。在吃喝方面,恰当的说法是"这菜很合我的口味,我很爱喝这种酒,我受不了羊肉的膻味"之类,而对于审美就不能这样说了。一个人在评价某一物为美时,他不只觉得这物对自己是美的,他假定并且要求面对同一事物的人也有与他相同的审美愉快,否则他会责备那些人没有鉴赏力。所以审美方面的适用原则就不能是"个人有个人的鉴赏力",而应该说"大家有共同的鉴赏力",需要别人赞同。至于善,当然具有普遍性,假如个人有个人的善,善也就不存在了,但善的普遍性与美不同,它是一种以概念为根据的客观的普遍性。综上所述可以看出,快适、美、善这三种愉快,在量的方面呈现出三种不同的情况:单纯感官的快适是无概念的单一性或个别性,它无概念,也不要求普遍性;善有概念的普遍性,因为有概念做保证;只有美最特殊,它无概念,却执意要求普遍性,假如没有这种普遍性,它的存在就从根本上发生了动摇。把三种愉快按快适、美、善的顺序排列起来可以看出三者是由个别性向普遍性,由主观性向客观性的发展,即由主观的个别性到主观的普遍性再到客观的普遍性,这又一次显示出鉴赏判断的中介作用。

(3) 主观的普遍性

鉴赏判断无利害、无概念而又有普遍性,这是相当困难的问题,康德也自知这是"一件难解之事",要"付出不少辛劳"。感官享受和审美都是鉴赏,不过是不同性质的鉴赏。康德把前者称为"感官的鉴赏",这仅仅是个人的判断,没有普遍性;后者称为"反思的鉴赏",这种鉴赏要求普遍有效性。在实践中,往往出现一种怪现象:感官鉴赏没有普遍性,每个人也不要求别人赞同自己的味觉、视觉和听觉方面的感受,但事实上却往往众口一词,不谋而合。与此相反,审美判断要求有普遍性,每个人都期望自己的判断得到别人的同意,然而这种要求和期望却往往落空,有时还遭到别人的反对,又拿不出有力的理由说服别人。可见,从经验角度看,审美的普遍性还不如感官的普遍性更可靠,这就增加了问题的困难程度。康德首先确定,审美判断不是基于概念,但它却有普遍性,这种普遍性不是逻辑的,没有客观的量,只有主观的量,这种主观的量又称为"共同有效性",康德赋予其以特殊的含义:这个词语不表示表象与认识能力(知性、理性)的关系,它只表示表象和主体的快感和不快感之间的关系。这就向解决问题靠近了一步,"共同有效性"自身肯定了普遍性,康德对它的解释又限定了它只与主体的情感有关,综合起来恰好符合"主观的普遍性"这一提法。但是,审美判断面对的总是个别的具体事物,判断的主体是单个的人,众多个体的组合也被看成一个完整的个体,而且这对象只与主体的情感相关,所以这种判断的量就不可能是客观的量,只能是主观的量。主观的量就是不涉及客体,不表示对象的多少,对于对象来说没有效力,只对众多主体的快感和不快感才是有效的量。康德特别提醒要分辨清楚,同样说对象美或令人愉快的判断,在量上却并不相同。比如,你见到一丛玫瑰,你通过鉴赏判断称它为美,同时你通过观赏它而产生了情感的愉快,并且你要求和期望别人观赏这丛玫瑰时也有同样的感受,这就是一个单称的审美判断,它的量的普遍性是主观的。与此不同,假如你经过无数次对玫瑰的观赏,做出"玫瑰花是美的"判断,在字面上也类似于审美判断,其实则不然,这是"一个以审美判断为基础的逻辑判断",这个判断是从许多单个的经验中抽象出来的一般命题,这个命题陈述的不是主体的情感反应,而是客观对象的状况,这实际上是逻辑判断,其普遍性就是客观的普遍性。如果你闻到了玫瑰的香气,嗅觉感到了快适,你以"这朵玫瑰真香"这个语句来表达你的感觉,那么这个单称判断连主观的普遍性都没有了,它只是个感官反应。为确立鉴赏判断的普遍性,最便捷的方法就是按照概念来做鉴赏判断,但这又是万万不可的,因为一旦出现概念,审美表象就立即从眼前消失,鉴赏活动即告中止。

康德反复强调,在审美方面,是不能用理由或原则来说服别人的。没有概念和法则,正是审美的基本特征之一,不能牺牲这个特征去成全其普遍性,主观的普遍性根据还要从其他地方找。那么,这个根据到底在什么地方?在这里康德暂时留下一个理论上的悬念,将在其第四个契机里露面,那就是内在的"共通感"。

(4)愉快在先还是判断在先?

《判断力》第9节提出这么一个问题:"在鉴赏判断里是否快乐的情感先于对象的判定还是判定先于前者?"[①]康德对这个关键性问题做了明确的回答:判断在先,愉快在后。最直接的根据就是一直在论证的鉴赏判断的普遍性。在审美过程中,假如对对象的快感先行出现,然后再根据这种快感去判定对象的美,同时又要求这一判断有普遍性,这就造成了矛盾。因为对象直接引起的快感只能是官能的满足,只有个体有效性,本质上不是审美判断。只有判断在前,由判断引起愉快,才能既保证了普遍性,又有了情感愉悦。

3. 无目的的合目的性

"美是一对象的合目的性的形式,在它不具有一个目的的表象而在对象身上被知觉时。"也就是说,审美是一种无目的的合目的性。所谓"无目的",是就审美判断的客观合目的性来说的,客观上,审美判断与利害与善及任何外在目的都无关,所以是无目的的;但是另一方面,作为想象力与知性趋向于某种未确定概念的自由协调,审美又具有一种合目的的性质,因为人在审美时去掉了一切利害的和道德的内容后,只剩下了形式,这种形式在主观上是合目的的。通过这种界定我们发现,康德的美学更加接近了认识论,但康德反复强调,"审美判断只把一个对象的表象连系于主体,并且不让我们注意到对象的性质,而只让我们注意到那决定与对象有关的表象诸能力的合目的的形式"。这也就是说,鉴赏判断离不开合目的性的概念,但这与逻辑认识不同,它是形式上的合目的性,它是在表现着一个人能否以直接的感受性感受到形象与想象力相适应,这里康德仍侧重于审美的主体方面。

从关系方面看审美判断,康德提出了他的著名的"纯粹美"与"依存美"(又译"自由美"与"附庸美")的分别。只有这种不涉及概念和利害计较,又符合目的性而无目的的纯然形式的美,才算是"纯粹的美"或"自由的美"。如果涉及概念、利害计较和目的之类内容或意义,这种美就只能叫作"依存的美"。典型的依存美如"花卉、自由的图案画,以及没有目的地交织在一起的线条"。"单纯的颜色,例如一片草地的青色,以及单纯的音调,例如小提琴的某一单音",虽是"多数人所认为本身就美的",实际上却"仅依存于感官,只能叫作愉快的"。这就是说,它们只是单纯地满足感官,如果要真正见到颜色和声音的美,那就须在形式上使人愉快。音乐本来是侧重形式的艺术,似乎可以列入纯粹美,但康德仍认为它依存于感官方面的吸引力和主体方面的情绪,而这些因素毕竟与欲念有关,所以除掉无主题的幻想曲和不与歌词结合的乐曲外,音乐只能列入依存美。至于造型艺术都有内容意义,只能属于依存美。康德在"美的分析"里根本没有提到诗和一般文学,就纯粹美不能涉及内容意义来说,诗和文学当然不能列入纯粹美。自然美同是因为涉及目的等因素而只能属于依存美。由此可见,真正可以列入康德所谓"纯粹美"的事物在数量上是微乎其微的,

---

① [德]康德:《判断力批判》,上卷,宗白华译,北京:商务印书馆1964年版,第54页。

绝大部分的自然美和艺术美都要归入依存美。这种看法最突出地表现了康德美学观点中形式主义的一面。

然而，依存美虽然没有纯粹美那么自由和纯粹，但是，它却并不一定是低级美。不仅不是低级美，而且它比纯粹美更能表现美的理想，这样，康德紧接着就探讨了美的理想问题。他所说的美的理想，实际上是一个审美的标准问题。既然是标准，就不能不涉及一些客观的原则。也就是说，我们从抽象的分析来看，美的本质可以不涉及利害、目的、概念、道德等等客观的原则，而有它自己的特殊性；但是，从审美的标准来看，我们又不能不涉及这些客观的原则，又不能不考虑到审美的功能与其他功能的结合，不能不考虑到美与其他各种目的之间的关系。"鉴赏因审美的愉快和理智的愉快相结合而有所增益"，正因为审美的愉快要和理智的愉快相结合，才能增加美的丰富性和多样性，所以美的理想就不能只限于形式方面，它也要涉及理性概念。康德说："美，如果要给它找得一个理想，就必须不是空洞的，而是被一个具有客观合目的性的概念固定下来的美。"①这样，美的理想就不在于纯粹形式的纯粹美，而在于"必须有一个理性的观念依照着一定的概念做根据"的依存美。因为美的理想在于依存美，所以依存美就不一定是低级的了。它比纯粹美具有更丰富的内容，更广阔的范围。

4. 不依赖概念却又有必然性

"美是不依赖概念而被当作一种必然的愉快的对象。"康德强调，审美愉快是一种必然的快感，只要我们面对着美的形象，就必然会产生审美愉快。所谓必然性，是指事物之间内在的必然联系。美的形象和审美愉快之间，就存在着这种必然的联系。看到玫瑰花，你必然会觉得它美；读了《红楼梦》，你也必然会觉得它美。

那么，这种审美的必然性是怎么产生出来的？康德认为，这不是理论上的客观必然性，不能从概念上来推论，说人见了美的东西，因为什么理由等等，必然会觉得它美；也不是实践上的道德必然性，道德的必然性是一种义务，但人没有任何义务必须把美的事物说成是美的。鉴赏判断的必然性完全是一种"范式"性的必然性，也就是说"它是一切人对于一个判断的赞同的必然性"，这样，主观的赞同就成了审美的必然性的基础了。但是，这一主观的赞同又来自哪里呢？他说，来自于"共通感"。所谓"共通感"，也就是"人同此心，心同此理"，是一种主观性的原理，"这原理只通过情感而不是通过概念，但仍然普遍有效地规定着何物令人愉快，何物令人不愉快"。因此，"共通感"完全是一种感情上的赞同，而不是理智上或概念上的赞同。在"共通感"当中起作用的，也不是外在的感觉，而是人类"认识诸能力的自由活动"。人与人之间，有了这种"共通感"之后，我们对于美的事物进行情感上的判断，这时的情感就不是私人的情感，而是一种共同的情感，有了这种共同的情感，我们就好把我们的判断赋予它以"范式"的性质。也就是说，把它当作一个理想的规范，要求别人也必然地会赞同我们的判断。例如我们觉得《红楼梦》是美的，我们就会把《红楼梦》当作一个理想的规范，相信别人也必然会觉得它是美的。

康德通过对上述鉴赏判断（审美）四个契机的分析，得出四点关于美的结论，我们可以

---

① ［德］康德：《判断力批判》，上卷，宗白华译，北京：商务印书馆1964年版，第71页。

做如下的概括叙述：

审美不涉及实际的利害，因此不同于实践的功利活动；审美与概念无关，因此不同于逻辑判断；审美和目的无关，因此不同于道德上的善；它只是对象在形式上对我们主体心理所引起的一种愉快与不愉快的情感，引起这种情感的对象是个别的，产生这种情感的主体也是个别的，但是它却具有普遍性和必然性，能够得到众人的普遍赞同。

这样，康德就成功地揭示了美和审美的秘密："在鉴赏判断里假设的普遍赞同的必然性是一种主观的必然性，它在共通感的前提下作为客观的东西被表象着。"①也就是说，美既不是客观的，也不是主观的，也不是主客观的统一，而是"主观表象为客观"，是"以客观表象的形式表现出来的主观的东西"。它最为本质的特征，就是"超功利非概念无目的的主观普遍性"。

康德美学的内容极为丰富，对后世美学影响很大，近代美学盛行的许多观点，如"游戏说"、"表现说"、"形式说"等等，都可以在康德美学里找到源头。

三、艺术的研究：维柯、席勒、黑格尔

1. 文化人类学：维柯

维柯（G. Vico,1668—1744），18世纪意大利历史学家、法学家、语言学家、社会学家、哲学家和美学家。维柯的思想，更多地显示出与笛卡尔和莱布尼茨的对立和与培根的联系。从根本上讲，他是在意大利独特的社会历史文化环境中成长起来的一个有独创性的思想家。他从历史过程中考察法律、宗教习俗、制度、审美、艺术的形态变化及其原因，他把各种社会意识形态的发生发展联系起来，进行彼此渗透的综合性研究，从而创建了一种崭新的独立的批评方法或批评模式，即社会历史批评方法。这种方法后来经过赫尔德（J. Herder,1744—1803）、黑格尔、别林斯基（Belinsky,1811—1848）、圣·佩韦（Sainte-Beuve,1804—

图 3-11 维柯

1869）、史达尔夫人（Madame de Stael,1766—1817）、丹纳、勃兰兑斯（G. Brandes,1842—1927）等人的发展，日益成为西方美学与文艺批评方法中最有影响力的方法。

（1）《新科学》及其社会历史批评方法

维柯的主要著作是《新科学》，表达其探讨人类社会文化起源和发展的大胆尝试。他的基本出发点是共同人性论，各民族的历史发展体现出共同人性的发展，所以尽管各民族起源和处境不同，在历史发展上却必然表现出某些基本一致性或规律。

在研究方法上，维柯抛弃了过去经院哲学家蔑视客观事实和感性经验，单凭推理作出结论的形而上学方法，而采用培根所倡导的从搜集感性经验的客观事实加以分析综合而得出结论的归纳方法。维柯多次强调培根的研究方法对自己的影响，并因此而抨击以莱

---

① ［德］康德：《判断力批判》，上卷，宗白华译，北京：商务印书馆1964年版，第78页。

布尼茨和笛卡尔为代表的大陆理性派哲学及其方法。培根主张事物的本质决定于(或存在于)它的各种性质的总和,这一思想启发了维柯从各民族习俗与律法的特殊性的总和去寻求人类普遍本质与规律的研究道路。

在认识方式上,培根主张应遵循由浅入深、由低级到高级的路线循序渐进地向前发展。培根在其著作中,不止一次表示"不能够允许理智从特殊的事例一下跳到和飞到遥远的公理和几乎是最高的普遍原则上去"的做法,"只有根据一种正当的上升阶梯和连续不断的步骤,从特殊的事例上升到较低的公理,然后上升到一个比一个高的中间公理,最后上升到最普遍的公理"①。培根这种研究问题的途径影响维柯在研究人类制度的演变时从原始生活方式、习俗入手去描述这一逐渐到达文明的高级阶段的渐进过程。

在具体研究上,维柯借鉴了培根的归纳方法,从各种经验现象中,从各民族原始生活习俗中,抽取共同的本质,又用这种普遍规律去说明各民族的特殊性。《新科学》的全名是《关于各民族的共同性质的新科学的原则》,是从历史发展观点来研究社会科学的。维柯避免了培根重归纳而排斥演绎所存在的局限,他把归纳作为演绎推论的基本前提,在归纳的基础上进行推演。维柯的信条是:"研究应从问题开始时开始。"也就是说要通过由低到高的发展的全过程来探求人类共同规律而不允许把人类历史割断。这就是在《新科学》中所体现出的"历史溯源法",《新科学》在方法论上的创新之处正在于此。维柯认为历史发展的真相必须从确凿的文化史实中去寻找,而不能从近代的典籍中或论著中寻找;社会历史的本质只能从其产生的原因和发展的过程来研究并予以说明。因此,他把《新科学》的逻辑起点建立在原始文化中的习俗与典章法律的最初形成的原因之上,从而触及人类起源的诸种问题。这是维柯探讨人类社会文化起源与发展的一次大胆尝试,正因此,《新科学》在人类文化学上具有了首创的理论意义。

(2) 论"诗性智慧"

维柯在《新科学》中创立的"诗性智慧"范畴,就是20世纪人文学者所谓的"原始思维"。这是他在研究早期人类思维和社会意识的发生时提炼出来的。维柯所使用的"诗性智慧",只含有时间和思维形态上的初始含义,而不同于某些西方学者从种族歧视和文化价值论角度把"原始"一词看作是"野蛮"、"落后"、"愚昧"的观念。

在维柯之前,西方思想中对思维的理解是:人类现有的理性思维是原生态的,也是静止的、没有发展和变化的。这一看法从亚里士多德《形而上学》开始延续了两千多年。维柯在思想史上的重大贡献在于,他率先认识到人类思维经历了发生、发展的历史过程。这一过程表现为两种形态:诗性的智慧和理性的逻辑思维。两者的关系是:首先,诗性智慧在发生时间上在先,理性思维从诗性智慧中生发出来,两者都是人类思维的重要形式,"诗人们可以说就是人类的感官,而哲学家们就是人类的理智。……凡是不先进入感官的就不能进入理智"。其次,它们又是互相对立的,这种对立清晰地表现在诗与哲学的思维方式之中,"哲学语句愈升向共相,就愈接近真理;而诗性语句却愈掌握殊相(个别具体事

---

① 北京大学哲学系外国哲学史教研室编译:《十六—十八世纪西欧各国哲学》,北京:商务印书馆1975年版,第43-44页。

物),就愈确凿可凭"①。

所谓"诗性的智慧"是对原始人类整体的思维认知方式的统称,并由这种思维认知方式决定其行为方式,所以,我们也把它称之为"诗性的思维"。维柯所谓"诗性的"是指人的"创造性的想象力"或者说是"凭想象来创造",所以,"诗性的智慧"或"诗性的思维"就是指"凭想象来创造"的那种想象力极为发达的思维。维柯指出:原始人"因为能凭想象来创造,他们就叫作'诗人','诗人'在希腊文里就是'创造者'"②。维柯还概括了"诗性的智慧"或"诗性的思维"的基本特征:

① "以己度物"的认知思维方式

原始人类是如何思维的？维柯这一独特的提问方式足以显示出他的睿智和问题本身的难度。维柯发现,原始人类认知外物最基本的特点在于,他们都是以自己为中心,以自己为"万物的尺度"③来想象事物,来揣度事物,来猜测人与自然事物之间的关系,从而以此方式来认知和把握事物:"人在无知中就把他自己当作权衡世间一切事物的标准……人在不理解时却凭自己来造出事物,而且通过把自己变形成事物,也就变成了那些事物,也就变成了那些事物。"④这就是"以己度物"的思维认知方式,它包括两方面含义:其一,从认识方式上看,人从自我出发,以自己的身体感受为基准,来体验外物、比附外物,从而认识和把握外物。"人类的心灵还有一个特点:人对辽远的未知的事物,都根据已熟悉的近在手边的事物去进行判断。""在一切语种里大部分涉及无生命的事物的表达方式都是用人体及其部分以及用人的感觉和情欲的隐喻来形成的。"所以,"最初的诗人们给事物命名,就必须用最具体的感性意象"来表达。这说明了运用比喻、象征是原始人类最基本的、必然的认识手段。其二,从另一方面看,人类在以自己为中心去揣度万物时,又力图从外物中反观自己的心灵,从外物中发现和认识自己。维柯指出,"人类心灵自然而然地倾向于凭各种感官去在外界事物中看到心灵本身",而理性时代的人类,"只有凭艰巨的努力,心灵才好凭反思来注视它自己"。这清楚地说明,原始人类是在实践中不断通过认识外物来反观自己,发现自己。"反思"的思维方式只是理性思维发展到高级阶段的思维方式。所以维柯说:"一切语种中的词源学的普遍原则:词(或字)都是从物体和物体的特点转运过来表达心灵或精神方面的各种事物。"⑤这就揭示了古代人类"托物咏志"、"借物言情"的表情达意手法背后的思维基础。

② 诗性思维的情感性、具体性和创造性

维柯指出,诗性思维以肉体感觉和情感体验为认知的基础,以想象为思维的动力,从而揭示出原始的诗性思维具有将来的情感性特征。情感性特征具体显示为思维的"移情"作用,"人们在认识不到产生事物的自然原因,而且也不能拿同类事物进行类比来说明这些原因时,人们就把自己的本性移加到那些事物上去","诗的最崇高的工作就是赋予感觉

---

① [意]维柯:《新科学》,朱光潜译,北京:人民文学出版社1986版,第105页。
② 同上,第162页。
③ 古希腊哲学家普罗泰戈拉提出"人是万物的尺度",但他未能解释人成为万物尺度的原因。维柯把诗性思维的基本特征定为"形象"思维和"以己度物"是卓有见识的,形象是该思维的本质,以己度物则是认识方式。
④ [意]维柯:《新科学》,朱光潜译,北京:人民文学出版社1986版,第181页。
⑤ 同上,第108页。

和情欲于本无感觉的事物。儿童的特点就是在把无生命的事物拿到手里,并和它们交谈,仿佛它们就是些有生命的人"。这说明了原始思维之所以要以己度物,正是因为在原始人类的信念中,物我同一,物我同情,相互交流,物我互渗,这就是原始人的"生命一体化"信念。维柯所说的以己度物或主体情感向客体的移加,都是以人为本的,以主体为中心的,这与后来19世纪的"移情说"理论所解释的"移情"是"主体向客体倾泻情感,使无生命的事物具有了人一样的情感和思想,从而达到了物我同一"是完全相同的。移情,并不是指事物在人的情感作用下发生了形式的或质的变化,而是指人与事物在情感上的互渗与融合,外在事物成了主体显现情感和意愿的载体。移情,是原始思维的天然的性质。移情,正说明了原始思维的逻辑所遵循的是主体的情感趋向和愿望趋向(也叫作情感逻辑),而不是思维的推理的逻辑。可见,情感性是原始思维的重要特征。

原始思维的具体性特征是指原始人类无法用抽象的词语来表达某些精神性的意念或事物的普遍性质,每当要表达某些抽象观念时,他们总是把抽象性的观念转化成"具体的物质形式"来加以表达。例如,"时间"是抽象的观念,原始人为了表达"年"这一时间概念,往往就以具体的活动或现象来表达,"他们都通过与这些意象或观念有自然联系的姿势或具体事物去表达自己,例如用三根麦穗或三次挥动镰刀来表示三年"。维柯指出,原始思维的具体性最明显地表现为原始语言缺乏抽象的形容词,在原始思维状态下,人还不能自由地思考对象的属性,只能思考现实中的具体对象,因而只能以借喻"具体的事物"来说明事物:

> 例如用"首"(头)来表达顶或开始,用"额"或"肩"来表达一座山的部位,针和土豆都可以有"眼",杯或壶都可以有"嘴",耙、锯或梳都可以有"齿",任何空隙或洞都可以叫作"口",麦穗的"须",鞋的"舌",河的"咽喉",地的"颈",海的"手臂",钟的"指针"叫作"手","心"代表中央,船帆的"腹部","脚"代表终点或底,果实的"肉",岩石或矿的"脉","葡萄的血"代表酒,地的"腹部",天或海"微笑",风"吹",波浪"呜咽",物体在重压下"呻吟",拉丁地区农民们常说田地"干渴","生产果实","让粮食胀肿了",我们意大利乡下人说植物"在讲恋爱",葡萄长的"欢",流脂的树在"哭泣"……①

原始思维的具体性特征决定了古代人的语言特征,即以具体的事物或感性的意象来表达思想观念。这种表达方法就是"借此而言彼"的比喻和象征方式,即"诗性的"表达方式,正是在这个意义上,维柯说古代的英雄都是"诗人"。

原始思维具有创造性。维柯充分认识到原始思维的核心和动力是"想象"。他指出,诗性的智慧"是一种感觉到的想象出的玄学……这些原始人没有推理的能力,却浑身是强旺的感觉力和生动的想象力"。想象,就是人凭借记忆中的感觉材料,把原型的内容变形、放大,按照情感的趋向去改变、复制和创造。这说明了原始人不仅是用想象去认知事物,而且在认知和想象中就蕴含着创造性,这就是维柯著名的见解,即"认识事物就是创造事

---

① [意]维柯:《新科学》,朱光潜译,北京:人民文学出版社1986版,第180-181页。

物"。维柯认为,原始人的感觉都是尖锐、生动和强烈的,感觉中充满主体的能动的移情作用,他感觉到事物的某种特性,也就是他所创造出的这种特性。"视看是一种行动,视觉是一种能力。……如果这些感觉是能力的话,那么我们就是用看来创造东西的颜色,用尝来创造东西的滋味,用听来创造东西的声音,用触摸来创造东西的冷热。……想象力是一种真实的能力,因为在使用它时,我们创造了事物的意象。"正因此,维柯认为,原始思维是运用想象力的思维,是诗性的思维,也就是创造性的思维。这种想象的创造力就是"把分离的和各异的要素结合起来的能力",因此,原始人按照他们的情感趋向和想象的逻辑,把各种事物的性质、功能或形式加以选取,进行重新排列组合或叠加在一起而创造出符合他们情感和想象所需要的东西或形象。例如半人半兽、狮身人面、三面湿婆等显得十分怪诞的形象。这些形象尽管因变形而荒诞不经,但它们却符合原始人类的情感需求和想象力的逻辑,也就是说,原始"诗所特有的材料是可信的不可能"。这些怪诞的东西或形象具有原始思维的思维定式和它特殊的内在的结构次序,这些形象的奇异组合方式明显违背了理性逻辑,但却符合原始人想象性的自由的结构方式,符合原始人热切愿望的趋向,具有明显的合目的性。

(3)《新科学》中的诗学理论

在《新科学》中,维柯的诗学思想主要体现在《诗性的智慧》、《发现真正的荷马》和《戏剧诗和抒情诗作者们的理性的历史》三个部分之中。对于维柯的诗学理论,可以从以下几个方面进行评介:

① 诗与哲学、历史的联系与区别

维柯认为,《新科学》"就是一种人类理念的历史",人类的思想观念有一个发生发展的过程,它的形态也就有不同的变化。就思想的起源而论,无论是诗还是哲学,都出自"诗性智慧"这个源头,"凡俗的或创造性的智慧就是一切科学和哲学的根源和前提",所以,维柯从思维的先后形态来说明诗的特征。在他看来,人类的智慧有两种,即诗性(想象性的)的智慧和玄学(抽象的理性的)的智慧。诗性的智慧最先产生于感觉,在反复的感知中形成了"诗性的类概念",由诗性的类概念而逐渐形成了"理智的类概念",从而才拥有了诗性思维和理性思维这两种思维方式。与人类的这两种思维方式相对应,文学是诗性智慧的最直接的产物,哲学是诗产生之后很久才出现的理性的认知方式。由于诗既是包含着丰富的感觉、想象和情感的形象,又包含着许多"诗性的类概念"(意象)的人类活动方式,所以,诗的创造活动从思维特征上讲,既有感性形象的、情感的和想象的特征,又有理性的、思维的特征;诗性的类化意象既是个别的,又是一般的。然而,诗与哲学又有明显区别。哲学思维方式是抽象的概念的思维,其表达方式也是以概念来传达抽象观念;而诗却反对运用抽象的思维,主要运用想象联想的诗性思维,也反对以概念的形式来表达思想,主要运用感性的形象性的语句来表现。

诗与历史的关系,是自古希腊以来诗学探讨中的重要问题。亚里士多德从认识论的角度和求真的目的出发,认为诗是以个别显现一般,诗的情感具有普遍性,因此诗比历史更真实。维柯从人类思维最早的特征和诗产生的必然性角度出发,认为诗是各民族早期的历史。他指出:"在世界的童年时期,人们按本性就是些崇高的诗人。""由于诗人们当然出生在村俗史学家们之前,最初的历史必然是诗性的历史。""最早的寓言故事一定包含着民政方面的一些真相,所以必然就是最初各民族的一些历史。"因此维柯判断:"一切野蛮民族的历史都是从寓言故事开始的。"由此,维柯把诗与历史统一了起来,同时也把历史行为者和历史描述者(历史学家)统一了起来。正如克罗齐所说:"诗是原始的历史,是真实叙述的寓言。荷马是第一个史学家,或更高,……诗和史究其源是一样的,或者确切地说,是不可分的。"①

② 诗的本质与特征

首先,维柯认为,诗就是创造活动的结果。诗的创造所运用的思维是诗性的思维。诗的创造活动就是情感推动下的想象、移情和创造活动。就诗的创造主体而言,早期的人类"浑身都是强烈想象而少有或简直没有推理的人们来说,感觉都是尖锐、生动和强烈的"。他们用以己度物的方式,把自己的情感移向外物,又把从外物中获得的情感体验加以夸张、变形之后,用类比的思维,即运用比喻、象征的方法,把哲学感觉、体验借感性的实物形态表达出来。此前维柯已说过,感觉事物、认识事物及表达出对事物的某种感觉或某些认识就是一种创造。从这一点上讲,诗的本质就是想象性、情感性的创造活动。这是由人类的思维本性和生存生活的实践所决定的。正因此,各民族最早的人类就是天生的诗人,神话和寓言就是最早的诗(文学)。就诗所表现的客体而言,它们不再是纯粹的、天然的自然客体,而是经过人的思想情感所过滤了的、被移情了的,也就是被改变了的、被创造过的思维客体。这些经过人化了的、用来表情达意的思维客体就是意象,即维柯所谓的"想象的类概念"和虚幻的形象。这说明,诗是主体思维创造活动的结果。

其次,诗是人类对外界已有事物的模仿。早期人类用以己度物的方式思考和认知,以己度物的思维基础是建立在万物有灵观、万物有生观的信仰基础之上的,人类通过模仿认知外物,掌握外物,因此,模仿是人类的天性。例如,不谙世事的儿童天生就长于模仿。在模仿活动中,人们不仅模仿事物的外形,而且更多地以想象、联想的方式模仿对象的功能性、情感性特征,在以己度物的模仿中,就自觉地包含着强烈的想象、激烈的情感意愿和类比的结果,所以,模仿的本质,也是诗性的创造。值得说明的是,维柯指出在诗的模仿活动中,人们往往把自然事物加以变形,或者把各种自然物的某一部分加以想象性地重新拼凑组合成新的形象。他所举的例子《荷马史诗》中的半人半马的涅索斯,实质上就是奴隶主贵族与奴隶所生的儿子。这种创造性的表示方法仍然是模仿自然的结果,半人半马是拼贴性的创造,然而,其中这两项东西却都是自然对象本身。半人半马这一形象所传递的是"杂种"或血缘"不纯"的观念,这一观念也是源于对社会现象的一种模仿或评价。可见,模仿绝不仅仅是对外形的重现,其中有对事物功能的模仿或形象的重组、拼合和创造。维柯的模仿说基于亚里士多德,又超越了亚里士多德,即他把传统的模仿说同他的"诗性的思维"和人类的创造性实践活动紧密联系在一起,使人类模仿自然的生存活动和艺术模仿自然的创造活动成为一种必然的行为。

再次,诗具有真实性。诗是诗性思维的模仿和创造,在诗性思维的想象性建构中,是否有真实的因素,也就是说,诗是谎言还是真理?诗是虚幻荒诞的东西,还是真实地再现

---

① [意]克罗齐:《作为表现的科学和一般语言学的美学的历史》,王天清译,北京:中国社会科学出版社1984年版,第68页。

了现实？对这一经典的提问,维柯做了明确的回答：诗是真实情感的流露,是事物真实状态的表达,是人类活动真实的再现。维柯指出：原始的诗对"无生命的事物的表达都是用人体及其各部分以及人的感觉和情欲的隐喻来形成的"。并且,在诗的移情活动中,人在想象中把自己变成了那一对象,在这种最真挚的情感体验中就有着最深刻最丰富的情感的真实性。例如,鹰、蓝色都是对天空和崇高感受的转借,在这种转借中,充满了最真挚的情感体验。神话、传说是各民族最古老的诗,它们历来被人们当作荒诞不经的东西看待,而维柯却认为："神话故事在起源时都是些真实而严肃的叙述,因此 Mythos（神话故事）的定义就是'真实的叙述'。但是由于神话故事本来大部分都很粗疏,它们后来就逐渐失去原意,遭到了窜改,因而变成不大可能,暧昧不明,惹笑话,以至于不可信。"①譬如维柯谈到希腊神话中忒修斯到克里特岛上米诺斯迷宫去杀神牛的故事,他把阿利阿德尼给予忒修斯进入迷宫的线团解释为忒修斯到克里特岛上学会了航海术并得到了"航线图"："他由阿里阿德勒（Ariadne,即航海术）用一条线（即航线）教会了,知道怎样逃脱戴达路斯所设的迷径。等到特苏斯既已从克利特岛人学会航海术之后,就抛弃了阿里阿德勒而携带她的姊妹斐竺娜（Phaedra,也就是同样的航海术）而回到本土。"②对于维柯这种还原方法所作出的解释,如果结合古代文化的事实看,是极富启发意义的。正是基于神话、传说中包含着社会生活和历史的真实认识,维柯才能建立一种新的研究方法,即"还原历史"的方法,也才能够去"发现真正的荷马",揭示其中蕴藏着的文化秘密,才有可能利用最早的人类文化学研究知识,建立他的社会历史的批评方法。

③ 诗性时代文学中的人物性格特征

文学作品中人物形象的塑造最根本之处是性格的刻画,而性格刻画成功与否的关键在于对人性和人的社会性所认识的深刻程度。因此,如何刻画人物性格,就成为诗学中一个传统的理论问题。早在古希腊时期,亚里士多德就在《诗学》中表达了经典性的见解："诗所描述的事带有普遍性,历史则叙述个别的事。所谓'有普遍性的事',指某一种人,按照可然律或必然率,会说的话,会行的事,诗要首先追求这目的,然后才给人物起名字。"③亚里士多德晚年在《修辞学》中写道："每一种人、每一种品质都伴有与之相适宜的表达方式。我所说的种可按年龄来划分,如儿童、成人和老人,也可以按性别分为男人和女人,按国家分为斯巴达和塞撒利亚。"④亚里士多德的意思非常明显,他所追求的是表现某类型任务的自然的和社会的共性,即表现出人类各不相同的群体的共性,然后才给这一群类的共性命名,而这个"人名",实质上也就是一个"类概念"。亚里士多德的观点通过古罗马贺拉斯的升华和传扬,而流传后世。贺拉斯强调,"你必须（在创作的时候）注意不同年龄的习性,给不同的性格和年龄以恰如其分的修饰","不要把青年写成个老人的性格,也不要把儿童写成成年人的性格,我们必须永远坚定不移地把年龄和特点恰当地配合起来"⑤。以后,他们上述刻画人物性格的见解经过文艺复兴时期英国诗学家锡德尼（P.

---

① ［意］维柯：《新科学》,朱光潜译,北京：人民文学出版社 1986 版,第 425 页。
② 同上,第 327 页。
③ 《诗学·诗艺》,北京：人民文学出版社 1962 年版,第 29 页。
④ 苗力田：《亚里士多德全集》,第九卷《修辞术》,北京：中国人民大学出版社 1994 年版,第 508 页。
⑤ 《诗学·诗艺》,北京：人民文学出版社 1962 年版,第 145－146 页。

Sidney,1554—1586)和17世纪法国诗学家布瓦洛(N. Boileau Despréaux,1636—1711)的大力宣扬,而成为西方诗学中的经典理论,他们塑造人物形象的"类型化"理论主张也就成为了范式和法则。

维柯在人物形象理论上的贡献在于,他以"诗性的智慧"为出发点,以《荷马史诗》和古希腊悲剧、喜剧的人物性格为例证,去研究形成古代文学作品中类型化人物性格的思维原因,揭示出类型化人物创造和理论主张最先出现的必然性。

维柯从方法论的角度指出:要回答为什么类型化人物是古代文学中最早出现的艺术形象的问题,答案"只有从上文《诗性智慧》部分已找到的诗的起源中去找,也就是从已发现的诗的本质即诗性人物性格中去找"。维柯认为,产生诗性的类型化人物的思维原因在于:"产生这种诗性人物性格的需要在于当时人按本性还不能把事物的具体形状和属性从事物本身抽象出来。因此诗性人物性格必然是按照当时全民族的思维方式创造出来的,这种民族在极端野蛮时期自然就有运用这种思维方式的必要。"例如,《伊利亚特》中的主角阿喀琉斯就是类型化的人物,是类概念的体现,"希腊人把英雄所有的一切勇敢属性以及这属性所产生的一切情感和习俗,例如暴躁,拘泥繁文缛节,易愤怒,顽强到底不饶人,狂暴,凭武力僭夺一切权力这些特征都归到阿喀琉斯一人身上"。同样,奥德修斯也是这样的类型化人物。"希腊人总是把个别具体人物的各种行动(情节)按类别分属于上述两种人物性格上去,……这两种人物性格由于都是全民族所创造出来的,就只能被认为自然具有一致性(这种一致性对全民族的共同意识[常识]都是愉快的,只有它才形成一种神话故事的魔力和美)。"①这说明,类型化的人物以突出某一类型的人的共性为目的,人物性格是某种观念的集中体现,它符合本民族的理想,能够满足本民族成员的认知要求和崇拜的心理。在艺术概括方式上,通常采取从共性到个性、从本质到现象、从必然到偶然的途径,即先形成一些"想象性的类概念",再把这一类概念放到某一人物身上,所以,类型化人物的群体共性特征非常突出,个性相对淡化,基本上没有表现出人物的个性心理及行为特征。黑格尔在论及古代社会中群体意识与个体意识的关系以及它们对塑造人物形象的影响时说:"孤立的个人始终只是一些偶然附带的东西,离开了国家的现实,他们本身就没有什么实体性。因为实体性已不再是某某个人的个别特征,而是自为地而且以普遍的必然的方式在一切方面乃至最小细节里都打上烙印。"②别林斯基也指出:"古代世界是外部的、客观的世界,在它里面,社会是一切,人什么也不是。""希腊悲剧的主人公不是人,而是事件;它的兴趣不是集中在个人的遭遇上,而是集中在通过其代表人物表现出来的民族的命运上。"③黑格尔和别林斯基从社会历史批评的角度分析古代文学中类型化人物出现的原因,与维柯侧重不同却殊途同归。维柯从思维方式的角度分析形成类型化人物出现的必然性,却是前无古人,后无来者。

综上所述,在所有现存的西方古典诗学理论中,维柯的理论特点和独特贡献是非常突出的:第一,第一次全面揭示了文学创作的诗性思维特征,并充分论证了古代诗歌和文学

---

① [意]维柯:《新科学》,朱光潜译,北京人民文学出版社1986年版,第423-424页。
② [德]黑格尔:《美学》,第一卷,朱光潜译,北京:商务印书馆1979年版,第234页。
③ [俄]别林斯基:《别林斯基选集》,第二卷,辛未艾译,上海:上海译文出版社1963年版,第32页。

语言的拟人化、移情化、感性的形象性、情感体验性特征以及文学运用比喻、隐喻、象征等手法和塑造类型化人物形象的必然性;第二,运用"追本溯源"的方法,力图还原历史上产生古代文学作品的社会生活现状,借以证明一定时代的文学就是那一时代的真实的写照,这就是后来的"社会历史批评"方法的最初形式;第三,由于维柯在文学批评中力图还原历史,揭示古代社会生活中的政体形式、宗教信仰和伦理习俗、风俗民情的原初的真实状况,由此启示了19世纪后期到20世纪上半叶的文化人类学研究,促成了19世纪兴起的社会—历史批评方法以及20世纪文学中的文化阐释批评方法、神话—原型批评方法和结构主义美学的形成。

2. 艺术社会学:席勒

席勒(J. Schiller,1759—1805)的美学观深受康德的影响,然而他绝不是康德美学的简单注释者。黑格尔指出:"席勒的大功劳就在于克服了康德所了解的思想的主观性与抽象性,敢于设法超越哲学局限,在思想上把统一与和解作为真实来了解,并且在艺术里实现这种统一与和解。"①席勒继承了康德美学人本主义的出发点,但摆脱了康德单纯从审美心理学来研究人的审美意识的局限,而注重从人的历史发展和社会关系方面去探求人的形而上本质。

《审美教育书简》是席勒最重要的美学著作,是他美学思想最集中、最系统的表现。该著作写作年代集中在1791年到1795年,显然是受到康德《判断力批判》的启发,但更为深刻的原因还在于当时欧洲政局的转变以及在知识界所引起

图3-12 席勒

的反响。席勒渴望自由,但他不满意法国革命者那种追求方式,1794年雅各宾政权的失败使席勒建立"理性的王国"的理想破灭了,他要给自由以一种新的理解,认为自由不是政治经济权制的自由行使和享受,而是精神上的解放和完美人格的形成,因此达到自由的路径不是政治经济的革命,而是审美的教育,至少是须先有审美教育,才有政治经济改革的条件。尽管这些思想明显带有因资产阶级革命失败产生的困惑,但透过《审美教育书简》激昂的文字,我们仍可以感受到席勒青年时代那种昂扬的人本主义激情。简而言之,人道主义精神是贯穿《审美教育书简》的灵魂,着眼于人的异化状态的克服,并促进人的全面发展,这是席勒的根本着眼点。

席勒力图从现实的社会经济生活中,为其全部的审美教育理论找到一种合理的客观依据。席勒认为,近代的人类正处于两种堕落的极端:野蛮和颓废。对于下层阶级来说,虽然他们已经从长期的麻木不仁和自我欺骗中觉醒,开始要求拥有自己的权力,但却以无法控制的狂怒急于寻找兽性的满足,从而回到了原始状态。至于上层的所谓文明阶级,情况就更糟了,他们表现出"一幅懒散和性格败坏的令人作呕的景象",自私自利,就像在失了火的城市中,各人只顾抢救自己的东西。革命并没有真正给人们带来自由,反而使自然

---

① [德]黑格尔:《美学》,第一卷,朱光潜译,北京:商务印书馆1979年版,第76页。

的束缚更加厉害。因此,当人在道德上还没有完成自己的人格的时候,是不配谈政治上的自由的。这里,作为伟大思想家的席勒,已深刻预见到法国大革命所建立的资产阶级共和国难以摆脱的矛盾。因此他对新生的资本主义生产关系也投射了批判的目光。对此,他从劳动分工方面考察了古希腊和现代社会,认为在古希腊精神力量的那种美的觉醒中,人们的感官和精神还没有严格区分为相互敌对而又界限分明的不同领域,"他们既有丰富的形式,同时又有丰富的内容;既善于哲学思考,又长于形象创造;既温柔又刚毅,他们把想象的青春性和理性的成年性结合在一个完美的人性里"。然而近代社会的人却在现实与精神上都处于一种各自分裂的片面性状态,这恰如一架精巧的钟表机械,"在那里无限众多但都没有生命的部分拼凑在一起从而构成了一个机械生活的整体。现在,国家与教会,法律与道德习俗都分裂开来了;享受与劳动,手段与目的,努力与报酬彼此脱节。人永远被束缚在整体的一个孤零零的小碎片上,人自己也只好把自己造就成一个碎片"①。这样,人就无法把人性刻到他的自然上去,而是成为他的职业和各种专门知识的标签。通过对比,席勒认为由于现代人的生活对社会的依赖程度日益增大,造成了人在整体性与个体性、理智与自由之间的极端冲突。在这个意义上可以说,人性分裂堕落的现实原因,实际上就是现代社会生活的整体性要求在很大程度上抑制了个人天性的全面发展,因而人是不自由的,必须对现存制度进行人道主义的抗议。

那么,应该通过什么途径来使人性复归于统一呢? 席勒认为法国大革命的暴力道路不足取,因为当人的内在分裂还没有被克服的时候,"任何一种改革国家的尝试都为时过早,……是不切实际的幻想",唯一的途径就是美育,通过美育教养来求得完善人性的恢复,通过自然的必然性达到道德的必然性。

这里,席勒受康德的启发,认为美是居于感性与理性之上的第三种"中间状态"的产物,因而人们在审美的时候,便能摆脱任何外在力量的强制,成为完全自由自主的人。审美之所以可以帮助人实现自由,就在于人面对外在对象世界,总想超越主体和对象世界的对立,把一切内在的东西变成外在的,把理性的形式赋予对象世界,使其处于变化和谐之中。在我们身上有两种相反的东西推动我们去实现这一使命,这两种力可称作"感性冲动"和"形式冲动"。前者来自人的物质存在或人的感性天性,这种冲动扬弃了人的人格性,把人局限在某种事物和某个瞬间,人的行动受到最大限度的限制,因而人不可能达到完善的程度。而形式冲动来自人的"绝对存在"或人的理智天性,它可以引导人超越一切感性限制而达到人格的自由,在认识中要求真理,在行为中要求合理。

人性的完善就在于实现感性冲动与形式冲动的统一,这种统一诚然不能在绝对意义上实现,但是也可能出现这样的情况:人既意识到他的自由,同时又感到他的生存;既感到自己是物质,同时又意识到自己是精神。在这样的情况下,感性冲动和形式冲动便可能结合在一起而在主体人身上唤起一种新的冲动,这就是"游戏冲动"。游戏冲动"所指向的目标就是,在时间中扬弃时间,便演变为绝对存在,使变与不变合而为一","游戏冲动同时就是从精神方面和物质方面强制人心,而且因为游戏冲动扬弃了一切偶然性,因而也就扬弃了强制,使人在精神方面和物质方面都得到自由"。对此,席勒曾用一个形象的例子来

---

① [德]席勒:《审美教育书简》,冯至等译,上海:上海人民出版社 2003 年版,第 47-48 页。

说明他这个抽象的概念：

> 当我们怀着情欲去拥抱一个理应被鄙视的人时，我们痛苦地感到自然的强制；当我们敌视一个我们不得不尊敬的人，我们就痛苦地感到理性的强制。但是如果一个人既赢得我们的爱慕，又博得我们的尊敬，感觉的强迫以及理性的强迫就消失了，我们就开始爱他，也就是说，同时既与我们的爱慕也与我们的尊敬一起游戏。①

这种游戏冲动的对象就是美，而美就是活的形象。这活的形象感性与理性、有限性与无限性的统一，人只有在达到这种境界时，才算是达到了"人格的完整"与"心灵的优美"。正是在此基础上，席勒提出了他的著名命题："说到底，只有当人是完全意义上的人，他才游戏；只有当人游戏时，他才完全是人。"② 人性的完满完成就是美，这样的美虽说是理性提出的要求，但这个要求只有在人处于充分自由的游戏状态时才能完成。所以，人同美只是游戏，人只是同美游戏。与人的这种美感自由心态相对应，席勒强调，"美的最高理想是要在实在与形式的尽量完善的结合与平衡里才可以找到"，美的对象应能够消除人的双重紧张：精神力的紧张与感性力的紧张，从而唤起人的"宁静和自由与刚健和灵活相结合的心境"。不论何种艺术形式，只要趋近于这种理想，则它们对人所产生的审美感受是大致相通的，真正杰出的艺术家，就在于他能够自觉地去以这种理想的形式去消除材料的差异。这就是说，艺术感动人，需凭完整的艺术作品，而不能凭艺术所处理的原始材料。

审美教育的本质就在于克服人性的分裂，而达于审美主体和审美对象的自由协调。要想使感性的人成为理性的人，除了首先使他成为审美的人，没有其他途径，"从感觉的被动状态到思维和意愿的主动状态的转移，只能通过审美自由的中间状态来完成"。对于人为什么必须通过审美教育来达到人格的完善，席勒除了理论上的论证外，还从人类文明发展史的角度作了说明。他认为理想人性的实现，无论个人或民族，都要经过三个阶段：自然、审美和道德。作为自然人，人尚未意识到其作为人的尊严，与外在世界尚无本质的区别。人不能从自然阶段一下子跃上道德人的阶梯，即使勉强上升上去，也仍将受盲目的必然性的支配，或沉湎于欲求和欲望，或堕入宗教的窠臼。只有经过审美的阶段，人把世界作为对象来观照，从而使自身和对象世界不再是等同的，而是有了差别，他从自然的束缚中解放出来，对其进行纯粹的观照。这种对自然的纯然淡漠"是人性的真正扩大和走向文明的一个决定性步骤"。在这种审美观照中，充分体现了人的感性与理性和谐统一的自由特性，此时人不受物欲的驱使，人从自然的锁链中解放出来，从而证明人有外在的自由。同时，人又能够独立地行动，不以外界的物质为转移，从而证明人有内在的自由，由此观之，"事物的外观是人的作品，一个欣赏外观的人，已经不再以他所接受的东西为乐，而是以他所创造的东西为乐"。席勒在这里主要是把美育作为培养道德和理性的人的一种手段，"美可以成为一种手段，使人由素材达到形式，由感觉达到规律，由有限存在达到无限存在"。

---

① ［德］席勒：《审美教育书简》，冯至等译，上海：上海人民出版社 2003 年版，第 114 页。
② 同上，第 124 页。

总之，在席勒看来，从纯粹的物质状态到审美游戏是一个逐步发展的过程。人在自然状态中，受到物质力量的限制；在道德状态中，又受到道德意志的限制；只有在审美状态中，这一切才被真正扬弃，成为自由游戏的对象。总而言之，在审美状态中，人才免去了物质的片面性和道德的片面性，他既不是动物一样的个人，也不是抹杀了个性的抽象的种族，而是成为一个完整的社会的人，此时审美本身便成为人追求的对象，成为人类真正解放的前提。

这样，席勒美学也就走向了自己真正的现实目的：通过审美教育来救治社会的弊病，最终拯救全人类。在席勒看来，审美和艺术绝不单纯是一个个体心理学的问题，而首先是一个社会心理学和哲学问题，"如果需要迫使人进入社会生活，理性在人身上栽种社会原则的根苗，拿一种社会的性格交给人的却只有美。只有审美趣味才能给社会带来和谐，因为它在个别成员身上建立起和谐"。他特别发挥了康德美学中社会心理学的主情主义因素，认为为了实现人性的完善，"我们应该有这样的能力，忠实而又真诚地吸收别人的天性，把别人的环境化为己有，把别人的情感当作我们自己的情感"。艺术的作用正在于培养人的这种能力，使每个人自觉自愿地加强自己的社会性而又不损害自己的感性，大家一起走向真正自由的社会。他把这样的社会称为"审美的王国"，在这个王国里，人"只作为自由游戏的对象而与人对立。通过自由去给予自由，这是审美王国中的基本法律"。他设想，在现实社会中，人们可以通过审美达到每个人的"自救"，即通过美和艺术，把"感性的人"引向形式和思维，扬弃他的粗野性；又把"理性的人"引回到感性世界，使他具有生命活力，因此就可以弥合社会的分裂，实现人类的和谐大同。这当然是一种脱离实际的空想，但比起康德把大同世界（目的）建立在纯粹理性的抽象原则（道德律或善良意志）之上来，席勒终究向人类现实的社会生活迈进了一大步。人类学被社会学所充实，审美心理学便走向了艺术社会学。

3. 艺术哲学：黑格尔

图 3-13 黑格尔

从美学史角度看，黑格尔（W. Hegel，1770—1831）的美学是站在当时时代精神的制高点上对整个西方美学传统的俯瞰，它是整个西方传统的集大成。黑格尔美学既可以看作古希腊罗马美学和中世纪神学美学的一次富有内容的复辟，也可以看作近代认识论美学的改头换面，同时它本质上又是康德、席勒人本主义美学的最后完成，在其繁复的美学体系里，人本主义的积极内容和实质得到了最深入、最系统的理论表述。

（1）哲学体系概述

黑格尔美学只是其思想体系的一部分，所以我们研究黑格尔美学，应该首先了解他的思想体系。黑格尔思想体系的核心和灵魂是"绝对理念"，他的全部哲学都是对绝对理念发展和运动过程的描述。绝对理念，在黑格尔这里是派生整个客观世界并构成现实世界内在本质的无所不包、无所不能的客观精神。他认为绝对理念是第一性的,所有其他一切都由它派生。这种绝对理念不是指个人的主观思想和精神,而是指独立于个人之外,在自然界和人类出现之前就已存在并将永远存在下去的"客观的思想"。而且绝对理念又不是静止的,它处在永远的发展变化中,这也就是黑格尔所说的辩证发展。他说,"精神的本质在于它的存在就是它的活动",绝对理念"作为主体,真实的东西仅仅是辩证的运动,亦即这个产生自身的、发展自身的、回到自身的进程"。黑格尔把绝对理念运动的基本规律概括为"正、反、合"三段式。这种辩证发展的观点正是黑格尔思想体系中最有魅力的地方。绝对理念就好比宇宙洪荒间巡游的哲学上帝,在不断的运动过程中创造出了整个世界。绝对理念的巡游经历了三个阶段:逻辑阶段、自然阶段和精神阶段。此即《哲学全书》的三个部分:逻辑学、自然哲学与精神哲学。

表 3-2 《哲学全书》的三个部分

逻辑阶段 (逻辑学)	存在论	本质论	概念论
自然阶段 (自然哲学)	机械性 (数学)	物理性 (物理学)	有机性 (有机物理、生理学)
精神阶段 (精神哲学)	主观精神 (个人意识)	客观精神 (社会意识)	绝对精神 (艺术、宗教和哲学)

逻辑阶段是绝对理念的自我肯定阶段,它只处在纯思想的阶段,只通过纯粹思维和纯粹理性的形式来展开自身,绝对理念在这一阶段里的运动纯粹是从一个抽象概念向另一个抽象概念的过渡和演化。所谓"纯粹",就是说除了抽象的概念和逻辑的范畴之外,不具备任何物质或经验的内容。这是精神内部的自运动、自发展,其正反合是存在论、本质论和概念论。

自然阶段是绝对理念的自我否定阶段,属自然哲学研究的范围,其实质是理念按照自身的内在逻辑规律在自然中对象化,从而实现自己,创造出一个外在自然界。在这一阶段,理念不再以抽象的概念形式出现,而以自然物质的感性形式出现。理念在这一阶段中的巡游过程也就是自然界的生成和发展过程,黑格尔概括为机械性、物理性和有机性这样一个三段式。在机械性阶段,自然界尚处于分散零乱的混沌状态中;到了物理性阶段,自然界开始出现了行星,单个的物体、风、雨、光、磁等物理现象;到了有机性阶段,产生了生命,首先是地质有机体,其次是植物有机体,最后是动物有机体,而动物有机体的最高阶段是人。黑格尔并且认为,理念的本质是精神性的,因而它在自然物质阶段的巡游是不自由的、违反本性的,所以它必然要冲破物质外壳的束缚,重返精神领域,所以,当动物有机体的最高阶段——人——出现后,绝对理念就依附于人的自我意识而超越自然界,返回到精神界,从而开始了第三阶段的巡游。

精神阶段是绝对理念的否定之否定阶段,实质上是人类社会阶段,属精神哲学研究的范围。它是逻辑与自然、概念与物质的具体统一,包含着前两个阶段的全部丰富性。如果说逻辑阶段超出了时间和空间之外,自然阶段还只有空间而没有时间,那么精神阶段便是理念具体地活动于时间与空间之中,从而与自然物质、人、社会、文化等结合在一起。理念在人类社会中的巡游又经历了从主观精神(个人意识)、客观精神(社会意识)到达绝对精神三个阶段。这又是一个三段式。主观精神指个人的意识,从低级的本能、感情、感觉,直到高级的理性、理智,都在此范围内。主观精神是内在的、潜伏的,因此是有限的、片面的。客观精神则是精神的外在表现,体现为各种制度,包括法、道德、伦理三个方面。客观精神是一种社会意识,由于它要依靠客观的外在条件,因此也是有限的、片面的。绝对精神是主观精神与客观精神、个人与社会的统一,是理念发展的最高阶段。至此,绝对理念的巡游就要结束了。它经历了精神、精神的外化(自然)和对外化的扬弃、又返回到精神(社会)这样一个否定之否定的过程后,不仅没有因为它的前进而丧失了什么,反而带着一切收获,使自身更丰富。精神的本性,应当是无限的,绝对精神就是无限的。它是主体,同时又以自己作为客体,因此,它完全能够自己决定自己。绝对精神阶段包括艺术、宗教、哲学三个小阶段。它们是绝对理念实现、回复、认识自己的最后三个环节或领域,黑格尔也称之为绝对精神的三个领域。黑格尔认为,艺术通过形象或"感性观照的形式"认识绝对;宗教通过"表象的意识"认识绝对;哲学则以"自由思考的形式"认识绝对。艺术和宗教的认识方式都还未脱尽感性形态的残迹,没有达到最高的精神性认识,只有哲学的概念方式本身是纯然精神性的,最合乎精神本性,因而是最完满的认识方式。至此,绝对理念发展到最高阶段,绝对真理也最终完成并被精神完全认识。黑格尔的全部哲学体系至此也完成了。

由此也可以看出,以艺术作为研究对象的美学是黑格尔整个哲学体系中一个重要组成部分,黑格尔在美学研究中最大的贡献就是运用辩证法来研究美学,使之具有一种浓厚的历史感。1817年和1819年,他在海德堡大学两次讲授美学;1820年至1829年,他又在柏林大学四次讲授美学。现存的《美学》是1835年他去世后由学生们整理出版的。尽管他在《精神现象学》(1807)、《哲学全书》(1817)、《历史哲学》(死后出版)中都讲到美学问题,但只有《美学》最系统、最集中,只有它能代表黑格尔的美学思想。此外,黑格尔的贡献还在于细致入微地对各门艺术样式做了剖析和研究,这得益于他对艺术的深刻理解。黑格尔在沉湎于抽象王国的同时,从未放弃对文学艺术的爱好。他曾多次阅读莎士比亚(W. Shakespeare,1564—1616)的戏剧,并两次翻译过索福克勒斯(Sophocles,前496—前406)的悲剧《安提戈涅》,倾心于古希腊的史诗和戏剧。他崇拜歌德(J. Goethe,1749—1832),并自称在精神上是歌德的"儿子",年轻时与诗人荷尔德林(F. Hlderlin,1770—1843)则更是莫逆之交。他生时正逢维也纳古典乐派的兴盛时期,海顿(F. Haydn,1732—1809)、贝多芬(L. Beethoven,1770—1827)、舒伯特(F. Schubert,1797—1828)等都与他生活在同时代,他非常喜欢门德尔松(F. Mendelssohn,1809—1847)、莫扎特(W. Mozart,1756—1791)等人的音乐。此外,他对雕刻、绘画等都非常热爱并且颇有研究。可以说这些都是他的艺术哲学之所以能有所建树的原因所在。

(2) 美是绝对理念的感性显现

黑格尔的美学即艺术哲学,他所谓的美往往即指艺术美。其《美学》第一卷第一章为美下了这样的定义:"美就是理念的感性显现。"①这个美的定义可以说是整部《美学》、整个黑格尔美学思想的基础。按照黑格尔自己的解释,他这个美的定义可以从三方面来理解:第一是"理念",也就是绝对精神,是艺术的内容,即黑格尔所说的"内容、目的、意蕴";

---

① [德]黑格尔:《美学》,第一卷,朱光潜译,北京:商务印书馆1979年版,第142页。

第二是"感性显现",这是理念的外在表现,即黑格尔所说的"内容的现象与实在";第三是这两方面的融合统一,也就是内在的内容与外在的感性形式的有机统一。

黑格尔说:"我们已经把美称为美的理念,意思是说,美本身应该理解为理念,而且应该理解为一种确定形式的理念,即理想。"①黑格尔所说的理念和柏拉图所说的理念是有根本区别的,柏拉图的理念抽象地存在于另外一个世界中,和客观实在及现象是对立的,而黑格尔的理念是一个与客观实在结成一体的概念。他说:"一般说来,理念不是别的,就是概念,概念所代表的实在,以及这两者的统一。单就它本身来说,概念还不是理念,尽管概念和理念这两个名词往往被人用混了。只有出现于实在里面且与这实在结成统一体的概念才是理念。"换言之,在黑格尔那里,理念不是空洞的、抽象的,而是具体的、和客观实在统一在一起的。所以,美是具体的理念,美与真是一回事,这是指美的内容、目的和意蕴。黑格尔总是强调艺术的理性内容,强调艺术从事的是真实的事物,是意识的绝对对象,属于心灵的绝对领域,在内容上和宗教、哲学处于同一基础之上。

所谓"感性显现",就是理念要表现为或客观化为感性事物的外形,直接呈现于意识,成为诉诸人的感官和心灵的形象。艺术用感性形式表现最崇高的东西,使这最崇高的东西更接近自然现象,更接近我们的感觉和情感。在内容上,美与真是一回事,都通过感性形式来表现;美与真又有区别,理念、真本来已经是具体的了,但它们本身不是美,只有当它们在外在世界中实现自己,以客观感性的形式表现理念或普遍真理时,才是美。感性显现或感性形式是美和艺术不可或缺的一个方面,艺术是一种直接的也就是感性的认识,一种对感性客观事物本身的形式与形状的认识。在这种认识中,绝对理念成为观照与感觉的对象。黑格尔经常说美的生命在于显现、美只能在形象中见出。

需要特别注意的是,在黑格尔的哲学体系中,理念是本体,任何存在都是理念的显现,感性显现是一切存在物都必有的。美和艺术的"感性显现"的特殊性在于:第一,它只取感性的形式、取事物的外形,而不是具体的感性事物,不是自然生命。画中的一个苹果或一匹马,都不是真正的苹果和马,不能引发我们对它们的欲望。第二,它是经过心灵化的,比自然感性事物更高、更纯粹、更真实,是纯粹的显现,可以通过它指引到它本身之外的理念。理念的"感性显现"包含双重含义:理念的感性化和感性形象的心灵化。两个过程是同时完成的,理念固然要显现为感性形式,这一显现又使得感性形式心灵化了。黑格尔最准确的说法是:感性观照的形式是艺术的特征,因为艺术是用感性形象化的方式把真实呈现于意识,而这种感性形象化在它的这种显现本身里就有一种较高深的意义,同时却又不是超越感性体现使概念本身以其普遍性成为可知觉的,因为正是这概念与个别现象的统一才是美的本质和通过艺术所进行的美的创造的本质。

"理念"是美的内容,"感性显现"是美的表现。美和艺术作为它们的统一,意味着内容与形式以及理性与感性、主观与客观等诸多对立面的统一。理解这种统一,首先要理解:理念为什么要把自己显现为感性形象?黑格尔认为这是绝对精神自我认识的需要,具体地说就是人要把内在世界和外在世界作为对象,提升到心灵的意识面前,以从这些对象中认识自己。其次,在理念和感性显现的统一中,理念是主动的和起决定性作用的,理念的

---

① [德]黑格尔:《美学》,第一卷,朱光潜译,北京:商务印书馆1979年版,第135页。

感性显现是理念自己把自己显现出来,是理念的自我否定。通过这种自我否定,理念既否定了它自身的抽象性、转化为个别的特殊的感性存在,同时又否定了感性存在的抽象性,使之心灵化。在理念与感性形式的统一中,理念实现了自我确定,所以美基本上是诉之于心灵的,是精神性的。其三,美是多种对立面的统一,是无限和自由的整体,所以审美带有令人解放的性质,它让对象保持它的自由与无限,不把美当作有利于实现有限需要和意图的工具而对其起占有欲或加以利用。

(3) 艺术的阶段与类型

艺术和美既然是理念的感性显现,那么,绝对理念是内容,感性显现就是形式,艺术的任务就是要把这两方面调和成为一种"自由的统一的整体"。但是我们知道,这个调和可不那么容易做到,因为绝对理念与感性显现归根结底是矛盾的。这样一来,绝对理念就要做三件事情:要探索最适合它的表现形式,要协调两方面的关系,最后还要超越感性显现的阶段而进入自由的思考。所以艺术本身也是发展的,大体呈现为三个阶段与类型:

象征型艺术:物质表现形式压倒精神内容。

古典型艺术:物质表现形式与精神内容契合无间。

浪漫型艺术:精神内容压倒物质表现形式。

用黑格尔自己的话讲:"象征型艺术在摸索内在意义与外在形象的完满的统一,古典型艺术在具有实体内容的个性表现为感性观照的对象之中,找到了这种统一,而浪漫型艺术在突出精神性之中又超出了这种统一。"[①]

象征型艺术是人类最初类型的艺术,黑格尔称之为"艺术前的艺术"。在人类文化的早期阶段,理念是抽象的,因此不可能真正体现在任何形式中,而心灵又力求把它朦胧认识到的理念表现出来,由于找不到恰当的感性形象,只能用符号来象征,所以内容与形式之间存在着不可克服的矛盾。美的理念得不到充分表现,而且受到物质的歪曲和阻碍;物质不是作为内容的形式来表现内容,而只是作为一种象征。象征就是用外界存在的某种具体的事物,当作表现某种抽象思想内容的标记和符号。物质形式与精神理念有一定联系,但毕竟不是它所象征的意蕴,它们之间有很大的距离。所以象征型艺术只能是早期的低级艺术,它存在于古波斯、古印度和古埃及。象征型艺术的理念内容是不明确的,感性形式是不适合的,它们之间的关系是牵强附会的,因此,发展到一定阶段,它就要解体,让位于较高类型的艺术。

比象征型艺术较高类型的艺术就是古典型艺术。在古典型艺术这里,绝对理念达到了它和感性形象的完美统一,精神内容和物质形式达到了完美的契合。这就是说,既没有未表现出的内容,也没有无内容的形式。因此,如果认识到艺术的感性形象,就能明确认识到它所显现的理念。黑格尔说:"古典型艺术提供内容和形式的是理想,古典型艺术用恰当的表现实现了按照艺术概念的真正的艺术。"[②]适合古典型艺术的内容意义是人的"精神个性",相应的形象则是"人的形象"。古典型艺术正通过这种理想的人的形式,完美和谐地表现了普遍的人类心灵。最典型的古典型艺术是雕塑,尤其是古希腊雕塑,其中又

[①] [德]黑格尔:《美学》,第二卷,朱光潜译,北京:商务印书馆1979年版,第6页。

[②] 同上,第157页。

以古希腊的人体雕塑为最。在对古典型艺术的高度推崇上,黑格尔与温克尔曼①是一致的,但他赋予古典型艺术以历史的意义,古典型艺术无疑是艺术史的中心和理想,但它的完美只是在一种暂时的有限的精神演变阶段才是可能的。古典理想在达到高峰后就要开始走下坡路了,因为绝对理念是无限的精神,在有限的感性的人的形象中总感到不自在,它的本质是要摆脱感性物质的束缚,它要在更高的程度上返回到自身,这样它就发展到了艺术史上的第三个时期。

在浪漫型艺术里,无限的心灵发现有限的物质不能完满表现它自己,于是就从物质世界退回到它本身即退回到心灵世界。这样,浪漫型艺术就达到与象征型艺术相反的一端:象征型艺术是物质形式压倒精神内容,而浪漫型艺术则是精神内容压倒物质形式。黑格尔说:"由于它的自由的精神性的内容意蕴所要求的超过了用外在形体的表达方式所提供的,所以对于浪漫型艺术,形象就变成了一种无足轻重的外在因素,这就使浪漫型艺术带来内容与形式的一种新的分裂,不过与象征型的分裂情况相反。"②黑格尔认为浪漫型艺术是"新的世界观和一种新的艺术表现形式"形成的结果。在浪漫型艺术中,它的真正内容是"绝对的内心生活",相应的形式是"精神的主体性,亦即主体对自己的独立自由的认识",在此,外在的形象始终是偶然的。典型的浪漫型艺术是近代欧洲艺术,而且主要是这个时期的绘画、音乐和诗。

而艺术发展到浪漫型艺术阶段,也就发展到了顶点。黑格尔认为,浪漫型艺术构思方式的主要特征就是内在意义与外在形象的分裂。这种分裂是违背美的本性的,是脱离艺术的基础的。这就必然要导致浪漫型艺术的解体,并且也必然"使艺术超出了它自己的界限",从而使整个艺术濒于解体,而由比艺术更高的精神形式——宗教和哲学所取代。在这个基础上,黑格尔提出了所谓的艺术终结的理论,他说:"因此浪漫型艺术就到了发展的终点,外在方面和内在方面一般都变成偶然的,而这两方面又是彼此割裂的。由于这种情况,艺术就否定了它自己,就显示出意识有必要找比艺术更高的形式去掌握真实。"③因此,黑格尔从自己的哲学体系出发,把艺术发展史看作发展的过程,同时也是衰落的过程,这使他的美学也变成了某种形式的"反美学",变成了一种关于艺术的悼词,仿佛艺术必然会成为过去。

(4) 艺术的门类与特征

艺术是理念的感性显现,各门艺术的区别基于服务于表现理念的感性手段。正像艺术史的三大类型是从低级向高级、从象征型到浪漫型的逻辑过程一样,各门艺术之间也有一个类似的必然次序,它们同样根据精神性的增长而表现出由低级向高级的发展,从建筑到诗(文学)的各门艺术与艺术史的三大类型的发展是一致的。

建筑的象征型艺术:在建筑中,理念以大量粗糙的、三维固体物质为其表现手段,只受机械法则支配。它采取的形式主要是无机自然的形式,如直线、矩形和其他抽象图形,理念的表现主要是对称、平衡与法则的一致等抽象形式,它们只能暗示(即象征)理念是某

---

① 温克尔曼(J. Winckelmann,1717—1768),德国18世纪著名艺术史家、美学家、考古学家。在其《古代艺术史》中高度称赞古希腊人体雕塑为"高贵的单纯"、"静穆的伟大"。
② [德]黑格尔:《美学》,第二卷,朱光潜译,北京:商务印书馆1979年版,第6页。
③ 同上,第288页。

种与它不同的东西,只能把充满心灵性的东西当作一种外来客指点出来。建筑经过三个阶段:象征型的或东方的,古典型的或希腊的,浪漫型的或基督教的。

雕塑的古典型艺术:雕塑的手段也是固体物质,但却是为精神灌注了的物质,是为生命法则和内在主观性所支配的物质。雕塑的形状是抽象的空间形式;人体是雕塑的中心,因为个体精神实际上正是寓于人体之中,并使其充满了活力,除了有生命、有感觉并能做出反应的有机体之外,不存在任何体现个体精神的理想载体,而且这种精神不能通过感觉、思维或意志,而只能在身体的形状、姿势和动作中显现出来。在纯粹感性形式可能达到的最大限度内,人体是精神的合适的表现形式。雕塑使精神融合于物质之中,内容与形式达到完全的平衡与统一,它是典型的古典型艺术,尽管有象征型的和浪漫型的雕塑,但最好的雕塑都是古典型的。由于雕塑用直接的真正的物质的东西来表现精神个性,还不是观念性的表现方式,所以雕塑处于精神离开有体积的物质而回到精神本身的道路之中,精神还没有回到它的真正的内在的主体性。

绘画、音乐和诗的浪漫型艺术:浪漫型艺术以精神从物质材料中解放出来为原则,主观与客观成为对立的。主观有两层意思,一是与物质世界对立的意识生活,二是特殊的个性,所以浪漫型艺术就在双重意义上都是主观的。一方面,它把自己集中于灵魂的内在生活并逐渐消除感性形式的方面;另一方面,它更自由地描绘特殊的个性甚至任性。它由绘画、音乐和诗代表,人类主观生活是它们共同的表现对象。

绘画仍然是通过外在事物的形式把内在精神变为可观照的,但它是压缩了三度空间的整体,抽象掉空间的一维而保留了其他两维即平面作为它的手段,它不再以真实存在的沉重的固体为基础,平面仅仅是事物的显现。通过色彩和光线的变幻,绘画又消除了感性现象的实际外貌,所以绘画的感性方面仅仅是部分的,其余的则是精神性的。它不像雕塑那样限制在人物性格的普遍性方面,个性的特点、特性、任性和精神生活的全部内容都在它的描绘之中,愤怒、惊奇、微笑及所有的瞬间的表现都是它的主题。在绘画中,题材无足轻重,重要的是题材所表现的主观性,即使在风景画中,艺术家描绘的也是他自己心灵的情调。

音乐完全否定了空间而只存在于时间之中,由于被眼睛看到的一切必须存在于空间之中,所以音乐不再诉诸视觉而只对听觉表现,它的物质手段是声音或音调在时间中的持续,超出了感性直观的界限。音乐的任务不是反映客观事物而是反映最内在的自我,是心情的艺术。在音乐中,表现在其他艺术中的主客体的分离没有发生,观众面对雕塑或图画,感觉到自己与对象的分离,但由于这种外在的客观性在音乐中消失了,音乐与它的欣赏者的分离也消失了,它能渗透到灵魂的核心并与它的主观性合一。

诗的手段是完全内在的精神的意象和表现,它和音乐一样保留了声音,但不是作为它的真实体现,而只是作为心灵和心灵相交往的手段,声音作为声音不再是根本的目的,声音变成了词,本身没有意义,只是一个观念或表现的符号,它把精神表现给精神看。诗的内容最广泛,只要是心灵能够想到的,都能成为诗的题材。诗是艺术的总汇,各门艺术的表现方式都可以利用,是最丰富、最无拘束的一种艺术。诗是艺术的最高阶段,在诗中,精神的方面已完全从感性物质中解放出来,精神和物质的分离使作为理念的感性显现的艺术自我取消了,诗既是一切艺术的解体,也是向另一个更高的领域即宗教的过渡。

黑格尔的艺术体系无疑有许多牵强之处,在解释具体的艺术时会有很多麻烦。但他用他的美学体系和方法把全部艺术现象规整起来,使似乎异常丰富而又杂乱无章的艺术显得有内在联系和必然规律,确实是一大奇观。这里有一个重要特点就是,黑格尔首先注重的是内容,也即理念的发展,在他看来艺术在各个时期有各种形态,根源于理念本身把自己显现为不同的艺术类型,艺术的变化取决于理念在被把握时所具有的具体性和明确性的程度。

【基本概念】

迷狂说　模仿说　寓教于乐　流溢分有说　内在感官说　感性认识的完善说　共通感　游戏冲动　诗性智慧　绝对理念　感性显现

【思考问题】

1. 如何理解亚里士多德《诗学》中所提出的"艺术比历史更真实"的观点?
2. 简述柏克的"社会情感说"。
3. 如何理解康德所提出的鉴赏判断的四个"契机"?
4. 简述维柯的诗学理论。
5. 简述席勒的审美教育理论。
6. 简述黑格尔关于艺术类型与艺术门类的理论观点。

【扩展阅读】

1. 朱光潜:《西方美学史》,北京:人民文学出版社2002年版。
2. [英]李斯托威尔:《近代美学史评述》,蒋孔阳译,上海:上海译文出版社1980年版。

第四章　西方现代美学史纲

康德和黑格尔把美学的基本问题由"美是什么"转变为"审美是什么"和"艺术是什么",在扭转了美学方向的同时也终结了美学。这两位大师之后,西方世界其实已不复存在传统意义上的美学,也不再有过去那种单线的逻辑关系。所谓"西方现代美学",实际上是一个走向"非美学"和"反美学"的过程,一个学说纷呈、流派泛滥、瞬息万变的"解体"和"崩溃"的过程。它甚至已经很难按人头来划分派别,一个美学家跨好几个学科和流派是常见的事。但这不等于西方现代美学就无章可循。作为康德和黑格尔的后继者和批判者,西方现代美学大体上可以归为六大派别,即:① 由康德发展出的自然科学的形式主义,典型的如克莱夫·贝尔的形式美学、苏珊·朗格的符号论美学、阿恩海姆的格式塔心理学等。它立足于康德美学中的"纯粹美"这一形式主义规定,试图以近代自然科学或具有自然科学性质的方法对美进行实证的研究,但倾向于心理学上的描述。② 由康德发展出的非理性主义的表现主义,典型的如克罗齐的直觉主义、弗洛伊德的精神分析、海德格尔的存在主义等。它立足于康德的不可知论和人本主义哲学基础,强调人的主观能动性、自由的不可规定性和精神现象的特殊性,因此具有反对唯科学主义的倾向(甚至反理性主义倾向)。③ 由黑格尔发展出的理性主义的表现主义,典型的如立普斯的移情学派等。它试图用理性的普遍规律来规范美和艺术的一般原理,对艺术创作和审美欣赏提供"合情合理"的解释。④ 由黑格尔发展出的社会科学的形式主义,典型的如别林斯基、车尔尼雪夫斯基等人的反映论等(限于篇幅,该部分内容从略)。它从黑格尔美学中的认识论因素退回到古希腊客观美学,认为美的客观性在于其社会性,艺术与社会科学的区别只在形式,因此叫社会科学的形式主义。⑤ 由自然科学的形式主义推导出的美感经验论,典型的如布洛的心理距离说等。它回过头来继承了英国经验派的美学传统。⑥ 由社会科学的形式主义推导出的艺术社会学,典型的如法兰克福学派的文化批判等。它特别发展了席勒的美学方向。①

第一节　审美的研究

一、直觉主义:克罗齐

意大利学者克罗齐(B. Croce,1866—1952)是直觉主义美学的代表,也是现代表现派美学理论最完整的哲学表述者之一。在克罗齐的眼中,整个世界就是一个心灵活动的世界,其哲学体系就是心灵的哲学。他的直觉主义美学思想只是其心灵哲学体系的一部分。

克罗齐认为,真实界无非是心灵(Spirit)活动的世界,它是心灵及心灵的衍生体。心

---

① 详见易中天:《破门而入——美学的问题与历史》,上海:复旦大学出版社2006年版,第257-258页。

灵活动分为认识和实践两种相异的活动,这就是心灵活动的两度,即两个层面。其中认识活动包括直觉活动和概念活动,实践活动包括经济活动和道德活动,四个分项一起构成了心灵活动的四个阶段。前一阶段的活动独立于后一阶段的活动,但后一阶段的活动却总是把前一阶段的活动包含其中,如:直觉活动可以独立于概念活动(逻辑),但概念活动必包含直觉活动于其中,依此类推。四个阶段活动的对象目标分别是个别意象、普遍概念、个别利益、普遍利益。这些活动及其对象目标都是相异者,而不是黑格尔的所谓相反者。它们由此及彼产生的循环运动(认识活动提升到实践活动,实践活动又转生两种认识活动),不是对立面统一造成的正、反、合,而是心灵活动这个绝对者无始无终的内在生展性所

图 4-1　克罗齐

致。相反者只存在于价值系统当中,四种由低到高的活动的价值分别是美(丑)、真(假)、益(害)、善(恶)。一对概念构成一项,各项之间是相异的而不是相反的,但每项自身却包含两个对立面,一为正价值,一为反价值,正、反价值是内在统一的,即美不能脱离丑而存在,真不能脱离假而存在。没有正、反价值相比照的价值是抽象的,不真实的。只有在这里,才有相反者的统一。这四项价值分别由美学、逻辑学、经济学、伦理学这四个学科来研究。心灵活动的两度四阶段及其附带的一切方面,都融化于时间性的历史当中。真实界的演变史不过是心灵活动的历史,所以历史是个真正的"大全"。历史学研究真实界的演变,而哲学则研究人的心灵活动,所以哲学也就是历史学,就研究心灵活动这一点说,它们是同一的。我们将其哲学体系的轮廓略述如下[①]:

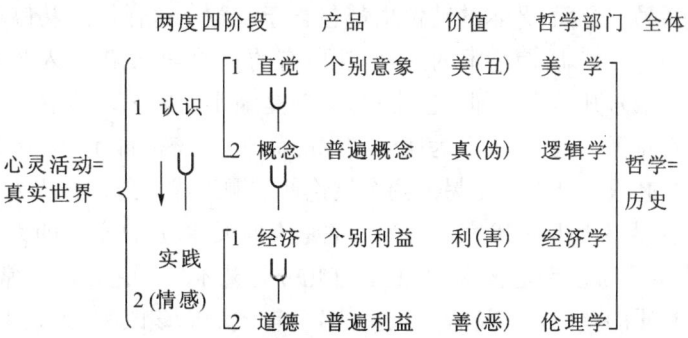

注:→表示产生,例如认识→实践,表示认识产生实践;⊂也表示内含,例如直觉⊂概念,表示概念内含直觉(注意关系倒转)。

图 4-2　克罗齐哲学体系轮廓图

克罗齐美学思想的基础,是在 1902 发表的著作《作为表现的科学和一般语言学的美学》中奠定的。其核心命题便是"直觉即表现"。首先,直觉是一种超然独立的心灵活动,它是对其对象的单纯审视,不肯定或否定它是什么,不追问其意义和关系,不涉及一般和

---

① 详见朱光潜:《西方美学史》,《朱光潜全集》第七卷,合肥:安徽教育出版社 1990 年版,第 298-299 页。

共相,甚至也不做主体和对象、现实与非现实的区别,只将其作为单纯的个别现象来把握,这就是直觉,它是一种前逻辑的认识活动。其次,作为直觉的对象的东西是觉受(Sensation),觉受是种"物质",它是人内心深处感到的一种隐约的撼动,一种被动的感受,一种模糊的情绪和感受的印象(Impressions),这种觉受是一种心理性的"物质"。直觉对觉受这一物质起观照之时,便给了它以形式,使它得以呈现。物质在没有经过心灵赋予形式时,它对心灵来说就不存在,没有经过直觉的觉受就不是"心灵王国"的公民,直觉是唯一能证实它存在的法官。这种物质对直觉来说不过是个界限性的东西,它在被赋予形式得到呈现后,才被反推出它的"曾有",而这种"曾有",在直觉没有觉察到它时,它对于直觉只能是"无",一个"非存在"。

在这样的界定之下,克罗齐提出了"直觉即表现"的命题。他认为,直觉给予无形式的物质以形式,这就是"表现"(Expression)。表现,就其主动意义来说,就是"铸造"、"赋形"、"把握";就其被动意义即从感受方面而言,则是"受促而显"或"被显现"。直觉审视对象时,它就创造了对象,这种创造,就是对象的"表现"。直觉是审视者,也是创造者,它审视的是自己创造的东西,是自身的"影子";而就对象来说,它一经直觉创造,便从无形式的杂多跃为有形式的整一,从黑暗中走到光亮处,得到了"表现"。直觉是表现而且仅仅是表现,所以直觉即表现。

克罗齐的另一命题由此产生:"艺术即表现"。从这个表述中我们能判断出,克罗齐的"艺术"概念是内在地严格限定了的,它不是常人理解的艺术。克罗齐所谓"艺术"就是直觉,是一种内在的心灵活动及其在内心中的产物。他说:"我们已经坦白地把直觉的(即表现的)知识和审美的(即艺术的)事实看成统一,用艺术作品做直觉的知识的实例,把直觉的特性都付与艺术作品,也把艺术作品的特性都付与直觉。"[①]一方面,直觉的特性完全包含于艺术中,另一方面,艺术的特性也都包含于直觉。这样,克罗齐就必定要进行两项工作:一项是扩大通常所谓艺术的外延,让所有的直觉、表现都进入艺术殿堂(甚至包括说话、动作和叫喊),凡是直觉即为艺术;另一项是缩小通常艺术概念的内涵,艺术仅仅是直觉,凡是与直觉无关的、常人以为属于艺术的品性,统统被排斥出艺术概念之外。

由于这样的"吐故纳新",于是另外两个结论便被顺理成章地描述出来。

一个结论是:人人都是艺术家。因为直觉是人的天性,凡直觉品即为艺术,所以人人有直觉就意味着人人都能创造艺术,人人都有几分是艺术家。艺术家与常人的区别只是量上的,他们没有质的差异。"'诗人是天生的'一句成语应该改为'人是天生的诗人';有些人天生成大诗人,有些人天生成小诗人。天才的崇拜和附带的一些迷信都起于误认这量的分别为质的分别。人们忘记天才并不是天上掉下来的,它就是人性本身。"[②]从这里,我们看到了维柯的影子,因为维柯认为原始人个个都是诗人。

另一个结论是:艺术无须传达。艺术仅仅是直觉,艺术就是在直觉或表现中完成的东西,它存在于直觉者的直觉创造中,而不是存在于传达出来的文字或符号中。把心中完成的作品"外显"出来给别人或自己看,这就如同把歌曲录制在磁带上,它是实践活动而不

---

① [意]克罗齐:《美学原理》,朱光潜译,《朱光潜全集》第十一卷,合肥:安徽教育出版社1990年版,第143页。
② 同上,第146页。

是艺术活动,它所产生的也不是艺术品,而是艺术品的"备忘录"。"备忘录"是内心意象或直觉的翻印,它不是作品本身。作为艺术家的人,他没有必要传达其作品,作为实践的人,他才考虑发表作品的实益。传达是有益的活动,应受到重视,但它本质上是属于实践活动而非艺术活动,两者不能混淆。

与"直觉即表现即艺术"内在相关的几个结论也纷至沓来。

其一,欣赏即表现。外在的"艺术品"只是一个物,在未经欣赏时,它还不是"艺术品",不是相当于"我的直觉而言的艺术品"。"我"欣赏,必用直觉,用直觉,即在表现,而表现本身即是创造。所以,一个外在的"艺术品"并非一成不变的,它不断经受欣赏者的再造,每次欣赏就是一次再创作,一次表现,每次欣赏和表现都将产生一部新的作品。外在的"艺术品在欣赏中的存在是常新的、无限的、衍漫的"。

其二,美即成功的表现。艺术中美与丑的区别只在表现的成功与否上,美是成功的表现,丑是不成功的表现,但是不成功的表现不能称其为表现,所以美也就是表现。美是直觉或表现活动的价值界定,而不是传达出的那种物理性的"艺术品"的价值界定,不能就物理性的"艺术品"的内容与形式及其关系给美下定义。由此可见,在克罗齐那里,美似乎成了"表现的操作业已达成"这一事实的存在标定,成了对直觉这一心灵活动的"成效"的完成标定。克罗齐还指出,表现可用成功和不成功去加以评定,但"成功的表现"之间却不能比较评定,"成功的表现"之间没有量的多寡之别,表现的成功即美这一质的规定是绝对的,所以美是绝对的价值,没有"相对较美"这样的价值标定。因此,艺术品之间没有成功的级别之差,没有谁比谁更美的比较和区别,就其都是表现、都是成功的表现这一点而言,它们是等价的。"成功的表现"之间不能比较,而"不成功的表现"之间却能比较,因此丑有等级之分。

其三,艺术不能分类。克罗齐反对艺术分类的观点,与他否定传达是艺术的一部分的观点一样引人注目。他认为,通常人们所进行的艺术分类本质上是任意的,没有逻辑性和必然性,却又要充当评判艺术品的准则,它在以是否符合某类艺术品规范的挑剔眼光,对具体的艺术品品头论足甚至生杀予夺时,实际上是把既定的规范变成了限制艺术品独创性的绝对命令。对于他自己定义的那种艺术品(直觉品),他也反对进行分类,因为它们都是"成功的表现",表现成功这一质的规定的同一性使它们之间不能比较、不能分类;同时也因为直觉品都是独特的、自成一类的个别的东西,它们的个别与独特是其生命之所在,它们没有对"类"的从属义务,不能进入"类"的"死"框之中。

克罗齐关于艺术还有许多否定性的命题。"物理事实"、"自然美"中无表现、艺术和美可言,是他心灵哲学和"艺术即表现"的题中应有之义,对此人们很少质疑。值得注意的是以下三个否定:

(1) 艺术不产生概念。艺术是直觉,而直觉是最基础的认识活动,它在逻辑顺序上先于概念活动而存在,当概念这一因素融于直觉中时,便不能自成一独立的部分,它已不复是概念,而仅仅是直觉品的有机部分,部分的性质由整体来规定,所以直觉或艺术中不产生一般性的概念,它是先于概念的认识活动。

(2) 艺术不是功利活动。艺术的目的不是实际利益,表现的目的就是表现本身,快感主义或功利主义认为艺术的目的是快感的获得,这就把艺术当成是功利的活动了。艺术的快感与功利实用目的的快感有别,这"别"正是艺术自身的东西,它就是"表现"。快感只是艺术或表现的陪伴,仆从不应代替主人而成为目的。

(3) 艺术不是道德活动。艺术没有外在目的,又不引起意志活动,没有外在目的或不引起意志的东西,无从谈什么道德,所以艺术与道德活动无关,是道德之外的东西。

"艺术不是什么"的种种论证的核心是在对理性和概念的排拒中坚持艺术的自主性,克罗齐有力地论证了艺术创造是一种独立的精神活动,每件艺术品都是一个个别的结构,是一种只受自己规律支配的创造,而不是受外在规律支配的模仿。19世纪以来"为艺术而艺术"的艺术自主运动正是从克罗齐这里找到了最充分的辩护。

二、移情学派：立普斯

图 4-3　立普斯

移情学派是西方近现代美学史上影响最大、人数最多的一个学派。它的先驱者是德国美学家 F. 费舍尔（F. Vischer,1807—1887），最先提出"移情"概念的则是他的儿子罗伯特·费舍尔（R. Vischer,1847—1933）。此外还有德国的洛采（H. Hitze,1817—1881）、谷鲁斯（K. Groos,1861—1947），英国的浮龙·李（Vernon Lee,1856—1935）等人。但立普斯（T. Lipps,1851—1914）是移情说理论的系统化者和最大代表,他对移情说做了较充分的发展,把这一理论应用到审美鉴赏和艺术创造的每一个领域中去,作为审美活动的根本要素,并在此基础上,建立起较完整的美学体系。

立普斯把美学作为一门心理科学,认为美学的任务就是描述和解释审美过程中客体对象所产生的特殊效果及产生这种效果所必须具备的条件,确定对一件事物应如何进行美学评价,制定审美判断的原则,规定艺术创造的任务,并对审美欣赏的态度和艺术创作过程进行描述。因而美学既是描述性的科学,又是规范性的科学。美学与艺术的关系,就像科学理论与其相应的技术应用的关系一样。立普斯把美学定义为关于美的科学和关于审美价值的科学,称美是事物所具有的一种能力,它可以在主体身上产生出某种有价值的或令人愉快的效果。在此基础上,立普斯集中研究和描述了主体在审美过程中的移情现象及其规律。

移情说在立普斯美学中是一种较为系统的审美心理学理论。它与以往学者对移情现象描述的不同之处在于十分重视移情这一审美心理在艺术欣赏和创造过程中的作用。立普斯把移情视为知觉和情感对客体对象的一种外射和灌注,使对象似乎有了生命,进而达到由我及物和物我同一的境界。立普斯较多地探讨了由几何形体在空间中使人所产生的各种错觉或幻觉,观照者在无意中会把这种错觉或幻觉移植到对象身上,这就是一种移情或同情作用。立普斯由此认为,观赏者的这种感受,一方面说明并非出于人们的理智或意志,而只是知觉作用的结果;另一方面说明人们往往是按照自己的动作和测量对象的方式,以己度物或把对象看成人自身来解释这一现象,即所谓"人格化"的解释。因为"我们都有一种自然倾向或愿望,要把类似的事物放在同一个观点下去解释。这个观点总是由我们最接近的东西来决定的。所以我们总是按照在我们自己身上发生的事件的类比,即按照我们切身经验的类比,去看待在我们身外发生的事件"①。

在立普斯看来,一切来自空间形式的喜悦乃至一切审美的喜悦,都是一种令人愉快的"同情感"。同情或移情构成一切审美活动的必要条件。也就是说,这种向我们周围的对象灌注生命的活动之所以可能发生,正是因为我们生性喜欢把亲身经历的东西,把我们自身的感觉、情感和生命移植到对象中去,从而使对象更接近我们,使对象显得更加亲切和容易理解。这一移情过程完全是在无意识中进行的,它不必经过任何理性的反思。这说明立普斯看到了移情作用这一审美经验过程包含着直觉和无意识的因素。在这里,自我意识愈清醒,美感也就愈淡薄。立普斯认为,人们在观照对象的过程中,主体会不自觉地把自身的情感状态灌注到对象上,把对象本身看作主体情感状态的同一物,进而去欣赏被灌注了主体情感或生命后的对象的形象或者说主体是把自我活动移入对象,然后再反观和欣赏对象中的自我,这便是审美活动中的移情作用。

立普斯把审美的移情或同情看作是产生审美愉悦的唯一根源。其实,他所谓的移情,也并不只是如一般所理解的站在主体自身的立场上去感受对象,还包含从对象之中同对象一起,并站在对象的立场上去感受主体自身的情感。移情作用的发生,至少应满足三个条件才有可能。其一,移情的对象不是同主体对立的单纯的实体性存在,而是受到主体灌注了生命活力的对象化了的形象;其二,进行审美移情的主体也不是同对象对立的孤立的"实用的自我",而是在对象之中生活着的能够站在对象的立场上去进行感受和观照的自我;其三,主体与对象有着密切联系,互相融合乃至达到对象与主体情感完全统一的物我合一的境界。"移情作用就是这里所确定的一种事实:对象就是我自己",对象与自我的对立完全消失。这就是"移情作用"的本质。

立普斯的这一理论,显然是力图把审美欣赏的对象和审美欣赏的根源分开。客体对象只是主体移情或同情的对象,是主体情感的寄托物。主体自身及其情感的自我活动,才是审美活动中美感的根源。"审美欣赏的'对象'是一个问题,审美欣赏的原因却另是一个问题。美的事物的感性形状当然是审美欣赏的对象,但也当然不是审美欣赏的原因。毋宁说,审美欣赏的原因就在我自己,或自我也就是'看到''对立的'对象而感到欢乐或愉快的那个自我。"②一方面主体通过移情赋予对象以生命,另一方面主体又有从客体中观照自我情感的审美需求。当这两方面交融统一而不是对立时,移情作用就可以发生。此时,主体使自己的精神找到了寄托,对象的形式体现了人的生命和情趣,成为主体精神内容的"象征",从而具备了审美的价值和意义。移情作用之所以能引起美感,正是因为它给了"自我"一个自由伸张的机会,使自我能在移情中冲破自身的限制进入到"非自我"中活动。外界对象的形象愈丰富,自我伸张的领域也愈丰富。自我得到了解放,因而产生快感。又因为这种快感来自情感的表现,伸张的自我并非"实用的自我",而是"观赏的自我",所以它不是一般的快感而是美感。"审美快感是对于一种对象的欣赏,这对象就其为欣赏的对象来说,却不是一个对象而是我自己。或则换个方式说,它是对于自我的欣赏,这个自我

---

① 马奇主编:《西方美学资料选编》,下卷,上海:上海人民出版社1987年版,第841页。
② 同上,第845页。

就其受到审美的欣赏来说,却不是我自己而是客观的自我。"①审美欣赏就是对于这个"自我"的欣赏,而不是对于对象的欣赏,是一种对象化了的自我价值感。或者说美感就是在主体感官对象里所感觉到的自我价值感,一种有价值的快感。

立普斯认为,"审美的移情"是在没有任何实际利害关系的审美观照过程中产生的移情。由于主体聚精会神地审美观照而忘却自我,达到物我同一,主体在对象上实现了自己的意愿与冲动,纯粹而又充分地体验到了自身的情感和向往,从而得到审美的愉悦和快感。这是一切审美欣赏的基本条件和共同本质。应当说立普斯的移情说用移情的范畴代替了德国古典美学中"外化"、"人化"等概念,意义较为明确。特别是移情说突出了主体在审美过程中的积极能动作用,明确指出美感就是主体从对象身上感受到的自我价值感,对我们是有启示的,也是其重要的理论贡献。

三、心理距离说:布洛

图4-4 布洛

作为西方现代美学中颇有影响的"心理距离"说,是英国著名的心理学家、剑桥大学教授布洛(E. Bullough,1880—1934)在1913年发表的《作为艺术因素与审美原则的"心理距离"说》一文中提出并加以阐述的。

布洛不满意对美做形而上学的研究,认为许多人所主张的美的客观性和绝对性是美学的错误之源。应当转向对美感心理原因的研究,建立以观赏(主要是艺术观赏)的心理效应为对象的现代心理学美学,因此他提出了"心理距离"说。他的"心理距离"说与英国经验派美学家柏克的美学理论有内在联系。柏克在《论崇高与美》一文中曾指出:"如果危险或苦痛太紧迫,它们就不能产生任何愉快,而只可产生恐怖。但是如果处在某种距离以外,或是受到了某些缓和,危险和苦痛也可以变成愉快的。"②在这里,柏克已经看到了距离对于产生崇高感所具有的重要意义,不过他还没有系统地分析心理距离问题。布洛则以对心理距离的分析为核心,建立起自己的美学理论。

布洛所说的在审美活动中要与对象保持一定的距离,这个距离既不是空间的距离,也不是时间的距离,而是一种心理上的距离。他曾举了一个著名的海上遇雾的例子来说明这种心理距离的含义。他说,在海上航行时遇到了大雾,这时,由于对航行有可能遇到的危险的担忧,无论是船员还是旅客都会产生一种焦虑、紧张甚至是恐怖的情绪,在这种心绪影响下当然谈不上去欣赏海上的雾景。布洛指出,如果我们能与大雾保持一定的心理距离,那么,"海上的雾也能够成为浓郁的趣味与欢乐的源泉"③。也就是说,如果我们忘掉海上遇雾的危险性和实际的忧虑,把注意力转向"客观地"形成周围景色的种种事物,那

---

① 马奇主编:《西方美学资料选编》,下卷,上海:上海人民出版社1987年版,第847页。
② 转引自朱光潜:《西方美学史》,《朱光潜全集》第六卷,合肥:安徽教育出版社1990年版,第263-264页。
③ [英]布洛:《作为艺术因素与审美原则的"心理距离"说》,《美学译文》,第二辑,牛耕译,北京:中国社会科学文献出版社1982年版,第93页。

么,我们就能够欣赏海上雾景的奇妙无比的美。

什么是心理距离?布洛指出:"距离是通过把客体及其吸引力与人的本身分离开来而取得的,也是通过使客体摆脱了人本身的实际需要与目的而取得的。"实际上,他所说的心理距离指的就是对象与人的实际利害关系之间的分离。由于这种分离,日常事务的某些侧面就会引起我们的注意,而当我们带着功利的眼光去看事物时,这些侧面则往往为我们所忽视。而人们平时所忽视的事物背面的形象一旦突然出现,就会成为一种"艺术的启示"。因此,心理距离构成了一切艺术的共同因素,同时,它也就成了一种审美原则。

作为一种审美原则,心理距离包含了消极和积极两个方面。就其消极方面而言,它抛弃了对象与审美主体的实际需要之间的联系,从而使审美价值与实用价值、科学价值以及伦理价值区别了开来。就其积极方面而言,心理距离注重的是对事物的形象的观赏。因此,对于事物来说,心理距离意味着"孤立",即把形象与其他方面分离开来;而对审美主体来说,它则意味着"超脱",即超越对于事物实用的、认识的、道德的考虑。

布洛指出,心理距离是美感的本质特征,同时,它也说明了为什么眼睛和耳朵是审美的感官。"毫无疑问,除开部分是由于心理和生理上的原因,部分是由于技术性的原因之外,把视觉与听觉的对象与主体分离开来的实际空间距离对于形成上述眼睛的艺术与耳朵的艺术的垄断地位确实起过决定性的作用。"而味觉等感官则不是审美感官,原因就在于它们缺乏心理距离。

在布洛看来,审美活动中的心理距离具有极其重要的作用。首先,在美学中的许多对立的范畴,如主观性与客观性、理想的与现实的、感官的与精神的、个性的与共性的等等,"都可以从较之更为根本性的距离这一概念中找到它们的会合点"。其次,心理距离提供了把美与快适相区别的标准。布洛认为,美离开了心理距离就无法存在,而只是一种无心理距离的快适。再次,心理距离标志着它是艺术创作过程中最主要的环节之一,艺术创作中的一个核心问题就是创造心理距离。第四,心理距离还构成了审美知觉的主要特征。

那么,心理距离具有哪些基本特点呢?第一,心理距离应保持一种恰到好处的程度。布洛认为,"无论是在艺术欣赏的领域,还是在艺术生产之中,最受欢迎的境界乃是把距离最大限度地缩小,而又不至于使其消失的境界"。距离不能太远,太远了就会使人无动于衷;也不能太近以至于消失,这样就会与实用目的分不开。因此,为了寻求理想的心理距离境界,布洛曾进行了以颜色为对象的心理学实验。结果发现,人们对色彩的欣赏可以分为客观类、生理类、联想类和性格类四种类型,而只有性格类的人才是审美型的人,因为他们把自己的情感移情到对象上去,他们与对象保持了一定的心理距离,以纯粹观照的态度来欣赏色彩。

第二,心理距离具有易变性,它既可根据个人保持距离的力量大小而变化,也可依据客体特性而变化。所以,在艺术家和公众之间,不同的艺术种类之间,在心理距离的保持方面都是有区别的。距离的易变性是"距离的内在矛盾"的前提,这就涉及距离的第三个特征:它具有人情但又有距离。

布洛写道:"距离并不意味着非人情的纯理性关系。恰恰相反,它所描述的是人情的关系,而且往往带有浓厚的感情色彩,只不过有其奇异的特性罢了。"这种奇异性是指它已不是现实生活本身,但仍保持现实生活的结构,像真人真事那样使观赏者感动。因此,所谓距离的内在矛盾是指:按心理距离本质,要求与现实生活保持一定心理距离,但在艺术创作和欣赏中,艺术又像现实生活中的情感那样感动着我们。

总之,布洛的"心理距离"说的核心是要求以不涉及利害关系的态度观赏和创造审美对象。他的这一理论实质上是康德关于鉴赏判断不涉及利害感理论的变种,同时,在其中又糅合了实验美学和移情说的某些成分,具有很强的合理性。

四、格式塔心理学:阿恩海姆

如果说注重心理学研究是20世纪西方美学一个鲜明特点的话,那么这一特点在格式塔心理学美学中尤为引人注目。这不仅因为该派美学的一些主要代表人物都是著名的心理学家,而且因为他们直接运用格式塔心理学理论分析美学和艺术问题,从而成为20世纪两个影响最大的心理学美学流派中的一个(另一个是精神分析美学)。

格式塔心理学于1912年诞生在德国,作为一个心理学流派,它的诞生有着鲜明的针对性,即针对以冯特(W. Wundt,1832—1920)为代表的构造主义心理学。构造主义心理学从心理化学的观点出发,认为心理学的唯一任务就是分析研究各种心理复合体的构造,即分析研究构成各种心理复合体的元素以及各种心理元素构成心理复合体的方式和规律。格式塔心理学坚决反对这种把整体肢解开来的元素主义心理学,嘲笑构造主义心理学是"砖块和灰泥的心理学"。格式塔心理学的产生与现代物理学的发展相联系。20世纪初,在物理学中,"场"这一概念的发展和"相对论"的创立,给传统机械论和形而上学的观念以沉重打击,构造主义心理学也就显得陈腐落后了。在这一具体历史条件下,以维台默(M. Wertheimer,1880—1943)、柯勒(W. Kohler,1887—1967)、考夫卡(K. Koffka,1886—1941)等人为代表的一批心理学家以康德的先验论和胡塞尔(E. Husserl,1859—1938)的现象学为哲学基础,引进现代物理学的"场"、"力"等概念,创立了格式塔心理学。格式塔心理学最重要的特点就是坚决反对元素分析,高度强调整体组织,主张物理—生理—心理三者之间的同形关系,强调人的心理完形功能。它的一个核心论点便是"部分相加不等于整体"。"格式塔"是德文"Gestalt"一词的音译,它的含义"乃是指任何一种被分离的整体而言的"。实际上,格式塔现象的基本特征即是有机整体性。

图4-5 阿恩海姆

格式塔心理学的上述基本特点在格式塔心理学美学中也得到了鲜明的体现。格式塔心理学美学的主要代表是鲁道夫·阿恩海姆(R. Arnheim,1904—1994),他在1954年出版的《艺术与视知觉》一书中通过对视觉艺术的深入分析,系统阐述了格式塔心理学美学的主要理论,从而使该书成为格式塔心理学美学的扛鼎之作。

阿恩海姆借用现代物理学的一些基本概念来分析美学和艺术现象,其中运用得最广泛的是"力"和"场"这两个概念。在他看来,知觉其实是对于蕴含在对象中的力的式样的知觉。例如,当我们观看一个位于白色正方形中心的黑色圆面时,我们就会感到黑色圆面具有一种似乎要离开原位运动的内在的力。这种"内在张力"也是一种力,因为"既然这一张力具有一定的方向和量度,我们就可以把它称之为一种心理'力'"①。知觉对于力的感知最重要的是对于力的式样和结构的感知,力的式样和结构对于艺术具有重要的意义。

首先,从各种力的相互作用的整体中把握艺术品的结构。阿恩海姆认为,艺术品的格式塔首先表现为包含在一件艺术品中的各种力组成了一个有机的整体,通过对各种力的关系的分析,我们就能把握住艺术品的结构本身。艺术品就是一个由丰富多彩的力相互作用而形成的整体。各种力既相互作用,又存在着对立,然而却又不导致整体的瓦解。其原因就在于,第一,在各种力中,有一个主导的力;第二,力与力之间的关系尽管是对立和不平衡的,但当它们处于作品的整体结构中时,它们便相互平衡了。

其次,艺术品中各种力的不同配置是决定其艺术性高低的关键因素。艺术品是一个平衡的整体,"实际上,在任何一个具体的艺术品中,都是通过上面列举的各种力的相互支持和相互抵消而构成整体的平衡的。由色彩形成的重力,也许会被位置所产生的重力抵消;由某一特定形状的轴线的方向产生的力,有时又会被一个趋向于中心的拉力抵消。由这些力的关系所造成的复杂性,对于造成一件艺术品的生命力来说是至关重要的"。阿恩海姆以大量生动的艺术实例和心理学实验中的例子分析了各种不同因素的力对于艺术性的影响。由此他认为,在艺术构图中,要考虑到由各种因素所引起的力的作用,并加以调整,使之相互支持或抵消,从而使艺术作品生动起来。"艺术家的目的就是让观赏者经验到'力'的作用式样所具有的那类表现性质。"

再次,艺术品中各种张力的产生由位置、色彩、形状、运动、题材等引起,它们可以有力地影响整个作品的构图和表现力。然而产生各种张力的根本原因却在于视觉的中介作用。阿恩海姆分析说,视知觉接受的是各种刺激式样,而一切知觉活动都是能动的活动,因此视觉经验不仅是对物体的某些静止性质(如距离、角度或波长等)的把握,而且也是一种外部作用力对有机体的"入侵"。这种入侵打乱了神经系统平衡的总过程,所以,刺激就是入侵的外部作用力的冲击遭到人的生理力的反抗。这种对抗力较量的结果便是知觉对象的生成。

从上述分析可以看出,阿恩海姆对于知觉尤其是视知觉的分析强调了它的理性本质和格式塔性,企图弥合感性与理性、知觉与思维、艺术与科学之间的裂痕。尽管他所说的视觉思维其实还不是一种严格意义上的思维,与纯粹的理性思维之间还有着本质的区别。然而,他的这些独创性的观点却使人耳目一新。对于他所说的"内在张力"究竟是否可以称之为一种"力",把物理学中的"力"的概念直接搬到美学和艺术研究之中是否牵强姑且不论,仅从他的"张力"说中,我们可以看到几个明显的优点:第一,把艺术品看成是一个由丰富多彩的力的相互作用构成的有机整体,具有辩证法的因素;第二,对具体艺术经验和艺术技巧用"张力"说做了理论上的概括;第三,对艺术品产生张力的解释,立足于知觉的能动作用,着眼于主体(接受艺术品的欣赏者)与客体(提供刺激的艺术品)之间的有机统一,强调了主体的能动作用。这些无疑是有积极意义的。

阿恩海姆指出:"造成表现性的基础是一种力的结构。"②这一观点是他整个艺术表

---

① [美]阿恩海姆:《艺术与视知觉》,滕守尧等译,北京:中国社会科学出版社1984年版,第3页。
② 同上,第625页。

现理论的支撑点。在他看来,一切事物,无论是生物或非生物、人类或非人类、艺术品或非艺术品,只要它们具有同样的力的结构,并因此具有同样的表现性的都可以归为一类。这样,就可以把除了力的基本式样相同之外其余都不相同的事物联系起来了。他的这种看法为艺术中常用的暗喻手法提供了新的解释。正因为力的结构相同,所以诗人们常用暗喻手法把不相同的事物联系在一起。从"表现性的基础是张力"这一观点出发,阿恩海姆断然反对其他各种解释表现性的理论,诸如移情说、拟人说、泛灵说等等。例如他批评拟人说将事物的外部表现性与人的心理状态相比较的做法并不能决定事物的表现性。他指出,一株垂柳可以看上去是悲哀的,这并不是因为它像一个悲哀的人,而是垂柳本身的知觉式样和力的结构所决定的。"因为垂柳枝条的形状、方向和柔软性本身就传递了一种被动下垂的表现性。"

对于艺术表现性的进一步研究必定会提出这样一个问题:具有一定的力的结构的艺术品为什么会具有表现性呢?回答这个问题则要涉及阿恩海姆的"同形"说,这是阿恩海姆解决艺术表现根源问题的基石。可以从以下几方面加以说明。

第一,艺术品中存在的力的结构可以在大脑皮层中找到生理力的心理对应物。"我们可以把观察者经验到的这些'力',看作是活跃在大脑视中心的那些生理力的心理对应物,或者就是这些生理力本身。虽然这些力的作用是发生在大脑皮层中的生理现象,但它在心理上却仍然被体验为是被观察的事物本身的性质。"阿恩海姆承认,他的这个看法还只是一个推测,因为形成大脑生理力结构图式的生理过程目前尚未可知。他的"同形"说就是建立在这一推测之上的。

第二,外物的力的结构之所以与大脑皮层生理力结构一致,根本原因就在于它们都服从共同的组织规律,即格式塔心理学所推崇的图形律或完形趋向律。艺术品之所以会与大脑皮层的某些区域产生同构,原因有两方面:一是艺术品本身存在的各种式样中包含了一种最简化的结构,二是大脑具有特定的组织作用,它按照最基本的组织原则把所接受的刺激式样尽可能简化。

第三,艺术表现性的最终原因就在于艺术品的力的结构与人类情感的结构是同构的。我们不能把艺术表现性归结为对于人类情感的反映,"那推动我们自己的情感活动起来的力,与那些作用于整个宇宙的普遍性的力,实际上是同一种力"。

第四,审美欣赏使艺术品的力的结构与主体情感结构的一致性得到具体实现。在审美欣赏中,欣赏者的神经系统并没有把艺术品的主要式样原原本本复制出来,而只是唤起一种与它的力的结构相同的力的式样,这就使得"观赏者处于一种激动的参与状态,而这种参与状态,才是真正的艺术经验"。审美快感就来源于审美对象与大脑皮层在力的结构上的一致。"也就是说,组织良好的视觉形式在大脑视觉投射区内产生一个相应的平衡组织。这对形式会产生快感这样一种心理和审美的事实补充了生理学上的解释。"可见,"同形"说也构成了阿恩海姆审美理论的基础。

阿恩海姆用"同形"说来揭示艺术表现性的最终根源——它的生理和心理方面的原因,其基本倾向是从主客体的有机统一中揭示艺术品感染力的原因,这尽管有某些推测成分在内,却不失为一种有价值的假说。事实上,这种看法至少有两点是合理的:第一是充分肯定了主体的能动作用。在审美活动中,主体不是被动地接受对象,而是通过充分发挥主体的积极的组织作用来欣赏对象。第二是有力反对了元素主义。在阿恩海姆看来,艺术品只是作为一个整体的最简化的结构刺激大脑皮层,而大脑皮层也相应地按照完形律把所接受的刺激式样尽可能地简化成一个有机的整体。这样,"同形"说既解释了艺术表现性的最终根源,也解释了审美欣赏过程中的生理机制和心理机制。

五、精神分析:弗洛伊德

19世纪末,欧洲诞生了一个对现代西方人文科学及其他学科产生广泛而深刻影响的心理学、哲学学派——精神分析学派。它的创始人是20世纪西方最重要的思想家之一——奥地利著名心理学家西格蒙德·弗洛伊德(S. Freud,1856—1939)。弗洛伊德在对人的无意识心理过程做长期深入探究的过程中,创建了被他称为对人类的第三个打击的精神分析学说。

精神分析学说用一种独特的精神分析方法来研究人的无意识领域,主要包括无意识论、本能论、泛性论、梦论、人格论等。

图4-6 弗洛伊德

无意识理论是弗洛伊德精神分析学说的理论基石。《精神分析引论》开宗明义地宣布:"精神分析的第一个令人不快的命题是:心理过程主要是潜意识的,至于意识的心理过程则仅仅是整个心灵的分离的部分和动作","对于潜意识的心理过程的承认,乃是对人类和科学别开生面的新观点的一个决定性的步骤"①。弗洛伊德把人的精神活动分为意识、前意识和无意识(一译潜意识)三个层面。意识是呈现于表层的部分,它是人的有目的的、自觉的心理活动,可以用语言表达,并受社会道德的约束。前意识处于中层,是指那些此刻并不在一个人的意识之中但可以通过集中注意力或在没有干扰的情况下回忆起来的过去的经验。前意识的功能主要是在意识与无意识之间从事警戒,阻止无意识本能欲望进入意识之中。无意识是一种本能,主要是性本能——冲动,它毫无理性,是"一团混沌"。它处于大脑的底层,是一个庞大的领域。这一部分个人是意识不到的,但它却能影响人的行为。弗洛伊德第一次形象地描述了人的心理结构,他把人的大脑比作大海里的冰山:意识部分就像冰山露在海面之上的那一小部分;前意识相当于处于海平面的那一部分,它随着海水的波动时而露出水面,时而没入水面;而无意识则是没于海水中的硕大无比的主体部分。根据弗洛伊德的理论,意识与无意识是相互对立的:意识压制无意识本能冲动,使之只能得到伪装的、象征的满足;而无意识则是心理活动的基本动力,暗中支配意识。意识是清醒的、理性的,但又是无力的;无意识是胡乱的、盲目的,但却是广阔有力、起决定性作用的,是决定人的行为和愿望的内在动力。由此可见,在弗洛伊德这一理论体系中,无意识是占主导地位的,是起支配作用的。

弗洛伊德认为,无意识领域充满了不容于社会的各种本能和欲望,它们构成了一个潜在的驱动力。所谓本能,在弗洛伊德这里是指由躯体的内部力量决定人的精神活动方面

---

① [奥]弗洛伊德:《精神分析引论》,高觉敷译,北京:商务印书馆1984年版,第8-9页。

的一种先天状态，本能是人体内部的需要和冲动。在早期理论中，弗洛伊德把本能分为自我本能和性本能。自我本能是指与个体生存相关联的一类本能，如自卫、求食等本能，其作用是保存个体。性本能是指与性欲和种族繁衍相关联的本能，其作用是保存种族。后来弗洛伊德重新考察了他的本能理论，把之前提出的自我本能和性本能合称为"生的本能"，另外提出了与其相对的"死的本能"。"生的本能"是一种表现个体生命的发展和爱欲的本能力量，它代表潜伏在生命自身中的一种进取性、创造性的活力。"死的本能"则是以破坏为目的的攻击本能，它的终极目的就是从生命状态回复或倒退到先前的无机物状态。人的攻击本能既投向外界——表现为攻击性、挑衅性，也转向自身——性虐待狂和被虐狂、自我惩罚、自我毁灭等。

弗洛伊德认为，在人的一切本能中最基本、最核心的就是性本能。性本能冲动既是精神病的成因，也是人类一切生活和行为的根本动因。如果说本能是无意识活动的动力源泉，那么性本能则是这个源泉的核心。弗洛伊德认为，生命伊始，人的性功能就产生和发展了，因此他把人的性欲的发展分成几个不同的阶段，在每个阶段，身体上都有一个能使性力兴奋满足的中心——动情区或情感带。第一阶段是口腔阶段，动情区是嘴，婴儿吸吮奶头是最初的性欲冲动。第二阶段是肛门阶段，动情区是肛门。第三阶段（三至六岁）是阳物崇拜阶段，动情区是生殖器。第四阶段（六岁以后到青春期）是性欲潜伏阶段，这时性欲的发展受到压抑，以停顿和颠倒的形式表现出来，快感的来源转移向外部世界，并且常常以对外界的好奇心获得满足和以知识的获得为目的。第五阶段（青春期至成年期）是生殖欲期，这时性欲的发展进入实际的生殖阶段。在性欲发展的这几个阶段中，弗洛伊德尤其注重对儿童性欲的研究，并引入了"力比多"（Libido）概念。弗洛伊德解释说，力比多完全类似饥饿，它标志着一种力量，伴随这种力量表现出一种欲望，即性的欲望，力比多就是性欲的一种潜力。在对儿童性欲的研究中，弗洛伊德又特别注重对阳物崇拜阶段儿童性欲的研究。弗洛伊德认为，在阳物崇拜阶段，男孩受到"阉割情结"的支配，即常常害怕自己的性器官被割除，而女孩则表现出对阳物的羡慕。其次，在这个阶段，儿童的性爱对象也转移了，这种转移的第一个对象，对男孩来说，是他自己的母亲。男孩总想独享母亲的爱，进而仇视自己的父亲，这种恋母仇父的倾向弗洛伊德称之为"俄狄浦斯情结"（Oedipus Complex）。对女孩来说，她的第一个爱情对象则往往是父亲，这时的女孩因而具有一种恋父仇母的倾向，弗洛伊德称之为"厄勒克特拉情结"（Electra Complex）。

弗洛伊德晚年提出了本我（Id）、自我（Ego）和超我（Superego）三个新概念，用来补充完善他早期提出的无意识、前意识和意识的精神结构理论，从而建立了三重人格理论。本我是最原始的、与生俱来的无意识部分，它由先天的各种本能和欲望组成。本我奉行的是快乐原则，其重要任务是消除由内外刺激所产生的机体兴奋过程，因此它需要获得能量释放，解除紧张状态。这就意味着，本我是不顾任何理性和伦理道德的约束而纯粹发泄欲望的本能冲动。自我按照现实原则来调节和控制本我的活动，压制本我的非理性冲动。超我是一种理想化的、道德化的自我，它的职能是监督指导自我去管制本我的非理性冲动，它比自我更进一步，奉行的是理想原则。从弗洛伊德所勾勒的人格系统中我们可以看出，人的精神生活始终处于冲动和阻力相互作用的过程中，如果这种相互作用导致心理的平衡，则人性处于正常状态；如果导致心理的过分倾斜和不稳定，人的精神就会失常，精神病便由此而产生。弗洛伊德认为,在这一过程中,自我具有非常重要的作用,它要么强行压制本能冲动,要么想办法减缓本能冲动的强度或使本能冲动转移目标。在后一种办法中,弗洛伊德提出了多种自我的防御机制,其中最重要的有两个:一是移置作用(Displacement),一是升华作用(Sublimation)。所谓移置作用,就是指能量从一个对象改道注入另一个对象的过程,即改变本我冲动的方向,将它转移到另一个替代目标上去。弗洛伊德认为,如果被移置的对象是社会化领域中较高尚的目标,这样的移置就是一种升华作用,它表现为人的本能冲动被转移到追求知识、从事慈善事业和文化艺术等方面的活动中去。人类文明之所以能不断发展,就在于人能将那些不能直接发泄出来的能量转移向高尚的社会的或文化的活动中去,实现了某种升华。

对梦的解析是弗洛伊德精神分析学说体系的一个重要方面,其主要观点是:人的许多愿望,尤其是本能欲望,由于与社会道德准则不符而被压抑到无意识之中,于是在睡眠中,以各种伪装的形象偷偷潜入意识层次,因而成梦。换句话说,由于人的欲望在现实生活中得不到满足,便采取一种迂回的方式表现在睡梦中。因此,弗洛伊德认为,梦的本质"就是一种(被压抑的、被压制的)愿望的(被伪装起来的)满足"。由于梦所表现的被压抑的本能欲望主要是性欲,所以它必须采取伪装的形式,因此梦的内容分为"显现内容"与"潜在思想"两部分。显现内容是我们所记得的梦中形象或事件,潜在思想是隐藏在那些形象或事件之下的欲望。弗洛伊德认为梦有四种作用方式,即"压缩"、"移置"、"表现手段"和"二次加工"。所谓压缩,即多种潜在思想被压缩成一种形象,这种混合梦象的形成是为了尽可能多地显露内容。所谓移置,即把梦的潜在思想的重点或中心移置开来,用不重要的替换重要的。表现手段是将梦的思想用具体的形象表现出来。由于梦所表现的主要是被压抑的性欲,所以梦中的形象多与性有关,如旗杆、手杖、山峰、草帽等象征男性生殖器,而盆、水壶、山谷等一切有凹面的东西都象征着女性生殖器。二次加工就是把梦中乱七八糟的材料加工成近于连贯的情节。

精神分析美学是在运用精神分析学说的基本观点来解释美和艺术的基础上产生的,它的最基本的美学主张,就是强调人的无意识与本能冲动在艺术创造与审美活动中的决定作用和深层动因。弗洛伊德一生写了不少关于文学艺术问题的著作,主要有:《释梦》(1900)(其中有关于《俄狄浦斯王》与《哈姆雷特》的论述)、《戏剧中的精神变态人物》(1905)、《作家与白日梦》(1908)、《列奥纳多·达·芬奇和他童年的一个记忆》(1910)、《米开朗基罗的摩西》(1914)、《陀思妥耶夫斯基与弑父者》(1928)、《文明及其缺憾》(1930)等。在这些著作中,弗洛伊德把艺术的本质、艺术家的创作动因等一系列文艺问题当作他的精神分析学说的操作对象,给这些问题以精神分析学说的解释。

在弗洛伊德看来,性欲是人类一切成就之源泉,是人类一切行为的原动力。他说:"性的冲动,对人类心灵最高文化的、艺术的和社会的成就作出了最大的贡献。"[①]在这里弗洛伊德首先指出了艺术创作的动力源泉——性冲动。那么人的性冲动是如何转变为艺术家的艺术创作的呢?弗洛伊德运用精神分析学说的"升华作用"做了解释。升华作用是自我防御机制中的移置作用的最高形式,而艺术作为人类的一项高尚活动,当然是人的性

---

① [奥]弗洛伊德:《精神分析引论》,高觉敷译,北京:商务印书馆1984年版,第9页。

欲的一种转移或升华。弗洛伊德认为,正是这种升华作用,才导致了文化的产生和发展,理所当然地,也导致了艺术的产生和发展。他说:"我们相信人类在生存竞争的压力之下,曾经竭力放弃原始冲动的满足,将文化创造起来,而文化之所以不断地创造,也由于历代加入社会生活的各个人,继续地为公共利益而牺牲其本能的快乐。而其所利用的本能冲动,尤以性的本能为最重要。因此,性的精力被升华了,就是说,它舍却性的目标,而转向它种较高尚的社会的目标。"艺术是人的性欲的升华,是人的性本能的替代对象,然而人们从事艺术活动的目的从根本上说是为了缓解得不到满足的愿望,因此艺术又是人摆脱痛苦的一条途径。正是在艺术活动中,那被压抑在无意识领域中的本能获得了释放。由此看来,人的性本能既构成了艺术创作的根本动因,又构成了艺术创作的最终目的。①

从某种意义上说,艺术的这种性欲升华作用,也可以理解为本能获得释放,或者说被压抑的愿望得到缓解和满足。因此,在弗洛伊德那里,艺术的功能被理解为愿望的发泄或满足。"这首先体现在创造性艺术家本人身上,继而体现在听众和观众身上。……艺术家的第一个目标是使自己自由,并且靠着他的作品传达给其他一些有着同样被抑制的愿望的人们,他使这些人得到同样的发泄。"由此看来,弗洛伊德认为艺术的性欲升华作用是双重的,对艺术家来说,他通过创作使性欲得到升华;对大多数观众来说,它们通过欣赏达到性欲的满足或宣泄。观众不具有艺术家的特殊才能,但他可以通过观赏艺术来实现自己的深层愿望。弗洛伊德举例说,一位现代观众之所以被《俄狄浦斯王》这部悲剧打动,原因在于"在俄狄浦斯王身上,我们童年时代的最初愿望实现了",通过观赏这部悲剧,深藏在我们无意识中的被压抑着的弑父娶母的欲望被激发释放了出来。

把作家与白日梦患者、作品与白日梦联系起来,是弗洛伊德运用精神分析原理来解释艺术创作问题的另一个必然结构。弗洛伊德说过,梦是愿望的达成,而艺术在他看来也是愿望的表达。梦与艺术的这一共通性说明,艺术必然在某些方面与梦幻类似,作家与梦幻者,甚至与精神病患者有某些类似之处。

弗洛伊德在把作家与白日梦患者加以联系之前,首先把作家的创作活动与儿童的游戏加以比较,认为它们之间有相似之处。弗洛伊德认为,儿童的游戏可以说是人类最初的想象活动,儿童在玩耍时的行为就像一个作家。儿童在玩耍时,以极大的热情,非常严肃认真地创造出一个游戏的世界,并且还相当清楚地把游戏的世界与现实区别开来。作家的艺术创作当然是一种想象活动,像儿童一样,作家创造出一个他十分严肃对待的幻想世界,同时也把它同现实严格区分开来。弗洛伊德认为,儿童在长大成人之后便停止了游戏,他现在用幻想来替代游戏,他在空中建筑城堡,创造出叫做白日梦的东西来,这种白日梦的东西也叫作幻想。在弗洛伊德看来,幻想有以下几个特征:首先,幻想只发生在愿望得不到满足的人身上。一个幸福的人是从来不会幻想的,"幻想的动力是未被满足的愿望,每一个幻想都是一个愿望的满足,都是一次对令人不能满足的现实的校正"。其次,幻想同时间的关系十分重要,它徘徊于过去、现在和未来之间:它从现在追溯到对早年经历的记忆(一般是儿时的经历),在这个记忆中愿望得到了满足,并进而创造出一个代表着实

---

① 详见《弗洛伊德论美文选》中对达·芬奇、莎士比亚、陀思妥耶夫斯基等艺术家的生平及其作品的分析,张唤民等译,北京:知识出版社1987年版。

现愿望的未来。心理活动如此创造出来的东西就是白日梦或幻想。弗洛伊德认为,如果幻想变得过于丰富、过于强烈,就可能导致精神病,因此精神病是白日梦的一个极端表现。正是在这里,弗洛伊德发现了艺术家与白日梦患者、精神病患者的相似之处,他们都是一些幻想过于丰富、过于强烈的人;也是在这里,弗洛伊德发现了艺术作品与白日梦的某些类似。首先,艺术作品同白日梦一样,"是童年时代曾做过的游戏的继续和替代物"。其次,同白日梦与时间的关系一样,作家现实的强烈经验唤起了作家对早年经验的记忆,现在,从这个记忆中产生了一个愿望,这个愿望又在作品中得到实现。最后,同白日梦一样,艺术也是愿望的满足。艺术的创造需要丰富的想象力,而只有愿望得不到满足的人才会具有丰富的想象力,通过丰富的艺术想象,艺术家的未被满足的愿望得到了实现。

弗洛伊德从性冲动、欲望、幻想等方面去谈美、审美和艺术的一些基本问题,这种精神分析学说的观点和方法,在西方美学史和艺术批评史上确是独辟蹊径、别具一格,对现代西方美学和艺术产生了广泛的影响。从20世纪20年代至今,现代西方的一些美学流派和艺术思想中对无意识的推崇,对非理性的强调,都可以找到弗洛伊德思想影响的痕迹。

第二节 艺术的研究

一、表现主义:科林伍德

前述克罗齐直觉主义美学的局限主要在于他过多地受制于他的哲学体系,即一定要把直觉与概念、经济、道德活动严格区分开来。他本人在后来的论著中已做了某些修改,但对表现主义美学作出更完善补充的,却是英国著名哲学家科林伍德(R. Collingwood,1889—1943)。晚年的科林伍德自觉接受克罗齐美学的基本命题,全面论述了"艺术是情感的表现"的主张,所以有"克罗齐—科林伍德表现说"之称。

在1938年撰写的《艺术原理》一书中,科林伍德对艺术概念进行了考证和辨析,不过他首先是从艺术与非艺术的区分入手来展开论述的。

科林伍德认为,艺术不是技艺。"作为建立一种完善的美学理论所要采取的第一个步骤,必须把技艺的概念和真正艺术的概念区别开来。"① 科林伍德主要从技艺的六个特征出发考察了技艺与艺术的区别,其中最主要的区别有两条:技艺的第一个特征是具有手段和目的的,如使用工具制作马掌就是一种有手段有目的的活动。而艺术不具有这种特征。"在感受的表达完成之前,艺术家并不知道需要表现的经验究竟是什么。艺术家想要说的东西,预先没有作为目的呈现在他眼前并想好相应的手段,只有当他头脑里诗篇已经成形,或者他手里的泥土已经成

图4-7 科林伍德

---

① [英]科林伍德:《艺术原理》,王至元等译,北京:中国社会科学出版社1985年版,第15页。

形,那时他才明白了自己要求表现的感受。"① 技艺的第二个特征是计划性、预见性,工匠在制作之前就知道自己要制作什么,这种预知对于技艺是绝对不可少的。而艺术家在创造之前就没有这种计划性和预见性,诗人的头脑里可以没有任何明确的计划就作起诗来。科林伍德说,当然这并不等于无计划的工作就是艺术品,也不是说艺术没有一点计划的成分,"最伟大并最严肃的艺术品总是包含着一定的计划成分,因而也就包含着一定的技艺成分",但它们并不是艺术之为艺术的本质。

从技艺与艺术的上述根本区别出发,科林伍德进而认为艺术不是再现。因为再现也是一种专门技艺,所以真正的艺术不可能是再现性的。但是科林伍德并不绝对地认定艺术和再现不相容。他认为在某些情况下,艺术与再现是彼此叠合的,一个再现物可以是艺术品,但使它成为再现物的是一种原因,使它成为艺术品的却是另一种原因。例如画家在画一幅肖像画时,除了满足雇主所要求的逼真(再现)之外,他还赋予了肖像画以进一步的艺术性。因此科林伍德强调把一件艺术品中再现的东西与艺术的东西区别开来。科林伍德把再现的艺术分为三个等级。第一等级是一种朴素的或几乎无所取舍的再现。第二等级是有所取舍的再现。在真正的艺术里没有这种取舍,因为有取舍就意味着有计划有目的。第三等级是情感的再现。情感的再现意谓再现品所唤起的情感相似于原物唤起的情感。科林伍德举例说,现代舞蹈乐队的色情音乐唤起了与人们在性兴奋状态中所特有的情感相类似的情感。因此"再现总是达到一定目的的手段。这个目的在于重新唤起某些情感"。显然,再现的艺术在科林伍德看来不能算是真正的艺术,而是一种技艺。

科林伍德接着区分了两种再现的艺术,即巫术的艺术和娱乐的艺术。

科林伍德批评英国人类学家弗雷泽(J. Frazer,1854—1941)和法国人类学家列维—布留尔(Lvy-Bruhl,1857—1939)的巫术理论,认为他们对巫术的理解是完全错误的。科林伍德指出,巫术具有两方面的功能:第一,巫术是达到预想目的的手段;第二,巫术的目的是激发某种情感。例如,一个原始部落在将和它的邻居打仗之前先跳战争舞,目的在于逐步激起好战的情感,战士们跳着跳着就逐渐深信自己是不可战胜的了。巫术的这两个功能表明,巫术并非真正的艺术,而是技艺。民间的歌曲、舞蹈故事和戏剧构成的乡村民间艺术,教士们的散文、韵文赞美诗,军乐队和舞蹈乐队的器乐曲,客厅的装饰,宗教艺术等都是巫术艺术。此外像爱国主义艺术(爱国诗歌、政治家塑像、庆典等),体育运动的仪式,社会生活的各种仪式(婚礼、葬礼、宴会、舞会)等实质上也都是巫术。从严格的美学观点考虑,这些巫术都不是真正的艺术,虽然"它们里面都存在着艺术的动机,但这一动机由于服从巫术功能而饱受奴役,失去了自己的本性",它们都有一种非美学的基本功能,即激发某种特定的情感。例如爱国主义艺术的目的在于激发人们对国家、城邦、政党、阶级、家庭或任何其他社会或政治团体的忠诚。

娱乐的艺术同巫术的艺术一样是再现的艺术。与巫术艺术不同,娱乐艺术的目的是在娱乐过程中将情感释放出来,而不是将情感导向现实生活。为了使情感不影响实际生活,娱乐艺术创造出一种虚拟情境,从而使情感在其中释放出来,达到娱乐目的,这种虚拟情境是真实情境的再现。娱乐艺术与巫术艺术的另一个不同之处在于,娱乐艺术不是功

---

① [英]科林伍德:《艺术原理》,王至元等译,北京:中国社会科学出版社1985年版,第29页。

利性的,而是享乐性的。科林伍德认为色情艺术、基于情欲主题的小说、侦探小说、暴力文学等都是娱乐艺术,这些娱乐艺术不是为了刺激起人们的种种情感去发生实际关系,而是向他们提供虚拟对象,从而使他们从实际目标转向娱乐的兴趣,在虚拟的情境中将情感释放出来。从娱乐艺术的这种特点看,科林伍德认为巫术艺术比娱乐艺术对社会更有用一些。巫术艺术对一切社会都是有益的,但娱乐艺术过度膨胀就会对社会构成危险。因为无止境地渴求娱乐,就会完全丧失对实际生活事务的兴趣和能力。科林伍德认为,这正是导致罗马帝国衰亡的精神疾病,而今天现代文明正在走着一条类似罗马帝国晚期的道路。因此他认为虽然巫术艺术不是真正的艺术,但它对一个健全的社会却是有益的。

在从否定的方面论述了技艺和再现的艺术不是真正的艺术之后,科林伍德便着手从肯定的方面来确定艺术的含义。他主要从两方面做了探讨:一是从艺术与情感的关系方面,一是从艺术与制作的关系方面。

从艺术与情感的关系来看,科林伍德认为艺术是情感的表现。巫术艺术是唤起情感,娱乐艺术是释放情感,真正的艺术则是表现情感。表现情感与唤起情感是截然不同的。一个唤起情感的人,他同观众处于一种类似医生与病人的关系之中,一个开药,另一个服药。而一个表现情感的人,他与观众并没有这样的关系,他并不想在观众身上唤起某种情感,他只是使自己的情感对观众显得清晰。其次,最终表现出来的情感并不是被预先计划好了的,表现情感的过程是对自己的情感不断探测的过程,他说:

> 当说起某人要表现情感时,所说的话无非是这个意思:首先,他意识到有某种情感,但是却没有意识到这种情感是什么;他所意识到的一切是一种烦躁不安或兴奋激动……他通过做某种事情把自己从这种无依靠的受压抑的处境中解救出来,这种事情我们称之为表现他自己。这是一种和我们叫作语言的东西有某种关系的活动:他通过说话表现他自己。①

科林伍德接着说,这一莫名的情感一经艺术表现出来,即有一个明确的形式,对于鉴赏者来说这情感便不再是无意识的了,而既作表现之后,艺术家便也如释重负,被压抑的感觉不知不觉就消除了。艺术表现的情感具有如下特征:

第一,艺术的情感表现是个性化的情感表现。表现情感不同于描述情感。"我生气"、"我恐惧"这类情感的描述是没有表现力的、缺乏个性的概括活动,而表现却是一种个性化活动。表现一种愤怒的情感只能是表现一种独一无二的特殊的愤怒,因此"任何真正的表现必然是一个独创性的表现"。科林伍德认为,这一点与旨在唤起情感的技艺不同,"技艺想要实现的目的,总是从一般性原则加以设想,而从不加以个性化"。

第二,艺术的情感表现是非选择性的表现。有所选择是再现艺术的特征,有所选择意味着艺术家预先就知道他希望唤起哪一类情感。但在情感的表现中,作家或艺术家在作品完成之前并不知道他所体验的是什么情感,因而也就不能有所选择取舍。一位真正的艺术家不可能事先立意去写什么喜剧、悲剧等,只是在完成作品之后才被标明为悲剧、喜

---

① [英]科林伍德:《艺术原理》,王至元等译,北京:中国社会科学出版社1985年版,第112—113页。

剧。科林伍德下结论说:"任何一种选择,任何要表现这种情感而不表现那种情感的决定都是非艺术的。"

第三,艺术的情感表现并不是暴露情感。科林伍德认为,暴露情感只是展示情感的种种症状,如一个人害怕时脸色发白、张口结舌等,但他并不意识到自身情感的确切性质。而表现情感的人意识到他所表现的东西,并且使别人也意识到他身上和他们自己身上的这种东西。科林伍德指出:"真正表现的特征标志是明了清晰或明白易懂。"他列举演员的表演说:"如果演员的任务不是娱乐而是艺术,他所追求的目标就不是在观众身上造成一种预想的情感效应,而是凭借一整套的表现手段……去探测他自己的情感,去发现他尚未察觉的他自己身上的种种情感,同时允许观众也目击这种发现,从而使他们在自己身上也做到同样的发现。"

第四,艺术所表现的情感是公众的情感。正因为如此,在艺术家与普通人之间就没有类的差别,读者与作者同样是艺术家。他举例说,当人读诗,就不仅是领会了诗句所表现的诗人的情感,而且是凭借诗人的语言表现了他自己的情感,诗人的语言变成了读者的语言。这里可以明显看出科林伍德继承了克罗齐"人人皆为艺术家"的思想。他引用18世纪英国诗人蒲伯的话说:诗人的使命即是说出大家都感受到了却没有人能很好地表现出来的东西。这实际上也显示了诗人表达的情感必然是能够普遍引起共鸣的社会性的情感,而绝不是原封不动的仅仅限于个人的恩恩怨怨。从这一点出发,科林伍德批判了象牙塔文学,认为这类艺术家往往把自己同整个社会隔绝开来,表现自己狭隘的情感,创作出来的作品没有一点艺术价值。

从艺术与制作的关系来看,科林伍德认为艺术是一种想象。

首先,科林伍德认为艺术是一种自觉而有意识的创造活动。他承认艺术作品是由艺术家制作的某种东西,但又认为这种制作既不是改造一种特定的材料,执行一个预想的计划,也不是发挥手段以实现预想的目的。他认为艺术是不用技巧但仍然是自觉而有意识的创造。

其次,科林伍德认为艺术创造活动是一种想象的活动。他着重谈了艺术的想象性创造同真实世界的区别:一场骚乱、一件麻烦事、一支海军或任何其他事物,唯其在真实世界占有了自己的位置之后才算被创造出来;然而"一件艺术作品作为被创造的事物,只要它在艺术家的头脑里占有了位置就可以说它被完全创造出来了"。例如他认为,谱写乐曲是一种在艺术家头脑里进行的活动,实际谱写的乐曲就是想象的乐曲,至于把乐曲哼唱演奏出来或谱写在纸上只是真正艺术作品的附属物,"音乐家的曲子根本不存在于纸上,纸上的东西并不是音乐,它只是些音符而已"。非但如此,表演者制造出来的、观众所听到的那些音响也不是音乐,而只是一种手段,观众可以凭借它们"把存在于作曲家头脑中的那个想象的乐曲为自己重新建立起来"。从审美欣赏的角度而言,科林伍德承认只有确实听到了音响,观众才有可能掌握音乐,但是音乐并不是由听到的音响构成的,而是想象中的某种东西,我们从音响中听到的不只是音响本身,甚至也不只是在听音响,而主要是由我们的想象力用各种方式加以修补过的那种声音。

再次,科林伍德提出了一个重要的命题:艺术是一种总体想象性的经验。他认为任何艺术都是总体性的,不存在单纯的听觉艺术或单纯的视觉艺术等等,真正的艺术只能是总体想象性的经验。他以塞尚的画为例,认为"绘画绝不能是视觉艺术",因为观众在观赏一幅画时的经验根本不是一种专门的视觉经验,他所感受的东西并不是由他所看见的东西构成的,而是由各种经验如听觉、视觉、触觉、运动感觉等构成的,因此观众观赏的经验是一种超出单个、特殊的感官经验(听觉、视觉)之上的总体活动的想象性经验。

通过对艺术与情感、艺术与制作这两方面关系的详尽论述,科林伍德为艺术下了一个完整的定义:"通过为自己创造一种想象性经验或想象性活动以表现自己的情感,这就是我们所说的艺术。"①

综合科林伍德对艺术的定义我们可以看出,想象在他的艺术概念中具有重要的地位,它构成了科林伍德艺术概念的核心和基础。但想象是什么?科林伍德认为只有从哲学的角度对这个问题加以界定,才能为艺术的概念奠定一个坚固的哲学基础。

科林伍德认为,想象在整个经验结构中处于思维活动与单纯的感觉心理生活接触的交叉点,它是一种不同于感觉却与感觉密切相关的经验形式。感觉是独立于思维的单纯的感觉印象,是一种单纯的刺激反应,处于意识水平之下;想象则是我们意识到的一种感觉,是经过意识加工过的感觉,确切地说,想象是感觉被意识活动改造时所采取的新形式,它虽然还包含着感觉的经验,但已变成有意识的、明晰的感觉经验。严格说来,这种受意识支配的感觉已不是感觉,而是想象。在这里想象同时也就是意识。科林伍德指出,想象或意识成为连接单纯感觉与思维的接触点。这就是说,思维并不是与未经加工过的感觉相联系,而是与被改造为想象的感觉相联系。根据科林伍德的上述说法,想象也可以被看作初级形式的思维,而就想象所保持的感觉——情感的内容看,想象实际上可以被看作我们通常所讲的形象思维。

在科林伍德看来,真正的艺术作品是存在于艺术家头脑中的总体想象性经验,而不是有形的可感知的东西。不过他又认为,艺术家需要"外化"他的艺术作品,艺术家必须与观众保持关系。他指出,内在的审美经验与有形体的"艺术作品"具有一种双重的关系,对艺术家来说,这种内在的经验可以外化为一种可感知的对象;对观众来说,他通过观赏这个可感知的对象可以在自己的头脑中重建艺术家的总体想象性经验。这样看来,有形体的"艺术作品"是连接艺术家与观众之间联系的桥梁。科林伍德的这种观点与克罗齐将外化的艺术品看作观众审美再造用的工具的观点十分相似。与克罗齐不同,科林伍德将观众的审美再造看作是一种总体想象性活动。以欣赏绘画来说,观众不是单单凭借视觉欣赏绘画作品,而是凭借总体想象性经验从画中看到比对象更多的东西,从而透过有形体的艺术品重建艺术家作画时的总体想象性经验。科林伍德还认为,观众对艺术家的想象性经验的重建并不表明一种单纯的传达与被动地接受的关系,而毋宁是一种合作的关系。艺术家表现的情感是他与观众所共有的情感,因此观众是判断他的审美经验价值的法官,并且构成他创造过程中的一个审美因素,因为观众的情感在某种程度上制约着艺术家的情感表现。"作为情感的表现而且向群众表达出来的艺术,要求艺术家应该参与公众的情感,因而就要参与和这些情感密切相关联的种种活动。"在这里科林伍德又一次突破了他的艺术概念的框框,把艺术创作和审美活动看作社会性的合作活动,而不是看作艺术家头

---

① [英]科林伍德:《艺术原理》,王至元等译,北京:中国社会科学出版社1985年版,第156页。

脑中的东西,在这方面他比克罗齐又进了一步。此外,从他强调观众对艺术家的想象性的重建以及观众与艺术家的合作关系来看,科林伍德的观点具有朴素的接受美学的意味。

总的来看,科林伍德全面继承发展了克罗齐的美学思想,进一步阐发了克罗齐的直觉即表现即艺术的理论,比克罗齐更为深入地探讨了艺术想象和情感表现问题,在若干方面有所创新,理应引起我们的关注。

二、形式美学:克莱夫·贝尔

图4-8　克莱夫·贝尔

与现代文艺的发展变化相应,20世纪西方美学对形式产生了空前的热情,一些重要的美学理论无不与艺术形式有关。英国形式主义美学是继表现主义美学之后又一个把美学转向主体、转向经验的重要美学流派,其代表人物是克莱夫·贝尔(Clive Bell,1881—1964)。贝尔与形式主义美学另一代表人物弗莱(R. Fry,1886—1934)都是伦敦著名学术团体布鲁姆斯伯理集团(The Bloomsbury Circle)的成员,所以他们很容易论压群芳,产生国际性影响,被一些美学家认为是"当代艺术理论中最令人满意"的一种,成为与表现主义、符号论并列的"三大美学"。

贝尔的主要著作有《艺术》(1914)、《塞尚之后》(1922)、《普鲁斯特》(1928)、《法国绘画述评》(1931)等,其中《艺术》一书集中体现了他的形式主义理论。贝尔在《艺术》初版序言中开宗明义提出:"在这本小书中,我试图阐述一套关于视觉艺术的完整理论。"①在他的这套理论中最重要的是"审美情感"(Aestheticemotion)以及它的直接对象艺术品(Art)。为此,贝尔提出了"形而上学的假说"和"审美假说"来分别回答审美情感的本质即艺术意味的来源和艺术的本质这两个关键问题。围绕这两个假说,《艺术》广泛研究了艺术的本质、艺术意味的来源、艺术的创造和欣赏、艺术与社会生活诸方面的联系等问题,并且运用它们检验了传统审美判断的正确程度,考察了一千三百年的基督教艺术史,构成了一套完整的视觉艺术理论。

贝尔认为,一切视觉艺术品如绘画、建筑、陶瓷、雕刻以及纺织品都能唤起一种特殊的情感。虽然每一种艺术品唤起的情感都不相同,不同的人被共同的艺术品唤起的情感也存在差异,但是所有这些情感都可以被认为是同一类的,即都是审美情感。这种由艺术品所激起的特殊情感同自然美如花朵和蝴蝶的翅膀所引起的情感是大不相同的。这是因为在我们对自然美的欣赏中往往夹杂着非审美的日常生活情感,而在艺术欣赏中,我们却被艺术家创造的审美形式所深深打动,体会到一种神秘的意味。我们"处身于艺术本身具有的强烈特殊意义的世界里。这个意义与生活意义毫不相干。这个世界里没有生活感情的位置。它是个充满它自身感情的世界"②。审美情感的价值远远高于平庸的日常生活情

---

① [英]克莱夫·贝尔:《艺术》,周金环等译,北京:中国文联出版公司1984年版,第1页。
② 同上,第17页。

感，它把我们从人类实践活动的功利领域提升到超凡脱俗的"审美狂喜"状态。这时我们与人类的利益暂时隔绝了，我们的关乎物质世界的欲望和记忆被抑制了，这样我们就置身于一个高于卑俗的日常生活的艺术世界里了。

贝尔进一步探讨了这种审美情感的本质，认为它是我们对于"终极实在"(Ultimate Reality)的感受，即一种关于纯形式的情感。"终极实在"就是剥离了事物作为手段的全部意义之后留下来的那自身作为目的的东西。贝尔举了一个船的本质的例子通俗地说明了它的含义。他说："船的本质不是它本身想象出来的布满紫色桅杆的大船的幻影，也并非满载煤炭驶向煤港的幻影，设想有一只船完全与世隔绝，船上没有人，船停止了一切紧迫的运输，抹去它的神话般的经历，那么，所保留下来的还有什么呢？还有什么可使我们仍然在情感上作出反应呢？那么剩下的只有纯粹形式和在形式后面的意味了。"因此，"终极实在"就是纯形式及其意味。当我们把事物当作纯形式去欣赏从而抓住终极实在感时，便产生了那种如醉如痴、如梦如烟的审美情感。这种审美情感使我们摆脱了与宇宙物质意义相关的情感与观念，更加关注宇宙的精神意义，把握到那潜存于形式背后的神秘意味。这时我们虽"没有认识到它的偶然的和局限的重要性，却认识到了它的基本现实性，认识到了一切物品中的主宰，认识到了特殊中的一般，认识到了充斥于一切事物的节奏。"这就是审美情感的本质，也是"形而上学假说"中所说的"有意味的形式"(Significant form)，即我们在它背后所抓住的终极实在感的形式的具体内容。

既然审美情感是对终极实在的感受，那么我们要想通过欣赏艺术体验到这种特殊情感，亟须具备的就不是史实和艺术家生平等历史事实，也不是与艺术相关的生活情感与观念，而是一种艺术敏感性，即准确地捕捉形式背后终极实在感的能力。那种只顾认标签而达到实用目的，或仅凭智力而不依从情感看待艺术的人就缺少这种敏感性，他们根本欣赏不了艺术。对艺术品他们产生不了审美情感，只好把感受到的生活情感拿来搪塞。"每当见到一幅画时，他们就本能地将其形式与他们生活于其中的世界联系起来。他们把创造出的形式也看成是模仿来的形式。他们把一幅画看作一张照片。"对他们来说，艺术根本不是审美对象，在音乐会上和美术馆里，他们是聋子、瞎子。而那些具有非凡艺术敏感性的艺术家们与凡夫俗子却迥然不同。他们不仅能从艺术欣赏中产生审美情感，而且还能从物质世界自然景物的凝视中，甚至全凭想象产生审美情感，创造出"有意味的形式"。但是，贝尔认为这个世界上庸人太多，真正的艺术家和鉴赏家太少了。因此他感叹道："假如有一点纯粹的审美感情，哪怕是混杂的，很少一点的艺术欣赏也一定是世界上最有价值的东西——它是如此宝贵，还在我的头脑还不清楚之时我已经试图论述过艺术对世界的拯救了。"①

贝尔认为，在能够唤起我们审美情感的一切视觉艺术品中，必定存在着一种普遍而又特有的性质，"离开它，艺术品就不可能作为艺术品而存在；有了它，任何作品至少不会一点价值都没有"。如果找到了这种特有性质，就解决了审美的关键问题，也就找到了将艺术品与其他物品区别开来的基本性质。为此，贝尔提出了著名的"审美假说"。他说："什么性质是圣索菲亚教堂、卡尔特修道院的窗子、墨西哥的雕塑、波斯的古碗、中国的地毯、

---

① ［英］克莱夫·贝尔：《艺术》，周金环等译，北京：中国文联出版公司1984年版，第22页。

帕多瓦的乔托的壁画,以及普辛、皮埃罗·德拉、弗朗切斯卡和塞尚的作品中所共有的性质呢？看来,可做解释的只有一个：那就是'有意味的形式'。在各个不同的作品中,线条、色彩以某种特殊方式组成某种形式或形式间的关系,激起我们的审美感情。这种线、色的关系和组合,这些审美的感人的形式,我称之为有意味的形式。'有意味的形式'就是一切视觉艺术的共同性质。"

贝尔强调,"有意味的形式"与通常所说的"美"不是一回事,"'美'一词通常总是被人们用来指那些引起过自己的某种突出的感情的对象",也就是说,人们用这个词,往往不是由于产生了审美感情,而是多半指与性的诱惑有关的东西,如一张漂亮女人的照片、歌剧中少女的歌声等。所以贝尔拒绝使用这个已被滥用、易起误解的术语。按照贝尔的分析,"有意味的形式"这一命题可以从两方面来理解：一是"形式",一是"意味"。

所谓"形式",就是线条、色彩以某种独特的方式排列、组合成的形式或形式间的关系,作为纯粹的形式,它不能充当暗示情感、传达信息、宣扬教化、描绘故事的手段,否则就不能从审美上感动我们,就不能唤起我们的审美情感。所谓"意味"是由纯形式排列、组合成的画面所表现、隐含的某种特殊的情感。在贝尔看来,艺术家创造艺术品的目的并不是为了唤起人们的审美情感,而是借助纯形式间的排列、组合将审美情感物化。审美情感是意味的唯一来源。贝尔特别贬斥"叙述性的绘画",诸如具有心理、历史价值的画像、摄影作品、连环画以及各类插图,在他看来根本就不是艺术品,只能充当"暗示感情,传达信息"的手段。"再现往往是艺术家低能的标志",这类艺术家如"意大利未来派"画家,创造不出能唤起审美情感的形式,只有求助于再现手段来唤起生活情感,这种情感往往与世俗利害、道德功利联系紧密,其价值与超功利的、由对象的纯形式唤起的审美情感不可同日而语。相反,贝尔却高度赞美和推崇那些粗拙、古朴的原始艺术作品,认为它们具有无与伦比的艺术价值。因为在原始艺术作品中没有现实的准确再现和技巧的炫耀,唯有感人至深的"有意味的形式"。

从艺术是"有意味的形式",它表现了艺术家的审美情感这一"审美假说"出发,贝尔强调了艺术超脱于人类社会生活之外的独特性质和自身价值。"伟大的艺术长久不变,永不失色！"这是因为艺术表现的审美情感超脱了人类社会历史,它的价值既不会随时间的流逝而消失或减少半分,也不会受人类各种喧嚣一时的思想观念的影响而消长,它是永恒不变的。

从"有意味的形式"和"审美情感"的理论出发,贝尔断定文学不是纯粹的艺术。因为文学作品的内容是与生活情感混杂在一起的,它更重视的是思想观念和真实的模仿,而不是审美情感；内容和形式不是合二为一,而是相互分离；形式和它的意味并没有统治一切。在《骗钱的艺术》(1918)中,贝尔强烈地贬斥了现实主义作家如 H. G. 威尔斯、G. 摩尔、高尔斯华绥,认为他们根本不是艺术家。与此相反,他对哈代、康拉德、A. 法朗士、弗吉尼亚·伍尔芙和普鲁斯特这些作家却推崇备至。他在《普鲁斯特》中明确地说："某些绝妙的艺术杰作所以能取得辉煌的成就,所以具有不可思议的力量,不在于洞察力的闪现,不在于性格的刻画,甚至也不在于对人类心灵的了解,而在于它们表现的形式——我是在最广泛的意义上使用这一词汇的,我指的是艺术家创造的东西。"①这充分表明贝尔的文学理论与他的视觉艺术理论是一脉相通的。

贝尔的美学理论提出后迅速传播开来,发生了广泛的影响,在现代西方美学史上具有不可磨灭的功绩。(1)它把传统美学中主客二分的格局改变为主客统一的思路,他的"有意味的形式"不是纯客观的命题,而是紧系于主体的审美情感和终极实在感,是奠基于审美经验之上的。这代表了20世纪西方美学反叛传统美学的新的研究方向。(2)"有意味的形式"的命题中包含了摒弃传统美学"内容—形式"二分的倾向,而主张形式与内容(意味)的浑然统一,即让意味消融在形式之中。这对艺术和美学的发展具有积极的意义。(3)它推动了形式与情感关系的研究,把移情论美学向纵深推进,为美学研究开拓了新的领域。(4)它强调了艺术的独立自足性,这不仅上承康德以来的形式主义艺术和美学思想,而且对整个20世纪西方美学重视艺术形式、艺术本体论研究的方向具有启示的作用。(5)它为后期印象派艺术所作的美学辩护,实际上是为整个现代主义艺术做辩护。贝尔1913年曾预言道:"后印象派是一个新的发展时期的最初阶段","它有一个未来"②。20世纪以来现代主义艺术的蓬勃发展完全证实了这个预言,同时也证明贝尔的美学理论堪称现代主义艺术的最初纲领与宣言。

三、符号论美学:苏珊·朗格

符号论美学是20世纪西方美学继表现主义、形式主义美学之后又一重要的美学流派。它的基本思想由德国哲学家恩斯特·卡西尔于20年代提出,至40年代渐趋成熟。美国哲学家苏珊·朗格(Susanne K. Langer,1895—1985)于40—50年代在美学上全面发展了卡西尔的思想,使符号论美学达到鼎盛。美国评论家科斯特拉尼茨认为:"战后十年,在美国几乎没有一种艺术哲学比苏珊·朗格所阐述的理论占据更大的优势。"③美国《当代人物传记》认为她的著作"深刻影响了20世纪社会科学的思维",把她誉为"世界上在历来被男人占有的领域内获得承认的少数几个女人之一"。

图4-9 苏珊·朗格

朗格继承了美国哲学的实用主义、经验主义传统,反对先验的形而上学单纯从概念出发对艺术做抽象的逻辑推演,而坚持对各种艺术进行具体的经验分析;同时,她也不同意分析哲学、实证主义哲学放弃或取消对艺术做形而上研讨的倾向,认为哲学是美学和"整个知识大厦"的"框架",所以应在经验分析基础上对艺术作出哲学的概括。她的艺术哲学就是以卡西尔的符号论为基础,兼采表现主义、形式主义、直觉主义等美学流派之长所作出的哲学概括和综合。朗格在《情感与形式》一书的结

---

① 转引自[美]苏珊·朗格:《情感与形式》,刘大基等译,北京:中国社会科学出版社1986年版,第347页。
② [英]克莱夫·贝尔:《艺术》,周金环等译,北京:中国文联出版公司1984年版,第47页。
③ 转引自[美]苏珊·朗格:《情感与形式》译者前言,刘大基等译,北京:中国社会科学出版社1986年版。

尾极为虔诚地说:"正是卡西尔——尽管他并未承认自己是美学家——在其广泛的符号形式的研究中,凿就了这块结构的枢石。我不过将它放在了适当的位置,以连接和支持我们所建立的那些东西。"①在书前的题词中她这样写道:"谨以此书纪念厄恩斯特·卡西尔。"这些足见朗格在理论上与卡西尔哲学的直接承继关系。为了更准确地把握朗格的思想实质,对其思想来源有个清楚的了解,我们不妨对卡西尔的符号论哲学做简单的交代。

恩斯特·卡西尔被公认为"柯亨最优秀的学生",他的著作被誉为新康德主义"马堡学派的学术总结"。卡西尔认为,康德的理论中心在于"经验的规律性和逻辑结构",然而康德把从各式各样的经验所得到的结构看成是静态的,这就错了。事实上这些结构恰恰不是静态而是动态的。这些结构的适用范围要远远地超出康德所想象的范围。"因此,正确的方法是在我们对物的存在作出任何断言之前,首先阐发经验的范围和准则。"卡西尔声称,自己的目的就是要把康德的统一的结构原则改造为动态的文化批判原则,把只研究理性认识的传统认识论扩展为研究整个人类文化的学说。卡西尔认为,一切人类的文化现象和精神活动,如语言、神话、艺术和科学,都是在运用符号的方式来表达人类的种种经验,概念作用不过是符号的一种特殊的运用。符号行为的进行,给了人类一切经验材料以一定的秩序:科学在思想上给人以秩序,道德在行为上给人以秩序,艺术则在感觉现象和理解方面给人以秩序。符号表现是人类意识的基本功能,这种功能对于理解科学结构固然不可缺少,对于理解神话、宗教、语言、艺术和历史的结构同样重要。人就是进行符号活动的动物。卡西尔认为,人类制造的信号—符号使得意识内容自我分化为一个更为持续的结构,符号同时连接了意识的流动,并为其加上了某种模式。就像康德的概念和范畴,符号不是反映了客观世界而是构成了客观世界。卡西尔把语言、艺术、宗教和科学看成一个有机统一体的各个方面,它们都在不断发展着,而每一个方面都表现了符号再现的基本功能,即在人的意识与能力之中建立自己概念和符号的世界——人类文化。正是对符号形式的研究,才给人类探讨一般概念形式提供了一把钥匙,符号概念是哲学家手中具有最大普遍性和灵活性的工具,各种符号形式的生成,就是一部人类精神成长的史诗。

朗格接受了卡西尔的符号理论,她的主要贡献是对不同的符号方式加以确定,从而给符号创造活动和理解活动打下了更为清晰的印记。朗格的艺术理论是其整个符号理论的重要组成部分。一方面,她以符号行为这样一个人类特有的基本活动为支点,详细地解析了艺术活动的各个方面;另一方面,又试图通过对艺术现象这种无比绚丽多彩、无比神奇美妙的人类活动的展示,进一步揭开人类心灵的奥秘。她说:"一个符号总是以简化的形式来表现它的意义,这正是我们可以把握它的原因。不论一件艺术品(甚至全部的艺术活动)是何等的复杂、深奥和丰富,它都远比真实的生活简单,因此,艺术理论无疑是建立一个有效于生动现实的心灵这样一个更为伟大事业的序言。"在上述符号论哲学基础上,朗格提出了极具独创性的美学命题,即艺术的定义:"艺术,是人类情感的符号形式的创造。"②

首先,朗格认为,艺术作为一种特殊的符号形式,一种非逻辑、非抽象的符号,具有表

---

① [美]苏珊·朗格:《情感与形式》,刘大基等译,北京:中国社会科学出版社1986年版,第477页。
② 同上,第51页。

现人的主观情感的功能。这里的"情感"是广义的,指"人所能感受到的一切"。如果说语言逻辑符号"能使我们认识到我们周围事物之间的关系以及周围事物同我们自身的关系",那么艺术作为情感和表象符号,"则是使我们认识到主观现实、情感和情绪",这种符号"给这些内部经验赋予了形式,所以它们才得以被表现出来,从而使我们能够真实地把握到生命的运动和情感的产生、起伏和消失的全过程"。艺术这种情感和表象符号是"主观经验的自然形式被抽象到符号性的"这一高度时的产物,凭借这些符号形式人们就可以去"想象情感和理解情感的本质"。艺术符号表现了情感,所以人们可以通过艺术符号来认识情感,这正是艺术的符号学价值学功能。在这个意义上,朗格把艺术又"称为'表现的符号体系',以表明同推理符号即语言的本质区别"。在此意义上,朗格说,"'表现性'是所有种类的艺术的共同特征",这种表现性,即表现情感的特性,是朗格对艺术符号特性的重要规定。

其次,朗格认为,艺术所表现的情感不应是个人的瞬间情绪,不应将这种偶然情感做征兆性的宣泄,更不应是纯粹的自我表现。这里,她同卡西尔一样,对克罗齐、科林伍德的表现主义美学有批判、有吸收。她吸收了表现主义的"表现"概念,但对艺术表现的情感内容做了新的解释。按克罗齐的说法,艺术即个人的直觉或抒情的表现,朗格认为,"纯粹的自我表现不需要艺术形式","以私刑为乐事的黑手党徒绕着绞架狂吼乱叫;母亲面对重病的孩子不知所措;刚把情人从危难中营救出来的痴情者浑身颤抖,大汗淋漓或苦笑无常,这些人都在发泄着强烈的情感,然而这些并非音乐所需的,尤其不为音乐创作所需要"。她还说,"艺术品的情感表现……根本就不是征兆性的","一个嚎啕大哭的儿童所释放出来的情感要比一个音乐家释放出来的个人情感多很多",然而这绝非艺术的表现,人们绝不会去欣赏,"因为人们不需要自我表现"。与"自我表现"相反,朗格提出艺术符号应是一种"能将人类情感的本质清晰地呈现出来的形式"。换言之,艺术应表现一种人类的普遍情感或情感概念。她认为人有两种情感形式,一种是"主观情感",另一种是"客观情感","主观情感蕴含在主体自身内,客观情感包含在非人格的事物中"。"客观情感"是主观情感的外化或对象化,是凝结在客体上的情感,这是一种人类普遍能理解、感受的情感,或者说是一种情感的概念或形式。艺术符号所表示的正是这种能展示人的经验、情感和内心生活的动态过程及其个别性、复杂性与统一性的概念或普遍形式,也就表现出人类情感的内在本质。艺术一旦脱离了狭隘的"自我表现"而展示人类普遍的情感形式,它"就成为一种表达意味的符号,运用全世界通用的形式,表现着情感的经验"。

再次,朗格对艺术符号的"表现"性也做了独特的解释。她认为艺术的"表现"就是"将情感呈现出来供人观赏的,是由情感转化成可见的或可听的形式。它是运用符号的方式把情感转变成诉诸人的知觉的东西",在这个意义上,"艺术品也就是情感的形式或是能够将内在情感系统地呈现出来以供我们认识的形式"。这个观点乃是对表现主义与形式主义的综合。在克罗齐那里,艺术即直觉的表现,表现即赋予感性材料以"形式";先验的形式主义者克莱夫·贝尔则把艺术"表现"界定为"有意味的形式",即用纯形式结构关系表现纯粹非功利的审美情感。朗格的"表现"也是指用感性的形式来呈现人类普遍的情感,这是一个把"混乱不整的和隐蔽的现实变成可见的形式","将主观领域客观化的过程"。她还直接借用了"有意味的形式"的命题,指出"我们这里所说的形式,就是人们所说的'有意味的形式'或'表现性形式',它并不是一种抽象的结构,而是一种幻象",它"所表现出来的富有活力的感觉和情绪是直接融合在形式之中的",是"直接呈现出来的"。在这里,情感与形式浑然一体,形式仿佛就是情感本身,"甚至可以从中感受到生命力的张弛"。朗格与贝尔的不同之处在于,她所说的情感不完全等于超功利的"审美情感",而更是一种内在生命的运动;她所说的形式也非纯粹的外在形式结构关系,而就是体现着情感运动的感性形式。

最后,朗格认为,艺术作为人类情感的符号或表现,是一个创造的活动和过程。她为了说明艺术符号活动的创造性,把物质产品的"制造"与艺术品的"创造"做了严格区分,认为工匠"制造"的商品或"盖起"的大厦,"仅仅是物质材料的组合,或者是为了人的需要对自然物质的一种修饰,它不过对现成的东西加以安排而不是一种创造";艺术品则是"原来不存在的,它不是材料的安排而是情感的符号",它是"运用人的最大概念能力——想象力来罗致他最精湛的技艺的创造过程"。就是说,艺术的"创造"是用想象力创造出现存世界所没有的新的"有意味的形式"来表现人类的普遍情感。这就涉及艺术抽象和幻象的问题。

在朗格看来,艺术创造实质上是一种艺术的抽象,是制造非现实的艺术"幻象"或"虚象"。她说,各种艺术有各自的特点,但"在作为'创造物'这点上,它们却是相同的,对于一切种类的艺术来说,那被创造出来的'生命的形式'都意味着同一种意思","这种创造出来的形式是供我们感官去知觉或供我们想象的,而它所表现的东西就是人类的情感"。就是说,艺术所创造的,是"广义的形式",它既指事物的感性形状,又指"形成整体的某种排列方式",即"最抽象的形式",亦称"逻辑形式"。因此,艺术创造在特定意义上就是艺术想象,就是创造出某种具有感性形态的"逻辑形式",以表现人类的情感。艺术抽象不同于科学、数学、哲学的抽象,艺术家创造的形式,不取普遍的概念形态,而取具体、个别的感性形态,但它同时又显现出普遍的"逻辑形式";从它中间可以"看到更为广义的形式——逻辑形式的象征意义",但这种抽象的形式"又不是从体现它的艺术品中'抽象'出来的",而是普遍的逻辑形式显现于个别的感性形态中。可见,艺术创造或艺术抽象,就是创造出普遍与特殊、一般与个别、理性与感性水乳交融的具有具体感性形态的抽象逻辑形式。

朗格进一步指出,"艺术抽象的中心原则"是创造虚幻形象即"幻象",即消除形象的实在性,切断其与现实(自然)的一切联系,使其非实在的外观表现突现出来。这也与科学抽象不同。科学抽象的惯用方式是"从具体的经验中获取抽象的概念或系统的关系模式,然后通过概念化的过程进行的",而艺术抽象则"未必概括化",而是"使它与自然脱离","创造出一种感性虚象"。如绘画艺术,就是"创造出一种纯粹的视象,这就是那种只有表现而无其他的事物,亦即那种只能被视觉清晰地和直接地把握到的事物",就是纯粹的感性外观和幻象,它已从现实生活的复杂关系中抽象出来了。艺术创造和抽象出来的"幻象",就成为表现人类情感的符号。

由于幻象是艺术符号(情感和表象符号)区别于语言符号的基本特点,又是艺术抽象区别于科学抽象的主要方式,所以朗格以此为基准,对各类艺术不同的"基本幻象"一一进行了分析,从而确立了她独特的符号论的艺术分类原则。她认为,绘画、雕塑、建筑三种造型艺术的基本幻象是"虚幻的空间",是与现实空间根本不同的、从现实空间中"抽象"出来的艺术空间,它诉诸于视觉;音乐艺术的基本幻象是"虚幻的时间",它是从现实时间中"抽象"出来的艺术时间,它直接作用于听觉的特殊的声音运动形式,同人的内在生命律动相吻合;舞蹈艺术的基本幻象是"虚幻的力",它是不连续的"虚幻时间"中呈现于视觉的"虚幻空间",是一种互相作用的力的呈现与表象,是从实际的力的体系中"抽象"出来的,与人的内在生命力相合拍;诗比较特殊,诗用的是语言符号,但诗的陈述是非现实的陈述,诗的语言起了变化,它只充当一种材料,用以虚构经验与往事,创造真实的意象以超越语词本身而能表现人类的情感,诗用语词创造出与现实隔离的虚幻形象;戏剧实质上也是一种诗艺,只是一般诗是回忆的模式,是"过去时"的幻象,而戏剧则是命运的模式,是"将来时"的虚幻形象。虽然这里朗格用基本幻象来划分艺术类型的方法并不完善,特别是在论及诗与戏剧时更显得牵强附会、捉襟见肘,幻象原则也未能贯彻到底,但有一点是清楚的,就是她始终如一地强调了艺术符号的创造性,即创造出"脱离自然"的、非现实的幻象和感性外观,而这具体的感性外观又能表现出普遍的人类情感的"逻辑形式"。

四、存在主义:海德格尔

在20世纪西方美学中,存在主义美学是人本主义美学思潮中的一个极为重要的流派,而海德格尔(M. Heidegger,1889—1976)当属存在主义美学的杰出代表。

要理解海德格尔的美学观点,我们首先应该弄清海德格尔对传统西方美学的批判。海德格尔指出,美学"Ästhetik"一词由古希腊文而来,意即对人的感性、感受、情感性的行为的认识,以及对由这些行为所规定的内容的认识。因此,美学就是对美以及与"美"相关的人的情感状态的观察。美也无非是这种状态中显示出的东西,在人的情感中显现的内容可以是自然物,也可以是艺术作品,所以对艺术作品的考察也便成了这种美学的内容。因此,美学也就成了对艺术的思考。人与艺术品中表达的美的情感性

图 4-10 海德格尔

的关系就是这种美学考察论证的领域,这个领域也就是这种美学的出发点和归宿,所以美学把艺术品当作一种对象,并且是当作经验和认识对象,是广义的感性审视的对象,这样艺术品便成为相对于主体而言的客体,美学便处于近代传统认识论的主客体对立的关系之中,于是美学就成为一种特殊的认识论。海德格尔认为,美学的这种局面完全是由于从它产生之始便把自己比附于认识论而造成的。近代认识论中形成的主客体对立的关系和认识论中心论正是近代哲学的弊病,主客体的对立被海德格尔称之为形而上学的教条,并被视为应被克服之列,所以活动在主客体关系之中,把艺术品只作为认识的对象的美学,当然为海德格尔所不取。另外,传统认识论哲学中,人们把感性认识与理性认识、抽象思维与直观对立起来,认为抽象的思维中涉及的是真理问题,美的艺术品的创作是与真理问题无关的。海德格尔在《存在与时间》一书中已经对这问题进行了批判,他认为,我们既不能认为感性直观优先于思维,也不能认为科学的逻辑思维具有优先性。他认为,感性直观(包括理性直观)与科学的逻辑的思维都是人的领会,都只不过是领会的衍生物,而且它们

是彼此之间已经有了一定距离的衍生物。当然，二者具有共同根源。海德格尔意在指出，这二者的同一既不能通过规定一个优先于另一个的办法达到，也不能通过构造二者的综合来达到，它们的同一性仅仅在于原本就是共生的，同根同源的。用什么方式来把握思想与直观、逻辑的东西与形象的东西的原初的统一性呢？海德格尔说，是我们听，不是耳朵听；是我们看，不是眼睛看；是我们在思维，不是理智在思维，思维也是真正的听与看，这不是比喻而是思维实际过程，听与看也都是思维。思维并不像西方哲学中的传统观念认为的那样，是理性，即广义的算计或推算。海德格尔甚至说"思维不是认识的工具"，他引用尼采的话表达了这一思想：思想应该像仲夏之夜的麦田一样发出强烈的芳香。海德格尔这里显然是在反复强调思维与艺术、审美的形象思维的一致性，它们二者是相通的。人的感性器官不仅是感性的，而且是理性的。传统美学把审美活动及艺术作品只作为感性活动和感性对象来看待，忽视了它与理性的相通性，忽视了审美或艺术作品本身揭示事物本身与事物真相的可能性，这当然是不可取的。

正是通过这种批判分析，把艺术看作感性的，把思想看作超感性的理性的这种区分便失去了根据，艺术也是理性的超感性的，思想也是感性的。严格说来，海德格尔的美学是艺术哲学思想，从表达方式到实际内容，都是以这种反对感性理性二分论为前提。海德格尔正是要冲破这种几千年成为定论的传统美学观念，从思想与感性感受相通的立场出发，提出新的艺术哲学思想。

对艺术作品的起源和本质的考察是海德格尔美学的出发点，也是其中最重要的部分。但是，他对艺术的本质起源的考察方法与传统方法不同。在西方，一般人认为，艺术作品的起源应是艺术家的艺术创造活动。但海德格尔认为，艺术家恰恰因其作品才是艺术家，所以"艺术家是作品的本源。作品是艺术家的本源。"① 没有作品，艺术家根本无从谈起。实际上，二者都起源于第三者，即艺术。作品是艺术的作品，艺术家恰恰是艺术的创造者，所以只有通过对艺术本身的本质的分析方能把握艺术家及艺术品的本质即来源。

用什么方法去研究艺术本身的本质呢？海德格尔认为，用传统的经验的比较的方法行不通。这种方法认为，把艺术品收集在一起通过对不同作品的比较分析便可以发现不同历史时代的为数众多的艺术品所具有的共同性，这种诸多艺术作品的共性就应该是艺术品的本质，据此便可以给出艺术品的定义了。海德格尔则认为，这种比较必须以人们已经理解的艺术概念本身、已知道何为艺术为前提，否则如何从哲学、数学这些作品当中区别出、挑选出艺术作品呢？在比较中已经运用了艺术本质作为原则，又怎么能期望通过它来揭示艺术本质的起源呢？所以，海德格尔认为，用这种经验的方法不可能揭示艺术本身的来源和本质。海德格尔也不同意柏拉图以来的理念论的方法。海德格尔认为，形成关于艺术本质的一个概念，就要进行概念的推导，然而，推导必须事先已经有了对艺术本质的规定才能进行，"这种规定应是以我们知道何为艺术"为前提的。所以海德格尔认为，对艺术本质的反思必须使用循环的方法：作品—艺术—作品，即从作品出发到艺术，再由艺术回到作品的方法。

什么是艺术品？按通常理解，艺术品是物，挂在墙上的一幅画如同挂在墙上的一支猎枪或一顶帽子，放在出版社仓库里的贝多芬的四重奏犹如藏在地窖里的马铃薯，等等，一

---

① [德]海德格尔：《林中路》，孙周兴译，上海：上海译文出版社2008年版，第1页。

切艺术品都有这种物性。但什么是物性呢？首先必须弄清物究竟是什么才能发现真正的艺术。海德格尔认为，西方思想史对物的物性的解释有三种：物作为特征的载体，物是感觉的复合，物是有形的质料。前两种解释或置物过近，或弃物甚远，第三种质料——形式结构（器具）以功用性为基础，而纯然物是排除使用和制造特性的。所以这三种规定物性的方式都不能帮助我们找到通向物的物性、器具的器具性、作品的作品性的道路。那么，既不同于自然之物又不同于器具的艺术品的本质到底是什么？海德格尔相信："只有当我们思考存在物的存在时，作品的作品性、器具的器具性和物的物性才会走近我们。"①这就是说，只有使作品纯粹的自身存在得到显示，我们才能知道器具的器具性，才能规定物的物性，从而揭示艺术品的本质。正确的道路是从作品到物而不是相反。从对梵高（V. Van Gogh,1853—1890）的名画《农鞋》和古希腊神殿的描述、分析、解释中，海德格尔得出结论，使艺术品成其所是的是在作品中的真理的发生，艺术的本性是："在艺术品中，存在者的真理将自身置入作品。艺术乃是真理将自身设入作品。"②海德格尔的意思是，不是通过讲述制鞋工序、描述眼前的鞋或考察其用处，而是面前的艺术品告诉我们鞋的存在。梵高的画中不过是一双鞋，此外别无其他，然而劳动者的艰辛、喜悦、焦虑、恐惧等等却从中显露出来。"这器具归属大地，并在农妇的世界得到保存。正是在这种保存的归属关系中，产生器具自身居于自身之中。"在此，作品中发生大地与世界的冲突，由建立一个世界而展示大地，附着于作品的真理发生了。

需要指出的是，海德格尔所说的真理与传统的真理观迥乎不同。自柏拉图以来的西方哲学史认定真理意味着认识与事物的一致或符合，而海德格尔的真理是在古希腊人Aletheia的源初意义"去蔽"即存在者的显露的意义上使用的。真理并非事先自我存在于某处，而是在存在物中建立自身。我们可以从他对非再现的艺术品古希腊神殿的考察中进一步探索他的真理观。希腊神殿没有再现任何东西，它只是巍然屹立在峡谷中。然而，此神殿包含神的形象，神在神殿献身。正是通过神殿，各种路途和关系被聚拢起来，"在此整体中，诞生和死亡、灾难和祝福、胜利和蒙耻、忍耐和衰退，获得了作为人类存在的命运形态。这种敞开的相连的关系所决定的广阔领域，正是这种历史的民众的世界"。神殿敞开了一个世界，又使此世界回归于大地。

海德格尔认为，艺术品的存在有两个基本特征：世界的建立和大地的显现处于一种亲密性的冲突的抗争之中；作品的统一在抗争的亲密中现身。在他看来，"成为作品即建立一世界"。这种建立是在奉献和赞美的意义上使用的，用非纯然的设置，如建造建筑，树立雕像。世界不是物的纯然聚合，也不是我们对这些物的总和的想象的框架，"世界从来不是立于我们面前让我们观看的对象"。石头、动植物没有世界，农妇却有一个世界，因为在建立作品时，神性敞开并进入其现身的开放中，世界就在神（存在）的高贵和光辉中照亮自身。而大地也与物块的观念和行星的天文学观念不无相关，"大地的本质是自我归闭。显现大地即将它作为自我归闭者进入敞开之中"。世界以大地为基础，大地通过世界凸显。大地自我归闭、沉默无言；而世界则是澄明光照，自我显露。因此，"世界和大地总是

---

① ［德］海德格尔：《诗·语言·思》，彭富春译，北京：文化艺术出版社1991年版，第33页。
② 同上，第37页。

内在地和基本地处于冲突之中。唯有如此,它们才进入了澄明和遮蔽的斗争之中"。真理的本性就是存在物的显露,一种本原的冲突,一种发生。真理发生的方式有几种,艺术品的存在便是其中一种。艺术品中发生的真理如梵高的绘画、言说罗马喷泉的诗歌,并不意味着正确地描绘某物,它是一种活动,是自我遮蔽的存在物得到照亮而到达其敞开,而作为澄明的敞开同时就是一种遮蔽。因此,根据辩证法,真理的本性总是其对立面非真理。"这种光照将自己射入作品,这种进入作品的照射正是美。美是作为敞开发生的真理的一种方式。"真理自己吟唱着自己,艺术家只是积极等待真理的吟唱式的暗示。所以艺术家的意志不是一种主动的创造的冲动,而是虔诚的等待接收的静谧。艺术家是真理显现自身的通道。而艺术不仅是通道,还是真理栖居的场所。真理如果只在"通道"(即艺术)中显现,真理的存在也不可能。艺术家创造活动使真理得以显现,但真理的直接的保存却不是艺术家的使命。真理的保存和设立是民族的历史生存的使命。真理必须建立于大地基础之上。但如果真理的承担者大地不为人们所知,人们看不到大地是真理的承担者,真理便仍然处于暗淡无光的隐匿中,这就等于没有显现。没显现即等于非真理,所以真理要设立,需要人,准确地讲是人民或民族对真理的承担者有真切的体会,所以真理基础于大地,应该首先显现为世界的基础,即人民的历史的基础。"艺术作品的本源,同时也就是创作者和保存者的本源,也就是一个民族的历史性此在的本源,乃是艺术。之所以如此,是因为艺术在其本质中就是一个本源:是真理进入存在的突出方式,亦即真理历史性地生成的突出方式。"①这就是海德格尔眼中艺术真正的价值所在。

在《荷尔德林与诗的本质》一文中,海德格尔引用了荷尔德林的诗句:"人,功业卓著,但他却在大地上诗意地栖居。"海德格尔在阐述这句诗时指出:人居住在其"功业卓著"的世界大厦中本来是无可非议的,因为"人生产并追求的东西是通过他的努力而应得的,'但'(荷尔德林以鲜明对照的方式说),这一切都未触及人旅居大地的本质,这一切还不是人生存的基础。人生存的基础在根本上看是'诗意的'。现在我们将诗理解为诸神的命名和万物本质的命名。'诗意地栖居'意味着:与诸神共在,接近万物的本质"。显然,"诗意地栖居"是对立于"技术地栖居"的,这两种栖居的分野在于对"神"和"万物"的态度。在技术性栖居中,神是被嘲弄的,万物是被蔑视和被征服的,在此唯一存在的是由技术所刺激的人的野心或意志。由于神被驱逐,人便可以为所欲为;由于万物被征服,人便可以主宰一切。问题在于,人在根本上能为所欲为吗?回答是否定的。人的有限性注定了他在根本上是无知而盲目的,他必须虔诚地聆听神性的启示,意识到自身的限度而以神性尺度来度量自身才能避免因自身狂妄而招致的过失。此外,人的肉体性存在注定了他归属于自然大地,从根本上看他必然与自然万物共在,自然大地才是他的真正家园。因此,人在本质上不应是自然万物的征服者而是看护者,人在本质上不是生存于世界而是栖居于大地。因此,在大地上诗意地栖居绝不是一种浪漫诗化栖居,而是一种与技术性栖居艰难抗争的本真栖居。于是,"诗"作为一种本真生存的标志在海德格尔的诗之思中重新恢复了它应有的沉重。

荷尔德林在其哀歌《面包和酒》中问道:"在一贫乏的时代里,诗人何为?"用荷尔德林的话说,贫乏在于"上帝的缺席",也就是存在的隐而不显。在海德格尔看来,由于上帝和

---

① [德]海德格尔:《林中路》,孙周兴译,上海:上海译文出版社2008年版,第57页。

诸神的缺席,世界没有基础,陷入一片黑暗。糟糕的是生活在贫乏时代的人们居然体验不到自身的贫乏。里尔克(R. Rilke,1875—1926)的诗歌揭露了近代人特有的观察事物的方式:对象化。人把世界作为对象,万物包括人自己,任凭人的意愿的自我决断,世界成为人的心灵构造的产物。这正是现代技术观念统治的特征。海德格尔指出,只要所有存在物作为可以计算的对象用技术加以构建,那么通向敞开的道理就是关闭的。由于世界和物(大地、自然)沉入深渊,人因此缺乏保护,成了无保护的存在。在里尔克看来,要想把人类从黑暗的深渊中拯救出来,必须依靠"意识的内转",从物的算计的对象化转向意识的真实的内在性,在此人是自由的。这种转向产生在语言领域内,是意识的内在心灵的呼唤,这种言说通过语言把人重新带入存在的澄明之域。那么,在此漫长的世界之夜的时代里,诗人的使命是什么呢?"在一贫乏的时代里作一诗人意味着,去注释、去吟唱远逝诸神的踪迹。此正为何在世界之夜的时代里诗人歌唱神性。"[①]因此我们必须用心倾听诗人的言说,因为诗人能帮助我们寻找真正属于人类居住的世界的可能性。

海德格尔的存在论美学将诗论和艺术论置于其存在论的视野之中,使之具有了前所未有的理论高度,对近代以来传统美学从视界到思路、范畴、方法都有重大的突破和开拓。特别是其针对现代技术对自然、大地的破坏性掠夺和对人类诗意(艺术世界)的摧毁所作的深刻批判,实际上是对现代社会严重异化和危机的揭露,因而具有深刻的积极意义以及浓厚的人本主义色彩。

五、社会学美学:法兰克福学派

"西方马克思主义"是20世纪20年代以来在西方发达资本主义国家内出现的高举马克思主义旗帜,而在理论上又不同于苏俄"正统"马克思列宁主义的一股理论和学术思潮。它时起时伏,贯穿大半个世纪,在西方理论界产生了并继续产生着重大的影响。这股思潮表现在美学和文艺领域就是西方马克思主义美学。法兰克福学派美学是以法兰克福学派

图4-11 法兰克福学派:霍克海默(左前)、阿多诺(右前)、
哈贝马斯(背景右方)1964年摄于海德堡

---

① [德]海德格尔:《诗·语言·思》,彭富春译,北京:文化艺术出版社1991年版,第85页。

成员为主体的当代德国最重要的哲学美学流派,也是整个当代西方马克思主义美学思潮中持续时间最长、成就最卓著、影响最深远的一个美学学派。这一学派以法兰克福大学社会研究所为基地,从 20 世纪 20 年代至今的几代学者中,涌现出一大批杰出的代表人物,其中包括霍克海默(M. Horkheimer,1895—1973)、本雅明(W. Benjamin,1892—1940)、阿多诺(T. Adorno,1903—1969)、马尔库塞(H. Marcuse,1898—1979)、弗洛姆(E. Fromm,1900—1980)、哈贝马斯(J. Habermas,1929—)等。此外,在这一学派组织的外围还有几位重要的理论家,如卢卡契(G. Lukacs,1885—1937)、布洛赫(E. Bloch,1885—1977)、布莱希特(B. Brecht,1898—1956)等。法兰克福学派的美学思想大致可以分为如下三个时期:

第一时期,从 20 世纪 20 年代到 40 年代,这段时期是法兰克福学派美学的奠基时期,主要代表为布洛赫、布莱希特、本雅明。

第二时期,从 20 世纪 40 年代后期到 60 年代,是法兰克福学派美学的发展成熟期,其理论代表主要是阿多诺、马尔库塞、弗洛姆等。他们有的思想发生了转折,有的努力吸收、融合弗洛伊德的精神分析学,有的从社会批判转向美学建设,但有一点比较接近和相通,就是尝试用不同方式和途径来营建美的乌托邦。

第三时期是 20 世纪 70 年代之后,法兰克福学派美学走向"后现代主义"的新阶段,其主要理论代表便是法兰克福学派第二代重要代表哈贝马斯。

法兰克福学派美学虽然历经七八十年,发生过许多重要的变化,但其成员的哲学、美学思想还是有一些共同特点的。概括起来,大致有如下几个方面:

1. 社会学美学:形式自律中的社会力量

马克思主义美学无疑是一种社会美学,作为西方马克思主义的流派,法兰克福学派在美学上同样强调艺术的社会潜能和认识作用。和传统马克思主义美学不同的是,法兰克福学派美学试图说明,艺术的社会性不是运用艺术形式的媒介表达的东西,而恰恰就是艺术形式本身所拥有的。阿多诺把这称为"形式的内在性",它取决于同时也包含了"社会内在性"。阿多诺由此把形式与社会二者在一种辩证的理解中联系起来。以此为基点,法兰克福学派发展了一种关于形式的艺术社会学,它既强调艺术的自律的形式,同时又强调这种自律的形式所具有的社会意味。

从普遍意义上看,20 世纪西方美学和文学理论的主要趋向是作品形式中心论。如英国的形式主义美学、俄国的形式主义文论、德国和美国的符号论美学、法国的结构主义与符号学、英美新批评以及神话原型理论,甚至当今的解构主义,都以艺术作品的形式客体为出发点。这些理论派别或者从美学角度研究艺术形式与个人审美心理的关系,或者从文本角度探讨作品的象征或语义结构、意指关系、修辞技巧等等。这样一种倾向固然可以视为理论的不可避免的局限,但在法兰克福学派看来,这同样也是由资产阶级文化体系的规范所决定的。在艺术理论中艺术与社会的分离是现实的意识形态中这种分离的反映。倡导"有意味的形式"的形式主义美学家克莱夫·贝尔和罗杰·弗莱就曾明确提出人能够过双重生活(现实的生活和想象的生活)的观点。而这,恰恰是法兰克福学派从一开始就反对的。这个始于亚里士多德的对生活的割裂在马尔库塞看来是用幻想的幸福瞬间来虚假地抚慰现实痛苦,而现实的痛苦却毫无改变。这样,人一方面是在现实生活物化的机械性劳作中丧失生命自然,另一方面却通过逃向私人的内心幻觉获得吸鸦片式的满足。因此,阿多诺称这种双重生活的观念为"职业生命和个人生命的资产阶级式险恶分割"。艺术形式所呈现的想象的生活被马尔库塞称为"肯定性的文化",它制造了一个美的幻象,是在不自由的现实之上那种可望而不可及的自由的气球。这种想象的生活似乎超越了现实,但实际上却是在一个虚幻的形式中逃离了现实,它对异化现实的解决方式是:用艺术构筑了一个避难所。那么,艺术即使是通过呈现理想来反对现实的异化,也由于它所展示的现存的美被掩盖,这种异化成为异化现实的装饰品,从而平和了反叛的欲望。因而"肯定性的文化用清白的灵魂抗议物化,但最终只能屈服于物化"。从这一点来说,对艺术作品的社会性的忽视实际上是怯懦地回避了社会的压抑或控制,以寻求精神的愉悦。

马克思主义始终坚持必须用现实的解放代替精神的解放。在法兰克福学派这里,艺术是否是一种现实解放的工具?回答同样是否定的。但法兰克福学派对现实异化的基本估价,决定了它的美学是一种否定异化现实的社会批判美学。在这里,唯一能够连接美学和社会的中介就是艺术形式。法兰克福学派同样抛弃了形式/内容的二分,内容不再是一种外在的意义,而是显现于形式的内容。法兰克福学派的美学用"内在性"一词来说明内容与形式的统一,因此对艺术作品的阐释必须是一种"内在批评"。"内在批评"是本雅明在他的前马克思主义时期的《德国浪漫派艺术批评的概念》一文中提出来的,它意味着批评应当把艺术作品当作自律的、独立的整体,而不是设立外在的标准强加于它,使它成为他律的工具。"批评只应维护自己的权利,在作品的内在领域里探讨艺术作品,而避免随意蹂躏这个领域。"这一"内在批评"的概念后来由阿多诺发展,被用作同"超验批评"相对立。传统马克思主义通常被认为是一种"超验的"理论,因为它提出了一系列理想的、高于社会历史的观念。阿多诺则认为,唯物主义的、辩证的批评必须是一种"内在批评",而不是首先从理念式的唯心主义出发,将某种概念偶像化。"超验性"的意识形态给总体性披上了抽象的乌托邦外衣。而所谓"内在性"存在于各种不同的、独立的形式中,内在批评就是要根据这种具体的形式对象,抓住它自律的内在性与外在伪饰或物化之间的矛盾。

这样,在法兰克福学派这里,作品的社会性不在于它作为某种超验性的载体,而在于它自律的形式所蕴含的同社会统治体系或现实的意识形态之间的张力。也就是说,艺术作品的社会意味是作品形式本身所存在的批判能量,而不应是任何外在于这个形式客体的主体所赋予或强加的某种观念。自律性和社会性的辩证法,是法兰克福学派美学的重要内容。社会事实和自律体是艺术的双重性质。作为社会事实,艺术是站在社会的反面批评社会的,"艺术只有具有抵抗社会的力量才能存活下去"。这就决定了艺术不是社会的附庸,不在社会的他律的支配之下;相反,艺术是异化于社会的,它的社会性就包含在它对社会的否定性中。可以看出,法兰克福学派对艺术社会性的论述同传统马克思主义的巨大差异在于,在他们看来,艺术不应是政治的工具,一旦它落入政治需要的陷阱里,就不可避免地物化为传声筒、宣传品,丧失了对社会物化的批判性。而艺术形式的自律,对于法兰克福学派来说,却是核心的社会意味所在:自律就是拒绝社会总体的干涉,反对物化意识的革命力量。"现在不是一个政治艺术的时代,但政治已经移入了自律艺术之中。""正是艺术的本质的超越性使艺术和政治的冲突不可避免。……'向内心的逃亡'和对私人范围的坚持便很可以用作堡垒来对抗这个支配人类生存的所有方面的社会。"①一句话,艺术的自律性正是社会对艺术的要求,艺术只有在否决社会总体的统治,维护自身独立力量的条件下才具有反抗社会的社会意义;而艺术作品的自律也恰恰是它的社会指向,一种在形式上自觉隔绝于社会形式的艺术必然蕴含了颠覆社会意识形态的力量。

我们不能忽视法兰克福学派在这方面的理论贡献。他们一方面反对把艺术当作某种幻想性的、麻醉性的精神鸦片来逃避现实,另一方面也指出了艺术作为政治附庸的危险。艺术作品独立的、不妥协的社会姿态体现出它和社会之间的辩证关系:艺术处在社会语境之中,它是对异化社会的一种反应;它又是从异化社会的语境中再度异化出来的作为对既存现实的批判和否定。艺术同社会的联系就在于它在自身形式中对社会的内在弃绝(而非规避)。传统社会美学那种把艺术看作对社会简单和被动的摹写或者对社会大众的一种迎合的观点抹煞了艺术对社会的独立的批判意识。而传统的形式美学所探讨的抽象的美由于仅仅和心理事实有关而和社会事实无关,也无法解决当代艺术的根本问题,只能把美视作异化社会的温馨的装饰品。但形式美学在这一点上的确是对社会美学的矫正:衡量艺术,甚至它的外在社会效应的关键,在于具体艺术作品的内在形式,而不在于它表达的外在"社会"内容。阿多诺也指出,"艺术作品除非在美学特质上是正确的,否则它就不可能具有正确的意识"②。法兰克福学派在这个问题上站在形式美学一边,用我们今天的话来说,这个问题实际上是"写什么"和"怎么写"的问题。显然,"怎么写"而不是"写什么"成为20世纪美学更关注的问题。法兰克福学派把自律的艺术形式的社会效应宣布为一种对压抑的潜能的解放。美学形式作为爆破性的力量,从人的意识中改变了旧的意识形态体系,这种旧的意识形态正是必须由美学形式来否定的阻碍了社会发展的统治枷锁。因此,艺术的社会效应在法兰克福学派看来不是给人以顺从的享乐,也不是用自以为是的真理去教化人,而是通过内在的形式感去打破被虚假意识占据了的意识领域:"正是美学形式给予了熟悉的内容和熟悉的经验以模式化的力量——并且引导出一种新的意识和一种新的感知的出现。"③马尔库塞还认为,艺术不能直接改变现实,但能够改变作为改变现实的中介的人的意识。这样,法兰克福学派就把艺术的社会性的基本指向规定为否定的功能,它不是试图建立某种社会理想,也不是对某种确定的政治斗争的从属和参与,它仅仅依靠自己对已物化的社会及其意识的揭示与否定来证实解放的可能。

2. 现代主义:否定的美学

"否定"无疑是法兰克福学派的核心概念,它不但是客观历史的发展形式,也是作为中介的主体的参与形式。社会批判理论在法兰克福学派这里就是一种否定的实践,它通过对

---

① [美]马尔库塞:《艺术与革命》,见《审美之维》,李小兵译,北京:生活·新知·三联书店1989年版,第150页。
② [德]阿多诺:《美学理论》,王柯平译,成都:四川人民出版社1998年版,第479页。
③ [美]马尔库塞:《作为现实形式的艺术》,见《审美之维》,李小兵译,北京:生活·新知·三联书店1989年版,第190页。

社会的批判否定现存的状况,并且只在这种否定的过程中指向它背后的乌托邦。从这个意义上说,否定就是革命。除了阿多诺的《否定的辩证法》之外,马尔库塞在1968年欧美各国抗议浪潮中出版了他自己的英文版文集也取名为《否定》,在前言中他说,"矛盾中的思维必须更加成为否定的和乌托邦的,以此和现状相对立"。

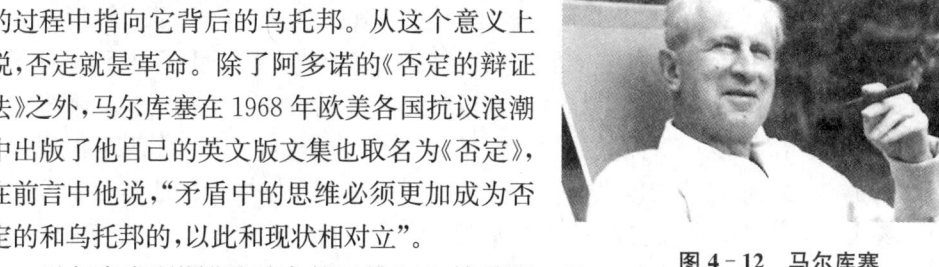

图4-12 马尔库塞

马尔库塞所谓"矛盾中的思维",也就是阿多诺在《否定的辩证法》中阐述的"非同一性思维",它是要把客观的不调和性认识到一个极点,以此加强批判的意识。现代主义艺术作为对社会现实的一种认识和契入,正是以呈现出分裂的、不协和的、零散化的形式成为对现实的批判和否定。这样,法兰克福学派就建立起一种反和谐的美学,认为审美和谐如果不是短暂的平衡的话,一定是肤浅的伪饰。阿多诺认为,真正的和谐永远不可能获得,它只有通过艺术否定的反向形式来不断地趋同;因此,只有"不协和是关于和谐的真理"。阿多诺明确指出,乌托邦绝不是某种能够具体化的实在,确定地呈现在艺术中的乌托邦无疑只能作为幻觉存在,除了成为异化现实的纱幕之外不可能有任何其他效用。他说:"只有通过对世界的绝对否定性的媒介(这个世界的形象由所有在现代艺术中描述的丑的和令人厌恶的东西所组成),以上才能说出那不可言说之物,即乌托邦。"①也就是说,艺术必须通过不协和的形式语言揭示出现实世界的异化状态,从反面否定这种异化状态,从而导引出美的境界。从这个意义上说,现代艺术的确是用丑学驱逐了美学,法兰克福学派认为,正是这种丑呈现了现实的废墟,通过展示丑,现代艺术不是逃避了而是正视了现实的本质,它是对灾难的一种抵御和清偿。

法兰克福学派指出,现代主义艺术所表现的恰恰是对现实的最深刻的体验。卡夫卡的不明历史的城堡、村庄和监狱无疑指明了历史感被耗尽后的现代人的真实境遇。针对卢卡契在《当代现实主义的意义》中对现代主义的指责,阿多诺认为卢卡契不能理解现代主义的进步意义在于他"恪守着粗陋唯物主义的教条",由于"不能认识到,形式因素的客观功能决定了现代艺术的美学内涵,他把这些形式因素误认作极度膨胀的主观主义的任意组成"。卢卡契强加给乔伊斯的罪名,说他作品中只有无时间性的人的形象,实际上是不能成立的,乔伊斯并未从世界之外召遣来某种神话,而只是将世界本身神话化了,用卢卡契不能忍受的形式来揭示世界的本质。同样,被卢卡契视为非现实主义的普鲁斯特,通过自身的内心投射分解了主观意识的整体,这个整体拆散并转化为客观现实得以显现的场景。这种使卢卡契深深不安的内心独白,在阿多诺看来恰恰表现了漂浮不定的主体性的社会真实。卢卡契应当承认,正是世界的普遍的原子化、分裂化和异化的统治使人变形到他们自己时隐时现的影像中去了。这个主体性的真实之所以同时也是社会性的真实,是因为社会总体先于个体:通过社会矛盾,通过异化,社会总体分裂了个体的心灵整体,消灭了个体的现实确定感。

因此,艺术必须是用自身的独立拒绝接受而不是现实主义地认同于现存现实:"不管

---

① [德]阿多诺:《美学理论》,王柯平译,成都:四川人民出版社1998年版,第57页。

是否被仪式化,艺术包含了否定的理性。在它的先进的立场上,艺术是'大拒绝'——对所是的抗议。"①法兰克福学派的现代主义美学理论指出,现实主义实际上是一种用形式的调和表现出来的肯定性思维,这种艺术形式把世界从感知形式上整一化了,从而默许了现实的伪饰。而现代主义艺术作为否定的认识,以自律的形式对立于异化现实。阿多诺用黑格尔辩证法的术语"反题"来标明艺术对现实的关系。本雅明在评论波德莱尔时对这个"反题"阐释为,在艺术中,"感光板仅仅提供负片。……它的客体性严格地契合于批判的功能"②。现代主义艺术把现实的整一化伪饰剥离了,呈示出乖戾的、破碎的、荒谬的终结的世界,用不调和的形式姿态去否定现实的无理性状态。因此法兰克福学派把艺术对现实的批判性距离看作是艺术对异化现实的再一次异化,即对异化的异化,对否定的否定。它绝不意味着肯定,因为这只是实现梦想的战略,而不是已成为的乌托邦现实。于是,"维持和强化'否定的力量'的激进努力,即艺术的颠覆潜能,必须维持和强化艺术的异化的力量:那就是艺术形式,只有在艺术形式中,艺术的激进力量才成为可交往的"③。现代主义艺术实际上用特有的艺术语言抛弃了现实主义的完整的现实表面,使艺术语言同伪饰的现实语言相背离;而在现实主义所运用的现实语言里,那种"'名称与对象的一致'是虚假的、强制的、欺骗性的一致:是统治的工具"。因此,在法兰克福学派看来,艺术的"否定的力量"就在于取消这种一致性,通过改造日常的交流工具——现实语言,现代主义摧毁了硬化了的语言—现实关系。我们不难看出,在这里法兰克福学派的论述预示了后结构主义时代的理论对符号的意指链的彻底弃绝。

　　现代主义艺术对传统艺术的决绝更直接地意味着它同现实体系的决绝。法兰克福学派的社会批判理论在这一点上显示出不妥协的政治倾向。本雅明在法西斯统治的年代里,提出了在技术复制时代的新的艺术样式下现代艺术所具有的实践—政治的功能代替了传统艺术被鉴赏和崇拜的功能的观点。法西斯主义正是人类自我异化的结果,艺术则必须以自身的政治化来对抗现实政治的压迫。阿多诺把反艺术对艺术的拯救看作是一个政治问题,它和现实语言的统治有关。作为艺术作品的存在特质,形式实际上也就是艺术语言的表现和构成方式,因此"语言性是艺术的真正主体"。法兰克福学派于是把艺术语言对现实语言秩序的颠覆看作是现代艺术的政治效应。马尔库塞尽管有时怀疑这种反艺术的语言革命的最终结局,但他仍然首肯了这样的观念:"一场革命多大程度地发展了在质上不同的社会状况和社会关系,或许能够由一种不同的语言的发展来标志:同统治的连续体的决裂必然也是同统治的语汇的决裂。"马尔库塞指出,当日常生活的语言被现存社会统治所模塑、异化,变成一种用虚假的指称关系来粉饰和维护现实的时候,语言革命就显示为对这种作为谎言的语言体系的爆破。"真正的先锋派文学作品交流着对交流的破坏。"④本雅明也正是在这个意义上意识到超现实主义的"诗的政治"是通过自动写作的语言中那种"意象和物象的变形游戏"成为对抗破碎现实的伟大的拒绝力量。马尔库塞更

---

① [美]马尔库塞:《单向度的人》,刘继译,上海:上海译文出版社1989年版,第65页。
② [德]本雅明:《论波德莱尔的几个主题》,张旭东译,《当代电影》1989年第5期。
③ [美]马尔库塞:《反革命与造反》,见马尔库塞等著:《工业社会和新左派》,任立译,北京:商务印书馆1982年版,第110页。
④ [美]马尔库塞:《单向度的人》,刘继译,上海:上海译文出版社1989年版,第70页。

明确地说明了这一点:"艺术作为艺术通过它自己的语言和形象——它们使日常语言即'大众语言'失效——才能表现它的激进的潜能。"①

我们可以把法兰克福学派的美学归结为用否定的艺术形式来拯救衰败的理论,正如阿多诺所说:"艺术不能将乌托邦具体化……新的东西作为一种密码存在于衰亡的意象中。……乌托邦和总体的灾难性毁灭一样具有现实的可能。在灾难的意象里——这种灾难不是现实灾难的复本,而是灾难的潜在性的暗号——远古艺术的魔法母题再现了,移植到总体奴役的现代世界上。现代艺术似乎也是通过对这个灾难意象的招魂来免除灾难。"②

3. 艺术的解放潜能

在法兰克福学派中,阿多诺所具有的冷峻的但也是悲观的理论色彩在当代西方思潮中占据了重要的地位,而以马尔库塞为代表的在总体上带有乐观倾向的美学则显示了否定的美学的另一面:对艺术解放人性力量的确信。阿多诺从不正面谈及解放,但马尔库塞在他的许多著作中把社会批判理论的目标直接指向了一个非压抑社会现实,他在美学方面的阐述也最终把艺术与自由联系在一起。

既然法兰克福学派把艺术看作现实的反题,那么艺术形式就是用解放的语言形式对抗现实的物化统治。不过由于对浪漫主义的依恋,马尔库塞后期艺术理论的阐述在某种程度上过高地评价了艺术在肯定性想象中对现实的否定作用。因为马尔库塞坚持认为,艺术通过异化现实的第二次异化,即创造出与异化现实保持距离的非现实的、表象的世界,传达了真实性(理想的真实性)并使统治的虚假的意识形态失效。马尔库塞所说的这个非现实的艺术世界,是解放的、无压抑的、美的世界,它与压抑的现实世界相对立。在这里,马尔库塞改造了弗洛伊德学说中关于压抑的理论,并使之与法兰克福学派的批判美学相一致。

解放是针对压抑而言。在弗洛伊德的文明论里,文明的概念是作为一种社会存在的合理法则而提出的。弗洛伊德认为人应当压抑自己原始的性冲动以符合社会秩序的需要,压抑便是社会发展的必要机制。马尔库塞却认为,对压抑的绝对维护实际上是对社会秩序的绝对维护。他提出,性的能量应当通过他称之为"爱欲"的形式出现,人应当根据"快乐原则"而不是"现实原则"来生活,因为"现实原则"为了保存有机体而抑制快乐,这是同有机体的生命法则相违背的。在现代社会里,人过多地被强制在现实原则中,最为普遍的就是人的自由劳动(作为他生命必需和确证的劳动)被现代工业社会中的异化劳动(为了挣工资而被迫进行的机械性劳作)所代替,异化劳动就是现实原则在当今历史条件下的具体显示。这样,马尔库塞把弗洛伊德主义和马克思主义联结在一起,并且认为,马克思主义指向的是对异化劳动的消除就是否定压抑,使爱欲得以彻底解放。

马尔库塞认为,在今天,自由劳动依旧保留在艺术劳动中。在这里,马尔库塞深受席

---

① [美]马尔库塞:《反革命与造反》,见马尔库塞等著:《工业社会和新左派》,任立译,北京:商务印书馆1982年版,第103页。

② [德]阿多诺:《美学理论》,王柯平译,成都:四川人民出版社1998年版,第48页。

勒浪漫主义思想倾向的影响。席勒认为,现代社会把人分裂成碎片,人无法获得自然的本性,而"只有当人游戏的时候,他才是完整的人"。在席勒看来,艺术从本质上说就是一种最完美的自由的游戏,是摆脱了物质现实束缚的想象力和感性的飞跃。艺术劳动遵循游戏的法则,不受任何外在力量支配,在统治的形式体系内是一种反抗的行动,因而马尔库塞说,"艺术正是凭借形式超越了既有的现实,在现存现实中反对现存现实"。他认为,正因为艺术的劳动形式蔑视了异化劳动的要求,艺术形式本身就体现了对现实原则的否定,它是一种自由的、解放的形式。"美属于爱欲的领域,所以体现了快乐原则。……这是美学肯定中的解放因素。"法国作家司汤达提出的艺术是"对幸福的允诺"的美学箴言被马尔库塞接受并转化为马克思主义理想的美学标语——"艺术体现了革命的终极目标:个人的自由与幸福"①。

在法兰克福学派的理论里,这种解放的、克服异化的"革命目标"正是意味着人重新获得已丧失的自然的可能性,而这种可能性今天首先存续在摆脱、超越和否定了统治的现实体系及其律法的艺术形式中。艺术的解放力量,就是向着前技术统治时代人与自然的和谐状态的回归。本雅明在评论波德莱尔的文章中强调了波德莱尔诗中对自然的"感应",这种"感应"是带有"怀乡"性质的,也就是表现了一种非异化状态下人和自然的默契。本雅明重新界定的"光晕"的概念,即人对自然的一种和谐的观照下的体验,的确与马克思在《1844年经济学—哲学手稿》中所提出的"对自然的人道的占有"相一致。从这里也可以看出,本雅明美学中那种否定性的、虚无主义的激进倾向恰恰是同对自然的人性的救赎结合在一起的,那种神秘交往的体验正是同犹太救赎论有关:救赎中的乌托邦在艺术中以"一闪而过的"记忆瞬间切入了历史。霍克海默说过:"自从艺术成为自律的,它就存续了从宗教中脱胎而来的乌托邦。"这也就是说,在今天,艺术形式所指明的乌托邦的可能性取代了宗教幻想中的乌托邦。这里的根本区别就在于,宗教幻想使人们在现实中泯灭反抗的意志,而艺术则通过改变人对现实的意识,让审美成为人的实践性的、现实的解放过程。

扭转物化的社会意识,这正是法兰克福学派所强调的最基本的艺术的社会效应。马尔库塞曾经说,艺术能够改变人的意识。因此,艺术对被禁忌和压抑的社会理性的冲破,实际上也就是用美学形式所代表的快乐原则去代替以异化劳动为代表的现实原则,在这样一种批判的关系中,艺术能够使人的意识从统治的意识形态的压抑下解放出来。马尔库塞指出:"个人感觉的解放应当成为普遍解放的开端,甚至基础。"②而这种感觉的解放在现代社会中必须基于有意识地同物化意识所决定的感觉决裂。马尔库塞提出,马克思把"人的一切感觉和特性的彻底解放"看作是社会主义的基本特征,这个特征首先在美学形式里显示出来了。

尽管这个美学形式所代表的乌托邦带有一定的幻想性质,但它毕竟是艺术的自律的语言力量反叛了现实压抑的普遍规范,在这个意义上,马尔库塞认为,"幻想是认识性的,既然它保存了'大拒绝'的真理……在幻想领域,不合理的自由的形象变成合理的了"③。

---

① [美]马尔库塞:《艺术与革命》,见《审美之维》,李小兵译,北京:生活·新知·三联书店1989年版,第150页。
② [美]马尔库塞:《反革命与造反》,见马尔库塞等著:《工业社会和新左派》,任立译,北京:商务印书馆1982年版,第72页。
③ [美]马尔库塞:《爱欲与文明》,黄勇等译,上海:上海译文出版社1987年版,第160页。

在艺术幻想中显现的爱欲的力量是一种对压抑的否定,或进一步说,"它是对一切秩序的否定"。不管怎样,法兰克福学派明确划分了艺术的想象与伪饰之间的差异:作为解放的可能,艺术形式不是去美化既存现实,而是用能够消除物化意识的自由的形式来不调和地对抗欲使物化意识永存的现实的僵化形式。艺术中的乌托邦效应仍然是否定性的,它用对想象的肯定控诉了现实。

4. 大众文化批判理论

对大众文化的批判是法兰克福学派社会批判理论的一个重要部分,也是法兰克福学派文化理论中一个振聋发聩的领域。严格地说,20世纪30年代后期阿多诺的一些剖析流行音乐的文章和1937年马尔库塞那篇抨击资产阶级文化保守性的文章《论文化的肯定性质》是法兰克福学派大众文化批判理论的渊源。当然,清楚地意识到这个问题并形成较大声势的还是在法兰克福学派迁往美国之后,因为美国在"民主制"下发展起来的大众文化始终是社会文化中压倒一切的潮流。在20世纪40年代,法兰克福学派中的许多理论家开始研究美国的大众文化。对于法兰克福学派来说,对社会的批判首先是对社会的意识形态的批判,从那时候起他们发现大众文化凝聚了社会意识形态最显著的部分,它渗透到了社会意识的肌肤之中,于是,对大众文化的批判成为法兰克福学派最关注的问题之一。

法兰克福学派从根本上对大众文化的"大众性"予以驳斥,指出大众文化并不是大众真正需要的文化,相反,它是在"民主"的掩饰下,受商品社会操纵的产物,是同生命的真正要求相违背的。马尔库塞曾经很精辟地指出:"归根到底,什么是真实的需要和虚假的需要这一问题必须由一切个人自己来回答,但只是归根到底才是这样;也就是说,如果并当他们确能给自己提供答案的话。只要他们仍处于不能自治的状态,只要他们接受灌输和操纵(直到成为他们的本能),他们对这一问题的回答就不能认为是他们自己的。"① 也就是说,貌似被大众自由选择的文化,在特定的社会条件下却很可能是某种意识形态操纵下的大众选择的结果。由于这种意识形态的控制,文化对于大众来说也就成为一种体系化的控制手段,使大众意识越来越适应于一体化的社会系统:"公众所需要的东西和控制的力量所施予公众的东西有一种相互依赖,这个关系使控制的力量保持下去。"在法兰克福学派看来,大众自身作为个人的独立选择实际上是极有限的,他们永远追随在时尚的潮流中,他们缺乏主见,缺乏个性的审美能力,他们的选择只是被指定的选择,因为他们别无选择。大众接受的趣味永远是被制造而不是自发的,时尚就意味着一种暂时共同的、操纵性的趣味的功能。

因此,法兰克福学派认为大众文化完全是物化的意识形态的产物。所谓"物化",就是卢卡契在《历史与阶级意识》中提出的关于商品价值统治一切的社会现象。正如马克思指出的,在商品社会里,物的具体使用价值被忽略了,唯一使人感兴趣的是用量代替了质的作为商品交换的价值。(交换)价值是抽象的、抹杀个性的,卢卡契认为这种对价值的崇拜(即马克思所说的商品拜物教)渗透到了社会及其意识的各个领域中,人的意识和社会关

---

① [美]马尔库塞:《单向度的人》,刘继译,上海:上海译文出版社1989年版,第7页。

系也烙上了抽象化即物化的痕迹。在商品社会里,大众文化产品首先是作为商品供人消费的,"它们完全堕入了商品世界里,为市场而生产,以市场为目标",因此,它的作为商品的流通形式是它物化的内在形式的基础。在《启蒙辩证法》中,霍克海默和阿多诺把这种大众文化称为"文化工业"。摒弃"大众文化"的提法是基于对它的"大众化"性质的根本否认,"文化工业"的术语同时揭示了大众文化是整个社会生产体系的一部分。在这种情况下,大众文化永远带有"批量生产"的物化特征:一件大众文化产品与另一件往往没有什么明显差异。阿多诺还曾经研究了轻歌剧、喜歌剧的历史发展,结果发现它们几乎没有任何质的发展,也就是说,它们的形式永远是同一的、无差别的、缺乏个性的,这种同一化的社会效应就是对物化意识的强化。在大众文化的接受中,大众必须强迫自己的意识在一次次雷同的、机械化的程式里活动。商品生产中的标准化原则也成为大众文化的原则,文化在这里不再标志着一种富有创造性的人的生命的对象化,而是体现为对个性的消灭。法兰克福学派把这种异化劳动之余作为消遣的大众文化看作是异化劳动的延伸,因为它同样以机械性的节奏(在流行音乐里)、以标准化的情节(在通俗故事、娱乐电影和电视剧里)榨干人真正的生命能量。霍克海默在谈及大众娱乐方式时说:"在闲暇时间里统治人的这种机械性和在工作时统治人的机械装置绝对是一样的。"这种在物化的、操纵性的商品化艺术中的娱乐和马克思所说的证实自身生命的自由劳动是截然相反的。

"在现代文明的机械化工作进程中个体的衰微带来了大众文化的兴起。"大众文化实际上是同整个社会的物化统治相一致的,是物化体系的一个组成部分。阿多诺认为黑格尔在他的时代就指出"自由人"逐渐变成了个性消亡的"民众",大众文化就是以输入意识的方式使这种社会状况永恒化。在这种情况下,大众文化同原有的自发的民间文化就有着质的区别:在今天,大众化就意味着物化,它是适应于社会的体系化统治的。正是在这个意义上,阿多诺指出,当今的流行音乐与一百年前的完全不同,它必定是非但无益而且有害的东西:"文化商品之所以是粗鄙的,是因为它使人认同于他们的非人化。"[①]物化正是非人化的具体历史形式,大众文化只不过是用娱乐的外衣掩盖了它的本性:"不管通过什么媒介,通俗文化处处证明了它真正的特性:标准化,陈腐,保守主义,平庸,操纵化的消费者商品。"

霍克海默和阿多诺分析指出,很多大众文化作品都试图制造一个供人仿效的"明星",这些"明星"都以偶像的形式成为操纵者,而大众文化的接受者则成为模仿者、崇拜者,成为卸除了个性投入到受操纵的一体化潮流中去的牺牲者。更广泛地说,大众传播媒介(如电影、电视、报纸甚至畅销书)对于接受者来说无不起着一种模式的作用,这种模式便从无意识中成为权威,操纵意识和行为的权威。法兰克福学派用精神分析学的术语把这种操纵—牺牲的关系称为"施虐—受虐性"。一端是在商品拜物教形式下作为偶像出现的大众文化产品,另一端是信徒般狂热地拜伏其下从而祭献了自身个体性的大众文化接受者。这个残酷的事实说明了大众文化及其接受者的作为精神变异的施虐—受虐性正是被社会的物化体系所扭曲的结果。

阿多诺和弗洛姆用"施虐—受虐性"的术语指明大众心理中通过主体对权威的无条件

[①] [德]阿多诺:《美学理论》,王柯平译,成都:四川人民出版社1998年版,第434页。

屈从来获得"满足"的状况。于是法兰克福学派把大众文化的施虐—受虐性与法西斯主义的大众心理学联系起来,他们看到,希特勒煽动起狂热的、无理性的个体牺牲和群体盲从与大众文化操纵了一种一体化的、无知化的、丧失个性的意识这两种行为之间具有惊人的相似性。阿多诺认为,那种到处充斥着的流行音乐的机械节奏就是以强迫的方式使人在绝对被动地接受中痴呆化。如果说贝多芬的奏鸣曲是唤起一种主动的、积极的内心参与的话,那么爵士乐只是要求人被动地顺从它的节拍起舞,以此操纵了人的肉体运动。在这种操纵中,大众文化满足人欲望的允诺变成了耗尽人的欲望:"大众文化是在暗地里对抗爱,甚至对抗性欲的一种阴谋。"因此,法兰克福学派把大众文化看成是极权主义性质的,它用强制性、规范性、绝对同一性要求大众。法兰克福学派强调,与法西斯主义的大众心理灌输一样,大众文化从无意识方面去控制大众,而不是用强权的命令去专制地胁迫他们。也是这一点使大众文化得以在"民主"、"自由"的外衣下施展极权主义的功能。

霍克海默和阿多诺认为,"美学升华的秘密在于它把满足呈现为一种破碎的诺言。文化工业并不使人升华;它是压抑性的"①。马尔库塞则把发达工业社会的总体文化称为"压抑性非升华"。实际上,大众文化把艺术和现实的间离关系,即批判的距离取消了,它绝不赋予人超越现实的爱欲解放。相反,它和现实同化并合谋起来,把在虚假满足的境遇里的人的欲望铲除掉。阿多诺还用精神分析学的术语"象征的去势"来描述大众文化的这种功能。这种"铲平",在最终意义上就是禁止具有突出的个性,个体只能在群体中沦为屈从于"父位"(即权威象征)的牺牲品。在大众文化中,人完全丧失了超越现实的欲望。如阿多诺指出,爵士乐表面上许诺了性的自由,但是当它的切分节拍成为普遍规范之后,人就没有任何可以保持个体性的地方了,节拍规范作为控制行为的机械装置,阉割了人内在的自由和创造欲望。马尔库塞也说,白人的摇滚乐已经没有它的黑人原型的意义了,"不断重复的捶打式节拍,尖啸的不和谐,标准化的、'冻结的'扭曲,普通的噪音水准……这种音乐从字面意义上说,是对有效的攻击性的模仿、摹拟"②。同时,在大众文化产品里,现实的痛苦和矛盾被掩盖了,大众永远被鸦片式麻醉的欢愉剥夺了否定的意志。压抑性的大众文化以媚俗的和谐与圆满的形式慷慨地提供给大众,用虚假的满足祛除了欲望。

正是在这个意义上,法兰克福学派把大众文化看成对大众的普遍欺骗。通过幻想的满足,"娱乐使人飞离无法忍受的现实"。文化工业就是生产人工的梦境,比如好莱坞那些拙劣的歌舞片、喜剧片,就是使人在黑暗中忘掉真正的生命需求,在笑声中牺牲自身的现实欲望。电影使幻觉与真实变得不可区分,从而用"社会与个人的虚假同一"掩盖了现实的破碎与矛盾。阿多诺甚至认为:"一切'轻的'和愉悦的艺术都已成为虚幻的和说谎的。……对幸福的允诺,曾经是艺术的定义,但它除了在虚假幸福表面上的伪饰被撕下来的地方之外再也不可能找到。"因此,法兰克福学派认为,文化批判的中心主题就是对谎言的批判,这个谎言就是"满足"的谎言:"大众文化创造了对人有价值的但并不存在的社会的幻觉,它掩盖了……物质现状,它使那种恶劣的对生存的经济决定性继续存活下去。"

---

① [德]霍克海默、阿多诺:《启蒙辩证法》,渠敬东等译,上海:上海人民出版社 2006 年版,第141页。
② [美]马尔库塞:《反革命与造反》,见马尔库塞等著:《工业社会和新左派》,任立译,北京:商务印书馆 1982 年版,第 75 页。

可以看出,法兰克福学派对大众文化的批判不是高级文化对通俗文化的蔑视,不是高扬精神的旗帜来贬抑物质的、肉体的生存。恰恰相反,法兰克福学派正是认为大众文化不是真正肯定了肉体的欲望和需求,而是用欺骗、用廉价的美丽幻觉把对现实满足的追求打消掉了,用媚俗的抚慰把反抗的欲望压抑下去了。大众文化恰恰是资产阶级意识形态所要求的用精神"满足"来代替肉体满足的产物:具体的、本能的爱欲被幻觉的极乐世界取代了。大众文化作为资产阶级文化在当代的流行形式,是"满足某种需要的避难所,这些需要从来就是在资产阶级社会的物质生活过程中遭到禁止的"①。这样,批判美学的任务就是剥开这种虚幻伪饰,打破它的压抑,并昭示出进步文化的指向:通过对现实间离的方式解放本能和感性,艺术首先是以不协和的姿态对抗现实的不和谐,以否定的摧毁性的形式对抗现实的物化形式。

【基本概念】

审美即直觉说　移情说　心理距离　同形说　无意识　表现说　有意味的形式　诗意栖居　快乐原则　现实原则

【思考问题】

1. 如何理解克罗齐"审美即直觉"说?
2. 简述移情说。
3. 如何理解弗洛伊德关于艺术的"无意识升华"说?
4. 如何理解克莱夫·贝尔"有意味的形式"说?
5. 简述苏珊·朗格的符号论美学思想。
6. 如何理解海德格尔关于艺术本质的美学观点?
7. 简述法兰克福学派的大众文化批判理论。

【扩展阅读】

1. 朱狄:《当代西方美学》,北京:人民出版社1984年版。
2. 周宪:《二十世纪西方美学》,南京:南京大学出版社1997年版。

---

① [德]哈贝马斯:《合法化危机》,刘北成等译,上海:上海人民出版社2000年版,第78页。

第五章　中国古典美学史纲

第一节　先秦两汉艺术社会学

与西方古典美学一样，中国古典美学一开始也含于哲学，而且也是对于"道"的思考。不同之处在于，古希腊哲学源自科学（自然科学），是"物理学之后"；中国先秦哲学则源自社会政治学，是"伦理学之后"，这就决定了中国与西方有两种不同的美学。如果说西方美学是从美的研究开始的，那么，中国美学的目光则首先投向了艺术。而在先秦，所谓"艺术"，也就是"乐"。"乐"不仅仅是音乐，而是包括音乐在内的多种艺术的综合，甚至包括审美快乐。与"乐"并存的是"礼"，合称"礼乐"。礼是人与人之间的行为规范，乐是人与人之间的情感交流。礼即伦理，它同时也是善；乐即艺术，它同时也是美。在礼乐制度和礼乐文化的创立者看来，不受道德规范的美非"真美"，没有情感体验的善是"伪善"。故无善则不美，无美则不善。美善既然合一，则伦理学就是艺术学，艺术学就是伦理学，它们也都是美学。事实上，先秦哲学和先秦美学无不是对礼乐制度和礼乐文化的反思（拥护或批判）。批判者有墨、法、道诸家，拥护者则为儒家。但无论是批判或拥护，当他们的研究和论证上升到哲学高度时，均为"伦理学之后"。所以中国古典美学的第一个阶段必是艺术社会学，其第一环节则为儒家美学。在逻辑上，儒家美学应为先秦两汉美学的正题，非儒家美学（墨、法、道）为反题，两汉美学则为合题。以儒道互补的先秦杂家为前导，两汉美学也有三条线索，即从巫术到艺术，从道家到儒家，从儒学到经学，最后归于儒。①

一、儒家美学

1. 孔子：仁爱之心

以孔子（前551—前479）为代表的先秦儒家，是礼乐制度和礼乐文化的拥护者、继承者和弘扬者，而孔子的创造性发展则在于他为这种制度和这种文化贡献了"仁"这一范畴，提出了一整套建立在人际关系基础之上的以"仁"为主，"仁"、"礼"结合的伦理哲学和伦理美学。

"仁"字在孔子以前是孝顺祖先、孝顺双亲的意思，表达了一种对长辈的爱的意识，"爱亲之谓仁"，其最初含义是对根基于宗法血缘关系的亲子之爱的概括。孔子赋予"仁"以全新的深刻含义，从"爱亲"出发，而"爱人"，"泛爱众而亲

图 5-1　孔子

---

① 详见易中天：《破门而入——美学的问题与历史》，上海：复旦大学出版社2006年版，第199-200页。

仁",也即推己及人,让世界充满爱,实现"四海之内皆兄弟也"的社会理想。这个理想的社会就是伦理的社会,就是爱的社会,也是美的社会。

孔子十分看重审美和艺术在人们达到"仁"的精神境界的过程中所起的作用,并且以他的道德价值取向原则重新选择了美和艺术,删诗、正乐,并将其整合到自己的思想体系之中。这也使得孔子成为中国历史上第一位重视审美和艺术的思想家。一个"君子",应该"志于道,据于德,依于仁,游于艺",既学礼,又学诗,而且"兴于诗,立于礼,成于乐"。以诗与乐为主体的游艺活动与志道、据德、依仁相始终,"游于艺"的"游"是指在坚实人格修养的基础上所获得的一种精神自由,是人文陶冶所产生的一种至高境界,它代表了孔子思想中强大的超越精神。"游于艺"首先是通过艺术的学习、欣赏、陶冶,获得审美享受,而其更深刻的内涵还在于养成一种艺术化的自由精神和人生境界。

孔子的"仁学"思想体系体现在审美评价方面即是以"仁"贯"艺"、以"德"贯"言"、以"礼"约"文",进而提出"文"、"质"统一,"美"、"善"统一,"情"、"理"统一,并且认为"质"、"善"、"理"是比"文"、"美"、"情"更为重要的审美原则。

孔子在评价人的时候,将"文"与"质"看成相互对立又相互制约的两个方面。他说:"质胜文则野,文胜质则史。文质彬彬,然后君子。"在评价艺术的时候,孔子注意到"美"与"善"的区别。"子谓《韶》:'尽美矣,又尽善也。'谓《武》:'尽美矣,未尽善也。'"这是对艺术内容进行的道德评价。孔子将"美"与"善"的区别同形式与内容的区别联系在一起,把"美"规定为形式上的一种审美的肯定的属性,"善"规定为思想内容上的一种肯定的属性,这与春秋前"美"与"善"同义的传统观念相比,显然是一大进步。在美感认识上,孔子提倡"情"为"理"制而不过度的"中和"之感。孔子指出《关雎》乐而不淫,哀而不伤",就是这种要求的具体体现,这两句话概括地表述了孔子关于情感上"哀"、"乐"两种基本类型的"中和"特性的见解,在肯定艺术抒发情感的同时,又强调所抒发的情感必须有节制、有限度,符合道德规范,或者说是抒发的以理性为最终归宿的情感。这也成为后世一条重要的审美标准。

2. 孟子:义理之气

图5-2 孟子

如果说孔子的意义是为礼乐制度和礼乐文化贡献了"仁"这一范畴,那么孟子(约前390—前305)的意义则在于他用"义"构成了"仁学"的对立面和互补结构。"仁"讲人际(恻隐之心),"义"讲人格(羞恶之心),因此孟子美学就是关于人格的美学。

在孟子看来,审人之美在于人格,人格精神之悦我心,"犹刍豢之悦我口"。人既然是群体的存在,那么群体的利益就应该高于个体的利益,群体的生存就应该高于个体的生存,因而真正的人应该是"所欲有甚于生者,所恶有甚于死者",这个高于生命的内心欲求就是"义",即通过"羞恶之心"而得到内心确证的、作为群体一员所必备的社会责任感和义务心。它包括忧患意识:"生于忧患,死于安乐";包括广施仁义,运天下于股掌的社会责任:"老吾老以及人之老,幼吾幼以及人之幼,天下可运于掌";也包括为实现这一理想不惜放弃私利乃至献出生命的牺牲精神:"生亦我所欲也,义亦我所欲也,二者不可得兼,舍生而取义者也"。有了这种精神,就会"不怨天,不尤人";"富贵不能淫,贫贱不能移,威武不能屈";"穷则独善其身,达则兼善天下",就会以天下为己任,以义理为至乐,本着"如欲平治天下,当今之世,舍我其谁也"的坚定信念和豪迈气魄,义无反顾地走上为群体生存发展而奋斗的人生道路。在孟子眼里,这种为群体的生存而不惜牺牲个体生命、为群体的安乐不惜放弃个体欢娱的道德情操和人格精神,不但会唤起人们道德上的敬重心,而且会引起人们审美上的惊赞感,而个体只有在群体中才能感受到至高无上的欢乐,因为只有这时他才看到了自身的人格力量。"独乐乐,与人乐乐,孰乐?""与少乐乐,与众乐乐,孰乐?"回答当然是后者而不是前者,即只有"与人乐乐"、"与众乐乐",与民同乐,才是真正的欢乐。为了这更崇高、更博大的真正的欢乐,便是杀身成仁、舍生取义,当然也就在所不辞。

孟子以善作为人格美的起点,将人格美分为美、大、圣、神四个层次。他说:

> 可欲之谓善,有诸己之谓信,充实之谓美,充实而有光辉之谓大,大而化之之谓圣,圣而不可知之之谓神。(《孟子·尽心下》)

"善"是"可欲",就是可以满足人的欲望。"信"是"有诸己",就是说到做到,言行一致。"美"是"充实",就是把仁义礼智的道德原则扩充到人的容貌形色行为等各个方面。"大"是"充实而有光辉",就是人的道德人格光照四方。"圣"是"大而化之",就是用道德人格化育天下。"神"是"圣而不可知之",就是说圣人为什么能用道德人格化育天下,这是神秘莫测的,一般人是难以把握的,"神"是对于"圣"的进一步说明。美、大、圣、神这四个不同层次的审美品位,归根结底不过是"浩然之气"生发出来的人格精神的内在结构而已。

3. 荀子:礼乐之伪

如果说孔子讲人际,孟子讲人格,那么荀子(约前313—前238)就是讲人性。荀子认为,人性本恶,如果听任人的本性去追求各种欲望的满足,人就会等同于禽兽。所以从人的情感欲望来说,人性既是恶的,也就不可能有什么美。"人之性恶,其善者伪也。"荀子认为,人性要成为美的,就必须有"伪",即人为,指通过后天的努力学习仁义道德。这种努力学习的结果可以使人性从恶变善,但善是否就是美呢?荀子认为,从君子的道德修养来说,这种修养如果达到了完全纯粹的境界,心好德如目好色、耳好声、口好味那样普遍必然而不可移易,那就可以说达到了一种美的境界。个体人格在道德精神上的这样一种高度的完善,既是人格的善,同时也是人格的美。其次,荀子所说的"伪"不单是一般地

图 5-3 荀子

学习实行仁义道德,而是同"礼"联系在一起的。"礼"又不单是规范人的哀乐和举止动静,使之符合仁义,而且还要给人的情感("吉凶忧愉")以一种能够充分表达出来的重要的外在形式,这就是所谓"文理隆盛"。所以,用"礼"去规范人们的性情,"化性起伪",就不只具有善的意义,而且具有美的意义了。荀子说:

> 性者,本始材朴也;伪者,文理隆盛也。无性则伪之无所加,无伪则性不能自美。性伪合,然后圣人之名一,天下之功于是就也。(《荀子·礼论》)

"文理隆盛"加在"本始材朴"之上,于是"本始材朴"就有了美。一方面,"本始材朴"是天然生成的东西,没有它,"文理隆盛"就没有对象,当然也就不会有美。所以荀子认为美不能离开"本始材朴",即美不能离开感性物质的对象而存在。另一方面,荀子又认为只有"本始材朴",没有"文理隆盛",不把"文理隆盛"加到"本始材朴"之上去,"本始材朴"也不能自己成为美,这就是说,美是人把某种美的形式("文理隆盛")加到对象上去的结果。在这里,荀子看到了人对外界对象的"文饰"或制作改造的活动同美的密切关系,强调了在美的产生中人为活动的重要意义,这个看法是极为深刻的。

二、非儒家美学

1. 功利主义美学

图 5-4 墨子

最先反对儒家礼乐(包括艺术和审美)的是墨子(约前480—前420),墨子是中国美学史上提出美与功利关系的第一人,也是彻底的功利主义者。在墨子看来,所谓"美"(包括艺术和审美)不过是人在物质需要得到满足之后的感官享乐,即"目之所美,耳之所乐,口之所甘,身体之所安",因此较之物质生活,它是远非重要的。墨子还认为,进行音乐艺术活动,必须制造乐器,而乐器的制造需要付出很大的代价,这就必然要大量搜刮人民的财富,"厚措敛乎万民,以为大钟、鸣鼓、琴瑟、竽笙之声",加重人民的负担。乐器造好之后,为王公大人演奏,也是一种很沉重的负担,因为击钟鸣鼓需要搜罗年轻力壮、聪慧敏捷之人来承担,会误了社会财富的生产,"使丈夫为之,废丈夫耕稼树艺之时;使妇人为之,废妇人纺绩织纴之事"。音乐演奏还需要有人欣赏,而欣赏既会占去君子治理国家的时间,又会占去百姓从事生产的时间,"与君子听之,废君子听治;与贱人听之,废贱人之从事"。总之,艺术和审美极大地妨碍了社会物质生产,有弊无利,祸国殃民,因予以取缔(为乐非也)。墨子的这种反艺术的美学观,实不足以与早熟的礼乐文化相抗衡,所以虽也显赫一时,但终不过是昙花一现。有意思的是,当时新兴的法家,或多或少对墨子学说表示了同情。

韩非(约前280—前233)认为一个事物如果只具有审美的、艺术的价值，而不具有实用功利的价值，那就是毫无意义的。千金之玉卮通而无当，不可盛水，便不如至贱之瓦器。美会使人忘记功利实用的目的，因而是有害的。嫁女的秦伯把随嫁的妾装扮得很美，结果是使人爱其妾而贱其女；卖珠的楚人把装珠子的椟装饰得很美，结果是使人买其椟而还其珠。当谈到美与艺术同社会政治的关系的时候，韩非更为强烈地表明了他的美与艺术同功利的目的不能相容的观点。在韩非看来，儒者所擅长的"文学"不但不能起斩敌拔城、富国强兵的作用，不能实现任何功利的目的，而且还有"乱法"的极大破坏作用。所以，习文字的儒者是不能用的，以习文字而达到显荣的地位完全是无功受禄，是应加唾弃的"匹夫之美"。

图5-5　韩非

被儒家充分肯定，认为可以协调人际、维系群体、使人感到亲爱和谐的艺术和审美，在韩非看来不过是一种彻头彻尾的"伪善"和"矫饰"；而儒家之所以需要这种审美形式的外在装饰，正说明他们的伦理道德和政教体制并不那么美好，并不那么干净，并不那么高尚，并不那么纯洁。"和氏之璧不饰以五彩，隋侯之珠不饰以银黄，其质至美，物不足以饰之"，所以"恃貌而论情者，其情恶也；须饰而论质者，其质衰也"。韩非就这样批判了礼乐制度和礼乐文化，并因此而提出了他实用主义或艺术取消论的"反美学"。

2. 超功利主义美学

与儒、法诸家一样，道家也承认世界是由矛盾对立的双方构成的。但在道家看来，矛盾对立的双方无不处在一种相互依赖和相互转化之中："祸兮福之所倚，福兮祸之所伏，孰知其极！其无正？正复为奇，善复为妖。"美与丑自然也都处在这一转化之中，甚至在某种意义上并无所谓美丑："天下皆知美之为美，斯恶已；皆知善之为善，斯不善已。"在道家看来，所谓美丑善恶，都无非是"其所美者为神奇，其所恶者为臭腐；臭腐复化为神奇，神奇复化为臭腐"。既然现实生活中的美与丑都时时处于相互转化之中，既然一切审美判断都是相对的和主观的，那么沉湎于声色嗅味之娱，执着于文章黼黻之美，就不但是可笑的，而且是有害的。所以道家说："五色令人目盲，五音令人耳聋，五味令人口爽。"

表面上看来，道家似乎与墨家、法家一样，走向了艺术和审美的取消主义，但是，前者与后两者绝不可同日而语。在老子(约前580—前500)和庄子(约前369—前286)看来，在超越了美色、美声、美味等一切物质形态的美之后，宇宙间还有一种远远高于它们之上的"大美"。老子说，"大音希声，大象无形"。庄子说，"天地有大美而不言"。他们正是要通过对五色、五声、五味的否定，实现对精神形态的"大美"的追求，而这个绝对的、永恒的"大美"，就是"道"。

道家所言之"道"是一个洋溢着审美魅力的精神实体。它虽然无声、无色、无味、无形，超言绝象，虚静恬淡，不可摹写，难以名状，但却充满生之活力，"独立而不改，周行而不殆"；它覆载天地，刻雕众形，体生千象，德被万物，因此"静而圣，动而王，无为也而尊，素朴而天下莫能与之争美"，天地人间一切美的现象和美的事物，在它面前都黯然失色。这个充满创造活力的生命本体把天地万物当作自己的艺术品，但它作为一个伟大艺术品的创造者,却并不具有人格和意志,而是"虚静恬淡,寂寞无为"的,它既不受任何功利目的的限制,又不受任何形式规范的束缚。如果说它的创造有什么法则的话,那就是"道法自然",即以"自然而然"为法则,也就是"无为而无不为"(无目的的合目的性),"无法而无不法"(无概念的合规律性)。当你把握了道的伟大艺术创造,回头再看仁义礼乐之美,就会感到一种矫情和伪善。

图5-6 范曾作品:《老子出关图》

因此,在老庄看来,真正的艺术是自然的(非人为的)"道"的创造,真正的审美是对"道"的体验与观照,而这样一种最高层次的审美感受乃是一种"超感经验"。因为这种特殊的观照对象——"道"乃是一种"无状之状,无物之象",故而"惟恍惟惚"。"惚兮恍兮,其中有象;恍兮惚兮,其中有物;窈兮冥兮,其中有精;其精甚真,其中有信。"这样,对它的把握就必须是超感的,因为它"视之不见名曰夷,听之不闻名曰希,搏之不得名曰微",完全无法诉诸感官,但同时又必须是经验的,因为它作为"常道",无法言说,不可命名,也就无法诉诸推理。显然,对道的把握只能通过一种直接诉诸主体心灵的神秘直觉,这就是所谓"涤除玄鉴"。

"涤除玄鉴"作为对道的把握(认识、观照和体验),首先要求一种超功利的审美态度。"涤除",就是洗除垢尘,去尽一切功利私欲,使头脑变得像镜子一样纯净清明。"鉴"是观照,"玄"是"道","玄鉴"就是对于道的观照。它不但要求"外天下"(排除对世事的考虑)、"外物"(抛弃贵贱、得失、毁誉等功利的计较),而且要"外生",即把生死也置之度外,达到"无己"、"无功"、"无名"的境界,而这种精神状态也就是"心斋"、"坐忘",是"致虚极,守静笃"之"虚静"。其次,它要求一种理性的直观方式,这既非一般的感觉,又非抽象的思考,而是诗情与哲理相结合的深远观照,即"玄鉴",它必须观于物而不滞于物。其所以要观于物,是因为以道之虚无,实无法直接感知,而不得不借助于对物的观照;其所以不能滞于物,是因为以万物之有形,其美丑善恶都只有相对的意义,一旦滞于物,便势必失之于道。因此,只能通过对有限的、可以感知的自然之物(现象)的观照,去体验那无限的、只可意会的自然之道(本体)。

这种态度也就是"游"。"游"就是"不知所求"、"不知所往",没有功利计较,不受物象束缚,但又天然合乎规律。值得注意的是,庄子并不以为这种"游"的自由境界是天赋天才所致,而是在长期实践中通过对自然规律的技巧性把握所体验到的得心应手的感受。例如,那善于解牛的庖丁,也只是在熟练到"依乎天理"之后,才能"以神遇而不以目视,官知止而神欲行"。达到了这一境界,则"手之所触,肩之所倚,足之所履,膝之所踦,砉然响然,奏刀騞然,莫不中音,合于桑林之舞,乃中经首之会",这就达到了艺术的境界。

可见,在道家这里,对于"道"的把握和体认,带有审美观照和审美体验意味。在道家看来,当主体把握了道时,也就感到了美,而且只有在体验到道时,才真正把握了美。这种美,是恬淡素朴、纯任自然的。"素朴"就是"同乎天欲","恬淡"就是"至乐无乐"、"淡然无极而众美从之"。这是"至美",是"真美",是"大美",只有这种美,才体现了道"莫之命而常自然"、"莫之为而常自然"的规律、精神和法则。

毋庸置疑,在先秦诸子中,只有道家学说凭其对世界本体的描述而超越了伦理学,也只有道家对艺术和审美的把握,凭其对社会政治伦理的实用功利的超越,而最接近于艺术和审美的本质,最富于美的哲学和审美心理学意味。

3. 儒道互补的开端:屈原、吕不韦

屈原(约前340—前278)的思想杂取各家兼容诸子,比如仁民爱物似孔,以天下为己任似孟,主张修明法度似荀,实施改革似商(商鞅),追寻世界本源似老,逍遥天地之间似庄,以身殉道又似墨。[①]

屈原将理想的人格称为"美人",屈原主张的是一种内美与外秀相统一的人格美,"纷吾既有此内美兮,又重之以修能","㛃吾以其美好兮,览余以其修姱"。所谓"内美"、"美好",主要指天赋高贵的品质、素质和气质;而所谓"修能"、"修姱",即包括容貌、身材、冠戴、服饰在内的仪表风度。屈原将"内美"、"美好"与"修能"、"修姱"并举,显然是表明他的这种"天(内美)人(修能)合一"的美,但"天人合一"合于"天"("与天地兮同寿,与日月兮齐光")。

吕不韦(前290—前235)召集其门客集体编撰的《吕氏春秋》是秦代美学史上一部不可忽视的杂家著作,明显表现出以儒为主、兼容百家、儒道互补、天人合一的倾向,对后来汉代早期美学思想的发展有重要影响。先秦美学以《吕氏春秋》的美学思想而告终结,成为向汉代美学过渡的桥梁。《吕氏春秋》的美学价值,在于从讨论音乐入手提出了艺术的本体论。《吕氏春秋》中比较集中论述音乐问题的有《适音》、《古乐》、《大乐》、《侈乐》、《音初》、《音律》等篇。《大乐》中说:

> 音乐之所由来者远矣,生于度量,本于太一。太一出两仪,两仪出阴阳。阴阳变化,一上一下,合而成章。混混沌沌,离则复合,合则复离,是谓天常。天地车轮,终则复始,极则复返,莫不咸当。日月星辰,或疾或徐,日月不同,以尽其行。四时代兴,或暑或寒,或短或长,或柔或刚。万物所出,造于太一,化于阴阳。萌芽始震,凝寒以形。形体有处,莫不有声。声出于和,和出于适。和、适,先王定乐。由此而生。

这是《吕氏春秋》美学思想的根本,它把音乐的产生同宇宙万物的产生直接联系起来,

[①] 详见易中天:《破门而入——美学的问题与历史》,上海:复旦大学出版社2006年版,第215页。

提出音乐"生于度量,本于太一"的看法,这在之前是未曾有过的。这种看法认为,音乐的产生过程是这样的:"太一"产生了天地("两仪"),天地产生了阴阳,阴阳变化产生了有形的万物,有了有形的万物就有了声音。而声是从"和"而来,"和"又从"适"而来。"先王"就是以此为依据而制定了乐。在这里,《吕氏春秋》企图借助道家以及阴阳家的学说,从自然界寻找音乐的起源,并对音乐的"和"作出一种与儒家美学有所不同的解释。这里有些看法值得注意:

第一,《吕氏春秋》之所以要把乐的起源同宇宙万物的起源联系起来,是因为纂述者们认为只有在产生了有形的万物之后才有声音,这就是所谓"形体有处,莫不有声",因而在说明音乐的产生之前,先要说明万物的产生。从《古乐》中可以看到,他们认为音乐的产生同对自然界的各种音响的感受模拟有关。如黄帝命伶伦制定音律,先是用不同长度的竹管吹出不同的声音,最后通过"听凤凰之鸣,以别十二律";帝尧"命质为乐,质乃效山林溪谷之音以歌"。认为音乐的产生同对自然音响的感受模拟有关。这当然是一种比较简单的看法,但它毕竟指明了音乐美的创造不能离开对自然界各种音响的美的感受。

第二,《吕氏春秋》把音乐的发生起源同宇宙万物的发生起源联系起来,不只是为了说明声的发生同自然万物的形成的关系,而且是为了从宇宙万物的和谐中导引出音乐的和谐。"声出于和",这"和"又从何而来呢? 从宇宙万物而来。中国古代很早就把自然看作是一个合规律而又合目的的构成和运动变化着的和谐的统一体,《吕氏春秋》也继承了这种观念。"太一"产生天地,天地的运行"莫不咸当",四时寒暑都在按照一定的规律运动变化着,天地是一个和谐运动变化的统一体,因此由天地产生的万物所发出的声音也是和谐的。这种看法从自然的合规律性和目的性的统一中去找美,认为美就在于自然本身所显示的和谐。而音乐的和谐不外乎是自然的和谐的表现。这就是《吕氏春秋》所谓"凡乐,天地之和,阴阳之调也"的意思。

第三,《吕氏春秋》不但指出"声出于和",而且还指出"和"出于"适",明确提出"适"的概念,并且把它置于"和"之上。这是《吕氏春秋》的特有观点,也是《吕氏春秋》所提出的一个全新的美学范畴。"适"这一概念涉及宇宙、人生和艺术,范围很广,但其基本含义为合度,亦即合乎事物运动的规律性。所谓"和出于适",从根本上讲,是说宇宙所以能成为一个和谐的统一体,乃是由于天地万物遵循一定的规律(合度)运动的结果。

三、两汉美学

1. 从巫术到艺术:《周易》

《周易》包括经、传两个部分。《易经》是古代的一部卜筮的书,大约产生于殷周之际,由卦象、卦辞、爻辞构成;《易传》是对卦辞和爻辞的注释与论述,成型于战国至秦汉之间。《易传》抛弃了《易经》宗教巫术的内容,同时又利用了它的形式,以易象来概括说明宇宙模式,以太极阴阳说来模拟、阐释宇宙的生成演变。并且,《易传》把孔子提出的"仁"与"礼"统一的社会模式融入先秦以来的宇宙学说,即把人伦秩序也作为宇宙论的有机组成部分,提出了天人合一的宇宙模式。《周易》一书从经到传的过程,与中国艺术从巫术到艺术的过程相同步。

与先秦诸子著作相比,《周易》哲学最重要的特点,就是试图用抽象简易的符号和符号系统,对包括自然、社会、人生在内的整个世界进行高度概括和理性把握,全面周到地掌握那不断变化着的现象背后永恒不变的本质规律,以建立这种包罗万象的宇宙模式。特别值得关注的是,《周易》这种弥纶天地、无所不包的模式是以"象"的形式表达的。"象"在《周易》中是一个元范畴,指爻象、卦象,它显示人的吉凶命运的种种预兆,带有神秘的色彩。易象的基本符号是阳爻和阴爻。阴阳从原指日光向背的较为具体的意义向形而上的哲学的高度升华,成了男女、父母、天地、刚柔、动静、生死等一切事物二元的哲学"共名"。阳爻与阴爻的对立统一可以演变为两仪、四象、八卦、六十四卦、三百八十四爻。如同数学中代数符号可以代替任何数字一样,《周易》中卦象可以代替宇宙万物。《系辞上》即说:"一阴一阳之谓道。"表明阴阳对立,互相转化,往来无穷,便是宇宙之道。世界如此,审美亦然。因此美有阳刚之美与阴柔之美,艺术有继承和发展。

《周易》中对"象"所作的解释"观物取象"与"立象尽意"等,诱发了后世一系列重要的美学命题,显示了古代中国人的美学智慧。

关于"观物取象",《系辞下》说:

> 古者包牺氏之王天下也,仰则观象于天,俯则观法于地,观鸟兽之文与地之宜,近取诸身,远取诸物。于是始作八卦,以通神明之德,以类万物之情。

易象虽不能等同于审美形象,但两者在以形象反映生活、表情达意方面却是相通的。"观物取象"作为一项审美活动,它是以"物"为出发点而不是从"心"开始的,首先是大自然和社会的万有实象和形态撞击主体的心胸而不是相反;同时审美主体"观"所关注的对象是"象"而不是其他,所谓"取象"是心灵首先通过视觉而捕捉对象的整体形象而不是理智上的条分缕析,是充满情感的整体观取而不是意志上的厚此薄彼。"观物取象"作为一个审美过程,它可以是一瞬间的,也可以是持续的过程,它会在主体心灵中引起反响、留下痕迹,形成由审美对象所投射的心灵虚象,它是审美对象的心灵的内化,即客观审美实象虚化为内心审美意象的过程,是主体领悟、味象的过程,这个过程既是审美反映的过程,又是审美创造的过程。

关于"立象尽意",《系辞上》说:

> 子曰:书不尽言,言不尽意。然则圣人之意不可见乎?子曰:圣人立象以尽意,设卦以尽情伪,系辞以尽其言,变而通之以尽利,鼓之舞之以尽神。

这里所说的"言"是指使用概念、判断、推理的语言。"言不尽意"是说这种语言在表情达意方面的局限性。这虽不是专论美学问题,但却包含了深刻的美学意义。从审美的角度看:主体审美心理意象——"意"是客观物象的审美能动反映,艺术形象——"言"又是主体审美心理意象的客观表现。"立象"是达到"尽意"目的的手段或方法。如果"立象"能"尽意"这一命题成立,则意味着艺术形象——"言"能够准确无误地传达主体审美心理意象——"意"。客观物象、主观意象、艺术形象三者能够完全同构对应、同态对应,否则,就必然是"立象"未必"尽意"。事实上,这三者正如清人郑燮所谓"眼中之竹"、"胸中之竹"和

"手中之竹",是不可能绝对相等的。"言不尽意"这一命题恰好揭示了这一艺术创造的规律。然而,《易传》在指出"书不尽言,言不尽意"的同时,又指出圣人之意可以通过"立象"来"尽"之,借助于形象,可以充分表达圣人的意思。就审美创造而言,"立象"又确实是可以"尽意"的,只是这个"尽"是不尽之尽。作为人类析理表情达意的符号——"象",虽然不能与客观物象、主观意象做到同构对应,因而"立象"不能"尽意",但是,这种通过人心所营构的外在感性之"象",由于人在创造它时已被认同为它是整个自然宇宙与社会人生的整体的凸显,具有广泛而深刻的象征意蕴,所以,它固然不能与客观物象、主观意象做到同构对应,却表现为客观物象与主观意象的同态对应的模式与范型。它那鲜明、生动、可感的特征,恰恰在审美意义上能够涵摄一切,这正是艺术意象的底蕴所在。

2. 从道家到儒家:《淮南子》

西汉淮南王刘安(刘邦之孙,前 179—前 122)主持编纂的《淮南子》(又名《淮南鸿烈》),全书基本思想出于道家,但又采纳了儒家的某些学说,所谓"持以道德,辅以仁义",正是全书的主旨。《淮南子》的美学面向广大的外部世界,主张在无限多样丰富的外部世界寻求美、发现美,充分肯定美的多样性、相对性和客观性。

《泰族训》中有一段话,最好地表达了《淮南子》对无限丰富的世界的美的向往和赞颂:

> 夫观六艺之广崇,穷道德之渊深,达乎无上,至乎无下,运乎无极,翔乎无形,广于四海,崇于太山,富于江河,旷然而通,昭然而明,天地之间,无所系戾,其所以监观岂不大哉!

世界是无限多样丰富的,美也是无限多样丰富的,《淮南子》的这个基本看法,直到今天也很有启发意义。因为狭隘、小气、坐井观天、不识大体的现象仍然存在,企图把多样的美纳入几个单调枯燥的图像格式中的理论、观点也还时有所见。

和美的多样性相联系,《淮南子》又指出美是有条件的。同一事物,在这种条件下是美的,在另一种条件下却是不美的。"靥辅(女子双颊上的笑靥)在颊则好,在颡则丑"。靥辅画在颊上是美的,在额头上就成为丑的了。这与苏格拉底的"美是合适"说很相似。《泰族训》中"带不厌新,钩不厌故,处地宜也",也明显有以合适为美的条件的意思。《淮南子》还主张人们应随着时代和条件的变化而进行独立的新的美的创造,"美人者非必西施之种,通士者不必孔、墨之类",指出"世俗之人,多尊古而贱今,故为道者必托之于神农黄帝而后能入说",并对这种人做了有力的讽刺。这种反对盲目崇古,主张独立创造的见解,在今天也仍然很有意义。

《淮南子》认为世界上没有绝对完美的东西,"桀有得事,尧有遗道。嫫母有所美,西施有所丑",美的事物也会有缺陷,但美的事物终究是美的,丑的事物终究是丑的,两者不能混淆,它们的差别是客观的存在,任何人也抹杀不了。《说山训》中说:

> 琬琰之玉在污泥之中,虽廉者弗释;弊箄甑瓺在祊茵之上,虽贪者不搏。美之所在,虽污辱世不能贱;恶之所在,虽高隆世不能贵。

光明的美玉掉在污泥之中,虽是廉洁的人也要把它拾起来;破烂的竹器、陶器放在毡席之上,虽是贪心的人也不会把它拿走。美的东西虽被污辱,人们不会贱视它;丑的东西虽被显荣,人们也不会珍爱它。从先秦以来,像这样坚决肯定美的客观性的言论,可以说是第一次出现。

3. 从儒学到经学:《礼记·乐记》

完成于西汉的《礼记·乐记》[①],是中国历史上第一部音乐理论著作,也是第一部专门的文艺理论和美学著作,明显带有总结儒家美学思想的性质,其提出的关于艺术的本质以及艺术的社会功能等思想对后世影响深远。

(1)《礼记·乐记》论艺术的本质

《礼记·乐记》非常明确地认为艺术是人的内心情感的表现。《礼记·乐记·乐本》中说:

> 凡音者,生人心者也。情动于中,故形于声,声成文,谓之音。

音乐是"动于中"的"情"、"形于声"的结果,也即内在的情感表现于外的结果。虽然在此早期论及与"乐"密切相关的诗时,早已有所谓"诗言志"的说法,但那时的"言志",尽管也包含了情感的表现,主要还是以"载道"和"记事"为根本目的。孔子论诗,提出诗可以"兴"、"观"、"群"、"怨",显然已看到诗表达情感的作用,但还没有明确指明"情"的表现和艺术的关系。直到荀子才提出"乐"是"人情之所必不免",但也还没有像《礼记·乐记》这样明确提出"乐"即是"情"的表现。在先秦美学中,关于艺术的社会功能问题,曾引起过各家的多次争论,但关于艺术是什么这个问题,在《礼记·乐记》之前还没有人做出正面的回答。《礼记·乐记》首次最为明确地提出艺术是情感的表现,这无疑具有重要意义。

值得注意的是,《礼记·乐记》不仅指出艺术是情感的表现,而且还对如何表现情感才能成为艺术做了相当明确的规定。艺术虽然是情感的表现,但不是任何情感的表现都能成为艺术。《礼记·乐记》通过声、音、乐三者的区分,阐明了如何表现情感才能成为艺术的问题。

首先,《礼记·乐记》认为"声"与"音"不是一回事。"音"虽然是"情动于中,故形于声"的结果,但"声"要"成文"才能谓之"音"。"文采节奏,声之饰也"。这就是说,用"声"以表现情感,必须使之具有一种美的形式("文采节奏"),否则就不成其为"音",也就不是艺术。情感要通过一种美的形式表现出来才能成为艺术,这是《礼记·乐记》对于艺术表现情感的第一个本质性的规定。

其次,《礼记·乐记》认为即使"声"成了"音",但"音"还不是"乐":

> 凡音者,生于人心者也。乐者,通伦理者也。是故知声而不知音者,禽兽是也。知音而不知乐者,众庶是也。唯君子为能知乐。

[①] 关于《礼记·乐记》的作者及成书年代,学术界多有争论,本书参阅叶朗:《中国美学史大纲》,上海:上海人民出版社1985年版,第148—149页。

禽兽知声而不知音,即禽兽是不懂得欣赏那已有了"文采节奏"的"音"之美的,它听到的只是"声";一般老百姓可以"知音",即可以欣赏"文采节奏"的"音"的美,但却不能"知乐"。其所以如此,在于"乐者,通伦理者也",而一般的老百姓,在《礼记·乐记》的作者看来,是不懂得政治伦理的道理的,所以只能知"音"而不能知"乐"。这就是说,"乐"不仅是"音",能给人以美的感受,同时它还表现出伦理道德的意义。它不是一般的"音",而是由之可以体会出某种社会政治伦理道德的"音":

> 是故治世之音安,以乐其政和;乱世之音怨,以怒其政乖;亡国之音哀,以思其民困。声音之道,与政通矣。

在这里,《礼记·乐记》明确指出,"音"如果不表现出社会政治伦理道德的情感,那就不成其为"乐",即不成其为艺术。因为"乐"的创造绝不是为了"极口腹耳目之欲",给人以官能上的快感,而是为了"教民平好恶,以反人道之正",使人们的情感欲望符合"理"的要求。所以,"乐"虽是人的情感的一定形式的表现,但却不是任何一种情感的形式表现,而是伦理性的社会情感的表现。

根据对声、音、乐三者的区别和联系的分析,《礼记·乐记》指出:

> 审声以知音,审音以知乐,审乐以知政,而治道备矣。
> 不知声者不可与言音,不知音者不可与言乐,知乐则几于礼矣。

音乐艺术被看作是声、音、乐三者的统一,而其根本点则是在"乐","乐"最后又与"政"和"礼"相关。值得注意的是,《礼记·乐记》虽然强调与"政"相通的"乐",但同时又不忽视"音",明确指出"不知音者不可与言乐",只有通过具有美的形式的"音"才能体现与政治伦理直接相关的情感,这就是《礼记·乐记》所理解的音乐艺术的本质。

(2)《礼记·乐记》论艺术的社会功能

关于艺术的社会功能,《礼记·乐记》的相关论述概括起来就是六个字:"礼辨异,乐和同。"这是荀子提出的命题,《礼记·乐记》主要是发挥了荀子的这个命题,着重从"礼"和"乐"的矛盾关系,反复论述音乐在社会生活中的地位和作用:

> 乐者为同,礼者为异。同则相亲,异则相敬。礼义立,则贵贱等矣;乐文同,则上下和矣。

这段话把"礼"(政治伦理)和"乐"(艺术审美)的社会作用说得非常清楚。"礼者为异",就是把贵贱的等级严格加以区分,防止相互争夺;"乐者为同",就是不同等级之间要维持一定的联系,要保持一种和谐的秩序,防止相互怨恨。它们的目的是一致的,都是为了维护社会等级制度,所以说"礼乐之情同"。它们应该统一起来,相互补充。"乐胜则流,礼胜则离",忽视任何一方都是有害的。"乐"过分了,贵贱等级的界限就可能模糊,"合行不敬",所以要济之以"礼";"礼"过分了,上下的对立太尖锐,"析居不和",所以要济之以

"乐"。总之,"乐胜"或"礼胜",都不利于社会等级制度的维持,只有"礼乐相济"才是理想的统治。这也就是荀子说的:"乐行而志清,礼修而行成,耳目聪明,血气如平,移风易俗,天下皆宁,美善相乐。"

第二节　魏晋南北朝艺术哲学

中国古典美学的第二个历史阶段是魏晋南北朝的艺术哲学。在这个历史阶段,哲学是真正的哲学(纯思辨),艺术是真正的艺术(纯形式)。哲学不再是"经世济民"的"经学",而是"玄思妙想"的"玄学";艺术(文学)也不再以"立意为宗"(注重社会功能),而是以"能文为本"(注重审美形式)。此阶段的艺术哲学在经过嵇康等人的理论准备后,在刘勰《文心雕龙》那里达到了顶峰,而钟嵘《诗品》是这一历史阶段的终结。这是一个"文学的自觉时代"(鲁迅语),也是一个文艺理论和美学的自觉时代。中国历朝历代几乎都有自己标志性的艺术样式(诗经、楚辞、汉赋、唐诗、宋词、元曲、明清小说),唯独魏晋南北朝是以美学和文艺理论为里程碑的,它是当之无愧的艺术哲学时代。①

一、先导者——嵇康:《声无哀乐论》

嵇康(223—262)在其不朽论著《声无哀乐论》中,第一次从艺术自身的规律出发,对儒家伦理美学进行了有力的批判,从而颠覆了《礼记·乐记》所奠定的传统音乐理论,成为中国形式美学的第一人。

在嵇康看来,音乐艺术有着自己独立的意义和价值,根本不是政教伦理的附庸。他指出,音乐之所以"感人最深",是因为它具有一种特定的形式美,即所谓"宫商集化,声音克谐,此人心至愿,情欲之所钟"。和谐、悦耳的声音使人愉快,正如美色使人悦目,美味使人甘口,乃是人的自然本性。所以,"五味万殊,而大同于美;曲变虽众,亦大同于和。美有甘,和有乐。然随曲之情,尽于和域,应美之口,绝于甘境;安得哀乐于其间哉"。诚然,人们在欣赏音乐时会产生种种情感反应,但嵇康认为,这种情感是在欣赏音乐之前就有的,是人们在社会生活中因人事的变化而引起的。它深藏于人心之中,一旦为音乐触发,才表露在外,这就叫"哀乐自以事会,先遘于心,但因和声,以自显发"。一般人看到这种现象,便以为声有哀乐,这就像看到人们饮酒之后的喜形于色、怒形于声而断定酒里也有哀乐之情一样荒谬。可见,音乐只有美丑而无哀乐,哀乐之情在于欣赏主体,不能把欣赏主体的情感强加于欣赏对象,"心之与声,明为二物",必须把欣赏主体和欣赏对象的性质明确区分开来。音乐和情感的这种严

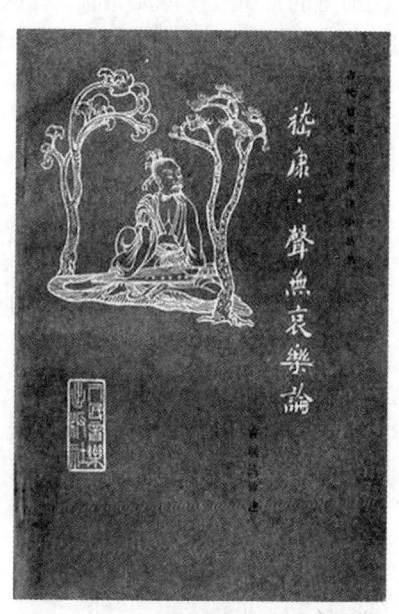

图5-7　嵇康:《声无哀乐论》

---

① 详见易中天:《破门而入——美学的问题与历史》,上海:复旦大学出版社2006年版,第201页。

格区分,在当时的历史条件下,无非就是音乐和政教伦理的分离。

那么,音乐所固有的美丑又是从哪里来的？嵇康说:"声有自然之和,而无系于人情。克谐之音,成于金石;至和之声,得于管弦也。"而音乐的这种"自然之和",归根结底又得之于天地之间的自然规律,"夫天地合德,万物贵生;寒暑代往,五行以成。故章为五色,发为五音。音声之作,犹臭味在于天地之间,其善与不善,虽遭遇浊乱,其体自若,而不变也。岂以爱憎易操,哀乐改度哉?"所以"五色有好丑,五声有善恶,此物之自然也"。也就是说,音乐的美是一种自然界固有的、不以人的主观情感为转移的客观美,而这种客观美又是纯形式的,是乐音的单复、快慢、高低、动静的节奏韵律、变化和协调,一言以蔽之:是乐音的和谐。

既然音乐是一种由客观的美的乐音按照客观的美的规律组成的客观的美的形式结构,那么,它当然既不是社会生活的反映,也不是伦理道德的表现。在《声无哀乐论》的开头和结尾,嵇康一再声明,他的学说正是对主张"治乱在政,而音声应之"和"移风易俗,莫善于乐"的两汉官方音乐理论的否定。他指出,由这种理论所推演出来的汉儒们种种迂腐妖妄的臆说,如季札听声能观众国之俗,师旷吹律而知楚师必败,葛介闻牛鸣知其三子为牺之类,"皆俗儒妄记,欲神其事而追为耳"。两汉儒生奉如神明的儒家艺术社会学的种种奇谈怪论,被嵇康用清醒的常识驳得体无完肤。正是由于以嵇康为前导的一大批形式主义文艺批评家的不懈努力,中国美学才从儒家艺术社会学的桎梏中解放出来并获得新的生命活力。

二、集成者——刘勰:《文心雕龙》

图 5-8　刘勰:《文心雕龙》

刘勰(约 465—约 532)的《文心雕龙》也许是中国古典美学中唯一一部称得上是"艺术哲学"的鸿篇巨制。作为"文学的自觉时代"的最大理论成果和代表著作,它与中国古典美学其他著作的明显区别在于有一种罕见的宏观态度和严密的逻辑体系,其艺术哲学体系以道家的自然法则为理论外壳,儒家的伦理美学为思想内核,玄学本体论为哲学基础,佛教因明学①为逻辑方法,集先秦两汉魏晋齐梁美学思想之大成,集诗歌辞赋书文史论创作经验之精华,形成了一个空前绝后的理论化、系统化的艺术世界观,而"勰为成书之初祖"。《文心雕龙》有五十章,"体大而虑周",限于篇幅,我们只论述其中最具有美学意义的《原道》《神思》《风骨》《知音》四章。

---

① 佛学论证经义,有因明之学。"因明"为五明之一,即讲心身论的内明、论文字语言的声明、医学的医药明、工艺技巧的工巧明和察事辩理的因明,所以因明即是明因,也就是思维推理、弄清所以然的方法。因明学的主要著作《因明入正理论》和《因明正理门论》虽然分别于公元 647 年和 649 年才由唐玄奘译出,但因明之法和重逻辑的精神当早已随佛经本身传入中国。

1. 人文之元　肇自太极

论文而"原道",始于刘勰。他非常不满于齐梁文坛"新变"派只求辞藻的华丽,轻视儒学正道的倾向,提出文学必须"反本"、"还宗经诰"的主张,并在理论上把他的意见概括为"原道"、"征圣"、"宗经"。刘勰认为,"道"是宇宙间一切事物的本体,不论自然之美,还是人文之美,都与"道"密不可分,"道"不仅蕴涵美,而且也以自己的形式呈现美、创造美。天地间一切美的事物都是"道"的表现。他说:

> 文之为德也大矣,与天地并生者何哉?夫玄黄色杂,方圆体分,日月叠璧,以垂丽天之象;山川焕绮,以铺理地之形:此盖道之文也。仰观吐耀,俯察含章,高卑定位,故两仪既生矣。惟人参之,性灵所钟,是谓三才。为五行之秀,实天地之心,心生而言立,言立而文明,自然之道也。傍及万品,动植皆文:龙凤以藻绘呈瑞,虎豹以炳蔚凝姿;云霞雕色,有逾画工之妙;草木贲华,无待锦匠之奇。夫岂外饰,盖自然耳。至于林籁结响,调如竽瑟;泉石激韵,和若球锽:故形立则章成矣,声发则文生矣。夫以无识之物,郁然有采,有心之器,其无文欤?(《原道》)

刘勰所说的"人文",泛指文学艺术在内的人类文化。宇宙间一切事物,山川日月,人类社会,草木泉流,都无不具有自己的审美形式——"文"、"文章"或"文采"。他将文艺的本体追溯到混沌的"道",意在提高"文"的地位:"与天地并生"。天、地、人,是谓三才。文不由天生,不由地生,而由人心所生,其源与天、地同出于混沌的"太极",这便是"自然之道"。"自然之道"的"自然",就是合乎规律,不假人力,毫不做作,自然生发的意思。既然文艺和自然美一样都是"道"("太极")的审美形式,那么它自然也就具有独立自在的地位,并非只是政教伦理的单纯工具了。

刘勰认为,人类社会的文明和美是人类自己的创造。在《原道》中,他从"河图孕乎八卦,洛书韫乎九畴"的传说,到文字的出现以代替结绳记事,一直讲到孔子删订六经的巨大贡献,在这条文明发展的轨迹上,一直伴随着美的创造和演进。"唐虞文章,则焕乎为盛","逮及商周,文胜其质,《雅》《颂》所被,英华日新",到孔子"雕琢性情,组织辞令",已达到"金声而玉振"、"写天地之辉光"的水平。刘勰的这些说法虽不尽符合历史事实,但却道出了人类对美的创造与历史发展相一致这一客观事实。

2. 思接千载　视通万里

在中国美学史上,最早论述艺术想象问题的是庄子,但《庄子》一书中对艺术想象的论述过于概括。陆机(261—303)第一次详细探讨了这一问题,但《文赋》又多是一种形象的描述。刘勰的《神思》则进一步对这一问题做了不止于描述的分析说明。在刘勰看来,"神思"是一种不受时间、空间限制的奇妙的想象力。他说:

> 古人云:形在江海之上,心存魏阙之下。神思之谓也。文之思也,其神远矣。故寂然凝虑,思接千载;悄焉动容,视通万里。吟咏之间,吐纳珠玉之声;眉

睫之前,卷舒风云之色。其思理之致乎?(《神思》)

刘勰所说的"神思",可以"思接千载"、"视通万里",使不在眼前的事物如在目前,这显然是一种想象的力量。但刘勰所说的"思",不是一般的"思",而是"文之思",也即是一种审美创造的想象。其之所以称为"神思",一是因为这种"思"是人心、精神的作用,二是因为这种"思"具有超越时空的心理特征,正如陆机所谓"精骛八极,心游万仞"、"观古今于须臾,抚四海于一瞬"。

刘勰认为"神思",亦即审美创造的想象活动,离不开与"心"相关联的"志气"和与"耳目"对"物"的感知相关联的"辞令"。他说:

  故思理为妙,神与物游。神居胸臆,而志气统其关键;物沿耳目,而辞令管其枢机。枢机方通,则物无隐貌;关键将塞,则神有遁心。(《神思》)

在刘勰看来,艺术想象活动首先是和居于人心中的精神活动分不开的,而从精神活动看,决定性的因素是艺术家的"志气"。艺术想象活动中的"志气"的"通"与"塞",和作家天赋的才气、性格不能分离的思想情感(居于胸臆的"神")能否在艺术想象活动中无阻碍地、活跃而自由地发挥作用密切相关。另一方面,作家构思所得到的是一个感性形象,这一形象的产生不能脱离作家耳目对外物的感知。同时,这个感性形象要用文学语言传达出来,因而,在作家对外物的感知中,"辞令"就成了"机枢",亦即关键的问题。

那么,怎样才能使作家的艺术想象中的"志气"和"辞令"两方面都能畅通无阻呢?刘勰说:

  是以陶钧文思,贵在虚静,疏瀹五藏,澡雪精神。积学以储宝,酌理以富才,研阅以穷照,驯致以绎辞。(《神思》)

这里所说的"贵在虚静",引述庄子的原话①,意在指出在艺术想象中表现出的审美感知的心理状态,它带有摆脱了一切物欲私利的束缚和感知与注意力高度集中的特征。只有在这种情况下,艺术的想象才能有效地进行,而不致出现"神有遁心"。同时,刘勰还指出"积学以储宝,酌理以富才,研阅以穷照,驯致以绎辞",说明艺术想象又与审美主体的认识、水平、学习、修养相关。"虚静"、"积学"、"酌理"、"研阅"、"驯致"是与艺术想象中"志气"与"辞令"的通塞相关的五个要素。在这五者中,刘勰将"虚静"放在第一位,以强调审美感知的心理状态在艺术想象中的地位,而"积学"、"酌理"、"研阅"、"驯致"的提出,又表明主体人格修养乃至人生境界也与艺术想象密切相关。

刘勰在论述艺术想象的时候,还涉及构思与表达的实际效果之间的矛盾。他说:

  夫神思方运,万涂竞萌,规矩虚位,刻镂无形。登山则情满于山,观海则意溢

---

① 见《庄子·知北游》:"老聃曰:'汝齐(斋)戒疏瀹而(汝)心,澡雪而精神。'"

于海，我才之多少，将与风云而并驱矣。方其搦翰，气倍辞前，暨乎篇成，半折心始。何则？意翻空而易奇，言征实而难巧也。是以意授于思，言授于意，密则无际，疏则千里。或理在方寸而求之域表，或义在咫尺而思隔山河。是以秉心养术，无务苦虑，含章司契，不必劳情也。（《神思》）

这里，刘勰首先生动地描述了艺术想象、构思的情况，"神思方运，万涂竞萌，规矩虚位，刻镂无形"，思维极为活跃，以至于达到"登山则情满于山，观海则意溢于海"的状态，审美主体充满自信、自豪，"我才之多少，将与风云而并驱矣"。然而，"方其搦翰，气倍辞前，暨乎篇成，半折心始"，实际表达效果却往往不如意。刘勰指出了"思"（艺术想象）、"意"（审美意象）、"言"（文学言语）三者的区别。有时"言"刚好符合和恰当传达了"意"，即"密则无际"；有时"言"却不能传达"意"，即"疏则千里"。有感于"言"与"意"，表达与构思之间的不一致，刘勰指出艺术想象与创造带有一种不能完全为人的主观意志所控制的自发性。所谓"秉心养术，无务苦虑，含章司契，不必劳情"便是对这种自发性的说明。这也表明刘勰对审美创造不同于机械操作和理论思维的特点的把握。

从先秦的"观物取象"到魏晋南北朝的"神思"，这是一个很大的跃进。"这个跃进表明，中国古典美学已经开始对艺术创作的心理活动，对艺术思维的特点，进行探讨和研究，从而为美学研究开拓了一个新的领域。"[1]

3. 蔚彼风力　严此骨鲠

"风骨"作为审美范畴，始于魏晋以来的人物品藻，指人的气质、风度仪表之美。刘勰的《风骨》则从文学的角度对"风骨"做了阐述。他所说的"风"，指作品所表现的情感力量；"骨"指文辞的义理内容及其逻辑力量。刘勰说：

《诗》总六义，风冠其首，斯乃化感之本源，志气之符契也。是以怊怅述情，必始乎风；沉吟铺辞，莫先于骨。故辞之待骨，如体之树骸；情之含风，犹形之包气。结言端直，则文骨成焉；意气骏爽，则文风清焉。（《风骨》）

刘勰将"风"与"怊怅述情"，"骨"与"沉吟铺辞"联系起来考察。特别需要指出的是，他把"风骨"中的"风"与原本不相干的《诗经》"六义"中的"风"联系起来，认为"风"就是一种"意气骏爽"的感动人、教化人的情感力量，而"骨"则是一种凝练的语言风格，所以说"结言端直，则文骨成焉"。一篇有"风骨"的作品，既重视思想——表现为"骨"，又重视情感——表现为"风"，才是好作品。

刘勰论"风骨"的时候，还将它与"气"联系起来，认为作品之美，在于辞采和刚健气骨相联系。他用形象的比喻说明：作品光有辞采，就好比羽毛鲜艳的野雉一样，徘徊徜徉而飞不起来；鹰隼没有色彩，而能冲飞云天，这是由于骨劲而气猛。刘勰认为，这两种作品风格都不算上乘，只有风骨气力与辞采相结合，"藻耀而高翔，固文笔之鸣凤也"，文采焕发而

---

[1] 叶朗：《中国美学史大纲》，上海：上海人民出版社1985年版，第238页。

风烈骨劲的作品,才是作品中声音嘹亮的凤凰。刘勰号召人们向建安文士学习,将深沉遒劲的思想情感力度与华美的辞采结合起来,"蔚彼风力,严此骨鲠",达到"风清骨峻,篇体光华"的审美境界。

4. 观文者披 文以入情

"知音"一词,源于音乐鉴赏。据《吕氏春秋·本味》记载:春秋时伯牙善鼓琴,钟子期善听琴,钟子期从伯牙的琴声中听出他"高山流水"之志,遂引为知音。刘勰借用这个典故来论述文学鉴赏和批评。

在《知音》中,刘勰首先指出文学鉴赏是一件非常困难的事:"知音其难哉!音实难知,知实难逢,逢其知音,千载其一乎!"造成文学鉴赏困难的原因是多方面的。

一是由于作品本来就不易鉴别,识别文章的情理要比分辨器物困难得多:

鲁臣以麟为麇,楚人以雉为凤,魏民以夜光为怪石,宋客以燕砾为宝珠。形器易征,谬乃若是;文情难鉴,谁曰易分?(《知音》)

鲁国臣子把麒麟当作鹿,楚国路人把野鸡认为凤凰,魏国农民把夜光璧看成怪石,宋国蠢人把燕石视作宝玉。有形的器物是容易分辨的,尚且有如此错误,文章的情理本来就是难于洞察的,谁能说容易分辨呢?

二是由于鉴赏者的审美修养和审美趣味的不同:

夫篇章杂沓,质文交加,知多偏好,人莫圆该。慷慨者逆声而击节,酝藉者见密而高蹈;浮慧者观绮而跃心,爱奇者闻诡而惊听。会己则嗟讽,异我则沮弃,各执一偶之解,欲拟万端之变,所谓"东向而望,不见西墙"也。(《知音》)

作品成千上万,风格千差万别,批评家各有专长和爱好,没有一个人能兼爱众长。情绪激昂的人听了悲壮的乐声便鼓掌,性格内向的人看了含蓄的作品便舞蹈,聪明外露的人遇见华丽的篇章就高兴,爱好奇巧的人听见怪诞的诗文便兴奋。作品合于自己的口味就诵读它、赞赏它,作品违背自己的情感就讨厌它、抛弃它。各人都坚持一己之见,想来评价千变万化的诗文,那就像《淮南子》所说的,面朝着东方,看不到西墙啊。

然而,审美鉴赏虽然受到主客观因素的影响,但并不意味着不能得到公允恰当的评价。刘勰认为,公允恰当的评价首先来源于公正无私的态度。"无私于轻重,不偏于憎爱,然后能平理若衡,照辞如镜。"不因为大小而分轻重,不因为爱憎而生偏见,就能像用天平一样来衡量文理,像用镜子一样来观察文辞了。公允恰当的评价还来源于鉴赏作品的能力,"凡操千曲而后晓声,观千剑而后识器。故圆照之象,务先博观"。必须弹过千种乐曲才能真正懂得乐声,如同必须观看过千把宝剑才能真正认识宝物,所以,要能懂得各种风格的文章,必须事先通观博览。

刘勰还对鉴赏作品的方法提出了参考意见:

> 是以将阅文情,先标六观:一观位体,二观置辞,三观通变,四观奇正,五观事义,六观宫商。斯术既行,则优劣见矣。(《知音》)

"位体"是指文章体制的安排,"置辞"是指辞藻的运用,"通变"是指处理继承和革新的关系,"奇正"是指处理常规和变化的关系,"事义"是指用以说明论点的事实材料、典故,"宫商"是指文章的音调。刘勰认为,采用了这个方法,文章的优劣就可以看得很清楚了。

刘勰认为,审美创造是由内容到形式、由"情"而"辞"的过程,审美欣赏则是由形式到内容、由"文"入"情"的过程。"缀文者情动而辞发,观文者披文以入情,沿波讨源,虽幽必显。"读者能从审美鉴赏中把握作品的审美价值、领悟作者的创作意图,作者的知音也就不难找到了。

三、终结者——钟嵘:《诗品》

钟嵘(约466—518)所著《诗品》是我国现存最早的一部诗论专著。清人章学诚(1738—1801)在《文史通义·诗话》中说:"《诗品》之于论诗,视《文心雕龙》之于论文,皆专门名家勒为成书之祖也。《文心》体大而虑周,《诗品》思深而意远。盖《文心》笼罩群言,而《诗品》深从六艺溯流别也。论诗论文,而知溯流别,则可以探源经籍,而进窥天地之纯,古人之大体矣。此意非后世诗话家流所能喻也。"其评价非常之高。

钟嵘把班固(32—92)《汉书·古今人表》"九品论人"的方法推及到文学评论,极大地推动了美学理论的发展。因为评定作家品第的做法,要求对每一位作家的作品都进行具体的分析,并与其他作家及作品进行比较,力求抓住每一位作家的创作特色,以及作品的长处和短处、优点和缺点,这就使得文学评论摆脱了一般的笼统的评价,而把每一位作家的具体个性特征摆到首要的位置。与此同时,这种评论所注意的主要不是

图 5-9 钟嵘:《诗品》

作家作品的思想内容,而是他的独特的创造,以及由这种创造所表现出来的个人的才情、智慧、技巧、风格等等。这就使文学评论在其基本的、主要的方面成为一种艺术的、美学的评论,而不是单纯社会学的、政治学的评论。这是从魏晋到齐梁文学评论的一个重大突破,这也奠定了《诗品》在中国美学史上的地位,使其成为继《文心雕龙》之后又一部具有重要意义的美学著作。

钟嵘的诗歌美学思想,以"气"为基础,以"怨"为中心,以"味"为特色。其《诗品》对诗的发生、诗的审美标准、诗的鉴赏特点等进行了深入的探讨,标志着中国诗歌美学的真正诞生。

1. "吟咏情性"论

关于诗歌的发生,钟嵘以前就有过经典性的论述。《毛诗序》说:"诗者,志之所之也,在心为志,发言为诗。情动于中而形于言,言之不足,故嗟叹之;嗟叹之不足,故咏歌之;咏歌之不足,不知手之舞之,足之蹈之也。"这就是说,诗歌是"志"的外化,出于主观,是由"志"而"诗"的结构。

对于诗歌的发生,钟嵘则倾向于物我统一,强调主客观的结合。钟嵘在《诗品·序》开头便说:

气之动物,物之感人,故摇荡性情,形诸舞咏。

大自然中的"气"导致四时节候的更迭,使万物萌动衍生,自然环境的变化又触发人的思绪情感的激动和摇荡,于是就产生了歌舞。就"摇荡性情,形诸舞咏"看,其说法与《毛诗序》似乎没有什么不同,但钟嵘"摇荡性情,形诸舞咏"的前提是"气之动物,物之感人"。如果说《毛诗序》偏重于人"心"的主动作用的话,那么钟嵘更重视"物"的主动作用,或者说更偏重于人"心"是被动的。在钟嵘看来,诗歌的发生,首先是由外界的"气"使客观的"物"发生变化,作为创作主体的人,先是为外物所感,然后才可能抒发出为外物所感的性情,形诸舞咏。

钟嵘的诗歌发生论与其说是从《毛诗序》而来,倒不如说是受《礼记·乐记》的影响。《礼记·乐记》在论音乐发生时说:"凡音之起,由人心生也。人心之动,物使之然也。感于物而动,故形于声。声相应,故生变,变成方,谓之音。比音而乐之,及干戚羽旄,谓之乐。"《礼记·乐记》主张,在音乐的发生过程中,人心是被动的,是"物使之然",人心感于物而动,才会产生音乐。

那么,"物"是如何发动的呢?钟嵘认为,是由于"气"的作用。于是,《礼记·乐记》中"物——人心——音乐"的三段论,就发展成《诗品》中"气——物——性情——诗歌"四段论。这是一个连锁过程的概括,它补充了《毛诗序》的不足,发展了"诗缘情"的理论,指出了"气"在诗歌发生中的作用,并在概括中突出了"性情"在"物"与"诗"之间的地位。

2. "托诗以怨"论

六朝诗坛并不寂寞。五言诗的成熟,声律论①的兴起,玄言诗、事类诗、山水诗与各种题材、风格的诗不断出现,"终朝点缀,分夜呻吟"。然而,这些远远不能使钟嵘满意,根本问题在于这些诗一味追求用事用典,讲究宫商声病,"自然英旨,罕值其人",而批评家又"不显优劣"、"曾无品第"。钟嵘《诗品》的写作,就是要建立一种创作和批评的标准,用以

---

① 指以人工之音律应用于文辞,以沈约(441—513)所创"四声八病"说为代表。《南史·陆厥传》云:"永明时,盛为文章,吴兴沈约、陈郡谢朓、琅琊王融,以气类相推毂。汝南周颙善识声韵。约等文皆用宫商;将平上去入四声,以此制韵,有平头、上尾、蜂腰、鹤膝。五字之中,音韵悉异;两句之内,角徵不同;不可增减。世呼为永明体。"

指导创作和评论。

钟嵘把诗歌情感分为两种类型：源于《诗经》的"雅"和源于《楚辞》的"怨"。"雅"为雅正，代表典雅和高层次高品位的美学风格；"怨"为怨悱，代表了汉魏以来以悲为美的美学思想。然而，钟嵘最为欣赏的是"雅"与"怨"的结合。在他看来，古今诗人中最能体现这一审美理想的是曹植。在录入《诗品》的诗人中，唯有曹植一人真正将雅正美与悲怆美融合为一体。钟嵘评曹植说："其源出于《国风》，骨气奇高，词采华茂，情兼雅怨，体被文质，粲溢今古，卓尔不群。"在风格和形式上要有骨气和奇采，情感内容上要雅、怨结合，两方面完美统一，这就是钟嵘的诗歌理想。

钟嵘论诗有一个明显的倾向，就是突出"怨"。《诗品》上品所列十二位诗人，有七人都表现了哀怨之情。以"怨"作为诗歌标准的重要方面，是钟嵘诗歌美学的重要特色。如果说《诗品》序文开头的"气之动物，物之感人，故摇荡性情，形诸舞咏"和"动天地，感鬼神，莫近于诗"还基本上是沿袭前人的话，那么"托诗以怨"则是钟嵘自己的洞见。钟嵘说：

> 若乃春风春鸟，秋月秋蝉，夏云暑雨，冬月祁寒，斯四候之感诸诗者也。嘉会寄诗以亲，离群托诗以怨。至于楚臣去境，汉妾辞宫。或骨横朔野，魂逐飞蓬；或负戈外戍，杀气雄边。塞客衣单，孀闺泪尽。或士有解佩出朝，一去忘反。女有扬蛾入宠，再盼倾国。凡斯种种，感荡心灵，非陈诗何以展其义？非长歌何以骋其情？故曰："诗可以群，可以怨。"使穷贱易安，幽居靡闷，莫尚于诗矣。（《诗品·序》）

所谓"春风春鸟，秋月秋蝉，夏云暑雨，冬月祁寒，斯四候之感诸诗者也"，是把以往诗歌中仅仅用于比兴手法的四时物候，化为诗歌描写的具体对象和诗歌创作的普遍题材，既可以托物喻志以寄寓诗人的思想情感，又可以直接歌咏山水风月以体现诗人的情趣。不仅如此，在四季变化、万物盛衰感诸于诗以外，社会动荡不宁、人际悲欢离合，同样是诗歌发生的原因，或许是更为复杂、更令人魂魄回荡、愁思百结的原因。这里除"嘉会寄诗以亲"外，"至于楚臣去境，汉妾辞宫。或骨横朔野，魂逐飞蓬"等，所举屈原被逐、昭君出塞、去国怀乡、生离死别等诗人感怀的例子，都是生活中的不幸遭遇。钟嵘说"诗可以群、可以怨"，可使"穷贱易安，幽居靡闷"，这显然是对儒家传统观念的继承，但同时更突出了他对不幸生活遭遇所引发的怨悱之情。只要留心看一下《诗品》，就会发现，钟嵘对中、上品诗人的评语多与"悲"、"怨"、"恨"、"凄怆"有关，上中下三品一百二十二位诗人，大多数诗人都有悲怆性的"本事诗"。

在钟嵘之前，也有不少人看到文学艺术所表达的情感与社会生活的联系。《礼记·乐记》提出"治世之音"、"乱世之音"、"亡国之音"的不同，从儒家乐教的思想出发，由乐推究社会政事，间接指出了社会生活对情感的影响。刘勰《文心雕龙·时序》也在悠悠的历史发展中，总结出"文变染乎世情，兴废系乎时序"的规律。然而，他们只是比较间接地把文学艺术所表达的情感与社会生活联系起来，只有到了钟嵘，才明确指出了文学艺术所表达的情感与社会生活有密不可分的联系，并把这种由社会生活决定的情感看成是诗歌的生命。从这个意义上说,钟嵘突出"怨"是深刻的。生活中总是充满了各种痛苦、哀伤,使得本来就短暂无常的生命始终处于忧患不安之中,很自然地会产生凄怆不平的情感。所以"怨"既是对现实社会的否定,又是对理想生活的渴慕。"怨",来自社会,"托诗以怨",又把诗和社会紧紧结合起来,它要求诗人真实地表现自己的情感,批判现实,追求理想,使诗歌成为苦难世界的理想的象征,成为人们精神的寄托。

这正是钟嵘重"怨"的动机。诗是吟咏"性情"的,其首要问题就是情感是否自然真实,也就是是否体现了"自然英旨"。当时盛行的用事用典,穷极声病,贵空谈、尚巧似等等都是无病呻吟、虚伪矫饰,没有真情实感。重"怨",就是因为"怨"是在诗人与不合理的社会直接冲突中产生的,它有深刻的社会根源,比起其他情感来,更具有真实性。"怨"与"真"是天然联系在一起的。钟嵘希望用发自内心的具有丰富社会内容的怨情来扫荡当时病态的诗坛,这也是《诗品》中上品诗人多表现怨情的原因所在。

3. "滋味"说

钟嵘在将四言诗与五言诗做比较时,以快感上"味"的品尝的特点,不是物又在物中,不可直视其貌又可品而得之,来比喻五言诗欣赏中美感的特点,提出了著名的"滋味"说。钟嵘说:

> 夫四言,文约意广,取效《风》、《骚》,便可多得。每苦文繁而意少,故世罕习焉。五言居文词之要,是众作之有滋味者也,故云会于流俗。岂不以指事造形,穷情写物,最为详切者耶!(《诗品·序》)

与四言诗相比,五言诗所具备的优越性,其表现力和在社会上的普及程度,特别是五言诗的"有滋味",大概是钟嵘《诗品》只评五言不评四言的重要原因。更为值得关注的是,钟嵘肯定五言诗的"有滋味"是与其"托诗以怨"的美学思想密切相关的。钟嵘批评永嘉诗、玄言诗"理过其辞,淡乎寡味",认为抽象平淡的说理没有滋味,只有"指事造形,穷情写物,最为详切"的五言诗,才是"众作之有滋味者也"。"穷情写物"即淋漓尽致的情感表现和细致生动的形象刻画,"详切"即要有广度和深度。五言"长歌"虽只比四言多了一个字,但它可以在第三个字或第五个字上着一动词,比起四言诗两句才表达一个完整的意思来,它不但一句就可以表达一个完整的意思,而且可以表现各种更为复杂的情感。五言"长歌""详切"地表现了"怨",自然成为"众作之有滋味者也"。钟嵘又说:

> 诗有三义焉:一曰兴,二曰比,三曰赋。文已尽而意有余,兴也;因物喻志,比也;直书其事,寓言写物,赋也。宏斯三义,酌而用之,干之以风力,润之以丹彩,使味之者无极,闻之者动心,是诗之至也。(《诗品·序》)

钟嵘释"兴"为"文已尽而意有余"。这个"余",即"余味",实际上是"滋味"说的另一种说法。钟嵘强调诗要"干之以风力,润之以丹彩",才能"使味之者无极,闻之者动心",达到

"诗之至"的境界。撇开"丹彩"作为形式方面的因素不论,"风力"则是指一种情感方面的气势和力量。按,"风力"一词,钟嵘又指"建安风力",而建安诗歌正如刘勰所说:"观其时文,雅为慷慨;良由世积乱离,风衰俗怨,并志深而笔长,故梗概而多气也。"可见建安诗的特点是充满怨气。钟嵘自己对建安诗人的分析也证明了这一点,如曹植"情兼雅怨",王粲"发愀怆之词",曹操"甚有悲凉之句",这种"风力"的实质,就是"怨"。生命的强度,人格的力量,只有依照阻力的大小才能表现出来。"怨"体现了一种抗争性力量,诗歌无尽的滋味和感发兴起的力量就发自"怨"。

钟嵘把"味"与"怨"联系起来,就是把诗歌的艺术性和思想性统一起来。被列入上品的诗人,多既充满怨情,又有无限滋味。钟嵘评古诗:"文温以丽,意悲而远,惊心动魄,可谓一字千金!"所谓"意悲而远","悲"就是"怨","远"就是"味",重"怨"和倡"味"是钟嵘诗歌美学的基本内容。

以"味"论诗,以通感把握审美,是中国美学的一大特色。"味"本是指人的饮食感觉,后来在使用过程中发生了变化。老子曾借用"味"来论"道",说"道之出口,淡乎其无味,视之不足见,听之不足闻,用之不可既"。孔子首先把"味"与美感联系起来,"子在齐闻《韶》,三月不知肉味"。后来经阮籍(210—263)的《乐论》、嵇康的《声无哀乐论》到陆机的《文赋》提出了文章当有"大羹之遗味"的说法。刘勰的《文心雕龙》更是以味论文,如"余味"、"可味"、"遗味"、"道味"、"辞味"、"义味"、"滋味"等。而钟嵘的《诗品》则进一步以"滋味"贯穿评诗的始终,使之成为诗歌审美和诗学理想的重要组成部分。可以说,由孔子发端的"滋味"说,在钟嵘那里才最终成为一个纯美学范畴,取得了独立的意义,并对后世的审美批评产生了重要影响。

第三节 唐宋元明清艺术心理学

当艺术"为什么"(社会功能)和"是什么"(哲学本质)这两个问题都解决后,剩下的就是"怎么办"(如何创作与如何欣赏)了。先秦两汉是中国古典美学的"知之"阶段,其主要特征,是思想家们为了社会的政治理想,强调艺术"应该"是什么;魏晋南北朝是"好之"阶段,其主要特征,是理论家们本着文学的自觉精神,反思艺术"可能"是什么;唐宋元明清则是"乐之"阶段,其主要特征,是鉴赏家们根据自己的审美经验描述艺术"实际"是什么。因此中国美学不可避免地要走向艺术心理学,而推波助澜者则为禅宗。禅宗(禅学)是中国化的佛学,其特征是"不立文字,道体心传,见性成佛",讲究"心心相印"、"立竿见影"、"回头是岸",强调"慧根"与"顿悟"。这和中国古典美学走向艺术心理学的内在要求正相一致。事实上这一时期的重要人物几乎无不以禅喻诗,以佛说法,心领神会。于是有严羽的"妙悟"、李贽的"童心"、王夫之的"现量",均以"他山之石"为"攻玉之器"。唐宋元明清可分为三个阶段,即以严羽为代表的审美心理学、以李贽为代表的艺术心理学和以王夫之为代表的创作心理学。[①]

---

① 详见易中天:《破门而入——美学的问题与历史》,上海:复旦大学出版社2006年版,第201-202页。

一、审美心理学：司空图、严羽

1. 司空图

图 5-10　司空图:《诗品》

以司空图(837—908)为先驱的唐宋审美心理学,其最显著的特点在于,他们的理论视角不再是先秦两汉艺术社会学的政教伦理,也不是魏晋南北朝艺术哲学的形而上之道,而是审美主体的美感经验,即文外之味。这正体现出从客体到主体,即从人的社会生活规范中经自然的精神本体再到人的内在心灵的转化过程,与西方美学从自然中经神再到人的内在心灵的转化过程有异曲同工之妙。

（1）"味外之旨"说

钟嵘在其《诗品》中曾提出著名的"滋味"说,批评永嘉时期那些崇尚黄老、理过其辞的诗"淡乎寡味",要求诗歌应"词采葱茜,音韵铿锵,使人味之,娓娓不倦"。钟嵘所说的诗味,是指诗不能一味说理,而应饱含情感,也就是要求诗有"内味"。司空图对诗歌美学的一大贡献,就是他将前人对诗的"内味"的关注,推引到对诗的"外味"的关注。他在《与李生论诗书》中提出了"辨味"说：

文之难,而诗尤难。古今之喻多矣,愚以为辨于味,而后可以言诗也。

司空图认为,只有在辨别诗中的"味"的基础上,才可以谈论诗。但是,司空图所论的诗味实际上包含双重意义：一是指诗中所蕴含的意味、风味、趣味、韵味等,司空图本人在《诗品》中把诗分为二十四品,就是在辨别诗的不同风味基础上所做出的判断；二是指诗的味外之味,司空图以醋（醯）盐（鹾）为喻,指出醋（醯）止于酸,盐（鹾）止于咸,缺乏咸酸之外的醇美之味。他说：

江岭之南,凡足资于适口者,若醯,非不酸也,止于酸而已；若鹾,非不咸也,止于咸而已。中华之人所以充饥而遽辍者,知其咸酸之外,醇美者有所乏耳。（《与李生论诗书》）

这段话后来被苏轼做了通俗解释："梅止于酸,盐止于咸,饮食不可无盐梅,而其美常在咸酸之外。"那么,"咸酸之外"的"美"是什么呢？司空图说：

噫！近而不浮,远而不尽,然后可以言韵外之致耳。（《与李生论诗书》）

"不浮",就是诗的意象具体、生动、可感；"远",就是诗所抒发的情感含而不露,只可意会,不可言传;"不尽",就是这悠远的内涵十分丰富,每个人都可以有自己的品评,而且愈品评愈有味;"韵",是指诗的语言,"致"是诗表现的意态、情趣。"韵外之致"也就是"言外之意"。诗的语言应当"近而不浮",具体可感,如在眼前而不浅露;诗的涵义应当"远而不尽",含蓄深远而不是一览无余。"言"与"意"如此统一,诗歌便有了"言外之意"。只有这种"近而不浮、远而不尽"的诗,才有"韵外之致",才称得上有"咸酸之外"的"美"。司空图在《与李生论诗书》的最后写道:

倘复以全美为上,即知味外之旨矣。

这就是说,"味外之旨"包括"全美"。"全美"不是如醋(醯)、盐(鹾)那样单一的酸、咸之味,而是在"咸酸之外"尚有隽永多样的"醇美"之味。以之喻诗,便是"诗贯六义,则讽喻、抑扬、停蓄、渊雅,皆在其中矣"。也就是说,"味外之旨"除了指诗味(艺术美感)的深长外,还包含诗味(艺术美感)的丰富多彩。

司空图不但要求诗歌具有"韵外之致"、"味外之旨",而且要求诗歌表现"象外之象,景外之景"。他在《与极浦谈诗书》中说:

戴容州云:"诗家之景,如蓝田日暖,良玉生烟,可望而不可置于眉睫之前也。"象外之象,景外之景,岂容易可谈哉!

关于"象外之象,景外之景"有两种解释。一种解释说:前一个"象"、"景"是指客观存在的自然界与社会生活中的具体事物,后一个"象"、"景"是指诗中的意象,即主客观统一而成的艺术形象。另一种解释说:前一个"象"、"景"是指由诗的语言构成的作品的艺术形象,后一个"象"、"景"是指由欣赏者根据作品的语言形象在头脑中重新创造的艺术形象。读者欣赏艺术,不是被动地接受,而是能动的创造。作者在作品中没有说出的"言外之意",经过读者的欣赏过程中的创造,已经存在于由他头脑重新创造的"象外之象,景外之景"当中。这两种解释各有其道理。其实,"象外之象,景外之景"也好,"韵外之致"、"味外之旨"也好,都是强调诗歌画面之内与画面之外的统一,包括内味与外味的统一,形似与神似的统一,写境与造意的统一,实与虚的统一,显与隐的统一,确定与不确定的统一,有限与无限的统一。

司空图的"辨味"说在中国美学史上的影响是极为深远的,宋代严羽的"兴趣"、清代王士祯(1634—1711)的"神韵"均受其影响。自司空图以后,这种追求"韵外之致"、"味外之旨"的"韵味"说,便逐渐取代了追求风力遒劲、骨气刚健的"风骨"论,从而占据了诗歌美学的统治地位。"韵味"说对"风骨"论的这一取代,不仅是两个美学范畴的更替,而且是中国古代由崇尚壮美到偏爱优美的审美风尚的转换。此后,境界阔大的唐诗逐渐为情感缠绵的宋词所取代,人们把审美的目光渐渐从外在的景物转向内在的心绪,使艺术作品带上了更多的主观色彩和表现意味。

(2)"思与境偕"说

王昌龄(690—756)、皎然(720—800)之后,借自佛学的"境"字,日益成为诗学的重要概念。针对中唐以来某些诗人作诗浅白直露、缺乏深厚意蕴和艺术感染力的弊病,司空图又一次强调性地提出了"境"。他在《与王驾评诗书》中说:

> 长于思与境偕,乃诗家之所尚者。

"思",主要指诗人的审美情感,标志着诗人自我的思想情感和艺术素养;"境"则是指触发诗人感兴和灵感的处境,包括社会事件、山川风物等等。审美意境便是由"思"与"境"的和谐统一所构成的整体。有"思"而无"境",如司空图所说,"知道非诗,诗未为奇",仅仅阐明某种道理,并不能成为好诗,因为它不能构成审美意境。有"境"而无"思",艺术形象就会流于复制物象,同样不可能创造出审美意境来。

"思与境偕"意味着审美主体的"思"与审美客体的"境"的统一。审美对象固然能激起诗人的感兴,而当诗人在体验那些人化了的对象时,又可以在它们身上亲切地拥抱自然,体验自我。人化为物,物化为人,思与境偕,天人合一。

从主体心灵对某种人生境界的体验中去寻找美,反映了传统社会中后期审美活动的新动向:个体不再与政治伦理道德处于一种不可分割的统一之中。相反,政治伦理道德与个体的生存发展的要求之间出现了无法弥补的裂痕,美不再被看作是超出和凌驾于个体之上的自在自为的善的实现,个体开始意识到那至高无上的善并不能给他的生存发展带来绝对保证,于是转而从与自身的愿望、情感、理想相契合的自由的境界中去寻找美的满足。这种在禅宗哲学中已非常清楚地表现出来的思想,在司空图这里已转换为一种审美追求。"升华"的人格美渗透了宇宙"永恒",这便是"思"能入"境"。宇宙"永恒"中洋溢着人格的"升华"之美,这便是"境"中有"思"。

2. 严羽

图 5-11 严羽:《沧浪诗话》

真正使中国美学中的艺术心理学从艺术社会学、艺术哲学中独立出来,且成为一门心理学的美学的,是南宋的严羽(生卒年不详)。严羽的意义,在于他一反前人言必先王周孔、义必经国大业、体必天人道统的传统思维模式,直接从佛教禅宗哲学中寻找理论武器。严羽以前,刘勰等人即已有借鉴佛学的倾向,但这种借鉴往往仅限于运用其因明逻辑方法或借用某些术语,其理论基础和立论根据仍是孔孟老庄那一套。只有严羽,才大胆地以佛学为本立论,用外来文化改造了中国传统美学。

(1) 以禅喻诗

以禅喻诗,作为一种研究角度和方

法,始于唐代诗僧皎然,入宋以后,以禅喻诗之风更加盛行,苏轼(1037—1101)、黄庭坚(1045—1105)等大诗人都曾以禅喻诗。随着佛教禅宗的盛行,诗禅相通在文人士大夫中日益成为普遍流行的审美创造方式。

但是,严羽没有像苏轼、黄庭坚等人那样,以诗向禅靠拢,沿着沟通禅定与诗思,诗中有禅趣,用禅语入诗由诗而禅的路子走下去,而是从禅出发,最终落到诗上的途径,借鉴禅理以丰富发展诗歌理论,将禅学求得解脱的生命体验,转化为具有审美创造意义的生命体验,入于禅而又出于禅,以禅宗神秘、玄妙、空灵的内心领悟,更加深入精微地揭示出诗歌创作的奥秘。

严羽在《答出继叔临安吴景仙书》中说:"妙喜(严羽自注:是径山名僧宗杲也)自谓参禅精子,仆亦自谓参诗精子。"所谓"参诗",即用参禅的态度和方法来研读欣赏诗歌。宋人有关"参诗"的诗论可分两类:一是"活参",指具体欣赏诗歌时所应持的灵活的态度,自觉运用艺术感受力和想象力去追溯、补充诗歌字面以外的意蕴;二是"饱参",指培养艺术鉴赏力的途径,比如对前人句法、风格的研讨,领会其艺术精神,借鉴其艺术手法等等。

严羽《沧浪诗话》"以禅喻诗"的出现,可以说既是前人以禅意释艺术这一方式的明朗化、系统化,又是中国封建社会后期写意美学思潮与佛禅精神内在联系的发展。正因为生活于南宋末年的严羽准确感受到并抓住了在封建社会后期诗与禅、诗学与禅学的这种难分难解的内在联系,他的《沧浪诗话》才以其立论的超拔和见解的深刻,对此后元明清美学思想产生了巨大而深远的影响,并成为中国古典美学发展中的一个极其重要的理论环节。

(2) 妙悟

《沧浪诗话》借助于禅宗哲学,深入考察了审美意识的诸特征,特别指出了审美意识与一般理智认识相区别的特点,在理论上提出了"妙悟"、"兴趣"、"入神"三说。其中"妙悟"说最能体现"以禅喻诗"的特征。严羽说:

> 禅家者流,乘有大小,宗有南北,道有邪正。学者须从最上乘,具正法眼,悟第一义。若小乘禅、声闻辟支果,皆非正也。论诗如论禅:汉、魏、晋与盛唐之诗,则第一义也。大历以还之诗,则小乘禅也,已落第二义矣。晚唐之诗,则声闻辟支果也。学汉、魏、晋与盛唐诗者,临济下也。学大历以还之诗者,曹洞下也。大抵禅道惟在妙悟,诗道亦在妙悟。且孟襄阳学力下韩退之远甚,而其诗独出退之之上者,一味妙悟而已。惟悟乃为当行,乃为本色。然悟有浅深,有分限,有透彻之悟,有但得一知半解之悟。汉、魏尚矣,不假悟也。谢灵运至盛唐诸公,透彻之悟也;他虽有悟者,皆非第一义也。(《沧浪诗话·诗辨》)

"参诗"的最终目的是为了"悟"。"悟"是普遍存在于宗教活动(参禅)和艺术活动(作诗)之中的一种独特的精神现象。宋人好以禅悟论诗,但其内容却五花八门,"悟"在宋人论诗中并非一个确定的概念:有的指"悟"的过程,有的指"悟"后的境界,有的指对艺术技巧融会贯通的透彻掌握,有的指对微妙的意蕴会心的领悟。严羽《沧浪诗话》中所说的"悟",是指读诗、作诗时的一种敏锐的艺术感染力。他所说的"妙悟"实际上有两种不同的含义,一是就诗歌创作而言,一是就诗歌鉴赏而言。

就诗歌创作而言，"妙悟"主要指灵感，是那种妙手偶得的特别颖慧的悟觉与悟性。用美学术语说，这种"妙悟"就是审美感兴，也就是在外物的直接感发下发生审美情趣的心理过程。严羽认为这是构成诗人本质的东西，所以说："惟悟乃为当行，乃为本色。"这种"妙悟"是一种直觉的顿悟，它与一个人的学力无必然的联系，比如"孟襄阳学力下韩退之远甚，而其诗独出退之之上者，一味妙悟而已"。所以，严羽又把这种"妙悟"的能力称为"别材"。严羽的贡献在于把审美感兴和逻辑思维区分开来，强调审美感兴是构成艺术家本质的东西，从而对艺术家的审美创造力做出了一个重要的规定。

就诗歌鉴赏而言，"妙悟"主要指能设身处地、体贴入微地领略古人诗歌的意境。严羽说："先须熟读《楚辞》，朝夕讽咏以为之本；及读《古诗十九首》，乐府四篇，李陵、苏武、汉魏五言须熟读，即以李、杜二集枕藉观之，如今人之治经，然后博取盛唐名家，酝酿胸中，久之自然悟入。"这里的"悟入"与"观太白诗者，要识真太白处"、"读《骚》之久，方识真味"，意思大体相同。领略诗人和作品的真正精神、真正境界，才算是能读诗。也只有这样读诗，才能真正受到感动，得到益处，才能豁然贯通，达到"悟入"的地步。

严羽的"妙悟"，最重要的是"悟"而又不专注于"悟"，要"悟"得不费力、不勉强，以至忘了是在"悟"，成为一种近乎天然的艺术直觉。学诗者一旦达到这种境界，无须脱胎换骨，无须点石成金，甚至无须用心作诗，诗只是真情的自然流露而已。这种真正把握诗禅相通奥秘的"透彻之悟"，是与注重学诗者"识"的"第一义"之"悟"相关联的。"第一义"之"悟"指的是"悟"的标准：

> 夫学诗者，以识为主。入门须正，立志须高；以汉、魏、晋、盛唐为师，不作开元天宝以下人物。若自退屈，即有下劣诗魔入其肺腑之间；由立志之不高也。行有未至，可加工力；路头一差，愈骛愈远，由入门之不正也。故曰：学其上，仅得其中，学其中，斯为下矣。又曰：见过于师，仅堪传授；见与师齐，减师半德也。工夫须从上做下，不可从下做上。（《沧浪诗话·诗辨》）

所以，诗歌创作的"透彻之悟"是以诗歌鉴赏的"悟入"为前提的。严羽的本意，似乎以启迪创作灵感的"悟"为主。然而，为了启迪灵感，严羽也一再提醒人们要借鉴古人，更好地从古人的境界悟入。"妙悟"，则是这两者的综合与总结。

(3) 兴趣

从"妙悟"说出发，严羽进一步提出了"兴趣"说。他说：

> 夫诗有别材，非关书也；诗有别趣，非关理也。然非多读书、多穷理，则不能极其至，所谓不涉理路，不落言筌者，上也。诗者，吟咏情性也。盛唐诸人惟在兴趣，羚羊挂角，无迹可求。故其妙处，莹彻玲珑，不可凑泊，如空中之音，相中之色，水中之月，镜中之象，言有尽而意无穷。（《沧浪诗话·诗辨》）

如果说"妙悟"说偏于指审美创造的独特方式的话，那么"兴趣"说则偏于指对艺术本身的审美特质的把握。严羽这里所说的"别趣"、"兴趣"，大体上是一个意思，就是指诗歌意象所包含的审美情趣。"别趣"和"别材"是密切联系的。"别材"是产生"别趣"的根源，"别趣"是"别材"的必然结果；必须饶有"别材"的诗人，才能涵茹饶有兴趣的诗境。

严羽以"兴趣"论诗，既是对唐诗的理论概括，也是对诗歌本质特征的揭示。严羽以"羚羊挂角，无迹可求"来比喻诗歌意境的完美。一首好诗，不要只有议论、说理，更要有鲜明生动的形象，不要只是寻章摘句、处处雕琢，而要情景交融、浑然一体，"所谓不涉理路，不落言筌者，上也"。严羽还指出"透彻玲珑，不可凑泊"的要求。所谓"透彻玲珑"，是说艺术境界摆脱事理的障碍，直抒胸臆，从心扉中自然倾泻，即景生情，情景交融，不假雕琢，真实自然。所谓"不可凑泊"，是说艺术境界虽然要反映真景物、真感情，但艺术的真实不是生活的真实本身，而是经过典型化了的属于观念形态的意境。严羽进而以"空中之音，相中之色，水中之月，镜中之象"作比喻，说明艺术境界和现实生活的这种若即若离的关系。在严羽看来，一些宋代诗人"以文字为诗，以才学为诗，以议论为诗"，而且"其作多务使事，不问兴致；用字必有来历，押韵必有出处"，甚至于"叫噪怒张"，"以骂詈为诗"，其结果是破坏了诗歌意象所蕴含的审美情趣，简直是诗歌的一大灾难。"兴趣"说的贡献即在于把审美意象和审美感兴联系起来考察，从审美感兴出发，对诗歌意象中的情趣给予了充分肯定。

（4）入神

严羽从"妙悟"出发走向对诗意"兴趣"的追求，而这种追求的最高目标，即是"入神"。他说：

> 诗之法有五：曰体制、曰格力、曰气象、曰兴趣、曰音节。诗之品有九：曰高、曰古、曰深、曰远、曰长、曰雄浑、曰飘逸、曰悲壮、曰凄婉。其用工有三：曰起结、曰句法、曰字眼。其大概有二：曰优游不迫，曰沉着痛快。诗之极致有一：曰入神。诗而入神，至矣，尽矣，蔑以加矣！惟李、杜得之，他人得之盖寡也。（《沧浪诗话·诗辨》）

钱锺书先生在其《谈艺录》一书中说："神韵非诗品中之一品，而为各品之恰到好处，至善尽美。选色有环肥燕瘦之殊观，神譬则貌之美而赏玩不足也；品庖有蜀腻浙清之异法，神譬则味之甘而余回不尽也。必备五法而后可以列品，必列九品而后可以入神。"①可见，"入神"是严羽对达到登峰造极的艺术作品和诗人的最高评价。所谓"入神"，就是指体制、格力、气象、兴趣、音节等方面的统一所达到的神化的境地。严羽认为"惟李、杜得之"，正是因为在李白、杜甫的诗作中，上述诸方面达到了神话般的结合，而其他诗人的诗作很少达到这种魁群冠伦、出类拔萃的境地。

与司空图的诗歌美学相比，司空图突出了诗之"味"，味而求醇，尤妙在以深微的感官得之，这基本是饱和着情感的对唐诗的理论概括，而严羽则突出了诗之"趣"与"神"，妙在突出诗人主体意识的张扬，承传盛唐，有所继往，有所开拓。

---

① 钱锺书：《谈艺录》补订重排本，上册，北京：生活·读书·新知三联书店2001年版，第129页。

二、艺术心理学：李贽、汤显祖

1. 李贽

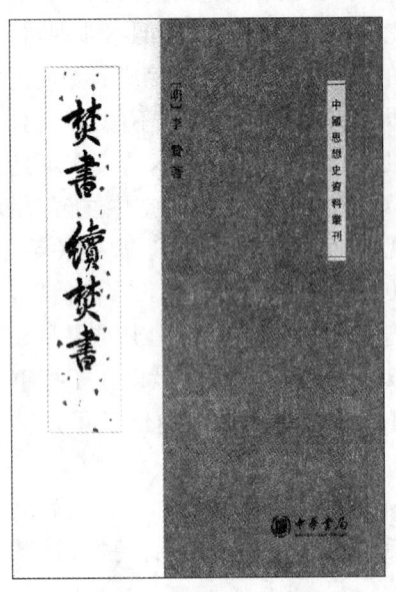

图5-12　李贽:《焚书》

李贽(1527—1602)，明代中后期进步的哲学家和思想家，对儒家的圣人孔子和孟子，对程朱理学以及封建礼教等等，都做过尖锐而深刻的批判。他的学说，是儒学史上一次罕见的呵佛骂祖和离经叛道。

(1) "童心"说

在李贽的美学思想中，最重要的、具有纲领性的理论，并且对后世影响重大的，是他的"童心"说：

> 夫童心者，真心也。若以童心为不可，是以真心为不可也。夫童心者，绝假纯真，最初一念之本心也。若失却童心，便失却真心；失却真心，便失却真人。人而非真，全不复有初矣。(《焚书·童心说》)

"童心"即"真心"，"最初一念之本心"，也就是天赋之心。"童心"是真实存在的人的特性和标志，没有"童心"就没有"真心"，也就没有"真人"。"童心"说实际上是一种萌芽状态的人性论的观点，但它的批判锋芒指向了程朱理学对于人性的禁锢和扼杀，因而在当时的历史条件下，具有积极的反封建意义，并促进了个性解放思潮的发展。

既然"童心"是"真人"和一切美的艺术的创造的根本，所谓"天下之至文，未有不出于童心焉者也"，那么"童心胡然而遽失"呢？李贽回答说："盖方其始也，有闻见从耳目而入，而以为主于其内而童心失。其长也，有道理从闻见而入，而以为主于其内而童心失。"这样久而久之，"道理闻见日以益多"，"于是焉又知美名之可好也，而务欲以扬之而童心失；知不美之名之可丑也，而务欲以掩之而童心失"。而"道理闻见，皆自多读书，识义理而来也"：

> 夫既以闻见道理为心矣，则所言者皆闻见道理之言，非童心自出之言也。言虽工，于我何与？岂非以假人言假言，而事假事文假文乎？盖其人既假，则无所不假矣。由是而以假言与假人言，则假人喜；以假事与假人道，则假人喜；以假文与假人谈，则假人喜。无所不假则无所不喜。满场是假，矮人何辩也？然则虽有天下之至文，其湮灭于假人而不尽见于后世者，又岂少哉？(《焚书·童心说》)

在这里，李贽把批判的锋芒直接指向了儒家经籍及程朱理学的"闻见道理"。那些饱读诗书的儒家之徒，是"失却真心"的"假人"，"六经、《语》、《孟》，乃道学之口实，假人之渊薮也,断断乎其不可以语于童心之言明矣"。嵇康之后,敢于对儒家经典提出如此尖锐批评的,李贽可以说是唯一的一个。

李贽认为,天下一切美的艺术品,都出自"童心"。"童心既障,于是发而为言语,则言语不由衷,……著而为文辞,则文辞不能达";反之,"苟童心常存,则进理不行,闻见不立,无时不文,无人不文,无一样创制体格文字而非文者。诗何必古选,文何必先秦?降而为六朝,变而为近体,又变而为传奇,变而为院本,为杂剧,为《西厢曲》,为《水浒传》,为今之举子业,皆古今至文,不可得而时势先后论也"。这里的立论自然未必是确切的,"道理不行,闻见不立",指假道学的"道理"和"闻见",清除这样的"闻见"对于人性或"童心"的扼杀,自然是创作出真情诗文的前提,这是他的立意精神所在,无疑是可贵的。但"无时不文,无人不文"等等,却未必是如此。究其实,无非是出自于对假道学扼杀人性的一种愤慨。

(2) 论真情

与"童心"说密切相关,李贽特别强调真实的审美情感体验对艺术创作的重要性,曾反复强调这一点。他说:

> 文非感时发已,或出自家经画康济,千古难易者,皆是无病呻吟,不能工。(《续焚书·复焦漪园》)
>
> 古之圣贤,不愤则不作矣。不愤而作,譬如不寒而颤,不病而呻吟也,虽作何观乎?(《焚书·〈忠义水浒传〉序》)
>
> 夫所谓作者,谓其兴于有感而志不容已,或情有所激而词不可缓之谓也。(《藏书·司马迁传后》)
>
> 且夫世之真能文者,比其初皆非有意于为文也。且胸中有如许无状可怪之事,其喉间有如许欲吐而不敢吐之物,其口头又时时有许多欲语而莫可所以告语之处,蓄积极久,势不能遏。一旦见景生情,触目兴叹;夺他人之酒杯,浇自己之垒块;诉心中之不平,感数奇于千载。既已喷玉唾珠,昭回云汉,为章于天矣,遂亦自负,发狂大叫,流涕恸哭,不能自止。宁使见者闻者切齿咬牙,欲杀欲割,而终不忍藏于名山,投之水火。(《焚书·杂说》)

明代中期以后,强调真情或真实的审美情感对美的创造的重要性,可以说是一种思潮,徐渭(1521—1593)、李贽、汤显祖、公安"三袁",以至冯梦龙(1574—1646)、钱谦益(1582—1664)等人,都无例外。我国传统中这一美学思想之所以在这时被普遍强调,是有其针砭性的,即针对程朱理学和封建礼教而发,是当时个性解放思潮在美学领域中的一大反映。李贽关于真情感对于美的创造性的大力提倡,在当时的个性解放思潮中,具有重要的社会影响。

李贽虽然认为真情感("真心"、"真人")就是"童心",但上述引文中所说的"感时发"、"不愤则不作"、"情有所激",以及"胸中有如许无状可怪之事"、"发狂大叫"、"流涕恸哭"等等,都并非真正的"最初一念之本心",而是有着特定的社会历史内容的,即对社会的腐败、假道学的横行等等的深切愤慨。既非"嚎啕大哭的儿童"的生物或生理上的反应,也非抛者，百姓日用之迩言也"；"穿衣吃饭，即是人伦物理"。李贽强调文必须有感而发，反对无病呻吟，还要有切身的实际生活的感受，如他所说：

> 身履是事，口便说是事，作生意者但说生意，力田作者但说力田。凿凿有味，真有德之言，令人听之忘厌倦矣。(《焚书·答耿司寇》)

这一思想相比传统思想中普遍重视前人书本知识学习的见解，不仅是可贵的，而且特别值得指出的是，他说"作生意者但说生意"，也属"真有德之言"，这不论在中国思想文化史或美学史上，无疑都是一个崭新的命题。在以小农经济立国的封建社会中，重农抑商是历来封建统治者所奉行的根本政策，直到清代末年都不例外。商人在社会生活中的地位，从来都是最低下的。从意识形态方面来说，儒家相对来说是不重视"利"的，所谓"正其义不谋其利"。或者更确切地说，重利，仅是第二位意义的，放在第一位意义的是"义"。"利"必须以"义"为最后的取夺的标准。这虽包含有合理的内核，却又常常扼杀人们的正当物质需求。明代中后期，随着商品经济的发展，对外贸易的增加，商人这一不为人齿的社会等级不仅闯进了文学的历史宝殿，成为文学作品中所歌颂的对象，如"三言"、"二拍"中的许多作品那样，帝王将相、英雄豪杰的故事屈指可数，商贾成了普遍描写和讴歌的对象，而且，在美学思想中也得到了肯定性的反映。这无疑是那个时代社会经济生活的新因素在意识形态领域中的一种反映。

(3)"顺其性"而作

与"童心"、真情感紧密相关，李贽提出"顺其性"而作的命题，这在中国美学史上也是一个崭新的命题。

李贽认为，虽然"童心"、"真人"、真情感是一切美的艺术的创造的根本，但人毕竟不是生活在孤立绝缘的真空中，而是生活在特定社会历史环境及其文化积淀的条件下。这样，不仅"童心"会因"道理闻见"而"障"，真情感也会遭到不应有的扼杀。这主要是传统封建礼教及其"发乎情，止乎礼义"这一美学(诗学)纲领所起的限制结果：要求内在情感的抒发，必须以外在的道德规范为依据。李贽的"顺其性"而作的美学命题，正是针对这一传统美学纲领而阐发的。

李贽认为，人的个性不仅是千差万别的，"性者，心所生也，亦非止一种已也"，而且，人的经历也是因人而异的，"各人有各人之事，各人题目不同"。因此，李贽坚决要废除一切封建礼教的"教条之繁"，因为这种外在的繁琐的教条不是让"千万人之心……各随其千万人之欲"，而是使其"强而齐之"，同时大力倡导个性的自由发展，"顺其性不拂其能"。李贽的这一思想，不仅在当时的历史条件下具有积极的个性解放的意义，即使在今天，这一见解也并未完全失去其积极的启示价值。

正是从这一观点出发，李贽强调美的自由创造应以人性的自由、自然的发展为前提，反对以外在的"止乎礼义"对人性进行矫饰和扼杀。他说：

> 盖声色之来，发于情性，由乎自然，是可以牵合矫强而致乎？故自然发于情性，则自然止乎礼义，非情性之外复有礼义可止也。惟矫强乃失之，故以自然为

美耳,又非于情性之外复有所谓自然而然也。故性格清彻者音调自然宣畅,性格舒徐者音调自然疏缓,旷达者自然浩荡,雄迈者自然壮烈,沉郁者自然悲酸,古怪者自然奇绝。有是格,便有是调,皆情性自然之谓也。莫不有情,莫不有性,而可以一律求之哉!然则所谓自然者,非有意为自然而遂以为自然也。若有意为自然,则与矫强何异?故自然之道,未易言也。(《焚书·读律肤说》)

这就是说,人性的自然表现,自然会"止乎礼义,非情性之外复有礼义可止也",正如他在另一处所说:"人即道也,道即人也,人外无道,而道外亦无人。"由此可见,在李贽看来,"礼义"、"道学"之类,都应该是与人性的自然、自由的内外发展相一致的,而不应该成为人性的外在要求或矫强。所以"顺其性而不拂其能",是一个鲜明的关于个性解放的美学纲领。

2. 汤显祖

如果说李贽思想的核心是"心"(童心),那么汤显祖(1550—1616)思想的核心便是"情"。他的"惟情"说通过对主体"真情"、"至情"的热切呼唤,追求人性解放,与李贽"童心"说一起奏响了晚明浪漫主义的序曲。

在汤显祖看来,"情"是艺术的原动力和本质:"情生诗歌"。他说:

图5-13 《汤显祖诗文集》

> 世总为情,情生诗歌,而行于神,天下之声音笑貌,大小生死,不出乎是。因以憺荡人意,欢乐舞蹈,悲壮哀感鬼神,风雨鸟兽,动摇草木,洞裂金石。(《汤显祖诗文集·耳伯麻姑游诗序》)
>
> 人生而有情。思欢怨怒,感于幽微,流乎啸歌,形诸动摇。或一往而尽,或积日而不能自休。(《汤显祖诗文集·宜黄县戏神清源师庙记》)
>
> 情致所极,可以事道,可以忘言。而终有所不可忘者,存乎诗歌、序记、词辩之间。固圣贤之所不能遗,而英雄之所不能晦也。(《汤显祖诗文集·调象庵集序》)

强调"情"或"真情"对于艺术创作的重要性,在中国美学史上并不新鲜。从《毛诗序》中所谓"情动于中而形于言"开始,历代言文,多不离情,诸如"诗缘情"、"诗道性情"、"吟咏情性"之类的命题,迤逦不断,几乎人人耳熟能详。但汤显祖所说的"情"或"真情",却不同往常,有着崭新的内涵。汤显祖所说的"情",既与封建伦理纲常及程朱理学之"理"相对立,又与封建纲常之法相对立,他以"情"反对二者对人性的扼杀。

关于前者,汤显祖从哲学高度对"今昔异时,行于其时者三"进行了概括:"理尔、势尔、情尔。"在他看来,"理"、"势"、"情"是任何一个时代社会生活的基本内容,概莫能外。

而三者常常是相互对立矛盾,"不获并露而周施"的:"事固有理至而势违,势合而情反,情在而理亡。"这里把"情"("爱恶")与"理"("是非")、"势"("轻重")看作经常处于对立的状态,这是人类社会发展到一定阶段后的一种普遍的事实。"三者无穷,言亦无穷",艺术的任务就是表现人类社会生活中的这些矛盾的。所以他把"情"与"理"的关系看作是绝对对立、非此即彼的:

> 情有者,理必无;理有者,情必无。真是一刀两断语。……谛视久之,并理亦无。(《汤显祖诗文集·寄达观》)

在《〈牡丹亭记〉题辞》中,汤显祖又感慨莫名地说:"嗟夫,人世之事,非人世所可尽。自非通人,恒以理相格耳。第云理之所必无,安知情之所必有邪!"这就是说,"情"与"理"的矛盾和冲突,构成了古往今来文艺作品的普遍性的基础。这个"理",既是封建伦理纲常之"理",也是程朱理学所讲的"存天理,灭人欲"之"理"或"性"。汤显祖正是以"情"来对抗这类所谓衡量是非的"理"的。他说:"师讲性,某讲情。"因为"道学"之"性","无善无恶,情有之"。据《〈南九宫十三调曲谱〉序》记载:"张洪阴谓汤若士曰:君明此妙才,何不讲学?若士答曰:此正是讲学!公所讲者是性,某所讲者是情。盖离情而言性,一家之私言也;合情而言性,天下之公言也。"从这些话中可以明显看出,汤显祖是以"情"反对封建伦理纲常及程朱理学禁锢和扼杀人的正常情感之"理"的。

关于后者,汤显祖认为:"世有有情之天下,有有法之天下。……今天下大致灭才情而尊吏法。""法"亦即他所说的"势":现实世界是"有法之天下",不容于"有情之天下"。在"有法之天下"的社会环境中,"有情之天下"常常不能成为现实存在,所以只能在梦中实现。所以,他在《复甘义麓》中说,他的《南柯记》、《邯郸记》这"二梦"之作,就是"因情成梦,因梦成戏"的。《牡丹亭》这一名著,采取梦的形式,同样如此。因为封建的伦理纲常扼杀男女之间的真爱情,不允许其成为现实。汤显祖怀着深切的激情,塑造了不顾一切追求爱情自由的杜丽娘这一艺术形象,并在《〈牡丹亭〉题辞》中说:

> 天下女子有情宁如杜丽娘者乎!梦其人即病,病即弥连,至手画形容传于世而后死。死三年矣,复能溟莫中得其所梦者而生。如丽娘者,乃可谓之有情人耳。情不知所起,一往而深,生者可以死,死可以生。生而不可与死,死而不可复生者,皆非情之至也。

生可与死,死可复生,这是浪漫主义的理想。汤显祖的这一思想,不仅影响了当时的公安派及后来的《红楼梦》,哪怕在现代的个性解放思潮中,也得到了巨大的反响。因为他所反对的封建纲常之"法"与"理",他所热情洋溢地歌颂爱情的自由,正是现代个性思想解放潮流中最基本也最能激动人心的内容。

汤显祖所歌颂之"情"就是这样的情。他把自己废寝忘食的精神结晶——戏曲创作,称之为"为情作使"。并且赋诗说:

曾见春笺小韵清，曲中传道最多情。江西大有多情客，不得江东一步行。（《汤显祖诗文集·送商孟和梅》二首之二）

三、创作心理学：王夫之、叶燮

1. 王夫之

王夫之（1619—1692）是中国美学艺术心理学阶段继严羽、李贽之后又一位里程碑式的人物。作为学者型美学家，他前有黄宗羲（1610—1695）、顾炎武（1613—1682），后有章学诚（1738—1801）、刘熙载（1813—1881），但诸子均不如王夫之承前启后，博大精深，只有王夫之才堪称巨星。

（1）诗以道性情

王夫之把宇宙万物看成是生命的有机体，它有形神、血肉、情感、灵魂。然而，这些生命因素却不是人的生命意识的移入，或者说不是人的生命意识对宇宙万物的强加，而是由于人的生命意识本身就是大自然的赐予。王夫之说："一禀受于天地之施生，则又可不谓之命哉？"因此，生命就是天命。"命之自天，受之为性。终身之永，终食之顷，何非受命之时？皆命也，则皆性也。"因此，生命就是直接禀承天理，"性"便是"天理"。

图 5-14 王夫之：《姜斋诗话》

在"性"和"情"的问题上，王夫之认为，"性"是善的，而表现人的喜、怒、哀、乐、好、恶的"情"则可以为善，也可以为不善。只有尽性之情，即把情制约在一定的范围内才是善的。既然情可以为善，那么，"情"与"性"或"天理"在王夫之这里就不再是截然对立，而是可以一致的了："情者，性之端也，循情而可以定性也。""惟性生情，情以显性。""若犹不协于人情，则必大远于天理。""人情之通天下而一理者，即天理也。"

于是，传统诗学"言志"与"缘情"之争，在王夫之这里也就可以相容了。"《诗》言志。又曰：《诗》以道性情……人苟有志，死生以之，性亦自定，情不能不因时尔。"他看到了"志"和"情"的区别，然而，却认为这两者又是可以统一的。"情"与"志"，或"情"与"性"、"情"与"天理"，都可以在诗中达到完美统一。"《诗》以道性情，道性之情也。性中尽有天德、王道、事功、节义、礼乐、文章，却分派与《易》《书》《礼》《春秋》去，彼不能代《诗》而言性之情，《诗》亦不能代彼也。"哲学、政治、道德观点都可以通过主体情感的折射表现为诗歌作品中的"情"，虽然言性之情的诗歌作品与不道性之情的哲学、政治、历史著作是有区别的。

作为诗论家，王夫之以"情"为诗学的最高范畴，反对以"言志"代"缘情"，反对以理性代感性，主张诗歌"以结构养深情"，认为最好的诗歌"可以生无穷之情"；作为哲学家，王夫之又以"性"为哲学的最高范畴，主张以性约束情，使情体现出强烈的理性精神，认为"情有非可恣之情"，要求"道性之情"。他进而提出"清其所浊"的命题，即通过艺术的审美功能，来净化人的情感世界,以审美情感升华("清")人的生活情感("浊")。由于王夫之兼顾道德培养和情感抒发,这就避免了以往诗歌美学偏于道德本位或偏于单纯抒情的毛病。

与明代中叶那些思想解放的先锋们相比,王夫之与他们虽然同是反对程朱理学的禁欲窒情,但走的却是不同的路线。如果说,从王学泰州学派出发的李贽等人表现了与儒学传统的离异的话,那么,以反王学相标榜的王夫之则表现了向正统儒学的回归。如果说,公开以"有情之天下"对立于"有法之天下"的汤显祖代表了近代人文主义思想的萌芽的话,那么,重温"周道因人情而礼行"的王夫之则主张恢复先秦儒家的仁学传统,在这个传统下,个体及其情感需要并不被笼统否定,而恰恰要通过审美感化使之与社会伦理道德规范相统一。如果说,提倡诗要"任性而发,尚能宣于人之喜怒哀乐,嗜好情欲,是可喜也"的袁宏道(1568—1610)是要求接近市民生活风味的情趣的话,那么,大声疾呼"关情是雅俗鸿沟"的王夫之则以有无性情作为雅俗的根本分界,主张回复士大夫阶层优雅格调的诗情。

(2) 情景论

王夫之对诗歌创作中"情"与"景"的关系的论述,是他对古典美学的一大贡献。他把古已有之的"情"与"景"这对范畴上升为审美情感和审美认识。审美意象便是由审美认识(景)与审美情感(情)融合构成的。

在王夫之以前的诗论中出现的"情"与"景",意义常常是含混的,在更多的情况下是把它们作为诗句关系来使用的,像宋元以来有的诗论家说的那样,写诗必须一联情,一联景。王夫之说:

> 近体中二联,一情一景,一法也。"云霞出海曙,梅柳渡江春,淑气催黄鸟,晴光转红萍","云飞北阙轻阴散,雨歇南山积翠来,御柳已争梅信发,林花不待晓风开",皆景也,何者为情?若四句俱情,而无景语者,尤不可胜数。其得谓之非法乎?夫景以情合,情以景生,初不相离,唯意所适,截分两橛,则情不足兴,而景非其景。(《夕堂永日绪论内编》)

这段话的开始是在沿用以往的"情"与"景"概念,最后所谓"情不足兴"、"景非其景"则是王夫之赋予"情"与"景"概念以新的意义。王夫之说:"情景虽有在心在物之分,而景生情,情生景,哀乐之触,荣悴之迎,互藏其宅。天情物理,可哀而可乐,用之无穷,流而不滞。"情与景的关系,就是心与物、主观与客观的关系。在心为情,在物为景。客体景物的荣悴盛衰,与主体情意的喜怒哀乐之间,往往有两相感应与依托的关系,二者互为表里,触引相生。

所谓"景生情",是指触景生情。审美过程中离不开情感活动,而内心的情感活动是和对客观景色的感知密切相关的,是伴随着对客观对象的感知而展开的。如刘勰所说"登山则情满于山,观海则意溢于海"。情以景生,是从物到我的过程。

所谓"情生景",不是说由主观的情感派生出客观景物,而是说主观情感能赋予客观景物以某种感情色彩,成为带有主观情感的审美意象。"夫物其何定哉,当吾之悲,有迎吾以悲者焉;当吾之愉,有迎吾愉者焉。""雅人胸中胜概,天地山川无不自我而成其荣观。"由情而景,是由我而物的过程。

王夫之论诗强调"情"与"景"的统一。景不能脱离情,情也不能脱离景。景脱离了情,就成了虚景,情脱离了景,就成了虚情,都不能构成审美意象。王夫之还强调"情"与"景"

的统一应当是内在的统一,而不是外在的组合。他说"情景名为二,而实不可离"。又说:"景中生情,情中含景,故曰:景者情之景,情者景之情也。"如果"情""景"二分,互相外在,互相隔离,那也不可能产生审美意象。

王夫之进一步指出,"情"与"景"的内在统一,并非一种格式,由于"情"(审美情感)与"景"(审美认识)结合的具体状态不同,可以呈现出多种多样的意象形态。他说:

> 神于诗者,妙合无垠。巧者则有情中景,景中情。景中情者,如"长安一片月",自然是孤栖忆远之情;"影静千官里",自然是喜达行在之情。情中景尤难写,如"诗成珠玉在挥毫",写出才人翰墨淋漓、自心欣赏之景。凡此类,知者遇之;非然,亦鹘突看过,作等闲语耳。(《夕堂永日绪论内编》)

"妙合无垠"、"情中景"、"景中情",这是审美意象的三种形态。所谓情景"妙合无垠",是王夫之心目中至高的审美境界。在此境界里,诗人的心灵与无穷大化仿佛互相含吐,"饮之太和,独鹤与飞",诗人的情思像仙鹤一样在太空中飞翔,他吸引着大化中晶莹之美,而这也正是诗人心灵的底蕴。所谓"情中景",是以表现情为主,再现现实生活景象为辅的意象形态。如杜甫《和贾至舍人早期大明宫》诗句"诗成珠玉在挥毫",只有情语,但是情中显出了景。所谓"景中情",是以景寓情,自然感慨,尽从景得。如李白《子夜吴歌》诗句"长安一片月"、杜甫《喜达行在所》诗句"影静千官里",只有景语,但在景中藏着情。

(3)现量说

佛教法相宗认为"心"和"境"的关系,有现量、比量、非量三种差别。"现量"指通过人的感觉器官直接接触事物,把握事物的个别特征,相当于哲学上所说的感性认识。"比量"则以事物的"共相"为对象,通过记忆、理解、比较、推理等思维活动所获取的知识,相当于哲学上所说的理性认识。而"非量"则是指幻想、空想。王夫之在《相宗络索·三量》中对这三个概念做了详细的说明:

> "现量","现"者有"现在"义,有"现成"义,有"显现真实"义。"现在",不缘过去作影;"现成",一触即觉,不假思量计较;"显现真实",乃彼之体性本自如此,显现无疑,不参虚妄。"比量","比"者以种种事比度种种理:以相似比同,如以牛比兔,同是兽类;或以不相似比异,如以牛的角比兔无角,遂得确信。此量于理无廖,而本等实相原不待比,此纯以意计分别而生。"非量",情有理无之妄想,执为我所,坚自印持,遂觉有此一量,若可凭可证。

在这里,王夫之把"现量"的含义规定为三个层次:第一,"现量"即"现在",是眼前所直接感知当时事物所获得的知识,而不是过去所获得的知识印象;第二"现量"即"现成",是"一触即觉,不假思量计较"的知识,就是说"现量"是通过瞬间的直觉所获得的知识,不需要推理、比较等理性思维活动的参与;第三,"现量"即"显现真实",是显示客观事物本来所具有的"体性"、"实相"的知识,是把客观事物当作一个完整、生动的客观存在来加以把握的真实知识,不是虚妄的知识,也不是仅仅显示对象某一特征的抽象的知识。

王夫之把"现量"这一佛教概念引入美学领域,来说明审美意象必须从直接审美观照中产生。王夫之认为这是诗歌创作的根本规律。他说:

> "僧推月下门",只是妄想揣摩,如说他人梦,纵令形容酷似,何尝毫发关心?知然者,以其沉吟"推""敲"二字,就作他想也。若即景会心,则或推或敲,必居其一,因景因情,自然灵妙,何劳拟议哉?"长河落日圆",初无定景;"隔水问樵夫",初非想得:则禅家所谓"现量"也。(《夕堂永日绪论内编》)

作为第一层含义的"现在",是即目所见,全是眼前景色,如"长河落日圆"之类景象的描绘,"不缘过去作影",这是直观的感性现象。作为第二层含义的"现成",是直取所见的对象构成关系,"一触即觉,不假思量计较,无须'妄想揣摩'"。如贾岛作诗的"推敲"不止,就失去了"即景会心"的"自然灵妙",所以,不足为训。作为第三层含义的"显现真实",是要在"现量"的直觉思维中透过对象的表面,显现其"本自如此"的"本性"。在王夫之看来,以自性"本自如此"的自我,去观照"体性本自如此"的对象,是可以做到"不参虚妄","显现真实"的。

但是,王夫之把"现量"这一佛教概念引入美学领域,更重要的是为了说明审美观照的性质。也就是说,王夫之引进"现量"这一概念,更是为了说明诗人对客观景物怎样的观照才是审美的观照。在王夫之看来,审美观照必须具有"现在"、"现成"、"显现真实"这三种性质:第一,审美观照是审美者感觉器官接触客观景物时的直接感兴,排除过去的印象;第二,审美观照是审美者瞬间的直觉,排除抽象概念的比较、推理;第三,审美观照中景物(世界)的真实面貌得到显现,也就是说所显现的是景物的完整的"实相"("自相"),不是脱离事物"实相"的虚妄的东西,也不是事物的"共相"(事物的某一特征、某一规定性)。王夫之"现量"说的深刻性正表现在这里。

2. 叶燮

图5-15 叶燮:《原诗》

和王夫之的美学体系一样,叶燮(1627—1703)的美学体系也是中国古典美学的一种总结的形态。叶燮的《原诗》也是中国美学史上继刘勰的《文心雕龙》、严羽的《沧浪诗话》之后又一部体系严密的美学理论著作。

(1)理、事、情

叶燮认为:"凡物之美者,盈天地间皆是也。"因而他非常重视对创作客体的剖析。叶燮认为天地间万事万物无不具有"理"、"事"、"情"。他说:

> 曰理、曰事、曰情,此三言者足以穷尽万有之变态。凡形形色色,音声状貌,举不能越乎此。此举在物者而为言,而无一物之或能去此者也。(《原诗·内篇》)

叶燮在论"理"、"事"、"情"时,以"理"为根本,又以"气"为其贯穿:

> 曰理、曰事、曰情三语,大而乾坤以之定位,日月以之运行,以至一草一木一飞一走,三者缺一,则不成物。文章者,所以表天地万物之情状也。然具是三者,又有总而持之、条而贯之者,曰气。理、事、情之所以为用,气为之用也。譬之一草一木,其能发生者,理也。其既发生,则事也。既发生之后,夭矫滋植,情状万千,咸有自得之趣,则情也。苟无气以行之,能若是乎?……吾故曰:三者藉气而行者也。得是三者,而气鼓行于其间,氤氲磅礴,随其自然,所至即为法,此天地万象之至文也。(《原诗·内篇》)

叶燮以"理"、"事"、"情"为世界万物之根本,即涵盖了自然界和人类社会的发展过程及其外在表象和内在规律,也就包括作为审美创造的文学作品的本原依据。从概念内涵来看:"理"即客观事物的本质属性和运动变化的内在规律,是本质论意义上的理,也包括审美创造之理;"事"即客观事物的生发过程及其现存形态,是现象学意义上的事,也包括审美创造之事;"情"即客观事物所表现的情状和精神,是生命论意义上的情,也包括审美创造之情。对象客体因有理而蕴含千变万化、有条不紊的枢机,因有事而呈现了千差万别、丰富多彩的表象,因有情而显现生机勃勃、气韵生动的生命力。"理"、"事"、"情"三者是不可分割的有机统一体,它以"理"为根本,以"事"与"情"为枝叶。"理"、"事"、"情"三者又藉"气"而行,"草木气断则立萎,理、事、情俱随之而尽,固也"。"气"鼓行于其间,天地万象,自然至文,这既是宇宙的法则,也是审美创造的法则。

叶燮由此认为诗歌创作不仅仅是抒情,而且应该言理述事。但他接着又指出:理有可言之理,也有不可言之理;事有可征之事,也有不可施见之事。对于那些人人能言,人人能述的理和事,就无须诗人赘述了。诗人所要表现的是那些"幽渺以为理,想象以为事,惝恍以为情"的"不可明言之理,不可施见之事,不可径达之情"。这里,叶燮非常深刻地阐明了艺术创造的真实性与虚构想象、理性思维与形象思维的关系。他认为诗歌创作不同于一般的散文、政论,诗歌创作所要表现的理和事,也不同于现实生活中的理与事,而是在依据现实生活中的理与事的基础上,通过诗人的艺术想象和加工,不明言其理,不实写其事,而借助于丰富的想象、传神的意象、寓意、象征等艺术手段,表达深邃奥妙的意境,做到虚实相生,有无互立。

(2) 才、胆、识、力

叶燮在确认"理"、"事"、"情"为艺术创造的客观基础的同时,更为注重"才"、"胆"、"识"、"力"为艺术创造的主观条件和创作主体的能动作用。前者"穷尽万有之变态",后者"穷尽此心之神明"。这实际上是既重视艺术美的客观依据,同时也重视审美主体的发现和再创造。叶燮说:

> 曰才、曰胆、曰识、曰力,此四言者所以穷尽此心之神明。凡形形色色,音声

状貌,无不待于此而为之发宣昭著;此举在我者而为言,而无一不如此心以出之者也。(《原诗·内篇》)

所谓"才"即先天禀赋的艺术才能,"胆"即自由驰骋的创造勇气,"识"即把握规律的知性能力,"力"即自出机杼的独创功力。"大约才、胆、识、力,四者交相为济。苟一有所欠,则不可登作者之坛。""大凡人无才,则心思不出;无胆,则笔墨畏缩;无识,则不能取舍;无力,则不能自成一家。"可见,"才"、"胆"、"识"、"力"是诗家必备的条件,缺一皆不能为诗人。

在"才"、"胆"、"识"、"力"四者中,尤以"识"为最重要。"人惟中藏无识,则理、事、情错陈于前,而浑然茫然,是非可否,妍媸黑白,悉眩惑而不能辨,安望其敷出之为才乎!文章之能事,实始乎此。今夫诗,彼无识者,既不能知古来作者之意,并不自知其何所兴感触发而为诗……而眼光从无着处,腕力从无措处。即历代之史陈于前,何所抉择?何所适从?"叶燮又说:"惟有识则是非明,是非明则取舍定。不但不随世人脚跟,并亦不随古人脚跟。"可见,"识"是四者中的关键。

值得注意的是,叶燮论"识"时,还指出了文学家的"识"与科学家的"识"的区别,"可言之理,人人能言之,又安在诗人之言之!可征之事,人人能述之,又安在诗人之述之!必有不可言之理,不可述之事,遇之于默会意象之表,而理与事无不粲然于前者也"。诗人要表现"理",但不是"可言之理",不是科学的"识"所把握的抽象的"理",而是审美的"识"所表现的形象的"理"。它不是确定的概念,而是审美意象。

"才"、"胆"、"识"、"力"四者,又与"心思"相辅相成。叶燮反对从心外言技法,主张从内心提高素养。他说:"无才则心思不出,亦可曰:无心思则才不出。……盖言心思,则主乎内以言才;言法,则主乎外以言才。"心主内,"主乎内,心思无处不可通,吐而为辞,无物不可通也"。法主外,"主乎外,则囿于物而反有所不得于我心,心思不灵,而才销铄矣"。

就客体性维度的"理"、"事"、"情"和主体性维度的"才"、"胆"、"识"、"力"的关系来看,两方面是耦合互动、相济相融的,是物我合一、主客一体的。这两方面虽有"在我"与"在物"之分,即客观对象与主观能力之别,但在价值取向和功能特点上是具有审美同一向度的,"以在我之四,衡在物之三,合而为作者之文章。大之经纬天地,细而一动一植,咏叹讴吟,俱不能离是而为言者矣"。叶燮认为,客观的"理"、"事"、"情"与主观的"才"、"胆"、"识"、"力"的感遇交会,是诗文艺术的真正本源。正是这种主客体的相互作用和对立统一,才形成了各个时期的诗文艺术和艺术发展的历史。

【基本概念】

充实之谓美　化性起伪　立象尽意说　乐通伦理　声无哀乐论　滋味说　味外之旨　妙悟　童心说　"理"、"事"、"情"　"才"、"胆"、"识"、"力"

【思考问题】

1. 如何理解道家超功利主义美学?

2. 简述《淮南子》的美学思想。
3. 如何理解《文心雕龙·神思》关于艺术想象的美学思想?
4. 如何理解严羽的"兴趣"说?
5. 简述汤显祖的"惟情"说。
6. 简述王夫之的"现量"说。

【扩展阅读】

1. 李泽厚:《美的历程》,北京:生活·读书·新知三联书店2009年版。
2. 叶朗:《中国美学史大纲》,上海:上海人民出版社2005年版。

第六章　中国现代美学学人

　　中国现代美学发端于19世纪末20世纪初西学东渐之后。梁启超以小说兴革命，王国维以悲剧说人生，蔡元培以美育代宗教，这些先行者均以中西杂糅的方式，为中国美学注入了新鲜血液。自20世纪40年代开始，中国美学几乎重新经历了西方美学的发展过程。从1944年到1966年，相当于西方的古希腊罗马时期。蔡仪主张"自然属性"说，认为"美是客观事物显现其本质真理的典型"，是"种类的普遍性和必然性"，并以自然科学的分类方式为审美对象开列清单，颇似古希腊的毕达哥拉斯学派。1949年以后的朱光潜主张"生产劳动"说，由此得出"美是主客观的统一"的观点。但由于他把艺术简单地等同于物质生产，因此他的"主客观统一"说其实是"主观统一于客观"。李泽厚主张"社会属性"说，认为社会存在既然是客观的，则作为一种社会属性的美当然就是"客观性和社会性的统一"。这其实同样是"统一于客观"，而且较之朱光潜的观点，更是不折不扣的"客观派"，和蔡仪并无本质区别。只不过在蔡仪那里，美的客观性是自然的；而在李泽厚这里，美的客观性是社会的。实际上无论是在李泽厚那里，还是在朱光潜那里，我们都不难看到古希腊美学（苏格拉底或柏拉图）的影子。明确主张"主观论"的（吕荧、高尔泰）则屡受批判，不成气候。客观论是这个时期美学的主调，是为"客观美学"阶段。1966年至1976年相当于西方的中世纪。但认真说来，这个时期没有美学只有教条（三突出），没有艺术只有政治（样板戏），没有审美只有闹剧（忠字舞），没有神学只有巫术（早请示、晚汇报），简直无以名之。它是前阶段客观美学的延续（典型变样板），也是客观美学的反动（客观变主观），个别人的主观意志变成了"客观真理"。由于这两方面的原因，这一页很快就被历史翻了过去。1978年以后，中国美学进入"人文美学"阶段。其间有认识论美学，也有审美心理学、艺术社会学和艺术哲学，但主流派别是"实践美学"。《1844年经济学—哲学手稿》和"三个费尔巴哈"（即马克思《关于费尔巴哈的提纲》、马克思和恩格斯《德意志意识形态·费尔巴哈》、恩格斯《路德维希·费尔巴哈和德国古典哲学的终结》）被看作引导我们走出美学迷惘的明灯。美学界发表了大量的研究论文，还出版了马克思晚年的最后手稿（《人类学手稿》），希望通过马克思开创的哲学人类学，找到建立新美学的契机。遗憾的是，中国美学界还没有来得及理清自己的思路，就匆忙宣布已经"超越"实践美学，迫不及待地奔向"现代"甚至"后现代"。这当然可以理解，甚至也可以说是一种必然。只不过这样一来，中国美学的前途就更是难测了。[①]

　　人是历史的主体，美学家是美学史的主体。不同美学家独具个性又互为启发的对美的探索，形成了时代、民族、人类斑斓多姿的美的反思史。本章所要考察的，仅限于介绍在中国现代美学史上具有代表性意义的五位美学大家，以期勾勒出中国现代美学的理论发展方向及其流变。

[①] 详见易中天：《破门而入——美学的问题与历史》，上海：复旦大学出版社2006年版，第238-240页。

第一节 美学的启蒙：王国维

以王国维①作为中国现代美学的起点，不仅是因为他首先揭开了 20 世纪中西美学关系史的序幕，最先输入"美学"学科的系列概念，更重要的还在于他是 20 世纪初自觉运用西方美学改造中国传统美学的第一人，也是以西方美学研究文艺现象并完整地表达自己美学思想的第一人。他的哲学、美学论著中所贯穿的"唯真理是从，倡学术自由"的精神，更是标志着中国学术文化由传统向现代的转型。他是中国现代美学思想的启蒙者，美学学科的开创者。

一、人生苦索与美学启蒙

王国维是个悲观厌世主义者。他的自杀，正是这种悲观厌世的哲学人生观发展的必然结果。他在 20 世纪初刚进入

图 6-1 王国维

弱冠之年就接受叔本华悲观主义意志论哲学，大好之，反复阅读，可谓心有灵犀一点通，并以叔本华哲学为"标准"撰写了《〈红楼梦〉评论》，提倡悲剧精神，批评中国的"乐天"精神。因此在后来便容易产生两个似是而非的问题：一是把王国维的悲观厌世的人生观和他的悲剧精神混为一谈；二是把王国维悲观主义人生观同叔本华的悲观主义哲学观等量齐观。王国维的悲观厌世和提倡悲剧有一定的联系，但不是一回事：前者是他对社会人生的态度、看法，并左右他的人生道路（包括以自杀为解脱）；后者是他的文艺观点、美学思想，而且在艺术—审美上并不以自杀为解脱。第二个似是而非的问题，容易把王国维的悲观主义人生观（包括最后的自杀）都归咎于叔本华的悲观主义的意志论哲学的影响。这实在是只知其一而不知其二的片面观点。

王国维悲观主义人生观的形成有多种因素。叔本华的意志论哲学的影响固然重要，而且主要是在学理方面。他的悲观厌世思想，是在接受叔本华影响之前，老庄的处世态度早已在他的人生观中打下了深深的烙印。《〈红楼梦〉评论》开篇即引证老庄之言："老子曰：人之大患，在我有身。庄子曰：大块载我以形，劳我以生。忧患与劳苦之与生，相对待也久矣。"②老庄认为人的形体欲望是人生的一种累赘，这一点与叔本华是相通的，但老庄影响在先。有诗为证："梦中恐怖诸天堕，眼底尘埃百斛强。苦忆罗浮山下住，万梅花里一胡床。"（《题梅花画萝》）"几看昆池累劫灰，俄惊沧海又楼台。早知世界由心造，无奈悲欢触绪来。"③（《题友人三十小像》其二）这些是王国维 1899 年的诗作，已现悲观主义端

---

① 王国维（1877—1927），字静安，亦字伯隅，号礼堂，又号观堂。浙江海宁人。清秀才。早年研究哲学、美学和文学。辛亥后转向经史考据。1922 年任北京大学研究所国学门导师。1925 年任清华研究院导师。1927 年 6 月 2 日自沉颐和园昆明湖。生平著作 60 余种，收入《海宁王静安先生遗书》42 种。生前曾自编文集《观堂集林》24 卷。
② 王国维：《〈红楼梦〉评论》，《王国维文集》，第一卷，姚淦铭等编，北京：中国文史出版社 1997 年版，第 1 页。
③ 王国维：《静庵诗稿·古今体诗》，《王国维文集》，第一卷，姚淦铭等编，北京：中国文史出版社 1997 年版，第 247 页。

倪,此时他尚未见到叔本华之书。所以王国维的悲观主义思想,不仅来自叔本华,更有他的历史文化根基及由此而形成的悲观性格。同时,他的家庭、社会境遇和禀性也很适于悲观主义人生观的形成。王国维心中有一部较为显赫的家史,祖辈之前一直是官宦之家,到祖、父辈时业已衰落,不得不转而经商。到他懂事时家境便有些穷困潦倒,正如他自己一再所云:"余境贫薄而体之孱弱","体素羸弱,性复忧郁","家贫不能以资供游学,居恒怏怏,亦不能专力于是矣"①。这些都很容易造成一种悲世伤时的性格,再加上国家的内忧外患,更使他厌恶这种现实人生。所以,王国维的内心世界一直充满着矛盾以及由于矛盾不得解决而产生的痛苦。青年王国维到上海接受新学,立志以此探索宇宙人生的真理。他尤感兴趣的是哲学,因为他以为哲学是发明万世之真理者。但研究哲学的结果,更加深了他的情感与理智的矛盾,并使他发出一系列感慨:"哲学上之说,大都可爱者不可信,可信者不可爱。余知真理,而余又爱其谬误。""知其可信而不能爱,觉其可爱而不能信,此近二三年中最大之烦闷。而近日之嗜好所以渐由哲学而移于文学,而欲于其中求直接之慰藉者也。要之,余之性质,欲为哲学家则感情苦多,而知力苦寡;欲为诗人,则又苦感情寡而理性多。诗歌乎? 哲学乎? 他日以何者终吾身?"②可见他内心是何等的矛盾与痛苦。"人生过处唯存悔,知识增时只益疑。"(《六月二十七日宿硖石》)想借文学鉴赏得到慰藉,可是现实人生的黑暗战乱时时在击破他的人生理想,使他感到无望。"……我生三十载,役役苦不平。如何万物长,自作牺与牲。安得吾丧我,表里洞澄莹……何为方寸地,矛戟森纵横? 闻道既未得,逐物又未能。衮衮百年内,持此欲何成?"(《端居》其二)"欲觅吾心已自难,更从何处把心安。诗缘病辍弥无赖,忧与生来讵有端? 起看月中霜万瓦,卧闻风里竹千竿。沧浪亭北君迁树,何限栖鸦噪暮寒。"(《欲觅》)"书成付与炉中火,了却人间是与非。"(《书古书中故纸》)从以上所列举的事实足以说明,王国维的悲观主义不同于叔本华的悲观主义。叔本华的悲观主义是纯学术研究的结果,是理性(逻辑)推导出的结论,与其人生践履是不搭界的。而王国维的悲观主义,既有理性认识,又有对人生的生命体验,理智与情感交织不分,是"知行合一"的结果。他以自杀为人生苦痛的解脱,就是最有力的说明。

王国维的学术思想既继承了儒道释的思想传统,又深受西方康德、叔本华、尼采、席勒等人的思想影响,并运用他们的哲学、美学观点研究中国传统的哲学、美学,进行文艺批评,撰写了一系列哲学、美学论文和文学、教育杂感以及戏曲史研究专著。他对哲学、美学和文学进行研究的时间并不长(仅仅十年左右),在他的学术思想中并不占主要地位,但在中国现代哲学、美学和文学史上都是新的开拓,并具有重要的理论价值。他虽然没有撰写美学理论的长篇巨制,但美学思想非常丰富,他是现代美学理论构建的开创者。

二、美的性质及审美范畴

对于美的性质,王国维说:"美之性质,一言以蔽之曰:可爱玩而不可利用者是已。虽物之美者,有时亦足供吾人之利用,但人之视为美时,决不计及其可利用之点。其性质

---

① 王国维:《自序(一)》,《王国维文集》,第三卷,姚淦铭等编,北京:中国文史出版社1997年版,第470页。
② 王国维:《自序(二)》,《王国维文集》,第三卷,姚淦铭等编,北京:中国文史出版社1997年版,第473页。

如是,故其价值亦存于美之自身,而不存乎其外。"①很明显,这是对康德、叔本华的审美无利害观点的发挥。在他的论著中,经常援引中国固有的思想资料,加以相互印证,说明中西哲人对美的性质的认识不谋而合。他特别欣赏邵雍在《皇极经世·观物内篇》中"以物观物"的一段话,并发挥说:"圣人所以能一万物之情者,谓其能反观也。所以谓之反观者,不以我观物也。不以我观物者,以物观物之谓也。既能以物观物,又安有我于其间哉?"后来他在《人间词话》中,仍然用"以物观物"的观点论证"无我之境"。王国维对庄子的"无用之用"的思想和超越的人生态度更是情有独钟,反复进行引证和加以创造性地发挥。在论审美的超验性时,王国维把各种不尽相同而相通的观点信手拈来加以糅合、贯通。如康德的"美在形式",叔本华的审美主体乃"纯粹无欲之我"及天才论,庄子的"无用之用",儒家的"孔颜之乐",都成为王国维建构美学理论的思想资料。

王国维对美学的主要范畴多有论述。这里有两种情况:一是结合中国审美思想和文艺作品实际阐释西方美学的主要范畴,如优美、崇高(王国维称之为"宏壮")与悲剧等;二是用新的美学理论阐释中国固有的审美范畴,如意境、古雅、嗜好、眩惑等。这里主要介绍古雅。"因为美学尚未有专论古雅者,故略述其性质及位置",《古雅》开篇云:

"美术者天才之制作也。"此自汗德以来百余年间学者之定论也。然天下之物,有决非真正之美术品,而又决非利用品者。又其制作之人,决非必为天才,而吾人之视之也,若与天才所制作之美术无异者。无以名之,名之曰"古雅"。②

显然,王国维认为康德把一切艺术品归之为天才制作,是不完全符合实际的。因此提出"古雅"范畴,以概括非天才之作品和天才的非优美与宏壮之作品的特点与规律,从而弥补了康德天才论及其范畴论的缺陷。

首先,"古雅"具有审美超验性,即"可爱玩而不可利用者也",这是美的普遍"公性","优美与宏壮然,古雅亦然"。它们的不同,只是量度的,而不是性质的。王国维认为,优美与宏壮是高度美,古雅则是一种低度美。"优美之形式,使人心和平;古雅之形式,使人心休息,故亦可谓之低度之优美。宏壮之形式常以不可抵抗之势力唤起人钦仰之情,古雅之形式则以不习于世俗之耳目故,而唤起一种之惊讶。惊讶者,钦仰之情之初步,故虽谓古雅为低度之宏壮,亦无不可。故古雅之位置,可谓在优美与宏壮之间,而兼有此二者之性质也。"王国维说:"美学上之区别美也,大率分为二种:曰优美,曰宏壮。自巴克及汗德之书出,学者殆视此为精密之分类矣。"王国维认为这样分类,不完全符合事实。例如,某些作品虽不是天才之作,却与天才之作一样具有"无一切利害关系"之特性。同时,即使是天才艺术家,他的作品也不都是"神来兴到"之笔,也有不属于天才的优美与宏壮而属于"古雅"者。古雅具有独立的审美价值,对于艺术创作(包括天才之作)是必不可缺的。"以文学论,则虽最优美最宏壮之文学中,往往书有陪衬之篇,篇有陪衬之章,章有陪衬之句,

---

① 王国维:《古雅之在美学上之位置》,《王国维文集》,第三卷,姚淦铭等编,北京:中国文史出版社1997年版,第31页。
② 同上。

句有陪衬之字,一切艺术莫不如是。此等神兴枯涸之处,非以古雅弥缝之不可。而此等古雅之部分,又非借修养之力不可。若优美与宏壮,则固非修养所能为力也。"事实说明,在艺术创作中,天才与学养是不能截然分开的,天才必须借助于学养才能得以充分发挥,才能创作出"真正的美术品"。

其次,王国维说:"一切之美,皆形式之美也。"古雅与优美、宏壮都是"形式之美",但古雅是形式美中的"第二种之形式",属于艺术范畴,而不存于自然。所谓"第二种之形式"是相对于"第一种之形式"即优美与宏壮而言的。"第一种之形式"属于自然,"第二种之形式"属于人化或人为。自然之形式需要人造之形式表现之,才能成为艺术美,也就是王国维所说的"而一切形式之美,又不可无他形式以表之,唯经过此第二之形式,斯美者愈增其美,而吾人之所谓古雅,即此第二种之形式"。"斯美者愈增其美",可见古雅之重要。所以王国维说:"古雅者,形式美之形式美也。"作为美的分类,古雅与优美、宏壮分属不同的领域。优美与宏壮存于自然,"古雅之致,存于艺术而不存于自然";作为表现形式,古雅与优美、宏壮是表现与被表现的关系。优美与宏壮,需要通过古雅表现之,才能成为艺术中的优美与宏壮。如果只局限于康德的天才论,无法真实地解释审美现象(经验)的实际。因此,无论是艺术鉴赏还是艺术创作,既需要优美宏壮,又需要古雅;既需要天才,又需要学养。

古雅与优美、宏壮,其"原质"即根源也是不同的。古雅来自人为创造,优美、宏壮来自天赋自然,因而决定了审美判断力的不同:"后者先天的,前者后天的、经验的也"。"既为先天的,故亦普遍的、必然的也";既是"后天的,故亦特别的、偶然的也"。从艺术创作的角度说,先天的"原质"(天才)与后天的"原质"(学养)必须紧密结合,才能成为艺术美。王国维说:"优美与宏壮必与古雅合,然后得显其固有之价值。不过,优美及宏壮之原质愈显,则古雅之原质愈蔽。"当古雅的原质完全不显时,即看不出人工雕琢的痕迹时,则艺术中的优美、宏壮也达到了极致,成为一种物我化一、天然浑成的意境美。故优美与宏壮是古雅的"内容"或依据,古雅是优美与宏壮的表现形式;古雅使优美与宏壮得以艺术地再现与提高。因为"内容"本身就是一种形式,所以古雅则是"形式之形式"。"由是观之,则古雅之原质为优美及宏壮中不可缺之原质,且得离优美宏壮而有独立之价值,则固一不可诬之事实也。"

第三,古雅的价值意义。王国维的古雅说,是运用新的美学观点,结合历史的审美经验和艺术作品进行分析、论证,赋予"古雅"范畴以新的意义。他对"古雅"概念虽未做词义解释,但字里行间都说明,"古"是悠远,具有超越性,"雅"是典雅不俗,指具有深厚的艺术修养,二字合起来即"古雅",乃是一种艺术美,这种艺术美不是来自先验的天才,而是来自后天的学养。古雅的超越性是如何形成的?王国维认为,古代遗留下来的许多器物、文物,如钟鼎、摹印、碑帖、书记等等,这些东西在创造当时并不是艺术,其主要功能也不是为了审美,而是为了现实实用,如用于宗教祭祀、政治事务、道德教训,等等。但是经过漫长的历史潮流的洗刷、淘汰,如今其作为哲学历史遗物的"可利用性"完全消失,而变成"可爱玩"的艺术或审美对象,因而具有了超越性。这种文化遗物,其历史越古,就越超出可利用的范围,其审美价值就越大。王国维说:"吾人爱石刻不如爱真迹,又其于石刻中爱翻刻不如爱原刻,亦以此也。"这才是"古"的真义。而古雅之"雅",是指某物经过人为的文饰、雕琢、加工而创造的一种美的形式或形式美。因为自然界和日常生活中许多东西都是非美的，既不具优美的"原质"，也不具宏壮的"原质"，但经过人为的创造，却可以成为古雅的"原质"——人造的形式美。"以吾人肉眼观之，举无足于优美若宏壮之数，一经艺术家（绘画或诗歌）之手，而遂觉有不可言之趣味。此等趣味，不自第一形式得之，而自第二形式得之无疑也。"

王国维认为，正是古雅美的创造性及其丰富性、后天的经验性，才有可能广泛地运用于社会大众的审美教育之中。他说："至论其实践之方面，则以古雅之能力，能由修养得之，故可为美育普及之津梁。虽中智以下之人，不能创造优美及宏壮之物者，亦得由修养而有古雅之创造力；又虽不能喻优美及宏壮之价值者，亦得于优美宏壮中古雅之原质，或于古雅之制作物中得其直接之慰藉。故古雅之价值，自美学上观之，诚不能及优美及宏壮，然自其教育众庶言之，则虽谓其范围较大成效较著可也。"

三、悲剧美学价值之发明——《〈红楼梦〉评论》

悲剧，是西方美学的重要范畴，在中国古代没有这个概念。随着西方美学的传播，悲剧范畴也为中国现代美学所普遍接受，并且运用于文艺批评之中。而最早接受这个范畴，并用以阐述、评论中国古代文学的悲剧美的，是王国维的《〈红楼梦〉评论》。

《〈红楼梦〉评论》主要是以叔本华的悲剧观点来解释《红楼梦》的悲剧根源。叔本华从唯意志论出发，认为"宇宙人生的本来性质"就是意志。意志是盲目的，它无所不在，乃一切生存之基础，又为一切事物之本原。王国维完全接受了叔本华的观点，认为意志在人身上的表现就是"生活之欲"。"欲"是无限的，它产生于不足。不足加深，则变为苦痛。一种欲满足了，接着又来了新的欲。而且"欲之被偿也一，而不偿者什佰"，所以欲望造成的痛苦，大大超过快乐。即使各种欲求都得到满足，再也无物可欲，厌倦之情绪遂之而起，仍然会造成一种苦痛。所以人生的主流，也可以说就是苦痛。生活、欲求、苦痛，三者"一而已矣"。三者"如环无端"，"不知其所终"，这就是人生的本质。《〈红楼梦〉评论》中说，人生为求永久的生活，则有牝牡之交，生儿育女；为求种姓之生活，从而产生家室之累，保抱扶持饮食教诲之资；为种姓生活不受侵害，又集合组织为群体，设学校……方能有统一的秩序。生活欲望如此之切也，用力如此之勤也，设计如此其周且至也，是否就能得到满足快乐而无忧患呢？非但不能，且愈加增之。因为人发展科学文化并不停地探索、追求，"无往而不与生活之欲相关系，即与苦痛相关系"，因而随着社会的进步和科学文化的发展，人的欲望也随之增大加多，苦痛也愈深愈重。

叔本华认为，悲剧就是描写人生可怕的事件，描写意志欲望所造成的罪恶和痛苦，所以能深刻地揭示人生的本质。王国维"由叔本华之说"区分悲剧为三种：

> 第一种之悲剧，由极恶之人，极其所有之能力以交构之者。第二种，由于盲目的运命者。第三种之悲剧，由于剧中之人物之位置及关系而不得不然者；非必有蛇蝎之性质与意外之变故也，但由普通之人物、普通之境遇，逼之不得不如是；彼等明知其害，交施之而交受之，各加以力而各不任其咎。此种悲剧，其感人贤

于前二者远甚。何则？彼示人生最大之不幸，非例外之事，而人生之所固有故也。①

《红楼梦》正属于第三种悲剧，因而王国维称《红楼梦》是"悲剧中之悲剧"，是"彻头彻尾的悲剧"。这种悲剧的发生，不是人生中的偶然例外，也不是罕有的或是由极恶之人造成的，而是由我们自己的行为和性格自发产生的，所以这种不幸和我们接近到可怕的程度。同时，这种悲剧最难写，许多优秀的悲剧作家都躲避这种困难，而《红楼梦》的作者所创构、所描写得非常成功，更加难能可贵。王国维十分感慨地说："呜呼，宇宙——生活之欲而已！而此生活之欲之罪过，即以生活之苦痛罚之：此即宇宙之永远的正义也。自犯罪，自加罚，自忏悔，自解脱。美术之务，在描写人生之苦痛与其解脱之道，而使吾侪冯生之徒，于此桎梏之世界中，离此生活之欲之争斗，而得其暂时之平和，此一切美术之目的也。"

《红楼梦》用艺术的手法，真实地描写了人生的悲剧图景，促使人们看破红尘而超越现实，走"解脱"之路。王国维所谓悲剧"解脱"分两种：一是起于观他人所经历的无限苦痛，而"洞观宇宙人生之本质"，通过先验的知识使意志欲望破裂而遁去，这只有天才人物才能做到，如歌德的《浮士德》中的主人公即是如此；二是由于自己经历了无限苦痛的折磨，"遂悟宇宙人生之真相"，而甘愿放弃自己的意志欲望，这是一般人可能做得到的，如《红楼梦》中的贾宝玉的"解脱"即是如此。王国维说：

> 然前者之解脱，唯非常之人为能，其高百倍于后者，而其难亦百倍。但由其成功观之，则二者一也。通常之人，其解脱由于苦痛之阅历，而不由于苦痛之知识。唯非常之人，由非常之知力，而洞观宇宙人生之本质，始知生活与痛苦之不能相离，由是求绝其生活之欲，而得解脱之道。然于解脱之途中，彼之生活之欲，犹时时起而与之相抗，而生种种之幻影。所谓恶魔者，不过此幻影之人物化而已矣。故通常之解脱，存于自己之苦痛，彼之生活之欲，因不得其满足而愈烈，又因愈烈愈不得其满足，如此循环而陷于失望之境遇，遂悟宇宙人生之真相，遽而求其息肩之所。故全变其气质，而超出乎苦乐之外，举昔之执著者，一旦而舍之。彼以生活为炉、苦痛为炭，而铸其解脱之鼎。②

从选材角度看，二者无高下之分，只要写得成功。从美感的范围、效果看，王国维认为后者更大、更强，更具普遍意义，贾宝玉式的解脱，尤令人有切肤之感。

在"红学"研究史上，王国维第一次而又深刻地揭示了《红楼梦》的悲剧美学价值。王国维认为，《红楼梦》的悲剧精神与我们民族传统的"乐天"精神是背道而驰的，这正是《红楼梦》的价值所在，也是《红楼梦》问世以来受冷遇甚至遭禁毁的根本原因。《红楼梦》不仅具有反传统的悲剧精神，而且在艺术上取得了无与伦比的成就，创造了具有典范意义的悲

---

① 王国维：《〈红楼梦〉评论》，《王国维文集》，第一卷，姚淦铭等编，北京：中国文史出版社1997年版，第11页。
② 同上，第8页。

剧美。王国维说,《红楼梦》的美学价值在于:它以宇宙人生为自己描写的广阔题材,深刻地揭示宇宙人生的本质,遵循艺术自身的规律,表现普遍的哲理。王国维以《桃花扇》为例,说《桃花扇》也表现"厌世解脱之精神",但它的表现是"他律的也",即作者强加的,实在不能令人信服。而《红楼梦》之解脱是"自律的也",深刻入理,震撼心脾,具有无懈可击的逻辑力量。"故《桃花扇》,政治的也,国民的也,历史的也;《红楼梦》,哲学的也,宇宙的也,文学的也。此《红楼梦》之所以大背于吾国人之精神,而其价值亦即存乎此。"如此完美的艺术表现,如此成功的悲剧创造,"其动吾人之感情何如!凡稍有审美的嗜好者,无人不经验之也"。

王国维对《红楼梦》的深刻的哲理性、高度的艺术真实性以及人物性格的刻画和巨大的美感力量等,在理论上都做出了创造性的发挥,给予了极高的评价。在中国文学批评史上,《〈红楼梦〉评论》从理论和方法两个方面为中国现代文学批评开辟了新路,对中国古代的小说和戏剧中那些千人一面、千部一腔的公式化之作,不敢正视人生、编造"大团圆"的陋习,首先举起了批判的旗帜,成为"五四"时期批判中国文艺旧传统、提倡"写实主义"的先声。

四、意境范畴的现代阐释——《人间词话》

意境,是中国文艺特有的审美范畴,是王国维文艺批评的核心概念,其思想理论集中表现在《人间词话》中。《人间词话》是继《〈红楼梦〉评论》之后王国维文学批评的另一部代表作。《人间词话》以词为主要批评对象(也联系到诗甚至小说),对自唐五代至宋以来词的形成、发展以及重要的词家、词作,进行了较为系统的分析、比较和评论。如果说在此之前,王国维主要是通过哲学思辨比较冷静地探讨美的"可爱玩而不可利用"的性质,那么,自此之后,他主要是通过对文学艺术的鉴赏,去体悟、观照美的境界。《人间词话》作为理论建构,在方法上不同于《〈红楼梦〉评论》,不是用哲学思辨的方法进行系统的逻辑演绎,而是沿用了中国传统的"话体"式点评。这种点评,把鉴赏、体验与评论相结合,点到为止,常常只下断语而无分析,不求系统的逻辑结构。

王国维标举意境说,是古代意境思想的集大成者。但他对意境理论又做了创造性的发挥,使意境说由以前的风格论、性情论、兴趣论变为本质论,使意境成为普遍适用的美学范畴。他在《人间词话》第九则中说:

> 《严沧浪诗话》谓:"盛唐诸公,唯在兴趣。羚羊挂角,无迹可求。故其妙处,透彻玲珑,不可凑泊。如空中之音、相中之色、水中之月、镜中之象,言有尽而意无穷。"余谓:北宋以前之词,亦复如是。然沧浪所谓兴趣,阮亭所谓神韵,犹不过道其面目;不若鄙人拈出"境界"二字,为探其本也。①

为什么意境说是探其"本",而兴趣说、神韵说等不过是"道其面目"呢?王国维没有解释,但从具体论述看,他是从哲学的角度对意境进行本质分析,即揭示了构成艺术的本质

---

① 王国维:《人间词话》,《王国维文集》,第一卷,姚淦铭等编,北京:中国文史出版社1997年版,第143页。

因素(情与景),论述了构成意境的本质关系(主观与客观),因此不同于以前诸说只是从创作主体一个方面着眼,而没有触及艺术的本质关系。正如朱光潜所说:"从前诗话家常拈出一两个字来称呼诗的这种独立自足的小天地。严沧浪所说的'兴趣',王渔洋所说的'神韵',袁简斋所说的'性灵',都只能得其片面。王静安标举'境界'二字,似较概括,这里就采用它。"①朱光潜所指出的"片面",正是说以前的诗话家只持主观一端,而忽略了客观方面,不见主客关系。

对文学的本质分析和主客关系的论述,是王国维意境说的哲学理论基础。他在《文学小言》第四则中说:"文学中有二原质焉:曰景,曰情。前者以描写自然及人生之事实为主,后者则吾人对此种事实之精神的态度也。故前者客观的,后者主观的也;前者知识的,后者感情的也。"在这简短的几句话中,王国维明确指出构成文学的本质元素是景与情,景是对自然界和社会人生的描写、反映,是客观的,而情是对这种客观事实的情感态度,是主观的。景与情的矛盾,根源于客观与主观的矛盾,两种矛盾关系普遍存在于文学艺术中,因而是本质关系。在《屈子文学之精神》一文中,他比较了先秦时代南北方文学由于地理环境的不同,从而形成了南北文学的不同风格。他的结论是:"由此观之,北方人之感情,诗歌的也,以不得想象之助,故其所作遂止于小篇。南方人之想象,亦诗歌的也,以无深邃之感情之后援,故其想象亦散漫无所丽,是以无纯粹之诗歌。而大诗歌之出,必须俟北方人之感情,与南方人之想象合而为一,即必通南北之驿骑而后可,斯即屈子其人也。"在这里,王国维把想象也看成是文艺的"原质"。这种原质要以感情为"素地",与感情结合起来才能创造出伟大的文学作品,这正是屈子成为我国古代第一位大诗人的原因所在。在《人间词话》中,王国维援引辛弃疾《木兰花慢》词:"可怜今夜月,向何处,去悠悠?是别有人间,那边才见,光景东头。"然后评论说:"词人想象,直悟月轮绕地之理,与科学家密合,可谓神悟。"想象力是主观的,想象的内容却来自客观世界,与知识相关,因而创造了"景"。在《文学小言》第四则他又说:"要之,文学者不外知识与感情交代之结果而已。苟无敏锐之知识与深邃之感情者,不足与于文学之事,此其所以但为天才游戏之事业而不能以他道劝也。"在王国维看来,文学活动(包括创作与审美两方面)既需要有客观的景物,又需要有主观的感情态度,从而才能构成文学形象的有机生命和感性特征。

王国维认为,文学的最高目的就是创造意境美。《人间词话》开篇即云:"词以境界为最上,有境界则自成高格,自有名句。"又云:"境非独谓景物也,喜怒哀乐,亦人心中之一境界。故能写真景物、真感情者,谓之有境界。否则谓之无境界。"境界美的基本构成,就是情景交融而不"隔"。《人间词话》云:"大家之作,其言情也,必沁人心脾,其写景也,必豁人耳目,其词脱口而出,无娇柔妆束之态。以其见者真,所知者深也。诗词皆然。持此以衡古今之作者,可无大误矣。"写景必须达到生动、鲜明,栩栩如生;写情必须真实、动人,摇荡性情;语言表达必须自然,脱口而出。三者水乳交融,就是有意境。情景交融的对立面是"隔"。《人间词话》载:"问隔与不隔之别,曰:陶、谢之诗不隔,延年则稍隔矣;东坡之诗不隔,山谷则稍隔矣。"接着他列举一系列诗句来说明隔与

---

① 朱光潜:《诗论》,《朱光潜全集》第三卷,合肥:安徽教育出版社1990年版,第50页。

不隔。就一人而论，其诗词也有隔与不隔之别。如梅圣俞《少年游》上半阕云"阑干十二独凭春，晴碧远连云，二月三月，千里万里，行色苦愁人"，语语都在目前，便是不隔。至于云"谢家池上，江淹浦畔"，则隔矣。从以上可以看出，王国维所说的不隔，就是景情生动、真实，表达自然、连贯，如此才有境界可言。反之，矫揉造作，故作姿态，就是隔，就无境界。

王国维把"真"与"自然"作为意境的本质规定。真与自然，是主观表现的真情实感，客观描写的本真自然。与真、自然相对立是假，是矫情伪饰，故作姿态。从创作方面而言，"诗人体物之妙，侔于造化。然皆出于离人孽子征夫之口，故知感情真者，其观物亦真"。从审美方面而言，唯有真情、真景，才能使"读之者但觉亲切动人"，"精力弥满"，从而产生强烈的美感愉悦。王国维所说的"自然"是多义的：一是指自然界和客观存在，如说写景是以"自然与人生之事实为主"；二是指人的自然本性（赤子之心），如说"纳兰容若以自然之眼观物，以自然之舌言情"；三是更多的指文学创作和审美表现的自然而然，如《宋元戏曲考》："元曲之佳处何在？一言以蔽之，曰：自然而已矣。"这些含义又和本真、真实很接近，所以自然与真共同成为意境的本体。

五、中国戏曲史研究的新开拓——《宋元戏曲考》

在王国维之前，中国戏曲的起源、发展、演变以及戏曲的分类、特征、价值等问题，虽然不能说无人论及，但从总体上说还是一笔糊涂账。王国维在北京清朝学部所属图书馆任职期间，对戏曲史研究产生浓厚兴趣，并利用馆藏图书丰富的有利条件，广泛阅读、搜集、整理资料，从浩瀚而繁杂的各种历史典籍、野史、杂记中进行精心考据、分析、比较、论证，先后写出二十多万字的研究成果，而《宋元戏曲考》是其代表作。他既继承乾嘉以来学者的治学方法，又吸收了西方科学分析的新方法，把历史考据和文艺批评结合起来，从而使他的戏曲研究既有历史价值，又有美学理论价值。他说："词曲一道，前人视为末伎，不复搜讨，遂使一代文献之名，沉晦者且数百年，一旦考而得之，其愉快何如也。"[1]他进行戏曲研究不仅出于兴趣，更抱有自觉目的：要以自己的研究成果推翻对戏曲艺术的历史偏见，"补三朝之志所不敢言"，以促进我国戏曲研究的繁荣。

《宋元戏曲考》对中国戏曲的起源、发展、高峰、衰落的历史过程做了系统而全面的考察，不仅对作者、版本、目录进行考订，提出一系列新的结论，还进行审美批评，构建起自己的戏曲理论。《宋元戏曲考》的基本思想观点和理论成就，囊括了他的整个戏曲研究成果的精华。

第一，关于中国戏剧的起源。王国维认为："后世戏剧，当自巫、优二者出；而此二者，固未可以后世戏剧视之也。"即是说，巫、优二者是中国戏剧产生的源头，却不是后来所谓的戏剧。因为巫与优并非同一时代的产物，而且历史差距甚远，但二者都与戏剧的正式形成有直接关系。王国维经过考证认为，巫乃是远古时代负责事鬼神以舞降福之人，在女为巫，在男为觋。他援引《说文解字》："巫，祝也。女能事无形以舞降神者也。像人两褎舞形，与工同意。"说明"巫"的观念的产生，已包含审美意识的萌芽。巫之所以具有审美意

---

[1] 王国维：《董西厢》，《王国维文集》，第一卷，姚淦铭等编，北京：中国文史出版社1997年版，第538页。

识，就在于这种文字符号所表示的观念，不仅具有抽象意义，而且含有具体形象。这种形象就是人舞动两袖进行表演的优美动作，是戏剧最原始的因素。中国巫产生于氏族社会，是中国戏剧最早的源头。发展到战国时代，又出现另一个源头——优。巫与优作为中国戏剧的源头，不仅时间相隔遥远，而且在形式、内容上对戏剧的形成也起了大不相同的作用。要而言之："巫以乐神，巫以女为之，而优以男为之。"优的出现，说明古老的审美观念到了战国时代已发生了重大变化：已由幻想中的鬼神世界转向现实人生，由崇高（崇敬乐神）转向滑稽（戏谑自娱）。

第二，关于元代杂剧的文学价值和审美价值。王国维说："凡一代有一代之文学：楚之骚，汉之赋，六代之骈语，唐之诗，宋之词，元之曲，皆所谓一代之文学，而后世莫能继焉者也。"①王国维一反历史成见，把元曲提高到同唐诗宋词同等地位，都代表了一代文学发展的高峰。元曲的最高成就，就是创造出意境美。他说："其文章之妙，亦一言以蔽之，曰：有意境而已矣。何以谓之有意境？曰：写情则沁人心脾，写景则在人耳目，述事则如其口出也。古诗词之佳者，无不如是。元曲亦然。明以后其思想结构，尽有胜于前人者，唯意境则为元人所独擅。"我们从这里可以看到，王国维仍然坚持如同《人间词话》那样以意境（此处意境的概念相似于境界的概念）来揭示艺术品美的特质。但是，他论戏剧的意境也有新的发展。他注意到与诗歌不同，戏剧兼有写景、抒情、述事之美。戏剧能有意境，关键在于"自然"：

元曲之佳处何在？一言以蔽之，曰：自然而已矣。古今之大文学，无不以自然胜，而莫著于元曲。盖元剧之作者，其人均非有名位学问也；其作剧也，非有藏之名山，传之其人之意也。彼以意兴之所至为之，以自娱娱人。关目之拙劣，所不问也；思想之卑陋，所不讳也；人物之矛盾，所不顾也；彼但摹写其胸中之感想，与时代之情状，而真挚之理，与秀杰之气，时流露于其间。故谓元曲为中国最自然之文学，无不可也。若其文字之自然，则又为其必然之结果，抑其次也。②

元曲之所以取得这样高的成就，根本原因是作者不抱任何功利目的，乃是"意兴之所之"，是真情的自然流露，是自然而然。自然与意境从创造与审美两方面揭示了元曲的美学价值。自然是审美价值产生的根源，而意境则是审美所达到的最高境界。

第三，揭示了通俗文艺的价值意义，提高了通俗文艺的社会地位。王国维以精博的历史考据确证元曲的历史地位，以全新的美学眼光揭示了它的价值，推倒了历史偏见，为一代文学正了名。他从平民主义思想出发，推崇戏曲小说等通俗文学艺术，其实质是为广大的社会下层人民争得文艺创作和审美享受的合法权利，具有重大的历史进步意义。

---

① 王国维：《宋元戏曲考》，《王国维文集》，第一卷，姚淦铭等编，北京：中国文史出版社1997年版，第307页。
② 同上，第389页。

第二节 美育的中坚人物：蔡元培

在 20 世纪中国文化思想史上，蔡元培①是在诸多领域做出奠基性贡献的文化泰斗。从美学史角度看，蔡元培首先是一位伟大的教育家，然后是一位影响深远的美学家。蔡元培的这一独特身份，使他的美学思想迥然不同于王国维的启蒙美学，而是一位伟大教育家的美学，美学思想是其教育思想的构成部分。

图 6-2 蔡元培

在美学方面，蔡元培与王国维同样深受德国美学的影响，但他们的美学思想却有许多差异。王国维接受康德、叔本华的影响，而以叔本华为中心，蔡元培也欣赏叔本华的意志论，但在理论上却主要以康德为师。王国维把传统的庄玄与西方美学加以融会，蔡元培则以儒家教化与西方美学相贯通。王国维的美学以自己的人生感受为出发点，善于做哲学思辨；蔡元培的美学则多从伦理学、社会学入手，把美与道德完善、社会进步结合起来。王国维对变动的社会现实采取超然的态度，远离文艺运动的深度思考，未能产生应有的社会效应；蔡元培则提出"以美育代宗教"，弥补了旧的科举制度崩溃后留下的精神真空，他还把美学理论落实到教育实践中，并与中国近代社会变革、新文化运动紧密相连，加上他作为知识分子领袖的崇高社会地位，因此产生了极为广泛的社会影响。

一、美学理想：人格的审美教育

人格审美教育是蔡元培美学思想的逻辑起点和核心内容。在近三十年的美育实践中，他先后发表了《对于新教育之意见》、《以美育代宗教说》、《文化运动不要忘了美育》、《美育实施的方法》等一系列演说和文章。概括地说，蔡元培美育思想主要包括三个方面：对美育的积极提倡、"以美育代宗教"说和美育的实施方法。

1. 积极倡导和推行美育

1912 年 1 月，蔡元培出任中华民国临时政府教育总长，并着手制定教育方针，进行教育改革。2 月，蔡元培发表《对于新教育之意见》，全面阐述了新教育的基本宗旨，提出人格美育的思想。他把教育分为五类：军国民主义教育、实利主义教育、公民道德教育、世界观教育及美感教育。在他看来，前三类是隶属政治的教育，后两类属于超轶政治的教育。隶属政治的教育是富国强兵所必需，能培养国家的建设者和保卫者，但政治的任务是

---

① 蔡元培(1868—1940)，字鹤卿，号孑民。浙江绍兴人。中国教育家、学者、美学家。清光绪进士、翰林院编修。1905 年加入同盟会。辛亥革命后曾任南京临时政府教育总长、北京大学校长、中央研究院院长等。著作编有《蔡元培全集》(中华书局)等。美学论述编为《蔡元培美学文选》(北京大学出版社)。

处理现实事务，最理想的政治也不过是使大多数人获得最大的幸福。如果仅止于此，就不可能超越现实利害计较，"则必无冒险之精神，无远大之计划，见小利，急近功，则又能保其不为失节堕行身败名裂之人乎"①。而超轶政治的教育则是人类实现自由的途径，可以培养超越利害观念的高尚情操。蔡元培认为，"从前将美育包在德育里"，"太把美育忽略了"，"为要特别警醒社会起见，所以把美育特提出来，与体智德并为四育"②。在中国，这是第一次把美育列入教育宗旨之中，对美学、对教育都是一件非常有意义的事情。蔡元培是这样解释美育的特征及目的的：

  人人都有感情，而并非都有伟大而高尚的行为，这由于感情推动力的薄弱。要转弱而为强，转薄而为厚，有待于陶养。陶养的工具，为美的对象，陶养的作用，叫作美育。③

  美育者，应用美学之理论于教育，以陶养感情为目的者也。……顾欲求行为之适当，必有两方面之准备：一方面，计较利害，考察因果，以冷静之头脑判定之；凡保身卫国之德，属于此类，赖智育之助者也。又一方面，不顾祸福，不计生死，以热烈之感情奔赴之。凡与人同乐、舍己为群之德，属于此类，赖美育之助也。所以美育者，与智育相辅而行，以图德育之完成者也。④

  美育的基本特征是形象性、情感性、愉悦性。它以美的对象为前提条件、"陶养的工具"，以审美主体的情感为内在动力，通过具体可感的生动形象来感染人、启发人，起到"陶养的作用"。这样，美育就与智育的抽象概括、德育的理性说教区别开来了。但这并不意味着美育与智育、德育没有联系，它是"与智育相辅而行，以图德育之完成"的。情感性是美育的特殊功能。美育将理性蕴含在感性之中，以感性来维系主体与客体的关系，而不是像智育和德育那样以理性来维系主体与客体的关系。审美是有功利目的的，即为了造就健全和谐的人格，只是这种功利目的又不同于以直接利害关系为目的的狭隘功利主义。应该说，蔡元培是抓住了美育的基本特征的。

  蔡元培关于"美育"的解释，明显体现了其人格美育的理想。"美育为近代教育之骨干，美育之实施，直以艺术为教育、培养美的创造及鉴赏的知识，而普及于社会"；"美育之目的，在陶冶活泼敏锐之性灵，养成纯洁之人格"。蔡元培一贯反对把审美和艺术鉴赏当作无聊的消遣和奢侈的娱乐，从而忘了救国大业。在他看来，审美和艺术鉴赏固然有个人消遣、娱乐和享受的一面，但这些必须服从于教育作用，即提高人的道德情操，培养创造能力和献身精神，为国家出力。正是从"救国"的基本宗旨出发，他才如此重视美育，认为"美育为近代教育之骨干"，并把美育与反帝反封建和反对宗教迷信紧密联系在一起。

---

① 蔡元培：《对于新教育之意见》，《蔡元培全集》，第二卷，高平叔编，北京：中华书局1984年版，第132页。
② 蔡元培：《普通教育和职业教育》，《蔡元培全集》，第三卷，高平叔编，北京：中华书局1984年版，第476页。
③ 蔡元培：《美育与人生》，《蔡元培全集》，第六卷，高平叔编，北京：中华书局1988年版，第157页。
④ 蔡元培：《美育》，《蔡元培全集》，第五卷，高平叔编，北京：中华书局1988年版，第508页。

2. "以美育代宗教"

由于蔡元培任教育总长的时间不到一年,他所提出的美育方针没有得到很好的实施。辛亥革命失败后,封建复古主义的尊孔读经、宗教迷信活动又猖獗起来。1916年12月,蔡元培在上海江苏省教育会的演说中,提出"以美育代宗教"的主张。1917年任北大校长后,他在北京神州学会发表了题为《以美育代宗教说》的演讲,刊载于《新青年》第三卷第6号。1921年开始,蔡元培以校长身份亲自在北京大学第一个开设美学及美学史课程,在北京高等师范学校讲授美学课程。1930年和1932年,他又先后发表《以美育代宗教》、《美育代宗教》两篇文章,直到晚年他仍坚持"以美育代宗教"的观点。"以美育代宗教"乃是蔡元培一生的理想。

蔡元培为什么主张"以美育代宗教"呢?他是针对当时教育思想上的两种错误倾向,即以基督教或孔教来教育国人而提出来的。当时,"由于留学外国之学生,见彼国社会之进化,而误听教士之言,一切归功于宗教,遂欲以基督教劝导国人。而一部分之沿袭旧思想者,则承前说而稍变之,以孔子为我国之基督,遂欲组织孔教,奔走呼号,视为近日重要问题"。蔡元培一方面指出,宗教和美育有相同点,"宗教本旧时代教育,各种民族,都有一个时代,完全把教育委托于宗教家,所以宗教中兼含着智育、德育、体育、美育的元素"。"把教育权委托于宗教家",在智育(知识)方面表现为将人类的起源、社会的兴衰都归于神;在德育(意志)方面表现为用宗教教义劝说、诱惑人改变自己的意志活动;在美育(感情)方面表现为利用艺术形式渲染宗教气氛,培养宗教感情。但是,随着科学的发展,被宗教神秘化了的各种自然现象和社会现象,逐渐被正确认识和解释:"近世学者据生理学、心理学、社会学之公例,以应用于伦理,则知具体之道德不能不随时随地而变迁;而道德之原理则可由种种不同之具体者而归纳以得之;而宗教家之演绎法,全不适用。"在情感方面,蔡元培指出,虽然美育与宗教都是以情感来感化人,但这两种情感对人的影响是不同的,特别是随着社会的发展,宗教的神秘主义性质并无改变,具有很大的麻醉性和欺骗性,已成为科学发展的阻力,"美育之附丽于宗教者,常受宗教之累,失其陶养之作用,而转以激刺感情",即把人的感情引到现实冲突和利害关系中去。而美育则不同,它给人的情感影响是积极的、健康的。蔡元培把美育和宗教的区别归纳为三点:美育是自由的,而宗教是强制的;美育是进步的,而宗教是保守的;美育是普及的,而宗教是有界的。他视宗教为推行美育的主要障碍,尤其反对教会学校诱惑未成年学生信教,因此主张:大学不设神学科;学校不得有宣传教义的课程,不得举行祈祷式;传教士不得参加教育事业。对于宗教业已参加教育的事实必须改变,这就是"以美育代宗教"。蔡元培深刻地认识到科学、民主与宗教、专制的截然对立:宗教是落后、愚昧、保守的表现,是束缚人的精神枷锁;而美育使人得到精神解放,情感变得高尚,从必然通向自由。"美育应该绝对的自由,以调养人的感情",而"在宗教专制之下,审美总不很自由,所以用宗教来代替美育是不可的","宗教可以去掉"。

"以美育代宗教"说在"五四"新文化运动中对启发人们摆脱孔教迷信和封建传统产生了重要作用。1917年初,有人便给《新青年》主编陈独秀写信:"以美育代宗教之伟论,在吾国思想界,实得未曾有。……最好请蔡先生著论阐明斯理,登诸大志,以为迷信宗教者告,则造福青年界,岂浅鲜哉!"可见这一思想的积极影响。

3. 美育实施的方法

蔡元培还系统地提出了美育的实施方法。1922年,他发表《美育实施的方法》一文,认为美育的实施可以从家庭美育、学校美育和社会美育三个方面进行。

家庭美育又称儿童美育,其对象是幼儿。蔡元培认为,儿童的特点是"形成概念之力尚弱,则倾于直观。故无论开智陶情,均以利用美术为适宜",所以,"我们要作彻底的教育,就要着眼最早的一步。虽不能溢出范围,推到优生学;但至少也要从胎教起点"。由于当时的物质、文化条件的限制,要在普通家庭实施美育很困难,为此蔡元培说:"我从不信家庭有完美教育的可能性,照我的理想,要从公立的胎教院与育婴院着手。"①按照他的构想,胎教院和育婴院都应设在风景幽雅、空气清新之地,庭院设施、建筑陈列乃至应用器具,都要取和谐优美的风格;育婴院的工作人员还必须着装优美,言行举止、音容笑貌堪为婴儿楷模,保证孕妇和婴儿生活在自然美、艺术美和社会美的环境之中,避免粗犷怪诞悲惨之物对婴儿的强烈刺激。

幼稚园是家庭美育与学校美育的过渡阶段。幼儿的美感"不但被动的领受,并且自动的表示了。舞蹈、唱歌、手工,都是美育的专课。就是教他计算、说话,也要从排列上、音调上迎合他们的美感,不可用枯燥的算法与语法"。

学校美育分为普通美育与专门美育。前者是从小学到中学阶段。在蔡元培看来,胎教院、育婴院、幼稚园和小学的美育,要用优美来影响儿童;中学阶段可以加入刺激性较强的崇高之美。他特别强调普通美育要尊重学说兴趣,促进其个性自由发展,培养其想象力和创造力。至于学校课程与美育的关系,除了音乐、图画、运动、文学等专门的美育课程外,"凡是学校的所有课程,都没有与美育无关的"。比如数学表面上看是枯燥的,但美术上的比例、节奏都是数的关系,数学游戏也可以引起滑稽的美感;再比如几何图形、美丽的光焰、原子电子的排列法、矿物的结晶、植物的花叶、动物的羽毛和声音、星月光辉、云霞雨雪、山川河流等,既是各门科学研究的对象,又是美育的资料。应该充分利用这些资料,将美育与学科学习结合起来。经过普通美育之后,学说可以进入音乐学校、美术学校、戏剧学校或大学文科进行专门学习,将来承担社会美育的任务。蔡元培尤其重视学校的环境美育,"为达到美育实施的艺术教育,除适当之课程外,尤应注意学校的环境,以引起学者清醇的兴趣,高尚之精神","建筑式样、陈列品,都要合乎美育的条件。可以时时举行辩论会、音乐会、成绩展览会、各种纪念会等,都可以利用他来行普及的美育"。至于社会美育,蔡元培认为应包括专司美育的机构和美化环境两个方面。专门机构如美术馆、美术展览会、音乐会、剧院、电影馆、历史博物馆、古物学陈列所、人类学博物馆、博物学陈列所、植物园、动物园等。美化环境方面,蔡元培指出了道路、建筑、公园、名胜、古迹等的美化要求,尤其是城市建设要合乎美的要求,使"那种不论哪种人,都时时刻刻有接触美术的机会",随时受到美的感染和美的教育。这些思想即使在今天,也仍然有其积极意义。

---

① 蔡元培:《美育实施的方法》,《蔡元培全集》,第四卷,高平叔编,北京:中华书局1984年版,第211页。

二、人格美育的理论依据

蔡元培美学思想的出发点,是通过美育或情感教育来培养健全和谐的人格。他不仅倡导美育、重视美育,还对美育的理论基础进行了探讨。

1. 现象世界与实体世界

蔡元培在德国莱比锡大学留学时,"讲堂上常听美学、美术史、文学史的课,于环境上又受音乐、美术的熏习,不知不觉的渐集中心力于美学方面。尤因冯德讲哲学史,提出康德的美学见解,最注意于美的超越性与普遍性。就康德原书,详细研读,益见美学关系的重要"①。按照康德的观点,蔡元培把世界划分为现象世界和实体世界:现象世界是物质世界,包括一切自然现象和社会现象;实体世界是精神世界。二者的区别在于:

> 前者相对,而后者绝对;前者范围于因果律,而后者超轶乎因果律;前者与空间时间有不可离之关系,而后者无空间时间之可言;前者可以经验,而后者全恃直观。故实体世界者,不可名言者也。然而既以是为观念之一种矣,则不得不强为之名,是以或谓之道,或谓之太极,或谓之神,或谓之黑暗之意识,或谓之无识之意志。其名可以万殊,而观念则一。遂哲学之流派不同,宗教家之仪式不同,而其所到达之最高观念皆如是。②

同时,受叔本华的唯意志论影响,蔡元培认为,实体世界的本性是意志。关于这种本体性意志的特点,他指出:

> 本体世界之意志,无所谓鹄的也。何则? 一有鹄的,则悬之有其所,达之有其时,而不得不循因果律以为达之之方法,是仍落于形式之中,含有各分子之特性,而不足以为本体。故说者以本体世界为黑暗之意志,或谓之盲瞽之意志,皆所以形容其异于现象世界各各之意志也。现象世界各各之意志,则以回向本体为最后之大鹄的。其间接以达于此大鹄的者,又有无量数之小鹄的。各以其间接于最后大鹄的之远近,为其大小之差。③

由此看来,世界的本体是意志的,而现象世界的一切事物都分有意志,一切事物的意志都以达到本体意志为最高目的。蔡元培不仅指出了现象世界和实体世界的区别,还看到了它们之间的联系,"现象实体,仅一世界之两方面,非截然为互相冲突之两世界。吾人之感觉,既托于现象世界,则所谓实体者,即在现象之中,而非必灭乙而后生甲"。按照蔡元培的观点,人在现象世界由于受因果律和种种利害关系的支配而不能超脱,只有进入实

---

① 高平叔:《蔡元培年谱》,北京:中华书局1980年版,第52页。
② 蔡元培:《对于新教育之意见》,《蔡元培全集》,第二卷,高平叔编,北京:中华书局1984年版,第133页。
③ 蔡元培:《世界观与人生观》,《蔡元培全集》,第二卷,高平叔编,北京:中华书局1984年版,第288页。

体世界才能完全摆脱因果律和各种利害关系的束缚,获得绝对自由。

2. 知意情的区分

美学上关于知意情的区分,实质上提出了审美特性或独立性的问题。客观事物有真善美三个方面,与此相对应,人的心理可以划分为知意情;对人的教育也应该在这三方面同时进行:智育的目的在于求真,德育的目的在于向善,美育的目的则在于培养人的正确的审美观,提高人们鉴赏美、创造美的能力。美育与德育、智育有着内在联系,三者相互渗透。

蔡元培在《以美育代宗教》、《美术与科学的关系》、《美育与人生》、《哲学大纲·美学观念》等篇章中,论述了情与知、意和美与真、善的区别:

> 心理上有知、意、情三作用,以真善美为目的。三者之中,以善为主,真与美为辅,因而人是由意志成立的。……所以知识与感情不好偏枯,就是科学与美术,不可偏废。①
>
> 美学观念者,基本于快与不快之感,与科学之属于知见、道德之发于意志者,相为对待。科学在乎探究,故论理学之判断,所以别真伪;道德在乎执行,故伦理学之判断所以别善恶;美感在乎赏鉴,故美学之判断,所以别美丑,是吾人意识发展之各方面也。②

蔡元培不仅对知意情及其功能进行了区分,而且在他的思想体系里,知意情、真善美又是统一的:

> 我们的心理上,可以分三方面看:一面是意志,一面是知识,一面是感情。意志的表现是行为,属于伦理学,知识属于各科学,感情是属于美术的。我们是做人,自然行为是主体,但要行为断不能撇掉知识与感情。③

他以走路、踢球为例,说明人的实践要达到目的,既离不开对事物的正确认知,也离不开美育的"激情导欲"。换言之,社会目的的实现(善),既需要知识的指导(真),又需要感情的激发(美)。很明显,知和情统一于意,真和美统一于善。知意情的区分在蔡元培美学思想中始终是与人格的审美教育联系在一起,也就是说,知意情的区分所提出的审美特性问题,实质上是为人的内在性情的陶冶和对现实的超然态度提供美学的理论论证,为健全人格的修养找到一个美的王国。

3. 美的特性:普遍与超脱

既然人要摆脱现象世界因果律的束缚,进入实体世界,获得绝对自由,那么,怎样才能

---

① 蔡元培:《真善美》,《蔡元培全集》,第五卷,高平叔编,北京:中华书局1988年版,第182页。
② 蔡元培:《哲学大纲·美学观念》,《蔡元培全集》,第二卷,高平叔编,北京:中华书局1984年版,第379页。
③ 蔡元培:《美术与科学的关系》,《蔡元培全集》,第四卷,高平叔编,北京:中华书局1984年版,第31页。

进入实体世界呢？蔡元培不相信政治和宗教能引导人进入实体世界：

> 现象世界之事为政治，故以造成现世幸福为鹄的；实体世界之事为宗教，故以摆脱现世幸福为作用。而教育者，则立于现象世界，而有事于实体世界者也。故以实体世界之观念为其究竟之大目的，而以现象世界之幸福为其达于实体观念之作用。①

政治只追求现世的物质利益，宗教的目的虽在实体世界，但又须以否认现世幸福为前提才能达到实体世界。只有教育才能把现象世界和实体世界联系起来，指导人们在获得现世幸福后进入实体世界。因此教育就成为人类生活中最为重要之事。

从现象世界进入实体世界，不仅要以现世幸福为前提条件，还要清除现象世界因果律的种种利害关系，主要是人我差别和幸福之营求的支配：

> 其现象世界间所以为实体世界之障碍者，不外二种意识：一、人我之差别，二、幸福之营求是也。……能剂其平，则肉体之享受，纯任自然，而意识界之营求泯，人我之见亦化。和现象世界各别之意识为浑同，而得与实体吻合焉。故现世幸福，为不幸福之人类到达于实体世界之一种作用，盖无可疑者。军国民、实利两主义，所以补自卫自存之力之不足。道德教育，则所以使之互相卫互相存，皆所以泯营求而忘人我者也。由是而进以提撕实体观念之教育。②

"实体观念之教育"即世界观的教育。蔡元培认为，世界观的教育，不可能通过宗教家的"顿法"即所谓顿悟、豁然开朗而达到，不可能在"一瞬间超轶现象世界种种差别之关系，而完全成立为本体世界之大成"，而是要遵循"渐法"即循序渐进的方法。"渐法"的根本途径之一就是通过美育的"陶养"，使人完全超越功利关系。

为什么只有美育才能引人进入实体世界？这是由美的特性或本质所决定的。受康德的审美判断无利害的思想影响，蔡元培认为，无论是普通之美，还是特殊之美（崇宏之美、悲剧、滑稽），都有两大特性："一是普遍，二是超脱"。普遍的对象也是超脱的对象，这两方面是密切联系的。蔡元培把人的感官分为两种：一是味觉、嗅觉、肤觉，与对象"含有质的关系"，属于生理功能，是人进行物质生活的官能，是无法超脱的，所以与美感无缘；二是视觉和听觉，属于心理功能，是人的精神活动的官能，与对象不含有质的关系，因而直接与美感相联系。为了说明美的普遍性和超脱性，蔡元培列举了很多易于产生共同美感的对象，所举例子侧重于形式美和偏重形式的自然美。这是因为蔡元培认为，审美只与现象世界中对象的感性形式相关，故能超脱各种生理性的利害关系。物质利益的对象之所以不美，就是因为它们不具有普遍性，只能满足个体的生理需要，不能兼及他人。"食物之入我口者，不能兼裹他人之腹；衣物之在我身者，不能兼供他人之温，以其非普遍性也。美则不

---

① 蔡元培：《对于新教育之意见》，《蔡元培全集》，第二卷，高平叔编，北京：中华书局1984年版，第133页。
② 同上，第133-134页。

然","美以普遍性之故,不复有人我之关系,遂亦不能有利害之关系"。正因为美的对象与人没有直接利害关系,所以审美是一种自由的精神活动,能超于利害生死之上,进入绝对自由的实体世界。蔡元培强调自然美和形式美的另一原因是,较之现世内容较明显的审美对象,自然美与形式美的普遍性和超脱性特征更突出一些。实际上,蔡元培并不回避社会美:

> 更进一步,于必要时,愿舍一己的生以救众人的死;愿舍一己的利以去众人的害,把人我的分别,一己生死利害的关系,统统忘掉了,这种伟大而高尚的行为,是完全发动于感情的。……既有普遍性以打破人我的成见,又有超脱性以透出利害的关系;所以当着重要关头,有"富贵不能淫,贫贱不能移,威武不能屈"的气概;甚至有"杀身以成仁"而不"求生以害仁"的勇敢;这种是完全不由于知识的计较,而由于感情的陶养,就是不源于智育,而源于美育。①

这里虽然夸大了美育的作用,但由此可以看出蔡元培的美育思想与救国是紧密联系在一起的,其宗旨是积极的。他倡导美育的根本目的,乃是通过具有普遍性和超脱性的美的熏陶,逐渐克服个体私欲,养成见义忘利的高尚情操,以便在关键时刻能为民族、国家献出宝贵生命。

4. 审美的人类公性

美和审美都是一种社会现象,是人类社会实践的产物,讨论美的特性离不开人的特性。蔡元培强调美的普遍性与超脱性,是以普遍人性为前提的。换言之,正因为人类具有审美的"公性",才能共同欣赏美的对象,产生相近或相同的审美情感,美育也才是可能的。他举例说:"洎乎周代,家给人足,人类公性,不能以体魄之快乐自餍,恒欲进而求精神之幸福。周公承之,制作礼乐。礼之用方以智,乐之用圆而神。右文增美,尚礼让,斥奔竞。"这就是说,人类发展的历史表明,人类有"求精神之幸福"的公性,爱美乃是人类公性的重要方面。这是就共性方面来说的。值得注意的是,蔡元培并没有忽视审美判断的差异性问题:

> 我们对于一种被公认的美术品,辄以"有目共赏"等词形容之。然考其实际,决不能有如此的普遍性。孔子对于善恶的批评,尝谓乡人皆好、乡人皆恶均未可,不如乡人之善者好之,其不善者恶之。美丑也是这样,与其要人人说好,还不如内行的说好,外行的说丑,靠得住一点。这是最普通的一点。至于同是内行,还有种种关于个性与环境的牵制,也决不能为绝对性,而限于相对性。②

---

① 蔡元培:《美育与人生》,《蔡元培全集》,第六卷,高平叔编,北京:中华书局1988年版,第157页。
② 蔡元培:《美术批评的相对性》,《蔡元培全集》,第五卷,高平叔编,北京:中华书局1988年版,第311页。

在谈到为什么人类的审美共性是相对的而非绝对的时候，蔡元培认为有五种原因：一是"习惯与新奇"，即对于陌生对象会有一种格格不入之感，慢慢习惯以后就能产生美感了；二是"失望与失惊"，即对于名人的作品期望值太高，待看过后觉得不过尔尔，因而大加贬抑，或对于素未相闻者的作品，初未引起注意，如突然受到作品某方面的刺激，则大加赞赏；三是"阿好与避嫌"，即对于有缺点的作品，如果与作者有交情，便"取善从长"，如果对作者有成见，便吹毛求疵；四是"雷同与立异"，即对名人盲目崇拜或故意攻击；五是"陈列品的位置与序次"，即艺术品的陈列位置、光线是否适当，会影响审美的效果。应该说，蔡元培在论证审美的人类共性时，从审美心理、审美环境等方面对审美判断的差异性所做的探讨，是不无道理的。

综上所述，蔡元培关于人格美育的理论依据是：由于世界分为现象世界和实体世界，现象世界是受利害关系支配的，只有实体世界才是摆脱了一切功利关系的绝对自由的世界。人的精神活动可以区分为知意情，对应于现世世界的真善美。知和意或通过反映知见的概念，或通过反映功利的观念，与现象世界的利害生死相关联，只有感情不通过概念或功利观念，而是直接与对象的感性形式——形象发生联系，这种情感活动就是审美。由于美具有普遍性与超脱性的特点，所以美是进入实体世界的"津梁"。由于人皆具有审美的"人类共性"，所以审美是提高人的精神境界，养成健全和谐的人格的"津梁"。

三、学术史意义

衡量一位学者、思想家的学术史地位，最基本的标准就是：比之前人，他是否提供了新的思想？对于后人，他的思想是否具有重要的启示作用和借鉴意义？简单地说，即考量他是否成为学术史发展链条上一个重要的中介环节。总的来说，继王国维之后，蔡元培高度重视形式美、自然美，更为明确地提出了中国美学必须重视审美特性的课题，并为日后这样问题的深化做了理论准备。他对自然美的反复论证，提高了自然美在中国现代美学范畴体系中的地位，此后宗白华、朱光潜等人都相继提出自然美并进行了论证。他的美是主观与客观的结合、二者不可偏废的思想，对日后中国美学主观派、客观派、主客观统一派的逻辑展开也产生了重要的影响。

但是，蔡元培对20世纪中国美学最重要的影响，还在于他的人格美育思想。

中国有重视人格美育的传统。中国传统的美育思想有两个基本特征：一是看到了美育区别于其他教育活动的独特作用，强调美善结合，即以善为目的，以美为手段。孔子的伦理美学思想强调以礼教（德育）为目的，以诗乐（美育）为手段，去培养完美和谐的人格。其"六艺"中的"乐"，就是进行美育的专门学科。诗歌的"观"、"群"、"怨"这些道德伦理功能，都是通过"兴"这一审美功能实现的，从形象出发又不拘于形象，形象总是升华为道德的象征。同时，孔子指出了美育区别于其他活动的特征，即"知之者不如好之者，好之者不如乐之者"。在中国美学史上，以孔子为代表的儒家美育思想影响最大。此外，道家注重个体情感与客观自然之间的关系，墨家注重个体生存与物质生产之间的关系，法家注重个体行为与社会变革之间的关系，等等，都从不同的角度丰富和补充了儒家的美育思想。

但是,中国古代美育思想基本上是从哲学、文论等方面引申出来的,没有形成完整的体系。直到近现代,梁启超、王国维、蔡元培开始从西方引进美学思想,才逐渐建立起了中国的美育思想体系。从总体上说,中国现代美育思想继承了传统的美善结合的特点,更为注重实践性人格的造就。梁启超是中国现代史上的首倡美育者,其美育思想就是服务于他的思想启蒙、改造国民性、培养"新民"的社会功利目的的。美育在梁启超那里被称作"情感教育",梁启超指出,较之于其他教育活动,美育对于培养完美人格具有很大的优势。王国维是中国正式使用"美育"一词的第一人,也是现代比较系统地提出美育思想、最早主张将美育列入教育方针的人,曾积极建议大学应普遍设置美学课程。1906年,王国维发表《论教育之宗旨》一文,认为教育的宗旨就是把人培养成为"精神之能力"与"身体之能力"和谐发展即德、智、体、美全面发展的"完全之人物"。其措施就是要进行心育和体育,而心育又包括德育、智育和美育。

蔡元培继承中国重美育的传统,吸收西方美学尤其是康德美学的思想,使导源于梁启超、王国维的中国现代美育思想得到了进一步的发展和完善。比之梁启超、王国维,其美育思想要深入、系统得多,既体现了中国传统的美善结合,即以美育为手段来达到造就实践性人格的善的目的的思想,又体现出重视美的特性的特点。同梁启超一样,蔡元培也把培养完美和谐的人格作为达到激发意志、改造社会的手段。如果说,蔡元培之前的中国美育还停留在民间研究、倡导的阶段,那么到了蔡元培,由于他先后担任中华民国教育总长、北京大学校长、中央研究院院长等职,所以有条件积极提倡并亲自进行大规模的美育实践、推广活动,如创办音乐、美术专门学校,聘请教师或亲自讲授,组织各种研究会,等等。他以其特殊的身份对20世纪中国的美育发展做出了重要的贡献。

可见,在蔡元培这里,中国美育思想形成了一个完整的体系。按照蔡元培的构想,一个人从未出生时,一直到死亡,都在接受美育,这样的人格自然是和谐完美的。在他的积极推动和影响下,一批艺术院校得以创办,许多师范学校、中小学都开设了艺术课程。1919年,上海师范专科学校和爱国女学的教职员发起成立中华美育会,次年创办《美育》杂志。不少学者身体力行,发表文章、讲演,出版刊物,研究、传播美育思想,出现了鲁迅的《拟播布美术意见书》、王统照的《美育的目的》、李石岑的《美育之原理》、吕澂的《论美育书》和《晚近美学说和美的原理》、孟宪承的《所谓美育与群育》、太玄和余尚同的《教育之美学基础》、张竞生的《美的社会组织法》和《美的人生观》等论文、论著,开展了关于美育问题的讨论,批评中国忽视美育的缺陷,论述美育的人生价值和社会意义。美育成为民国新式教育的重要方针和内容之一,很快得到社会的承认。到了20年代,美育已成为一股重要的社会思潮,用蔡元培自己的话说,"十年来,渐渐的提到美育;现在教育界已经公认了"。在这方面,蔡元培无疑起了决定性的作用,是中国现代教育史上提倡美育的"惟一的中坚人物"。

第三节 贯通中西的理论体系：朱光潜

寻求中西美学的融合，是中国现代美学发展的历史趋势。从梁启超、王国维、蔡元培到朱光潜①，都表现出这种追求。作为中国美学的一代宗师，朱光潜是在王国维的基础上进一步发展中国美学的。他在20世纪30—40年代所做的工作，其实是对王国维美学探索的发扬光大和系统深入。首先，他们所介绍和宣传的，主要是西方近代美学中以康德为代表的超功利美学，但朱光潜显然比王国维更加熟悉西方哲学和艺术，无论是准确度还是译介面，都大大超过王国维；其次，尽管他们都要求艺术以自身为目

图6-3 朱光潜

的，突出审美与实际生活的距离，但其根本企图恰恰是要借助审美和艺术来解决人生问题，他们实际上并不遗世独立，如果说王国维还处在古典向现代的转换过程中的话，那么朱光潜则具有鲜明的现代学科建设色彩；再次，作为饱受传统文化熏陶的一代，他们的思想有着相当浓厚的古典美学（主要是道家）的投影，在超功利的审美静观的基点上调和中外，并以西方美学阐释古典文艺，都取得了粲然客观的成就。

朱光潜于1924年在《民铎》杂志上发表美学处女作《无言之美》，开启了六十余年的美学之路。朱光潜曾多次强调他之所以走上美学研究之路，最关键的原因是只有美学构成他原来所喜欢的三门学科——文学、心理学、哲学之间的线索联络。这也可以理解为他是在掌握了相当的文学、心理学和哲学学科的基础上，试图打通各门学科界限时走上美学之路的。关于这一点，他在《文艺心理学》的作者自白中有过一段阐述："我原来的兴趣中心第一是文学，其次是心理学，第三是哲学。因为欢喜文学，我被逼到研究批评的标准、艺术与人生、艺术与自然、内容与形式、语文与思想诸问题；因为欢喜心理学，我被逼到研究想象与情感的关系、创造和欣赏的心理活动以及趣味上的个别的差异；因为欢喜哲学，我被逼到研究康德、黑格尔和克罗齐诸人讨论美学的著作。这么一来，美学便成为我所欢喜的几种学问的联络线索了。我现在相信：研究文学、艺术、心理学和哲学的人们如果忽略美学，那是一个很大的欠缺。"②在朱光潜的美学之路上，其思想大致可分为三个阶段，即1924年到1949年为第一阶段，1949年到1976年为第二阶段，1976年以后为第三阶段。朱光潜美学的第一阶段是他到欧洲求学及美学观点初步确定的阶段，他的大部分著作是在第一阶段完成的，如《悲剧心理学》、《文艺心理学》、《谈美》、《变态心理学派别》等，《诗

---

① 朱光潜（1897—1986），字孟实，安徽桐城人，中国现代著名美学家，武昌高等师范学校、香港大学肄业。1925年起留学英、法，获博士学位。1933年回国，历任北京大学、四川大学、武汉大学教授。新中国成立后，任北京大学教授，中华全国美学学会会长。毕生从事美学教学和研究工作。著作编有《朱光潜全集》，共二十卷，前十卷为专著、论文、书信、手稿，后十卷为译著。

② 朱光潜：《文艺心理学·作者自白》，《朱光潜全集》第一卷，合肥：安徽教育出版社1987年版，第200页。

论》的初稿也是在该阶段完成的,也正是这个初稿使他拿到进入北京大学的通行证。1949年朱光潜在《人民日报》发表《自我检讨》一文,进入其美学思想的第二阶段,在这一阶段朱光潜坚持了自己的马克思主义立场,《西方美学史》的初稿就是在该阶段完成的。朱光潜美学的第三阶段即1976年以后,他的最大贡献就是翻译和研究了西方启蒙运动先驱、意大利史学家维柯的著作《新科学》和他的《自传》,补上了《西方美学史》关于维柯那一章的缺憾。朱光潜的美学思想在这三个阶段各有侧重。他早期美学思想的实质内容几乎都反映在"美感经验"这一理论上,所以对"美感经验"的分析对于我们把握朱光潜美学思想很有意义。对于美学或心理学来说,悲剧始终是一个重要的论题,悲剧是戏剧的王冠,所以历来有影响力的美学家或心理学家都对悲剧有所研究,比如亚里士多德、黑格尔、叔本华、尼采等人,朱光潜也对悲剧理论有一定的研究,可以说,他是我国悲剧美学的开拓者和奠基者。朱光潜的《诗论》试图用西方诗论来解释中国古典诗歌,用中国诗论来印证西方诗论。在美学大讨论中,朱光潜关于美的本质问题很明确地指出"美是主客观统一"的观点。1979年,朱光潜发表的《关于人性、人道主义、人情味和共同美问题》一文是他率先为"人性论"做辩护的表现。

一、"美感经验"说

朱光潜所说的"美感经验"就是审美感受,他早期美学思想的实质内容几乎都反映在"美感经验"这一理论上,对于美感经验的分析主要体现在《文艺心理学》这部著作中。朱光潜认为:"近代美学的最大功用在分析美感经验。"美感经验这种心理活动最基本的特点是"形象的直觉";"形象的直觉"的要点在于从现实生活中超脱出来,而实现这种超脱的关键就是"心理距离";但文艺家又不能一味和现世保持"距离",还要达到物我同一的状态,所以情感在审美活动中的作用是举足轻重的。

1. 美感经验的特点——"形象的直觉"

朱光潜认为,美感的经验就是直觉的经验,而直觉的对象是形象,所以"美感经验"就是形象的直觉。那么什么是形象的直觉?朱光潜这样解释:"无论是艺术或是自然,如果一件事物叫你觉得美,它一定能在你心眼中现出一种具体的境界,或是一幅新鲜的图画,而这种境界或图画必定在霎时中霸占住你的意识全部,使你聚精会神地观赏它,领略它,以至于把它以外一切事物都暂时忘去。这种经验就是形象的直觉。形象是直觉的对象,属于物;直觉是心知物的活动,属于我。在美感经验中所以接物者只是直觉,物所以呈现于心者只是形象。"[①]其实把美感经验确定为形象的直觉并不是朱光潜的最先定义,早在鲍姆加登定义美学时,美学(Aesthetica)就是直觉的意思,美学就是研究直觉的学科。可以说,把美感经验理解为形象的直觉,是康德以来美学家公认的一条基本原则。

美感经验是不带实用目的、不用概念的对形象的凝神观照,超概念、超功利的直觉静观状态是美感经验的最大特点。关于这一点,朱光潜有过一段论述:"审美者的目的不像实用人,不去盘问效用,所以心中没有意志和欲念;也不像科学家,不去寻求事物的关系条

---

① 朱光潜:《文艺心理学》,《朱光潜全集》第一卷,合肥:安徽教育出版社1987年版,第209页。

理,所以心中没有概念和思考。他只是在观赏事物的形象。……美感经验是一种极端的聚精会神的心理状态。全部精神都聚会在一个对象上面,所以该意象就成为一个独立自足的世界。……有人说'艺术要摆脱一切然后才能获得一切'。艺术所摆脱的是日常繁复错杂的实用世界,它所获得的是单纯的意象世界。意象世界尽管是实用世界的回光返照,却没有实用世界的牵绊,它是独立自足,别无依赖的。"显然,朱光潜关于美感经验特征的描述来源于克罗齐,但他对克罗齐的美学观也不是完全肯定,在《文艺心理学》作者自白中有一段话:"从前,我受从康德克罗齐一线相传的形式派美学的束缚,以为美感经验纯粹地是形象的直觉,在聚精会神中我们观赏一个孤立绝缘的意象,不旁迁他涉,所以抽象的思考、联想、道德观念等等都是美感范围以外的事。现在,我觉察人生是有机体;科学的、伦理的和美感的种种活动在理论上虽可分辨,在事实上却不可割开来,使彼此互相绝缘。因此,我根本反对克罗齐形式美学所根据的机械观,和所用的抽象的分析法。这种态度的变迁我在第十一章《克罗齐派美学的批评》里说得很清楚。我两次更改初稿,都以这个怀疑形式派的态度去纠正从前尾随形式派所发的议论。我对于形式派美学并不敢说推倒,它所肯定的原理有许多是不可磨灭的。它的毛病在太偏,我对于它的贡献只是一种'补苴罅漏'。做学问持成见最误事。有意要调和折衷,和有意要偏,同样地是持成见。我本来不是有意要调和折衷,但是终于走到调和折衷的路上去,这也许是我过于谨慎,不敢轻信片面学说和片面事实的结果。"①这时朱光潜对克罗齐学说进入到了怀疑阶段,这一思想的转折也为他后来写作《克罗齐哲学述评》做了铺垫。

2. 美感经验的关键——心理距离的调适

美感经验这种心理活动最基本的特点是"形象的直觉",而"形象的直觉"的摇荡在于从现实世界中超脱出来,而实现这种超脱的关键就在于把世界摆到一种距离以外去看,这里说的距离就是"心理距离"。1913 年,英国心理学家爱德华·布洛发表论文《作为艺术因素与审美原则的"心理距离"说》,首次集中讨论了"心理距离"这一美学问题。朱光潜正是受此启发,联系他所了解的其他哲学家、美学家的观点和他所熟悉的文学思潮、文学作品,对美感经验中的心理距离做了如下阐述:

> 乘船的人们在海上遇着大雾,是一件最不畅快的事。呼吸不灵便,路程被耽搁,固不用说;听到若近若远的邻船的警钟,水手们手慌脚乱地走动,以及船上的乘客们的喧嚷,时时令人仿佛有大难临头似的,尤其使人心焦气闷。船像不死不活地在驶行,茫无边际的世界中没有一块可以暂时避难的干土,一切都任不可知的命运去摆布,在这种情境中最有修养的人也只能做到镇定的程度。但是换一个观点来看,海雾却是一种绝美的景致。你暂且不去想到它耽误了程期,不去想到实际上的不舒畅和危险,你姑且聚精会神地去看它这种现象,看这幅轻烟似的薄纱,笼罩着这平谧如镜的海水,许多远山和飞鸟被它盖上一层面网,都现出梦境的依稀隐约,它把天和海联成一气,你仿佛伸一点手就可握住天上浮游的仙

---

① 朱光潜:《文艺心理学·作者自白》,《朱光潜全集》第一卷,合肥:安徽教育出版社 1987 年版,第 197-198 页。

子。你的四周全是广阔、沉寂、秘奥和雄伟,你见不到人间的鸡犬和烟火,你究竟在人家还是在天上,也有些犹豫不易决定。这不是一种极愉快的经验么?①

在这里,朱光潜以海雾为例来解释距离,同样的海雾会引起人们"心焦气闷"和"愉快"两种截然不同的感受,原因就在于人们和它的"心理距离"不同。如果海雾与你的实际生活距离太近,你就不能去欣赏它,就会想到耽误路程与个人安危一类的事;而如果你把它和你的现实实用世界拉开一定的距离,跳出实用世界之外去看海雾,那样你就会产生审美感受。心理距离的审美意义在于,从人这一方面说,距离是对现实世界的超脱;就物这一方面说,距离将其孤立于实用关系之外,成为超功利的审美对象。朱光潜也由此认定,人之所以能反省,就是把欣赏者和现实世界拉开适当距离的反观。

朱光潜还把距离说应用到文艺思潮的批评与文学体裁的形式特征分析上,比如他用距离说来分析文学艺术的类型特征时说,古希腊与中国传统戏曲的角色往往戴着面具或穿着高跟鞋,表演时用歌唱的声调,等等,就是为了使本来与真实世界距离很近的戏剧能够与观众产生一定的距离。

3. 审美感受中的"移情作用"

在美感经验中,审美者既要与现实保持一定距离,但又不能脱离实际生活。就是审美主体一方面要客观化,另一方面又要主观化。这种既保持适当的距离又不脱离实际生活的物我同一的现象就是"移情作用"。移情作用讲的是由我及物与由物及我双方面的物我同一。德国美学家立普斯对移情作用做了比较深入的研究,在他看来,移情作用是一种外射作用,就是把人的知觉和情感外射到物上去,使物具有某种人格化的解释。朱光潜也认同立普斯的观点,但是他认为立普斯只说出了移情作用的一个方面,阐述不够完全。朱光潜认为移情作用是一个双向交流的过程,一方面主体把自己的情感外射到物身上去;另一方面主体又吸收外物的精神和姿态于自身。关于移情作用,朱光潜有过这样的论述:在聚精会神的观照中,我的情趣和物的情趣往复回流。有时物的情趣随我的情趣而定,例如自己在欢喜时,大地山河都随着扬眉带笑;自己在悲伤时,风云花鸟都随着暗淡愁苦。惜别时蜡烛可以垂泪,兴到时青山亦觉点头。有时我的情趣也随物的姿态而定,例如睹鱼跃鸢飞而欣然自得,对高山大海而肃然起敬,心情浊劣时对修竹清泉即洗刷净尽,意绪颓唐时读《刺客传》或听贝多芬《第五交响曲》便觉慷慨淋漓。物我交感,人的生命和宇宙的生命互相回环震荡,全赖移情作用。这里所说的就是移情作用的一面"推己及物"、一面"由物及我"的双向交流,也是移情作用的主要特征。其实朱光潜的"双向交流"的移情作用还有感于谷鲁斯的"内摹仿"理论。谷鲁斯同立普斯一样,也是从心理学的角度去研究美学。所谓"内摹仿"就是人在观赏外物时,用内心的意念活动去摹仿对方的姿态或运动,在审美中它强调的是由物及我,这与立普斯的"移情说"强调的由我及物正好相反。朱光潜正是在综合了这两位学者观点的基础上确立了自己的"移情作用"的理论,这也是朱光潜做学问的特点,都是在充分了解前人观点的基础上去探索与创造自己的理论学说。

---

① 朱光潜:《文艺心理学》,《朱光潜全集》第一卷,合肥:安徽教育出版社1987年版,第217页。

朱光潜对移情作用与美感经验的关系的表述比较矛盾。他在《谈美》中说过"真正的美感经验都要达到物我同一的境界，都常含有移情作用"；而他在《文艺心理学》中则又说"移情作用与物我同一，虽然常与美感经验相伴，却不是美感经验本身，也不是美感经验的必要条件"。其实，我们可以认为，移情作用虽然不是美感经验本身，但美感经验却必然包含移情作用。

朱光潜关于美感经验理论的分析很大程度上是从心理学角度去分析的，他以"心理距离"说为中介，将对"美感经验"的讨论转向了心理学，这也符合他一贯的研究美学的风格，即他的美学常带有心理学的印记。

二、悲剧理论

朱光潜的悲剧理论主要体现在他的《悲剧心理学》一书中，他的悲剧理论比较侧重于对戏剧欣赏者反应的研究，还有以往研究这种反应的理论。比如说他对悲剧快感理论的研究就是在对大量的前人理论的检查研究中进行综合批判，在批判中取其精华，得出一种综合性的全面系统的看法。

1. 悲剧快感问题

悲剧的快感就是在悲剧的欣赏这种艺术活动中产生的各种审美快感。也就是说，表现苦难的悲剧能够给人以快乐。那么，这种悲剧给人的快乐和其他快乐有什么不同呢？悲剧快感的独特性就在于把崇高、怜悯、情绪的缓和、努力感、好奇心、生命力感、紧张感等共同的快感来源结合起来的特殊方式中。

关于悲剧快感的根源历史上有两种比较著名的理论。一种是恶意说，持这种观点的人认为悲剧引起快感的根源在于它满足了人类残酷的本性，观众在观看到悲剧中的主人公失败与不幸后产生的幸灾乐祸的快感。持这一派理论的人有很多，比如说卢克莱修的自我安全感或优越感说就认为幸灾乐祸终究是一种心怀恶意的表现；还有法国学者法格更是直接大胆地声明"人是稍稍有些变化的野蛮的大猩猩的后代"，认为悲剧快感直接来自人类身上残存的兽性；还有埃尔肯拉特、尼柯尔等人都是持这种恶意说的观点来阐述悲剧快感的根源问题的。还有一种比较著名的观点是同情说，持这种观点的人认为悲剧是靠唤起人们的同情来引起快感的。这一派的代表人物柏克反驳法格的理论，他不认为"野蛮的大猩猩爱看的是悲剧"。他认为悲剧中最需要人同情的地方，是产生快感最大的地方，悲剧中揭示的正是人类精神中高尚的一面，人在观看痛苦中获得的快感也正是因为他对受苦的人的同情。朱光潜对这两种关于悲剧快感的根源的理论都给予了评论，认为这两种学说虽然都很片面，但也都包含着一定的真理。朱光潜认为，悲剧的快感是一种混合性的情感，悲剧的快感根源来自构成悲剧的各种因素的成分之中。

朱光潜认为悲剧是崇高的一种，它与其他各类崇高的不同之处在于它用怜悯来缓和恐惧，悲剧的奇迹与伟大就在于能够引起两种对立的情感——怜悯与崇高，并将这两个对立面结合在一起。怜悯这种情感中包括欣赏主体对于怜悯对象的爱或同情的成分，并且还有惋惜的感觉。悲剧中的怜悯是一种审美同情。怜悯的对象不是处于苦难之中，就是表露出某种弱点或缺陷而显得可怜、无依无靠，这种怜悯的感情基调就是痛感。

在朱光潜看来,悲剧感是崇高感的一种形式,它与其他形式的崇高感的区别就在于悲剧中还包含着怜悯。悲剧快感之所以会给人一种特殊的审美快感就在于它能够将崇高和怜悯两种对立的情感结合在一起。

那么表现苦难的悲剧为什么会给人带来快感呢?这就归结到悲剧中的忧郁与宣泄了。忧郁是欲望受到阻碍或挫折的结果,常伴随着痛苦,但沉湎于忧郁这种情感中又会使郁积的能量得以宣泄,因为情感得到宣泄又会使人产生快感。忧郁是种痛感,但这种情绪不被压抑地宣泄出去就是一种快感,忧郁中的快乐正是让引起痛感的情绪得以宣泄出去。悲剧的快感就是这么一种痛感和快感的混合,悲剧欣赏中的痛感最终会转化为快感,这种痛感向快感的转化就是因为忧郁中郁积的能量得以宣泄。从以上分析中我们可以看出,悲剧的快感是一种混合的情感,是快乐和痛苦以及其他一些因素交织在一起的一种特殊的快感。

2. 悲剧的衰亡理论

朱光潜认为悲剧是与哲学、宗教相敌对的,一旦一种严格的宗教信条或一种严密的哲学体系诞生并兴起时,悲剧就开始走向衰亡了。希腊悲剧的衰亡就是一个例子,在希腊的思想还没有成为一种严格的宗教信条这一形式,也还没有成为一个严密的哲学体系时,希腊的悲剧就形成并兴起了,而在希腊思想倾向于哲学的思考时,悲剧就逐渐走向衰亡了。在朱光潜看来,悲剧起源于希腊,也仅仅只在希腊获得了它的繁荣,像中国人、印度人、希伯来人都没产生过一部严格意义上的悲剧。关于这一点,朱光潜有过如下论述:

> 宗教、哲学和悲剧之间的区别不仅适用于个人,也适用于整个民族。希伯来人和印度人象上面提到的诺森布利亚谋臣们一样,走了宗教的路;中国人,在一定程度上还有罗马人,像伏尔泰的老实人一样,满足于一种实际的伦理哲学。这就可以解释,这些民族为什么没有产生悲剧。①

而产生这种现象一个很重要的原因就是各个民族对命运观的不同态度。在朱光潜看来,中国人倾向于伦理学,在中国人的观念里,"哲学就是伦理学,也仅仅是伦理学"。我们中国人的传统观念信奉乐天知命之趣,并以此为智慧,不去探究人的命运,也不觉得自然灾害、瘟疫、疾病这类事件里有什么必然性或值得怀疑的地方,这类事件在中国人看来就是命中注定,是人们无法改变或避免的事。正因为如此,中国人对此从来不多加考虑,认为对这种事情费脑筋就是庸人自扰,中国人比较重视现实生活中眼前的事物,认为能抓住眼前的事物才是明智之举,就像伏尔泰的观点"种咱们的园地要紧"一样。"中国人哪怕最严肃和悲壮的事情往往也披上一层'喜'的色彩,很难在情绪上受到压抑,更难达到像希腊人那样沉静于审美的观照之中。"印度人倾向于宗教,在他们看来,神的安排是合情合理的,一切听从天意,即神的旨意。希伯来人也同样倾向于宗教,他们对神的笃信甚至远远超过印度人,之所以这么说是因为他们不仅会完全听从天意、上帝的预先安排,而且经历

---

① 朱光潜:《悲剧心理学》,《朱光潜全集》第二卷,合肥:安徽教育出版社1987年版,第425页。

各种困难时还不需要通过艺术,只要自己面对上帝就可以得到解脱了。希伯来人不管经历怎样的苦难折磨,也始终不忘他们是上帝选中的子民。仅凭这一点,就使人不得不承认希伯来人具有深刻的道德感和强烈的宗教情感。而希腊人则倾向于悲剧,他们不相信天意和宿命,他们常常会表现出人和命运搏斗的悲剧色彩。由此可见,中国人不怎么探究命运;印度人的命运观又太外在了,命运可以随时干预人的生活,又可以随时退出人的生活;希伯来人则把命运的地位无限降低;希腊人则对命运没什么明确的概念,他们既对超自然力的现象畏惧,又不相信命运的安排,充分肯定人的价值。各个民族的命运观的不同,决定了是否会产生悲剧。

朱光潜的悲剧理论在国内外引起了不小的轰动,国外的很多学者都是通过这一理论学说认识朱光潜的。悲剧作为一种戏剧形式到现在已经逐渐衰落,但作为审美范畴的悲剧感却长盛不衰。

三、诗歌理论

诗是朱光潜认为最有价值的文学类型,也是他最喜欢的文学类型,朱光潜对诗歌的赏析论述要超过其他类型文学论述文字的总和。他认为诗比其他类别的文学更谨严、精致、纯粹,其他的各种文学类型诸如戏剧、散文、小说虽然不如诗有价值,但因为它们含有诗的特质,就还有一定的价值。在朱光潜关于赏析论述诗歌的文章里,他自己最得意的当属《诗论》,这也是他众多著作中最具独创性的一本。《诗论》融合了中西诗学,以一种新的理论眼光审视中国诗歌。关于这一点,朱光潜有过如下论述:"在我过去的写作中,自认为用功较多,比较有点独到见解的,还是这本《诗论》。我在这里试图用西方诗论来解释中国古典诗歌,用中国诗论来印证西方诗论;对中国诗的音律、为什么后来走上律诗的道路,也作了探索分析。"①可以说,《诗论》是中国现代第一部全面系统的诗学理论著作。

1. 情景交融的诗歌境界

王国维曾经在《人间词话》里这样论述过境界:"境非独谓景物也,喜怒哀乐,亦人心中之一境界。故能写真景物、真感情者,谓之有境界。否则谓之无境界。"②朱光潜非常认同王国维的"境界"说,他也对境界做过阐述,而且要比王国维阐述的更为严谨。朱光潜这样描述道:

> 情景相生而且相契合无间,情恰能称景,景也恰能传情,这便是诗的境界。每个诗的境界都必须有"情趣"(Feeling)和"意象"(Image)两个要素。"情趣"简称"情","意象"即是"景"。吾人时时在情趣里过活,却很少能将情趣化为诗,因为情趣是可比喻而不可直接描绘的实感,如果不附丽到具体的意象上去,就根本没有可见的形象。我们抬头一看,或是闭目一想,无数的意象就纷至沓来,其中也只有极少数的偶尔成为诗的意象,因为纷至沓来的意象零乱破碎,不成章法,

---

① 朱光潜:《诗论·后记》,《朱光潜全集》第三卷,合肥:安徽教育出版社1987年版,第331页。
② 王国维:《人间词话》,《王国维文集》,第一卷,姚淦铭等编,北京:中国文史出版社1997年版,第142页。

不具生命,必须有情趣来融化它们,贯注它们,才内有生命,外有完整形象。①

由此可见,朱光潜把诗的境界的关键归结到情与景的有机契合中。从这里我们也可以看出中国传统思想对他的影响和浸润。

关于"情景交融"这一理论,朱光潜还有一个创新很值得一提,即他从情趣与意象的配合方面来把握中国诗歌发展演变的轨迹。朱光潜的原文如下:"诗艺的演进可以从多方面看,如果从情趣与意象配合看,中国古诗的演进可以分为三个步骤:首先是情趣逐渐征服意象,中间是征服的完成,后来意象蔚起,几成一种独立自足的境界,自引起一种情趣。第一步是因情生景或因情生文;第二步是情景吻合,情文并茂;第三步是即景生情或因文生情。"②按照朱光潜的这种说法,我国诗歌发展演变轨迹的第一步的诗风应该具有直抒胸臆、情致真挚而意象简单、诗人畅快地吐露自己心中的感情等特点,我国的先秦至汉代初期的诗歌就具有这些特点,那一时期的诗歌以浑厚质朴见长,诗人作诗都是情绪上有所触动就脱口而出,很少在意象上下工夫;我国诗歌发展演变轨迹第二步的诗文特点应该是有明显的应用意象的技巧的痕迹,意象与情趣交融契合无间,我国的汉朝至魏晋时期的诗文大多呈现出这种特点,情景交融、佳境迭出;我国诗歌发展演变轨迹第三步的诗文特点应该是从对外在景物、物体的描写中见出诗人的情感,六朝应该算是这一阶段的起点,山水诗在当时很兴盛,诗的主体是对自然景物的描述,吟咏自然意象就可以引起种种情趣。

2. 诗的类型特征

朱光潜是在对诗与其他艺术门类,诸如散文、音乐、绘画的比较中确定诗的类型特质的。关于诗和散文的区别,朱光潜分析了以往学者的见解并在此基础上提出了自己的观点:他认为诗和散文的区别不能单从形式上或内容上见出,而应该同时在内容和形式两方面见出。由此,他给诗下了个定义,"诗是具有音律的纯文学",为了完善这个定义,他还做了些补充:"诗和散文在形式上的分别也是相对而不是绝对的。我们不能画两个不相交接的圆圈,把诗摆在有音律的圈子里,把散文摆在无音律的圈子里,使彼此壁垒森严,互不侵犯。……诗和散文两国度之中有一个很宽的叠合部分做界线,在这界线上有诗而近于散文,音律不甚明显的;也有散文而近于诗,略有音律可寻的。"

在这几种相关联的艺术中,诗和音乐的关系最近,它们同属于时间艺术。而且诗、乐、舞最初就是三位一体的混合艺术,随着时间、文化的演进,三者逐渐分离开了。音乐以声音为媒介,偏向和谐;舞蹈以形体为媒介,偏向姿态;诗歌以语言为媒介,偏向意义。虽然三者已经分化,但节奏仍是它们共同的要素。当然,诗和音乐也有很多不同点,朱光潜对此有过如下论述:诗与乐的基本的类似点在它们都用声音,但是它们也有一个基本的异点,音乐只用声音,它所用的声音只有节奏与和谐两个纯形式的成分,诗所用的声音是语言的声音,而语言的声音都必须伴有意义。诗不能无意,而音乐除较低级的"标题音乐"(Programme Music)以外,无意义可言。可以说,这是诗与音乐的最基本的差别。

---

① 朱光潜:《诗论》,《朱光潜全集》第三卷,合肥:安徽教育出版社1987年版,第54页。
② 同上,第71页。

关于诗与画的区别,朱光潜是在分析评判莱辛的理论思想的基础上提出自己的理论的。莱辛认为绘画用形色,宜于描绘物体;诗用符号和声音,宜于叙述动作。而在朱光潜看来,随着艺术的不断发展,诗和画都在向抒情和写意等方面发展,"画家用形色而能产生语言声音的效果,诗人用语言声音而能产生形色的效果,都是常有的事"。关于两者的不同点,在中国诗画里最能得到突出的表现,用莱辛的理论就不能解释中国的诗画传统。因为我们中国画讲究神似、气韵生动,画也注重写意;而中国诗也有很多抒情诗,特别是山水诗都是以写景为主。中国诗画的传统特点为朱光潜提供了一个很好的理论支柱。

3. 中国诗律的形成

朱光潜本人比较看重自己的中国诗律形成的理论,他晚年曾经自己评价过这一理论:"《诗论》对中国诗的音律,为什么中国诗后来走上律诗的道路,做了一些科学的分析。"律诗是中国诗歌体裁中与西方差别最大的地方,它也是汉语独特性在诗歌领域中表现的结果。朱光潜认为中国诗走上律的道路有以下三方面原因:一是声音的对仗起于意义的排偶,这两个特征先见于赋,律诗是受赋的影响。二是东汉以后,因为佛经的翻译与梵音的输入,音韵的研究极发达。这对于诗的声律运动是一种强烈的刺激剂。三是齐梁时代,乐府递化为文人诗到了最后阶段。诗有词而无调,外在的音乐消失,文字本身的音乐起来代替它。永明声律运动就是这种演化的自然结果。其中第一点说律诗的声音的对仗和意义的排偶这两个特征是受赋的影响,这在当时是一个比较新的理论,关于这一点,朱光潜做了如下解释:词赋比一般诗歌离民间艺术较远,文人化的程度较深。它的作者大半是以词章为职业的文人,汉魏的赋就已有几分文人卖弄笔墨的意味,对此杨雄已有"雕虫小技"的讥消,音律排偶便是这种"雕虫小技"的一端。但是虽说是"小技",趣味却是十足。文人们越做越进步,越做越高兴,到后来随处都要卖弄它,好比小儿初学会一句话或是得到一个新玩具,就不肯让它离口离手一样。他们在词赋方面见到音义对称的美妙,便要把它推用到各种体裁上去。艺术本来都有几分游戏性和谐趣,于难能处见精巧,往往也是游戏性和谐趣的流露,词赋诗歌的音义排偶便有于难能处见精巧的意味。

四、美的本质:美是主观与客观的统一

新中国美学大讨论于1956年正式爆发,朱光潜也因为发表了《我的文艺思想的反动性》一文而被卷进了这场美学大讨论中。事实上,发动这场争论前一些美学讨论组织者就已经打算在讨论中集中火力批判朱光潜的美学思想了。

在这次讨论中,朱光潜对美的本质的看法上主张"美是主客观的统一",这种美学上的主张一直持续到他晚年也没动摇过。事实上,"美是主客观的统一"这一观点并不是起源于美学大讨论,早在《文艺心理学》中朱先生就提到过"美不仅在物,亦不仅在心,它在心与物的关系上面;……它是心借物的形象来表现情趣"。这里提到的"美在心与物的关系上"的观点就是"美是主客观的统一"观点的雏形。对于这一点,朱先生也供认不讳,在《我的文艺思想的反动性》中他说道:"关于美的问题,我看到从前人的在心在物的两派答案以及克罗齐把美和直觉、表现、艺术都等同起来,在逻辑上都各有些困难(如《文艺心理学》第十章所分析的),于是又玩弄调和折衷的老把戏,给了这样一个答案:'美不仅在物,亦不仅在心,它在心与物的关系上面。'如果话到此为止,我至今对于美还是这样想,还是认为要解决美的问题,必须达到主观与客观的统一。"①当然朱光潜这里强调的"美是主客观的统一"和他早期的"美在心与物的关系上面"还是有很大的区别的,"这变化的关键是哲学出发点的不同。过去他说美在心与物的关系上,是从克罗齐的主观唯心论的'直觉说'出发,实质上更偏向强调美是心灵的创造;而现在他说美在心与物的关系上(即美是主客观的统一),是从马克思主义的辩证唯物论的意识形态学说出发,在肯定意识反映现实的前提下,注意主观和客观的相互作用"。

朱光潜在阐释"美是主客观的统一"这一观点时,还创造性地提出了"物甲"、"物乙"说,也很值得一提。他是这样论述的:美感的对象是"物的形象"而不是"物"本身。"物的形象"是"物"在人的既定的主观条件(如意识形态、情趣等)的影响下反映于人的意识的结果,所以只是一种知识形式。在这个反映的关系上,物是第一性的,物的形象是第二性的。但是这"物的形象"在形成之中就成了认识的对象,就其为对象来说,它也可以叫作"物",不过这个"物"(姑简称物乙)不同于原来产生形象的那个"物"(姑简称物甲),物甲是自然物,物乙是自然物的客观条件加上人的主观条件的影响而产生的,所以已经不纯是自然物,而是夹杂着人的主观成分的物,换句话说,已经是社会的物了。美感的对象不是自然物而是作为物的形象的社会的物。美学所研究的也只是这个社会的物如何产生,具有什么性质和价值,发生什么作用;至于自然物(社会现象在未成为艺术形象时,也可以看作自然物)则是科学的对象。这里说"物乙是自然物的客观条件加上人的主观条件的影响而产生的",就是说"物乙"是主客观的统一体。朱光潜在这里即坚持了物的形象的主观因素,又肯定了其客观基础。其实,朱光潜论述的这些就是想证明美是主客观的统一,人作为审美主体具有能动作用。

五、人性、人道主义、人情味和共同美

在1976年以前的一段时间里,"人性"是一个敏感的区域和话题,而在"文革"后,一些文学创作很快就触及到这块禁区了,这自然会引来一些理论家和批评家的抨击,朱光潜是最早为文学艺术表现人性做出辩护的理论家之一。他于1979年发表的《关于人性、人道主义、人情味和共同美问题》一文就是他为"人性论"做出辩护的表现,这篇文章后来编入其论文集《美学拾穗集》。在这篇文章里,我们可以看出朱光潜关于人性、人道主义、人情味和共同美的理论认识。

关于人性的问题,朱光潜认为人性就是人的自然本性,"艺术模仿自然"这个理论信条中的"自然"就是指人性,所以说人性是文学艺术模仿的对象。当时的中国社会长期以来存在的一种观念是在阶级社会里,人性必然表现为阶级性,没有什么抽象的人性。对于这种观点朱光潜则认为,这是对马克思主义阶级观点的一种歪曲,人性与阶级性是共性与特殊性或整体与部分的关系,它们并不是相矛盾、否定的。关于人道主义问题,朱光潜认为它是与人性一样存在的,因为有人性就有人的道德。朱先生对此有过一段论述:"人道主义在西方是历史的产物,在不同的时代具有不同的具体内容,却有一个总的核心思想,就

---

① 朱光潜:《我的文艺思想的反动性》,《朱光潜全集》第五卷,合肥:安徽教育出版社1989年版,第27页。

是尊重人的尊严,把人放在高于一切的地位,因为人虽是一种动物,却具有一般动物所没有的自觉性和精神生活。人道主义可以说是人的'本位主义'。"①并且,一切伟大的文艺作品都体现出人的伟大和尊严。关于人情味问题,朱光潜认为人情味是人性中的一个很重要的因素,文艺作品中的人情味是备受读者欢迎和喜爱的那一部分。关于共同美的问题,朱光潜并不像当时的传统观念一样否定它,而是认为美感作为一种情感来说,是非常复杂的,不同的阶级可以有共同的情感。当然,不同的阶级也会有不同的美感,但这并不构成矛盾、否定的关系。对此,朱光潜有过如下论述:否定共同美感,就势必割断历史,不可能有批判的继承;也势必闭关自守,坐井观天,不可能有交流借鉴。所以,我们应该对共同美、人情味、人性、人道主义这些问题给予承认和重视。

第四节 生命哲学与"散步"美学:宗白华

宗白华②与朱光潜一直被认为是20世纪中国美学的双峰。对这两位美学老人的学术风貌和思想特征,李泽厚曾做过精要的比较:

图6-4 宗白华

> 两人年岁相仿,是同时代人,都学贯中西,造诣极高。但朱先生解放前后著述甚多,宗先生却极少写作。朱先生的文章和思维方式是推理的,宗先生却是抒情的;朱先生偏于文学,宗先生偏于艺术;朱先生更是近代的,西方的,科学的;宗先生更是古典的,中国的,艺术的;朱先生是学者,宗先生是诗人……③

宗白华终其一生是一位学者诗人或诗性学者,在东西方文化对流的思潮中,他更透彻地认识了中国文化的美丽精神,于是在终生情笃的艺境追求中,"借外人的镜子照自己面孔",以西方近代美学精髓为参照,继而返身追寻中国传统美学的精华,创构了深闳高远的东方境界的"散步"美学。

---

① 朱光潜:《关于人性、人道主义、人情味和共同美问题》,《朱光潜全集》第五卷,合肥:安徽教育出版社1989年版,第390页。
② 宗白华(1897—1986),原名宗之櫆,字伯华。江苏常熟人,中国现代著名美学家,同济大学语言科毕业。早年参加少年中国学会,主编《少年中国》、《时事新报·学灯》。1920—1925年留学德国,专攻哲学、美学。回国后任东南大学、中央大学教授。新中国成立后任南京大学、北京大学教授。中华全国美学学会理事。著作编有《宗白华全集》,共四卷,前三卷为论著,后一卷为译著。
③ 李泽厚:《宗白华〈美学散步〉序》,《走我自己的路》,北京:生活·读书·新知三联书店1986年版,第121页。

一、思想理路

宗白华的学术生涯开端于"五四"时代,那是"一个动荡的大变革时代",是一个让人热血沸腾、豪气干天的时代。在那个时代氛围中陶养起来的一代年轻人莫不充满激情和梦想,筹划着为一个"即将到来"的新中国干出一番大事业。宗白华是浪漫和热情的,所以他一开始就以积极的姿态参与到少年中国学会这个"五四"时期影响最大的社团之一当中去,成为一名意气风发的青年评议员。然而宗白华又是冷静和理智的,他并没有被卷入时代全面反传统的、政治的涡流当中,而是治学伊始就决定在学术的范围内尽自己对新文化的一份责任。"学术救国"也是爱国、护国、光国的许多种方式与途径之一,它也许比不上其他方式显赫,来得快速有效,但其本身是无可指责的;而且就长远来看,也许这是一份更有利于国家、民族向更远更深的未来迈进的事业。统观宗白华一生的学术之路,文化、生命、美学是他思想的焦点,他由对文化的思虑而进行东西古今文化的比较,在比较中确立了文化尤其是中国文化还包括西洋近世文化的内质乃在于生命的哲学观。这种生命哲学观在其形态上又最能与美学沟通,最带有审美的意味和价值。于是,宗白华的美学思想总起来说是一种生命美学思想,而文化、生命、美学则成了他学术思想发展的内在理路。

1. 文化定义和文化态度

"五四"本身是一场新文化运动,这场运动的现状怎样,走向如何,在中/西、古/今、政治/文化的二元选择中将何去何从,是当时知识分子共同思考的问题。宗白华在对中国现实加以考察的前提下,确认了自己终生奋斗的方向——体察文化、分析文化、贡献于文化。他这样描述当时的"文化恐慌状态":"现在旧文化既有许多不适用的,新文化又未产生,于是,中国陷于文化恐慌状态,旧学术消沉,新学术未振,旧道德堕落,新道德未生,一切物质文化及政治状况、社会状况皆是一种不新不旧不中不西的形式。若长此以往,历时愈多,中国文化愈落愈甚,恐怕陷于不可恢复的境地。所以我们青年实负有创造中国新文化的责任。"他定自己主编的《时事新报·学灯》栏目宗旨为"奉学术做本栏新文化运动的指导明灯。借着这学术的灯,做我们积极的、基础的、稳固的、建设的新文化运动"[①]。对当时的文化状况发出学术上的吁求是宗白华的思想起点和焦点。

在1919年11月刊载于《少年中国》上的《中国青年的奋斗生活与创造生活》一文中,宗白华全面论述了自己的文化观。他首先给出了一个比较全面的文化定义。他同意当时社会学家的看法,把文化分为物质文化、精神文化和社会文化三个方面。简言之,"物质文化就是人类利用自然界材料制造人类实际生活所需用之物品……精神文化的产品就是学术、艺术、道德、宗教。……社会文化就是社会一时代的政治组织与经济组织"[②]。宗白华关于文化的三分法基本属于一种大文化的看法,囊括了社会生活的方方面面和人类文明的主要成果,其所谓社会文化就是制度文化。这种大文化的观念一定程度上反映了宗白

[①] 宗白华:《〈学灯〉栏宣言》,《宗白华全集》第一卷,合肥:安徽教育出版社1994年版,第133页。
[②] 宗白华:《中国青年的奋斗生活与创造生活》,《宗白华全集》第一卷,合肥:安徽教育出版社1994年版,第100-104页。

华的学术视野,他一生集中讨论精神文化,而且偏重于艺术和哲学,但他的讨论之所以有相当的深度,应当说得益于他大文化观念的全局意识。

在文化三分的基础上,宗白华又表达了自己的文化态度。可以归纳为如下几个方面:第一,虽然文化是流动的,但学术问题只有真妄,而无所谓新旧,新旧只是相对而言,所谓新,即在旧的中间发展进化、改正增益出的,不是凭空特创的。"我们只知崇拜真理,崇拜进化,不崇拜世俗所谓新。古代发明的真理,我们仍须尊重,现在风行的谬说,我们当然排斥。"由此,他提出自己最佩服古印度和欧洲中世纪学者的精神:一个是绝对地服从真理,猛烈地牺牲成见;一个是宁愿牺牲生命,不愿牺牲真理。第二,对中国的传统文化和西方文化都应该持分析的态度。单就物质文化和社会文化而言,宗白华认为,因为中国学者历来重视精神文化,在技术上、科学上和制度上已经落后于欧西,因此必须根基科学,取法欧西,而不是一味排斥、统统拒绝。但也"绝不是把欧美文化搬了来就成功",应对纷至沓来的各种学说、思潮,有恰当的批判然后才能取舍,而"中国旧有文化中实有伟大优美的,万不可消灭"。比如孔子大同主义、孟子平等主义、庄子自然主义、墨子兼爱主义都是不悖世界潮流的。另外还有可与希腊雕塑、德国音乐并立而无愧的中国绘画等艺术。宗白华坚决反对缺乏科学精神的沟通与调和,如以佛理解康德等。第三,在东西文化的未来走向上,宗白华曾有过"对流"与"综合"的看法。这种提法应当承认是极为敏锐的,但他用"静观或寂照"与"进取"来简单概括东西文化的根本差异,却不免也犯了时人的通病,以致后来遭到郭沫若的批评。郭沫若指出不应该简单概括一种文化,尤其是把在历史长河中与其他文化不断撞击互摄的文化之本质简约为某一字词,从而与他种文化相峙。

2. 生命哲学的体认

中华哲学的中心精神到底是什么?是否有这样一种中心精神可以得中华文化之精髓?宗白华根据自己的直觉体察以及对中西哲学阶段性的对比考察,把这种中心精神最终定位为生命哲学。它以天人合一的宇宙观为背景,讲究心物合一、体用不二,追求知行合一、生命既充实又空灵的境界。它不仅是中国人的形而上学,也是中国人最基本、最普遍的生活观念。

天人合一的生命哲学观源自于先人亲亲于物、齐物我的原始自然的平等观念和重生、养生、护生的观念。表现在生活观念上,可以表述为是一种自然的同情观。在与自然的相互依存中,人类发现了自我生命的位置,萌发了对人生之价值与意义的思考,从而赋予自然以人的意义,把人当作自然的一部分,渴求二者的和谐统一,并在统一中达到某种灵犀相通,以期领悟宇宙人生最深的情调和神秘。自然的同情观不同于对自然不断的征服与榨取,它最初是农业文化的产物。西方社会自古孜孜以求地探取宇宙和自然的奥秘,至近代工业科学技术迅猛发展以来,更加速了与自然的疏离隔膜,忽视了生命的和谐境界,激起了一股讴歌生命讴歌人类的浪漫主义文学、诗学潮流的发生。处在近现代文化社会转型期之中国的宗白华,一方面发乎天性,诗意地领悟到自然的同情观;另一方面,得益于文艺作品的陶养(唐人王、孟、韦、柳等人境界闲和静穆、态度天真自然、寓秾丽于冲淡之中的绝句引起他一股宇宙的遥远的相思的哀感,而歌德与其他德国浪漫诗人的小诗也引起他无限的同感),由此,他提出:"艺术的生活就是同情的生活呀!无限的同情对于自然,无限的同情对于人生,无限的同情对于星天云月,鸟语泉鸣,无限的同情对于死生离合、喜笑悲啼。这就是艺术感觉的发生,这也是艺术创造的目的。"①

另外,宗白华留欧前后还深受西方生命哲学的影响。宗白华既有中国生命文化、文艺的背景,又非常喜爱德国浪漫主义的文学、哲学,所以具备了接受近现代生命哲学的可能。19世纪后半期叔本华和尼采提出"生命意志"或"权力意志"说,为生命哲学关注人生命的意义和价值奠定了基础。他们可以说是宗白华及同时代无数中国学人的蒙师。20世纪初,狄尔泰(W. Dilthey,1833—1911)和柏格森(H. Bergson,1859—1941)共同打出"生命哲学"的旗号。柏格森在《创化论》一书(宗白华曾有专文评述)中发展了世界现实从根本上说是生命的观点,并于《时间和自由》等书中在生命本体论的基础上创造出一套直觉主义的认识论体系,宣称西方传统的抽象理性和逻辑语言从未能真正把握生命之流的意义与本质。狄尔泰认为只有在体验、理解和历史的把握中才存在着生命,他着重研究了主体性和自我经验,同柏氏一样重视时间对于生命的意义。另外一位宗白华一生都在阅读着的哲学家——齐美尔(G. Simmel,1858—1918),也是生命哲学家队伍中的一员,他这方面的思想在其文化哲学中得到了最重要的体现,反映了他的文化危机感同文化变革意识。西方现代生命哲学从现代人本主义的立场出发,批评资本主义"科学—工具"理性所造成的人性异化现象,期望以重提生命来拯救人格精神全面失落的现实。这些哲学家的反现代性思想直接延续到海德格尔、萨特那里。宗白华所接受的这股西方生命哲学思想被他在比较文化、比较哲学的高度上沟通起来,并且获得了一种现代性的视角,以反观中国本土的生命文化、生命哲学思想,对《周易》等中国传统哲学经典做出了极有现代性意味的新阐释。

3. 审美文化的历史和现状

中国是一个审美的国度,中国文化的精神内涵有着相当的审美因素,这一点一直以来被多数学者认可。李泽厚曾把中华民族的总体特征概括为"实用理性",但他还有另外一种归纳:

> 中国哲学无论儒墨老庄以及佛教禅宗都极端重视感性心理和自然生命。儒家如所熟知,不必多说。庄子是道是无情却有情,要求"物物而不物于物"。墨家重视生殖,禅宗讲"担水砍柴",民间谚语讲"留得青山在,不怕没柴烧"等等,各以不同方式呈现了对生命、生存、生活、人生、感性、世界的肯定和执着。它要求为生命、生存、生活而积极活动,要求在这活动中保持人际的和谐、人与自然的和谐……。实际上,它乃是一种体用不二、灵肉合一,既具有理性内容又保持感性形式的审美境界,而不是理性与感性二分、体(神)用(现象界)割离、灵肉对立的宗教境界。审美而不是宗教,成为中国哲学的最高目标,审美是积淀着理性的感性,这就是特点所在。②

---

① 宗白华:《艺术生活》,《宗白华全集》第一卷,合肥:安徽教育出版社1994年版,第100-104页。
② 李泽厚:《中国古代思想史论》,合肥:安徽文艺出版社1999年版,第313-314页。

李泽厚的归纳已经比较完备，但宗白华又别有一种眼光："中国人的个人人格、社会组织以及日用器皿，都希望能在美的形式中，作为形而上的宇宙秩序，与宇宙生命的表征。这是中国人的文化意识，也是中国艺术境界的最后根据。"①孔孟、老庄，另加禅宗，构成了中国文化史的两条主线，二者共有的审美质素赋予了中国人的文化、艺术生活以明显的审美倾向。

如果说中国文化中确实有相当的审美因素在延续的话，那么，它是否一直流传到近世中国且得到不断充实呢？晚清与"五四"学人所直接承继的前一代文化的审美图景是个什么情形呢？强调文艺功利性的梁启超认为有清一大特点是："美学文学不发达也。清之美术（画），虽不能谓甚劣于前代，然绝未向新方面有多发展，今不深论。其文学，以夫诗言，真可谓衰落已极……要而论之，清代学术，在中国学术史上，价值极大；清代文艺美术，在中国文艺史美术史上，价值极微，此吾敢言也。"②梁启超的观点实际上代表了蔡元培、王国维等人的共同意见。在他们看来，至少在某种程度上，中国文化的审美因素呈现了式微的迹象，在国家教育方案和国民生活中不再获得应有的位置，这种式微已经影响了中国自身文化精神的彰显，以及与西方文化精神并立的魄力。晚清至民初，由于各方面因素的影响，这种式微愈演愈烈。20年代初的宗白华则直接作诗一首《月底悲吟》，以"悼国人美感的不振"："……噫，可爱的人间，/你怎么这样冷冷清清的，/不表示一点声音。/你歌咏我的诗人，/何处去了？/你颂扬我的弦音，/怎不闻了？/沉寂的林中，/不看见携手的双影。/明窗的楼上，/不听见负手的沉吟。/都城寥廓，/空余石壁森森了！/我寸心惊跳，/凄然欲泪。/可爱的人间，/他竟忘了我么？｜——"

以生命哲学为核心的中国审美文化到了"都城寥廓，石壁森森"的地步，可不让有志学人胆战心惊吗？他们急欲重新激发起国人对生命、生活的热忱，对自我、自由的追求，急欲使贫弱的老中国重新焕发活力、美感流溢。然而途径在哪里？单单强调那渐传渐僵的审美精神吗？仅仅攫取西洋美学精神吗？还是尽量使二者在碰撞与交流中化合共生，谋求传统生命美学的现代性转化，实现二者的有机结合？西学东渐，浩浩荡荡，在一个甚或多个异质文化强有力地成为参照系的年代里，前两条路是肯定走不通的。对宗白华来说，集中于美与艺术观念、哲学根源的比较，尤其是艺境探讨是他的选择。

二、艺术意境

有文化和生命作为背景与底色，美学才显得充实而空灵，但美学有自己着力研究的对象。艺术美之外的整个美的世界如宇宙、人生等本也应当是美学的对象，但因为艺术的创造是人类有意识地实现他的美的理想，从而最集中地表现了人类的审美精神，概括了人类的审美过程，所以从艺术中认识各时代、各民族心目中之所谓美是最为恰切和适宜的。在20世纪中国美学家当中，简单说来有两种倾向：一种致力于美学理论的研究，如美的本质、起源等，如早期译、编国外美学的吕澂等人；一种致力于门类艺术的研究，从门类艺术中探究美的根源问题以及人类创造美、审美的经验过程等，如滕固《唐宋绘画史》、邓以蛰

---

① 宗白华：《艺术与中国社会》，《宗白华全集》第二卷，合肥：安徽教育出版社1994年版，第412-413页。
② 梁启超：《梁启超论清学史二种》，朱维铮校注，上海：复旦大学出版社1985年版，第83页。

《画理探微》、朱光潜《诗论》等。宗白华更倾向于后者，但宗白华的视野更为宽阔，他充分研究了中西各主要门类艺术，阐明了其美学特征和审美规律，触及了艺术创作和艺术欣赏的心理机制，尤其是揭示了艺术所具有的焕发人的活力、提升人的生命境界的作用，因此他的研究具有鲜明的现代意识和现代价值。

宗白华关于文化哲学、生命精神和美的认识全由他的艺术研究中见出，成为其中的一股充盈之气。在他全部的比较美学研究工作中，最富有成果、最具有创造价值的，就是他对中西美学理论在艺术表现上的差异的研究，以及在这种差异研究过程中逐步建立起来的关于中国美学、艺术同质的思想，前者体现为审美空间意识，后者集中为"艺术意境"。

1. 从诗、画宕开

宗白华最早关注的艺术是诗歌，最多讨论的艺术是绘画，对宋元文人画在世界艺术史上的位置给予了极高评价。所以，建国后当他的美学思想逐渐走向自我总结、归拢之时，他的第一篇文章《美学散步》就专门来讨论诗与画的问题。这篇文章除了对"散步"一说的重要陈述以外，还有三点认识值得重视：

第一，宗白华说"探索这微妙的分界（按指诗、画），正是近代美学开创时为自己提出了的任务"，认为莱辛指出诗画各自的局限性以及各自特殊的表现规律，开创了对于艺术形式的研究。第二，莱辛的著作已涉及了诗画在时间与空间、视觉与听觉等方面的特征。宗白华在对王昌龄《初日》和门采尔油画之相似意境的诗意描述中，一再凸显了其中的审美空间意识。这与他自来重视诗、画、书、诗、舞蹈、园林等艺术中中西空间审美意识的离合异同是相通的。第三，宗白华虽一再申明画和诗的界限仍是不能泯灭的，也是不应该泯灭的，各有其特殊表现力和表现领域，但又说："诗和画的圆满结合（诗不压倒画，画不压倒诗，而是相互交流交浸），就是情和景的圆满结合，也就是所谓'艺术意境'。"① 观察宗白华整体的审美趣味，可发现他基本上倾向于一种"古典主义"的静穆和谐、闲淡雅致的美。但他又充分吸纳近世以来的生命动感，从而诞生了他极富现代主义的"艺境"说。

中西古代都有"诗画同源"的说法，把"诗画一律"看作当然的艺术主张。苏东坡的名言"味摩诘之诗，诗中有画；观摩诘之画，画中有诗"人尽皆知。古罗马文豪普鲁塔克也指出"诗是有声的画，画是无声的诗"，同贺拉斯"诗如此画亦然"的著名论断都影响了西方数百年的文艺思想。我们在宗白华的艺术观念里头，最容易体会到他把诗味、画态、乐情、舞意、书姿，以及建筑、园林、壁画、雕塑、工艺品等艺术的美学意蕴融贯一体，互阐互释的气魄与识力。

这是因为，宗白华把各门艺术都看作是艺术家的"外师造化，中得心源"的结果，也就是艺术家把与天地贯通的个人情感、生命全部注入到他的对象里面，使得对象也成了一个有生命的对象，反映着宇宙生命的情调，启示着最高远的真理。由于各门艺术最本质的创作原理和最高的创造理想只有一个，即造化与心源，也就是心灵的外化与生命的内渗，那

---

① 宗白华：《美学的散步（一）》，《宗白华全集》第三卷，合肥：安徽教育出版社 1994 年版，第 295 页。

么,不仅在某些具体技巧上,而且在终极的生命灵境的启示上,各门类艺术皆可连接成为整体,共同铸就中国艺术、中国美学的重要精神特色。

宗白华在体会摩挲中国绘画、书法、诗歌以及西方古希腊的建筑、雕塑和近代绘画的时候,深深感到两者精神意境上的迥异。西方人对待无穷空间的态度是追寻的、控制的、冒险的、探索的,其结果是彷徨不安、欲海难填,西方艺术在由近及远的层层推进中,到达极目难穷的远天,令人心往不返、驰情入幻,其中暗示着物与我之间的一种紧张和分裂。艺术之外,宗白华还列举了近代科学史上的大事为例证,那就是无线电的发明和飞机的腾空,而在其时,中国人连自行车和汽车都还不熟悉。中国人的空间感却是如古诗所说的"高山仰止,景行行止,虽不能至,心向往之",是"留得无边在,低徊之,玩味之",是从有限中见到无限,又于无限中回归有限。中国人让流动变化和虚灵的审美空间随着心中意境可敛可放,空间延伸,与时间的节奏相交汇,成就一个节奏化、音乐化的"时空合一体",有物和我在其中交互浑融,即"网罗天地于门户,饮吸山川于胸怀"。

宗白华试图从哲学根源上找到这两种不同的时、空意识和审美精神的渊源。他通过分析认为,心、物及主观、客观问题始终支配了西洋哲学思想,无论古希腊的古典哲学观还是近代世界观,它们主客观对立的态度始终是一致的,或欲以小己体合于宇宙,或思戡天役物,伸张人类的意志。西洋自古"模拟现实"和重科学的精神始终影响着西人的空间审美观。而中国艺术的境界特征却是根基于中国民族的基本哲学——《易经》的宇宙观:阴阳二气化生万物,生生不已地相交相织成一有节奏的生命。人的使命是深深体察这节奏运动,用艺术传达出这生命的姿势和线条韵律。于是,中国画(尤其是山水画)、诗、书乃是作者亲亲于物、抚爱万有的宇宙生命情结的表现。老、庄及禅宗思想都不外乎于静观寂照中,求返主体深心、冥合气韵生动的大宇宙。因此,中西美学在审美空间意识上的差异,其实就是中西哲学的分界所在。宗白华把审美空间意识提到哲学高度上进行研究,在当时的美学家中是独无特有的,迄今其高度也难以超越。

中西艺术由哲学观带来的审美空间精神上的差异在空间感形上,表现为不同的门类艺术偏向。西洋文化的基础在希腊。希腊民族艺术上的最高表现是建筑与雕刻,以"和谐、秩序、比例、平衡"为美的最高标准与理想。以这两种伟大艺术为背景,西洋绘画的发展也决定了它特殊的路线与境界,它们把对空间的情绪感觉寄托在一片光影彩色阴暗之中。画的平面上构出了如建筑、雕刻般逼真的空间框架,让人几欲走进。而中国艺术的空间感形,表现在诗词中,是"墨气四射,四表无穷,无字处皆其意也";表现在绘画中,"既不是凭借光影的烘染衬托,也不是移写雕像立体及建筑的集合透视,而是显示一种类似音乐或舞蹈引起的空间感形";表现在书法中,即所谓气势,所谓结构,所谓力透纸背的力线律动所引起的空间感觉;表现在园林中,则是以亭、台、廊、阁、池水、桥洞为"隔而透空"之工具,"造成无数不同空间之流动的时间中的综合,如听一交响乐之起伏节奏,主题变化"。不同的艺术技法也表现出中西审美空间意识上的差异。西洋绘画讲究透视法与解剖学,正如中国画家必备书法与诗词的涵养一样。透视法的目的是最真实地描绘出画家站在地上平视到的物象,一切视线集结于一个定点,依几何学的测算构造一个三进向的空间的幻景,这样的境界貌似客观实颇主观,所以西洋绘画会有写实主义发展到极点的印象主义,但其内里精神上物我两相面对而立的分裂性却一脉贯通。中国画家并非不懂得透视法,宗炳在千余年前已经用"张绢素以远暎"的方法明白了透视法的原理,但中国人的"艺术意志"阻碍他们运用透视法。中国画要求"以大观小",提神太虚,用心灵的眼睛从世外鸟瞰的立场观照全整的律动的大自然,游目周览,集合数层与多方的视点谱成一幅超象虚灵的诗情画意。画境偏于远景,"高远、深远、平远"构成中国透视法的"三远"说。所以中国人的空间体验的特质犹如鸟之拍翅,鱼之泳水。俯仰远还、远近取与乃是中国哲人、诗人、艺人共同的审美观照法。

2. 意境的现代阐释

意象或者意境(境界)是中国古典美学的中心范畴,它们本身的意指、构成以及同其他相关范畴的关系等几千年来一直聚讼纷纭。西方学说传进中国以后,它又被同"典型"等概念混淆在一起,颇引起了一些讨论。在现代中国美学家那里,如王国维、朱光潜、宗白华、邓以蛰(1892—1973)、滕固(1901—1941)等人也都是把意境(境界)作为艺术美的基本标准和最高范畴,从不同的侧面丰富和发展了这一古老的理论。王、朱主要是在诗词文学的批评中进行发挥,而宗、滕、邓则主要是从书画艺术批评方面深入阐述,都取得了相当高的成就。这证明了"意境"范畴在现当代具有某种程度的适应性,能够在语境移易的情况下继续发挥它对艺术美的阐释力。

王国维当年称"然沧浪所谓兴趣,阮亭所谓神韵,犹不过道其面目,不若鄙人拈出'境界'二字探其本也",一语震惊天下。他的《人间词话》全用古体,但却引进了"写实"、"理想"等新鲜语汇,着重启迪人们从一种新的高度和角度去深思。意境作为宗白华全部美学思想的核心与灵魂观念,在《中国艺术意境之诞生》一文中首先被赋予了一个现代性意义的界说。

宗白华这样规定意境:"以宇宙人生的具体为对象,赏玩它的色相、秩序、节奏、和谐,借以窥见自我的最深心灵的反映;化实景而为虚境,创形象以为象征,使人类最高的心灵具体化、肉身化,这就是'艺术境界'。"①宗白华的界说再一次与他关于中国人的宇宙感和生命意识的美学主题衔接起来。说到底,还是艺术家借助形象,运用想象,化实为虚,借景抒情,从而使"主观的生命情调与客观的自然景象交融互渗,成就一个莺飞鱼跃、活泼玲珑、渊然而深的灵境"。

情与景的关系自来是意境(意象)理论不可绕过的话题。诗文论家叶燮在《原诗》外编说道:"舒写胸襟,发挥景物,境皆独得,意自天成。"画论家张璪讲"外师造化,中得心源",总之都是内与外、主与客、形象性与情感性的问题。王国维认为文学的"原质"有二,"一景,二情",但他同时也肯定了只说情不涉景的"粗鄙而情真"的作品和只描景不抒情的作品。朱光潜在《文艺心理学》和《诗论》中着重发挥了王国维的"境界"说,但他借用克罗齐等人的理论,认为境界是意象同情趣的交感共鸣,诗画都出于"情趣与意象相契合融化",也仍然是情与景(象),不过加进了他的取自于现代审美心理学的眼光与态度。宗白华也说:"意境是'情'与'景'(意象)的结晶品。"并发挥说:"在一个艺术表现里情和景交融互渗,因而发掘出最深的情,一层比一层更深的情,同时也透入了最深的景,一层比一层更晶

---

① 宗白华:《中国艺术意境之诞生》,《宗白华全集》第二卷,合肥:安徽教育出版社1994年版,第358页。

莹的景;景中全是情,情具象而为景,因而涌现了一个独特的宇宙,崭新的意象,为人类增加了丰富的想象,替世界开辟了新境,正如恽南田所说'皆灵想之所独辟,总非人间所有!'这是我的所谓'意境'。"这样,他的情景说就不再是单面的、简单相加的,而是融而化之、包蕴深广的。

王国维在论述意境时,根据物我关系的不同情况,把意境大致分为"隔"与"不隔"、"有我之境"与"无我之境",但正如他自己所说"然二者颇难分别",也留给20世纪的学人打了几十年的糊涂仗。宗白华从另一个角度入手,根据主体创造意境由浅入深的过程,重在指出意境的分阶:"意境不是一个单层的平面的自然的再现,而是一个境界层深的创构。从直观感相的模写,活跃生命的传达,到最高灵境的启示,可以有三层次。"

宗白华援引蔡小石《拜石山房词》序和李日华《紫桃轩杂缀》里分别形容词和画之意境的层深,借以引申与发挥,又借江顺贻之评:"始境,情胜也。又境,气胜也。终境,格胜也",认为"'情'是心灵对于印象的直接反映,'气'是'生气远出'的生命,'格'是映射着人格的高尚格调"。此三层大略相当于宗白华《中国艺术三境界》一文所说的写实(或曰写生)、传神、妙悟这三个相互区别又层层推进的层次。最有意思的是,宗白华把中国艺术同西洋艺术进行了层次比较,把西洋艺术分为三个层别:写实主义、印象主义相当于第一层境;浪漫主义倾向于生命音乐性的奔放表现,古典主义倾向于生命雕像式的清明启示,都相当于第二层境;至于象征主义、表现主义,后期印象派,它们的旨趣在第三层境。这种分类对于我们理解中西艺术的差别很有帮助。

三、艺术人生与审美人格

对美学学科的反思在很大程度上集中于一个问题:美学何为?在美学几经热潮的中国,人们尤其有理由追问美学究竟要达到一个什么样的目的。英国美学家鲍桑葵在他的《美学史》前言中曾经下过一个著名的论断:

> 美学理论是哲学的一个分支,它的宗旨是要认识而不是要指导实践。因此,本书的主要读者对象乃是有志于从哲学上了解下列问题的人们:按照世界史上各个不同时期的主要思想家的设想,美在人类生活的体系中究竟占有什么地位和具有什么价值?我们必须坚定地指出,美学家并没有手持一套批评的原则和戒条这一精良的武器,无礼地浸入艺术家的领域。有人是这样看的。这种看法虽然不正确,却给美学带来很大的坏名声。人们常说,艺术是无用的;在类似的意义上,也不妨说,美学也是无用的。总之,美学理论家所以想要了解艺术家,并不是为了干涉艺术家,而是为了满足自己的学术兴趣。①

事实是不是真的像鲍桑葵所说,美学的存在并不是要给实践以指导呢?我们认为,美学史,尤其美学在中国的发展史证明鲍桑葵的话并不全面。美学作为一门学科,虽是1750年鲍姆加登为了完备他的知识系统而创立,但从更深刻的文化意义上讲,它很快在

---

① [英]鲍桑葵:《美学史》,张今译,北京:商务印书馆1985年版,第1页。

现代化的历史进程中发生了非常关键的现代性嬗变。席勒等一班德国诗哲发现美及艺术具备奇特的反现代性"功用",美以其自身无功利的自律性反而能够对抗现代化科学——工具理性带来的灾难,使现实人生趋于艺术性,趋于完美和谐。美学的这种现代人文主义的审美精神迅速由德国蔓延整个欧洲,并且被两百六十余年来的美学家继承。中国的情况更是如此,美、艺术与人生的关联一直是儒道佛各家自来的传统。上个世纪的美学家极少不怀有关怀现实人生的情结,他们关于艺术和美的各式各样的主张都或多或少地与社会现状的刺激相关,他们的学问也绝非仅仅是"为了满足自己的学术兴趣"。从王国维到朱光潜到宗白华,逐步确立艺术意境为形而上的本体和现实人生之安顿的路线,体现了审美与人生问题之间的互动,审美原则与现实人生的融合。

1. 艺术的人生观

宗白华首次提出"艺术人生观"是在1920年3月,并把这种艺术人生观看成是"把'人生生活'当作一种'艺术'看待,使他优美、丰富、有条理、有意义。总之,就是把我们的一生生活,当作一个艺术品似的创造"①。他当时提出这种观点的目的是为了给出一个解救"黎明运动"时期青年普遍烦闷的办法。他要求青年们观看现世时持一种"唯美的眼光",把社会上各种现象,无论美的、丑的、可恶的、龌龊的、伟丽的自然生活,以及鄙俗的社会生活,都当作一种艺术品来看待。这是因为普遍的经验告诉我们,人观览一件艺术品的时候,小己的哀乐烦闷都已停止,心中就得着一种安慰,一种宁静,一种精神界的愉乐。"我们要保持纯粹的唯美主义,在一切丑的现象中看出他的美来,在一切无秩序的现象中看出他的秩序来,以减少我们厌恶烦恼的心思,排遣我们烦闷无聊的生活。"一个月后,宗白华又把他关于艺术的人生观意见铺展开来,拿它与"科学的人生观"相对,后者是客观的研究的,前者是主观的领悟的,虽然二者都有助于抵抗当时社会中盛行的现实人生主义和悲观命定主义,但宗白华更倾向于前者,倾向于"从艺术的观察上推察人生生活是什么,人生行为当怎样"。生命现象就仿佛是艺术的创造,艺术的人生态度就是积极地把生活当作一个高尚优美的艺术品似的创造,使他理想化、美化,使他协和、整饬、一致。

由此,宗白华宣告了自己"超世入世"的人生观:"真超然观者,无可而无不可,无为而无不为,绝非遁世,趋于寂灭,亦非热中,堕于激进,时时救众生而未尝救众生,为而不持,功成而不居……"宗白华一生致力于哲学、美学,确是实实在在地"时时救众生而未尝救众生,为而不持"。有的人看到了他漫步于未名湖畔的清影,便认为先生一生淡泊世事,醉心书斋;有的人注意到他内心"悯彼众生"的拳拳情怀,又说他其实并非做到了超然。其实,现实关怀与超脱并不矛盾,就像庄子,精神极高,却不反对"曳尾于涂中"。宗白华早在不及弱冠之龄的时候就基本确立了自己一生的奋斗态度与奋斗方向,那就是"无为而无不为"的真超然态度。"艺术的人生观"并不是说要让整个人生沉醉于艺术当中,不顾世态风云,而是一种心态,一种认识,一种境界。行走于人生,嗅着艺术的芬芳,使人格与现实散发出像艺术那般美丽、丰富而纯洁的光华。艺术人生观之建立首要问题是一种新的文化

---

① 宗白华:《青年烦闷的解救法》,《宗白华全集》第一卷,合肥:安徽教育出版社1994年版,第179页。

人格的确立。《三叶集》中宗白华给郭沫若的信中，早就提出诗人要多与自然和哲理接近，以养成完满高尚的"诗人人格"的看法。所谓"诗人人格"，就是一种诗性人格、艺术人格，也就是一种审美人格。审美人格与艺术人生观互为表里，相互生成。对个体来说，是实现自性的谐和，人生的整饬；对社会来说，是取一种健康乐观的人生态度成就全体崇高的人格境界，避免人类精神品位的堕落、失衡。

宗白华说自己向来保持做"唯美主义和黑暗的研究"。唯美主义和对黑暗的研究之间是一种什么样的关系？宗白华以他那颗天生敏悟的诗心，首先深刻地感到黑暗时代的苦闷，如何奋斗与创造，为民族和个体寻求一条向上的解救的道路是他冥思苦想的问题。在这黑暗中，宗白华的运思触及了美学，所谓"唯美主义的眼光"就是以美来指引自身走出黑暗，并"呼集清醒的灵魂，起来颂扬初生的太阳"。保持对黑暗的兴趣，但又热切地祈求光明；站在大地，又虔诚地仰望着神圣；身在此岸，又时刻向往彼岸；保持感性，又不陷入纯粹的感性主义，这就是宗白华所理解的审美主义的人生观，也是他终生践履的方向。所以，宗白华的美学真正是一种人生美学，充盈着现代人文关怀意识。

宗白华关于艺术人生与审美人格的看法与他的学术研究一同成长，体现在他一生对于中西艺术、美的学术考察中，体现在他几十年的自我生活当中。《歌德之人生启示》与《论〈世说新语〉和晋人的美》两文可以作为此一历程上的两个阶段性成果，使我们能借以体察他对艺术人生和审美人格的热烈追求，并感受在这一二十年的中西转换中他如何保持了理想的基本品格，以及其中细微的或自觉或不得已的变动。

2. 浮士德精神的东方阐释

宗白华一生热爱歌德，在早期关于哲学及新诗的杂述中，他已开始注意到文学史和哲学史上歌德作为一个创造者的巨大精神价值，并在20世纪50年代末60年代初的《读〈论美〉后的一些疑问》、《艺术形式美二题》等文中还频频提起这个伟大的作家。"用叔本华的眼睛看世界，用歌德的精神做人"是他年轻时的口号。宗白华《歌德之人生启示》一文乃是纪念歌德百年忌日所写，从1919年他与郭沫若、田汉筹划成立歌德研究会到1932年终成文字，酝酿了十三年，可见其倾心之深，用力之勤。那么，歌德究竟代表了一种什么样的精神？在这篇文章里，宗白华对不仅是歌德的，更是自己的人生意识、人生理想和人格追求，做出了最完整最明白的阐释。

"我做了一个人，这就说曾是一个战士"，这句话带给宗白华最初的震撼。战士的品格勇往直前、无所畏惧，充满马革裹尸还的悲壮气概。在"五四"前后那个动荡不安的年代里，啸歌悲怀的情愫缠绕每一位青年的心头。宗白华不愿沉堕，期望振作起来，用乐观的文学唤起民众普遍的活力。于是，歌德战士式的人生观、歌德及其替身浮士德对"生命价值本身的肯定"便深得其心。

宗白华认为荷马的长歌、但丁的《神曲》、莎士比亚的剧本分别代表了古希腊、中古基督教时期和文艺复兴时期的时代现状与人生理想，而歌德则代表建筑在这三者之上的近代人生，他和他的《浮士德》等作品都在表现近代人生的特殊意义与内在的问题。歌德对于近代文化史的意义是他带给近代人生一个新的人生情绪，这就是对"生命价值本身的肯定"。这首先体现在歌德和他的替身浮士德，对中古时期人必须仰赖神恩始能得救,对近代启蒙运动的理智主义要求人必须服从理性的规范、理智的指导才能进入清明合理生活的反抗,他(们)鄙弃一切人为的礼法,热烈崇拜生命的自然流露。肯定生命本身,即是肯定生命的感性存在本身,肯定人的合理欲望和要求,肯定人追求自身价值的奋斗与创造。奋斗与创造正是青年宗白华极力提倡的主题。他大声呼吁古老中国的有志青年要同自身遗传的恶习性、社会黑暗恶势力做斗争,努力于小己新人格的创造和中国新文化的创造。他说:"我们做人的责任,就是发展我们健全的人格,再创造向上的新人格,永进不息,向着'超人'的境界做去。我们对于小己的智慧要日进于深广,对于感觉要日进于优美,对于意志要日进于宏毅,对于体魄要日进于坚强,每日间总要自强不息。"①"自强不息",正是辜鸿铭当年对"浮士德精神"的中国概括。所以"生命价值本身的肯定",不仅是歌德带给西方近代的文化意义,它对于中国文化新人格、新人生境界的创造价值显得更为重要,它是宗白华真正将审美的原则运用到人生当中的表现。

因为要热烈地肯定这人世间的生命,歌德格外要求用文艺来摹写表现生命的永恒变迁。歌德与他的浮士德都是历尽知识、恋爱、政治诸阶段的变动,他的诗歌也不断撑破旧德语的局限,自创新词和新语法。歌德就是浮士德,浮士德代表着他全部的人生情绪。浮士德说:"我有敢于人世的胆量,下界的苦乐我要一概担当。"宗白华由此总结道:"浮士德人格的中心是无尽的生活欲与无尽知识欲。……他肯定这生命的本身,不管他是苦是乐,超越一切利害的计较,是有生活的价值的,是应当在他的中间努力寻得意义的。"②这种勇敢伟大的、超越一切的生命肯定,使歌德和他的浮士德穿历人生的各阶段,而每阶段都成为人生深远的象征。

在对这战士式的人生观即流动的生命价值的观察中,宗白华的阐释明显带上了审美意味,也就是把歌德实在的生活历程等同于他的艺术形象浮士德的传奇历程,人物对生命之"动"的描述与向往正是作者本人奋斗与创造思想的表现。浮士德的人格和人生被歌德审美化了、艺术化了,而歌德又被宗白华审美化、艺术化了。二者的合二为一,寄托了宗白华对理想人格、人生及理想社会的期望与设想:

> 浮士德精神就是这样的将艺术的人生与人生的艺术有机地结合了起来,审美的艺术世界与审美的人生成了一个统一体的两个方面。审美世界与实际人生之间的互相对照、互相连接,因此获得了一种可资借鉴的范例。③

以"动"为主题的战士式生命观、人生观显然与宗白华早期从罗丹那里获得的启示相一致,与他早期对"艺境"的认识也相吻合。然而,宗白华从歌德和他的浮士德身上所体会到的生命精神还不仅止于"动",他对于歌德的发现还不仅止于"一个战士"。宗白华在强调歌德流动扩张的人生观的同时,强调了他的生命内敛、克制的一面。歌德的一生,生活

---

① 宗白华:《中国青年的奋斗生活与创造生活》,《宗白华全集》第一卷,合肥:安徽教育出版社1994年版,第98页。
② 宗白华:《歌德之人生启示》,《宗白华全集》第二卷,合肥:安徽教育出版社1994年版,第12页。
③ 张辉:《审美现代性批判》,北京:北京大学出版社1999年版,第123页。

无穷丰富，充满不可思议的矛盾，但又有一种奇异的谐和。他永恒变迁的生活之流永远有一个中心，那就是在紧要关头逃回自己的中心，他说："各种生活皆可以过，只要不失去了自己。"歌德为我们启示的人生是扩张与收缩、流动与形式、变化与定律；是情感的奔放与秩序的严整，是纵身大化中与宇宙同流，但也是反抗一切的阻碍压迫以自成一个独立的人格形式。这里，"形式"值得一说，它在宗白华那里相当于和谐、定律、克制与宁静。动静相宜，有张有弛，是宗白华对少年歌德和老年歌德一生观察的结果，但明显带上了东方审美文化的特色和他本人性情趣味的影响。

3. 晋人之美的现代诠解

1941年，宗白华发表了他那篇脍炙人口的《论〈世说新语〉和晋人的美》。这篇文章和上面的《歌德之人生启示》一样，生动流畅，充满激情，且更加潇洒随意。大体来说，宗白华仍然是在弘扬一种审美人格和艺术化人生，与他论歌德的思路相一致。

从德国留学归来之后，宗白华开始了对中国艺术精神的考察。丰富的中国艺术经验，深厚的中西哲学素养促使他从中国历史的生活形态、文化典籍和文学艺术传统中发掘不乏现代性意味的审美因素，并对其进行有效的阐释，实现中西精神的真正融合和传统的现代性转换。问题是，如何从浩瀚的历史烟海中进行创造性的工作？宗白华惊喜地发现了中国历史上这个特殊的历史时代——汉末魏晋六朝，并在这一历史时期的一部散文体著作《世说新语》当中发现了晋人的惊人的美。他自述文章的写作动机："我们设若要从中国过去一个同样混乱、同样黑暗的时代中，了解人们如何追求光明，追寻美，以救济和建立他们的精神生活，化苦闷而为创造，培养壮阔的精神人格。请读完编者这篇小文。"①

宗白华用读书札记的形式，分成八个部分非常生动又非常令人信服地描绘了何谓"晋人的美"。在这篇文章里，宗白华论述了晋人在生活上人格上解脱儒教的礼法束缚，而提倡一种自然主义、个性主义；论述了山水美的发现和晋人的艺术心灵，尤其是晋人的书法是自由的精神人格最具体的最适当的艺术表现；论述了晋人的"一往情深"，晋人向外发现了自然，向内发现了自己的深情；论述了晋人精神上的真自由，真解放，晋人"人格的唯美主义"和对友谊的重视；论述了美在神韵的晋人之美，而美之极，即雄强之极；论述了晋人的清谈与析理，对智慧的自觉追求；最后，还特别重点论述了晋人的道德观和礼法观。

西欧14世纪的"文艺复兴"在发轫之初，是以人对自我的发现和肯定、人对内心感情的抒发、逃离神的桎梏开始的。自此，个性自由、自我的发展成为促进西方社会、文化不断前进的因素之一，文明的进化又反过来确立人的自主发展，追求民主平等的权利。宗白华也正是在与文艺复兴的比较中，看出早在十几个世纪前我国魏晋人生活上人格上的自然主义和个性主义，称赞他们是以真性情、真血性来反抗旧礼法的虚伪、空疏与顽固，从而从汉代儒教一尊统治下解脱出来。在《世说新语》中，介于汉代之质朴和盛唐之成熟之间的

---

① 宗白华：《〈论《世说新语》和晋人的美〉等编辑后语》，《宗白华全集》第二卷，合肥：安徽教育出版社1994年版，第286页。

魏晋人极大地表现了他们"一往情深"的心境和对自然、对美、对智、对爱、对喜怒哀乐深入肺腑的理解。宗白华由此认为"个性价值之发现,是'世说新语'时代的最大贡献"。他高度评价了晋人于清谈和析理中表现出来的探求真理的热忱和思辨的精神,以及潇洒的风度与精彩的对白,这些使得他们的高谈阔论成为一种艺术创作,给后世中国艺术的发展带来了深远的影响。宗白华认为智慧的高扬凸显和增强了晋人的精神解放、人格自由,二者的结合在中国独有的艺术式样——书法中得到了有力的表达。晋人对于艺术美的"雅"化、"绝俗"的要求是他们唯美的人生态度的重要表现,但还不止于此,晋人把玩现在和无所为而为的态度都可以视为他们对待人生、事务的一种非功利性、审美化的态度。这使他们保持一种近泛神论的观念,以同情、简淡、超脱的姿态面对人生,从而与丑陋的社会现实相顽抗,形成一时代的别具一格的审美文化。

对感性的重视,本是现代性发生之初的题中之义,它表达了一种反对宗教理性重压、重申生命欲求、肯定世俗生活的情绪,表明了人自我主体性的觉醒,也就是说它是启蒙运动最早、最重要的要义。而20世纪上半叶的中国,主体形象的确立却更多地针对传统封建礼教的伦理性,呼喊新的、活泼的、真正解放了的自由的人格的出现,成为新文化运动的目标之一。具体地说,是对几千年来占统治地位的儒家思想、儒家知识谱系乃至社会制度本身的批判,所谓为感性立法、所谓为个性自由呼吁,都是追求一种与旧理性旧伦理原则相对立的新的法则。于是,一方面魏晋时代乱世情景与"五四"前后中国境况相通,另一方面乱世中魏晋人对感性生命的沉味,对美丽人生的向往在千载以后得到呼应。宗白华《论〈世说新语〉和晋人的美》一文虽在20世纪40年代完成,却直接接续了"五四"时代,甚至更早从王国维开始的对审美性的探索。魏晋的思想资源被开发出来,并被赋予新的更为深刻的现代内涵:不仅在于阮籍身上类似新道德运动的真性情、真血性,不仅在于晋人的一往情深、亲近自然和山水美的发现,不仅在于行草艺术所代表的前所未有的精神解放,也不仅在于庄子的悠游被加上孔子的仁恕和《易》的刚健辉光,更重要的,感性的觉醒、主体的发现直接导致了更进一步的要求——审美独立。有了审美独立,才有魏晋人那一片生机盎然、自足自得的生命境界,才可以进一步去谈艺术的独立、艺术的价值——那是由魏晋开始成为一门艺术的书法和由他们开始的山水诗画,而这些都可以代表中国文化艺术的基本精神。所以,宗白华的名言掷地有声:"汉末魏晋六朝是中国政治上最混乱、社会上最苦痛的时代,然而却是精神史上极自由、极解放,最富于智慧、最浓于热情的一个时代。因此,也就是最富有艺术精神的一个时代。"①

第五节 实践美学的拓荒者:李泽厚

李泽厚②美学崛起于20世纪50—60年代的美学大讨论,并在论争中得到广泛的赞同。70年代末以来,他一方面以开阔的视野关注西方美学的动向,另一方面在"坚持与发

---

① 宗白华:《论〈世说新语〉和晋人的美》,《宗白华全集》第二卷,合肥:安徽教育出版社1994年版,第267页。
② 李泽厚(1930—),湖南长沙人,哲学家、思想史家、美学家。1954年毕业于北京大学哲学系。现为中国社会科学院哲学研究所研究员、巴黎国际哲学院院士、美国科罗拉多学院荣誉人文学博士。主要著作单行或结集有:《美学论集》、《李泽厚十年集(1979—1989)》(四卷本)、《世纪新梦》、《论语今读》、《己卯五说》等。

展"中影响国内美学的潮流。李泽厚之于20世纪后期的中国美学,可以说既是潮头人,又是领潮人。然而,正是因为他始终处于潮流旋涡之中,又不停地在张扬中修补自己的学术观点,学界对他的评价也便见仁见智。

赞赏者曰:"他首先是一位哲学家,是一位在很难出现哲学家的年代里出现的哲学家。他的哲学思想有类似康德的丰富的完满性,有类似黑格尔的宏大的历史感,更闪烁着马克思的彻底科学精神。

图6-5　李泽厚

他还是一位思想史家。他在最深的层面上把握了中国人的灵魂、风神、智慧,在他那里可以找到从孔夫子到鲁迅的最真实的思想脉络。然而他仅仅作为美学家,就已使'少年高旷豪举之士多乐慕之,后学如狂'。"①从而一度被称为学术界的"思想库"。批判者一如其自己所述:"海内批我是'反马克思主义''自由化',海外(当然也包括许多'海内')批我是'死守马克思主义''保守派'。"于是,"我搞的一些概念,从'积淀''实用理性''儒道互补'到'西体中用''救亡压倒启蒙''历史主义与伦理主义的二律背反'等等,总是遭来批判、反对,只有'乐感文化''文化心理结构'这两个概念似乎还没见人批判。"②左右为难,知音难觅,难怪时年70的李泽厚笔端会流露出少有的伤感之情:"一辈子没权没势,从少到老,总被人无端欺侮,有时生一肚皮气也毫无办法,只好更加关起门来,'遗世独立',感叹'运交华盖欲何求'。"③

可以说,李泽厚是当代中国一位"兢兢业业,直道而行",极具思想魅力的哲学家、思想史家和美学家。他既以哲学家的宽阔视野在当代美学学科建设中发挥着独特作用;同时他的哲学、思想史、美学研究日趋聚合,"指向一个共同的方向",形成了以建设"心理情感本体"或实现"天人合一"的人生境界为核心的"人类学历史本体论"或"主体性实践哲学"的思想体系。这一体系实质是着眼"民族文化心理结构"的文化哲学体系,美学则是其中的"一种动力式的中心"。

一、在"美学讨论"中崛起

李泽厚在回顾自己的学术道路时表示,如果说最初选择"谭嗣同研究"的题目吃了盲目性的亏,那么在"美学讨论"之初走进美学领域则是"有备而来"的。他在《我的选择》一文中写道:"走进这个领域的盲目性似乎不太多:自己从小喜欢文学;中学时代对心理学、哲学又有浓厚兴趣;刚入大学时就读了好些美学书,并且积累了某种看法。所以1956年遇上美学讨论,也就很自然地参加了进去。当时主要是批评朱光潜教授,

---

① 赵士林:《当代中国美学研究概述》,天津:天津教育出版社1988年版,第37页。
② 李泽厚:《世纪新梦》,合肥:安徽文艺出版社1998年版,第275页。
③ 李泽厚:《己卯五说》,北京:中国电影出版社1999年版,第254页。

但我当时觉得,要真能批好,必须有正面的主张。用今天的话,就是'不立不破'……我觉得揭出别人的错误一、二、三并不太难,更重要的应该是能针对这些问题提出一些新意见新看法。我总以为,没有自己的新意,就不必写文章。"①这成为李泽厚学术研究的一贯原则。

  从1956年到1961年被抽调参加王朝闻主持的"美学概论"编写之前,是青年李泽厚学术灵感的第一个爆发期。他依据《论美感、美和艺术(研究提纲)》确定的理论框架,写成并发表了原定的《美学引论》中的大部分篇章,初步建立了自己的第一个美学体系。正如他后来所说,当时"受黑格尔和其他一些哲学的影响,对建构体系有兴趣"。这个体系的特点何在?《研究提纲》开端写道:"照我们的了解,美学基本上应该包括研究客观现实的美、人类的审美感和艺术美的一般规律。其中,艺术更应该是研究的主要对象和目的,因为人类主要是通过艺术来反映和把握美而使之服务于改造世界的伟大事业的。"②概言之,从体系架构看,它由美论、美感论和艺术论三部分构成;从理论特质看,它从车尔尼雪夫斯基的"美是生活"出发,加以马克思主义的改造,提出了"美的客观社会性"和"美感的矛盾二重性",并以之贯穿整个体系的始终。从整体上看,这一体系受西方近现代美学的影响,是被作为"狭义的哲学的分支"来看的,而从其对艺术论的重视看,则又带有某种"元批评学"的色彩。

  这时的李泽厚对建构体系不仅有浓厚兴趣,而且有自觉的意识。他从美感的分析入手,于是在研究顺序上择取"美是美感的否定,艺术是否定之否定";而对于美感和美的理论阐明,归根结底总还是为了具体地、更有效地研究和帮助艺术的创作和批评。这样,就其从最抽象的美感研究入手看,与康德美学颇为相似;由其对艺术的特别强调看,又能明显看到黑格尔的影响;而与此前国内较成熟的30年代的朱光潜美学、40年代的蔡仪美学相比,单就学术构思和已发表的书稿内容看,在体系的完备、观点的新颖和内容的丰富诸方面,李泽厚一定程度上显示了自己的优势。因此在王朝闻主编的《美学概论》及20世纪80年代前期出版的一些美学理论教材中,都能看到这一体系的影响和影子。

  然而,李泽厚在20世纪50年代美学讨论中"一鸣惊人"而自成一派,并非因为这一尚在建构中的体系,而是针对朱光潜和蔡仪所提出的"美感的矛盾二重性"和"美的客观社会性"这两个相互联系的美学命题。

  首先,在李泽厚看来,美感的矛盾二重性是美学的基本矛盾,这一矛盾的分析和解决是研究美学科学的关键,也是反对唯心主义的重要环节。何谓"美感的矛盾二重性":

  简单说来,就是美感的个人心理的主观直觉性质和社会生活的客观功利性质,即主观直觉性和客观功利性。美感的这两种特性是互相对立矛盾着的,但它们又相互依存不可分割地形成为美感的统一体。前者是这个统一体的表现形式、外貌、现象,后者是这个统一体的存在实质、基础、内容。③

---

① 李泽厚:《走我自己的路》,北京:生活·读书·新知三联书店1986年版,第17页。
② 李泽厚:《美学论集》,上海:上海文艺出版社1980年版,第1页。
③ 同上,第4页。

李泽厚揭示美感的二重性、强调两者的互渗性和统一性,是针对和批评克罗齐及朱光潜片面强调美感的直觉性的。"直觉"问题确是克罗齐及朱光潜美学理论的核心,但克罗齐夸大了美感的直觉性质,甚至把直觉和理智、主观直觉性和客观功利性对立并割裂开来,这显然是错误的。美感经验确有个人直觉性的特点,但美感直觉比之"初出世的小孩"看世界的直觉是远为高级复杂的东西。它不是简单的生理学或心理学上的概念,而是人类文化发展和个人文化修养的精神标志。因而,在"个人的超功利非实用的美感直觉本身中,就已包涵了人类社会生活的功利的实用的内容,只是对于个人来说,这种内容常不能察觉而是潜移默化地形成和浸进到主观直觉中去了"。

美感根源于美。美感矛盾二重性派生于美的两个基本特性,即美的客观社会性和具体形象性。如同美感的二重特性是有机的统一,美的客观社会性也寓于它的具体形象之中。美的客观社会性,是李泽厚针对朱光潜和蔡仪的观点,试图解决美的本质而提出的一个新观点。在他看来,朱光潜美学的主要错误,"过去在于现在仍然在于取消了美的客观性,而在主观的美感中来建立美,把客观的美等同于、从属于主观的美感,把美看作是美感的结果、美感的产物";蔡仪美学的错误则在于"强调了美的客观性的存在,但却否认了美的依存于人类社会的根本性质"。在他们那里,美的客观性与社会性是非此即彼、互相对立的东西。但实际上,美既不能脱离人类社会,又是能独立于人类主观意识之外的客观存在。他在《美的客观性和社会性》中说:

> 美,与善一样,都只是人类社会的产物,它们都只对于人、对于人类社会才有意义。在人类以前,宇宙太空无所谓美丑,就正如当时无所谓善恶一样。美是人类的社会生活,美是现实生活中那些包含着社会发展的本质、规律和理想而用感官可以直接感知的具体的社会形象和自然形象。我们所说的社会生活的本质规律和理想,并不是一种可以超脱生活而独存的精神性的概念或实体,恰好相反,它只是生活本身,它是包括生产斗争和阶级斗争在内的人类蓬蓬勃勃不断发展的革命实践。……宽广的客观社会性和生动的具体形象性是美的两个基本属性。[①]

这是李泽厚美学观点较集中明确的表述,它一方面确实触及了朱光潜、蔡仪美学观的弱点,另一方面又坚持了美的唯物主义观点并能自圆其说。于是,同年朱光潜在《论美是客观与主观的统一》中评述当时各派"有代表性的意见"时,把它作为四派中的一派。1961年《哲学研究》发表《几年来(1956—1961)关于美学问题的讨论》的综述文章,李泽厚依然被称为"美是物的一种客观社会属性"派的代表人物。

而"美是人类社会生活"的这一界定表明,李泽厚的美学探索是从车尔尼雪夫斯基的"美是生活"说开始的。从《研究提纲》起,在整个20世纪50年代的美学论文中,他对车尔尼雪夫斯基的美学观都予以极高的评价:"我们认为,车尔尼雪夫斯基的'美是生活'的看法或定义,可能是一切旧美学中最接近于马克思主义美学的观点。因为它基本上合乎上

---

① 李泽厚:《美学论集》,上海:上海文艺出版社1980年版,第59页。

面我们所谈的美的客观性和社会性的特点";"美是什么?'美是生活'。车尔尼雪夫斯基这一观点,恐怕仍是迄今较好的简明看法。"①

二、创立"实践美学"

《美学三题议》一文标志李泽厚的美学探索达到了一个崭新的境界,实践观点的美学思想基本形成,此后他继续探索,到20世纪70年代末日臻成熟,而真正影响中国美学,则是在20世纪80年代的第二次"美学热"中。

所谓"实践美学"或实践观点的美学,即认定尽管在马克思主义以前,人们对美和审美现象的一些具体阐述不乏道理,但从总体上看,只有马克思主义的实践观点,才真正指明了探索美的本质、美的根源的正确道路。李泽厚说:

> 为什么社会生活中会有美的客观存在?美如何会必然地在现实生活中产生和发展?要回答这问题,就只有遵循"人类社会生活的本质是实践的"这一马克思主义根本观点,从实践对现实的能动作用的探究中,来深刻地论证美的客观性和社会性。从主体实践对客观现实的能动关系中,实即从"真"与"善"的相互作用和统一中,来看"美"的诞生。②

在坚持美的客观社会性的同时,进一步"从实践对现实的能动作用的探究中"、"从主体实践对客观现实的能动关系中",探寻美的诞生的根源,这是"实践美学"的基本出发点。

"实践观点美学"首创于苏联。国内最先提出这一观点的,并非李泽厚,而是朱光潜。早在1960年,朱光潜在《生产劳动与人对世界的艺术掌握》一文中即指出:马克思在《费尔巴哈的提纲》第一条中提出的"实践观点",应该是"学习马克思主义美学的第一课"。朱光潜的文章发表后在学术界引起不同的反应,李泽厚的《美学三题议》正是针对朱光潜所阐释的"实践观点","与朱光潜同志继续论辩"的。

那么,李泽厚与朱光潜的观点分歧究竟在哪里呢?所谓"实践观点的美学",从哲学上说,有两个要点:一是实践,二是自然人化。这两点又可以说是一回事,自然人化是实践的历史成果。因此,对"实践"的理解,是问题的关键。在李泽厚看来,朱光潜对"实践"理解的偏差在混淆了三重不同的关系:在"主观"概念下混淆了主体两种不同的活动,即人的意识活动和人的实践活动;在"能动性"概念下混淆了两种不同的"能动性",即意识的能动性与实践的能动性;于是,就在"实践"、"生产"概念下混淆了两种本质不同的实践、生产,即生产实践与艺术实践、物质生产与精神生产。于是朱光潜的"实践"、"生产"、"劳动"实质上都只是意识的实践、意识的生产劳动,认为是它们创造了美,而不是人类实践、物质生产、社会存在创造了美。所以,美不是客观的,而是主观意识与客观自然的统一。

其实,朱光潜的美论不是美的本源论,而是审美现象论;李泽厚的美论则是美的本源论,揭示美的诞生的深层根源。因此他对"实践"、"自然人化"的理解也不同于朱光潜。他

---

① 李泽厚:《美学论集》,上海:上海文艺出版社1980年版,第29、100页。
② 同上,第161页。

认为:"马克思完全不是从审美、意识、情趣、艺术实践,而是从人类的基本实践——人对自然的社会性的生产活动中来讲美的规律,这就深刻地点明了美的客观性的本质含义所在,点明了美的必然的存在不是来自'先验的形式'(康德)、'理念的显现'(黑格尔)、'感性的静观'(费尔巴哈),而是来自人类的客观社会实践。"进而指出:"美是诞生在人的实践与现实的相互作用和统一中,而不是诞生在人的意识与自然的相互作用或统一中,是依存于人类社会生活、实践的客观存在,但却不是依存于人类社会意识的所谓'主客观的统一'。"同时,他用实践观点去解释自然人化的命题。他指出,朱光潜是运用移情说来解释自然人化的,即认为自然是人的认识对象、情感对象,人认识了或情感表达了,对象也就人化了。朱光潜讲的人化是主观情感作用的成功,是"意识的人化",于是"情景交融"便"人化"了,这不符合经典作家的原意。马克思讲的人化是客观物质实践的成果,是"实践的人化"。"'人化'者,通过实践(改造自然)而非通过意识(欣赏自然)去'化'也。所以,自然的人化是指经过社会实践使自然从与人无关的、敌对的或自在的变为与人相关的、有益的、为人的对象。"用马克思的原话来说这是"自然的向人生成",自然变成"人类学的自然",是"人类的非有机的躯体"。这是李泽厚与朱光潜的基本分歧之所在,也是其最初阐述的实践观点美学的核心思想。

在1964年写成的《人类起源提纲》中,李泽厚从人类学角度对"实践"的内涵做了更深入的思考。他更明确地把"实践"界定为"使用—制造工具",认为实践是客观的物质性活动,是人类使用和制造工具以改造自然的动力系统。"在使用工具、制造工具的实践基础上,动作思维、原始语言日益成为巫术礼仪的符号工具,建构其了根本区别于动物的人类的原始社会。"使用和制造工具是从猿到人的转折点,同样也是美的诞生的最原始的根源和基础。这一思想在《批判哲学的批判》中得到进一步的发挥。于是可以发现,从20世纪50年代的《研究提纲》、60年代的《美学三题议》到70年代的《批判哲学的批判》,李泽厚对美的本源的探讨,经历了"社会生活——社会生活、人类实践——使用、制造工具的物质生产实践"这一逐步深化的过程,他的整个美学思想也出现了由"车尔尼雪夫斯基⇆马克思"到"康德⇆马克思"的转化。

李泽厚的实践美学真正影响美学界,是在20世纪80年代初出现的第二次"美学热"中,对马克思《1844年经济学—哲学手稿》的讨论是一个契机。李泽厚的"实践"、"自然人化"、"人的本质力量对象化"、"美的规律"等思想直接来源于《手稿》。在20世纪80年代前后持续三年左右的《手稿》讨论中,蒋孔阳、马奇、程代熙、刘纲纪、杨恩寰等学者,直接或间接地受李泽厚的影响,并根据自己的独立思考,将实践观点看作是马克思主义美学的基本观点,并对它的内涵及相关命题做了各自认为正确的解释。从某种意义说,《手稿》的讨论过程,实际上是以李泽厚为代表的"实践观点美学"得以确立并在美学界获得主导地位的过程。

正当人们围绕"实践美学"或赞同或否定、或修正或补充、或铺排长文或编写教材之时,李泽厚的学术研究同时向三个方向展开,以惊人的速度掀起了一个著作高潮。一是思想史,他相继出版了《中国近代思想史论》(1979)、《中国古代思想史论》(1986)、《中国现代思想史论》(1987),从孔夫子一直写到毛泽东。二是哲学和哲学史,在《批判哲学的批判》(1979)出版后,接连发表了四个"主体性哲学"的提纲,形成了自己的"人类学本体论"或

"主体性实践哲学"的构架体系。三是美学,继《美学论集》(1980)之后,他又出版了《美的历程》(1981)、《华夏美学》(1987),并发表了一组美学论文。在这批著作论文中,李泽厚重新提出或阐释了许多重要的概念和命题,如"主体性"、"文化心理结构"、"积淀"、双重的"人化自然"、"新感性"、"天人合一"等,引起了学界广泛的兴趣和关注。李泽厚本人也正是在这种概念与观念的冲撞中,被称为学术界的"思想库"。不容置疑,美学依然是李泽厚思索的中心课题之一。但他既不再有建构美学体系的兴趣,更不去主编如《美学概论》那样的教材,而是把美学纳入人类学本体论的哲学视野之内,探索建设一种"哲学美学"的可能性。李泽厚的美学历程,由"实践美学"走向了"人类学本体论美学"。

三、走向"人类学本体论美学"

"人类学本体论"又称"主体性实践哲学",是李泽厚于20世纪80年代初期以重申康德哲学意义的形式提出来的。在这期间,康德哲学给了他很大启发,以至使他在理论方向上有了类似康德自身的"哥白尼式回转"。尤其是"建立主体性"的第一篇提纲发表后,他的哲学、美学和思想史研究,有了更为明确和日趋一致的方向。

1. 主体性实践哲学

(1) 主体性与实践

当代哲学的主要特征可以用李泽厚的一句话来表述:"上帝死了,人还活着。"人的哲学,即主体性哲学,是当代中国哲学的核心问题。主体性哲学是李泽厚的研究特色和孜孜以求的目标所在。

何为主体性?李泽厚说:"如果就与自然、与对象世界的动态区别而言,人性便是主体性。就是说,相对于整个对象世界,人类给自己建立了一套既感性具体拥有现实物质基础(自然)又超生物族类、具有普遍必然性质(社会)的主体力量结构(能量和信息)。"在一定意义上,主体性就是人之区别于动物、人之为人的主观能动性(功能),以及落实在人性诸方面的具体因素(结构)。李泽厚的主体性概念包括有两个双重内容和含义。第一个"双重"是:它具有外在的工艺——社会的结构面和内在的文化——心理的结构面。第二个"双重"是:它具有人类群体(又可区分为不同社会、时代、民族、阶级、集团等)的性质和个体身心的性质。这四者交错渗透,不可分割。深入理解,有以下几层意思:

首先,"主体性"含有康德哲学所赋予的意义,即指主体(人的人性的方面)在认识中、道德中和审美中的先验性、条件性、能动性。例如,在认识中,康德认为主体不仅是对象的认识所必需的条件,而且是一切经验的对象之成为对象所必需的条件。这在认识论史上,就是从客体入手变为从主体入手的"哥白尼式回转"。

其次,有不同理解的是,这里作为"主体"的"人",是作为"类"的人,还是作为个体的人?主体性是人类学的主体性(人类集体),还是个体的主体性(个人自我)?对人类——个体的关系的认识,成为争论的焦点。其实李泽厚说主体性实践哲学是"以作为主体的人(人类和个体)为探究对象"的,其"人"并未排除个人。只是李泽厚认为"人类群体的工艺—社会的结构面是根本的、起决定作用的方面。在群体的双重结构中才能具体把握和了解个体身心的位置、性质、价值和意义"。"尽管如何强调个体的人是目的,强调个性自由发展,等等,但人总受客观历史规律所支配,想超越历史挣脱时代的限制,正如想抓着头发离开地球一样,是办不到的事情。在自由王国——共产主义到达之前,作为族类的人(整体)的发展与个体的发展,有时常处在尖锐对抗之中,并经常要牺牲后者而向前迈进。"也是因为如此,李泽厚说他所用的"主体性实践哲学"相当于"人类学本体论",人类学本体论与主体性二词基本通用,"但前者更着眼于包括物质实体在内的主体全面力量和结构,后者则更侧重于主体的知、情、意的心理结构方面。二者的共同点在强调人类的超生物种族的存在、力量和结构"①。

第三,李泽厚所说的主体性,并非仅仅是康德意义上的,毋宁说是对扩大的发展。例如,一方面,他强调人类群体的工艺—社会的结构面(即生产力—生产关系所构成的社会物质基础的另一种表述)是根本起决定作用的方面;另一方面,他又着重从个体的角度,把主体性主观方面的文化—心理结构问题,作为主体性思想的主题。而作为"人性具体所在"的,包容知、情、意三要素的文化—心理结构(微观方面),是注重社会—历史(宏观方面)的马克思主义哲学急待深入的一个重要领域。因为,从现代科技高度发展的物化社会的趋势看,它将日益成为引人注意的课题。这些是康德当初所不曾料及的。

第四,问题的关键——"实践"(历史)。李泽厚的"主体性"不仅在于人区别于动物的能动性,也不仅在于工艺—社会、文化—心理,以及人类群体与个体身心所表现出的静态的联系;更重要的是,李泽厚拒绝将人类的生成、人类总体和个体的许多问题如人性、个体、自由等看成是人固有的先验本性,而赞成将它们理解为历史的成果,即要科学地、历史地去解释该主体性在动态过程中的形成问题。

李泽厚所谓的"历史"有极为具体的规定,它实际上意味着"实践"。李泽厚的"实践"回到了历史唯物主义的本意。它不是西方哲学史上被亚里士多德和康德运用于道德领域的"实践",如"实践理性"指人的意志,并区分于理论(认识)理性和创造(诗意)理性。它也不是自然的过程或者是上帝的大能,而是人的活动。但它不是一般的日常生活行为,如毛泽东所说的亲口品尝梨子的滋味;也不是个体生活及其体验,如一个人的经历;更不是精神创造过程,如意识形态中的各种样式。实践在此只是指人类的制造使用工具的物质生产活动。这涉及李泽厚进一步对实践(使用工具的活动)在主体性的形成(积淀)中的作用所做出的创造性解释,也触及他所倡导的主体性哲学(人类学本体论)的核心内容。

(2) 人与自然

谁是李泽厚的"人"? 何谓李泽厚的"自然"? 它们之间是什么关系?

人类学历史本体论所讨论的"人"不是个体,而是总体,因此不是个人,而是人类。同时它所关注的也不是抽象的人的本性,而是具体的人的历史。于是李泽厚的"人"便是实践的人,亦即是使用和创造工具的人,并因此是感性的现实的存在。李泽厚的"自然",也同样是作为感性的现实的存在。但自然已不再是如同中国传统的"天地"具有规定性的品格,仿佛是非人格的上帝。它也不是西方的"本性"(古希腊)、上帝的创造物(中世纪)以及精神和物理的自然(近代)。"自然"在李泽厚那里主要保留了马克思所赋予的意义,亦即作为动物、植物和矿物所构成的整体。人一方面属于它,另一方面又相异于它。人的实践

---

① 林化:《大争鸣:李泽厚、刘晓波论争及其他》,《文艺争鸣》,1989年第1期。

活动(亦即使用工具的活动)建立了人和自然的关系。对于这种关系,李泽厚曾运用马克思的《1844年经济学—哲学手稿》的语言予以表达:"自然的人化"("人化自然")和"人的本质力量的对象化"。但是考虑到"人的本质对象化"所可能包括的主体主义和本质主义,他又以"人的自然化"取而代之。所以,在人的实践活动中,人与自然的最基本的关系即:"自然的人化"和"人的自然化"。

首先,需要注意的是,"人化的自然"这个命题是来自于马克思的《手稿》:"人的感觉、感觉的人类性——都只是由于相应对象的存在,由于存在着人化了的自然界,才产生出来的。五官感觉的形成是以往全部世界历史的产物。"李泽厚在《研究提纲》一文中,就引用马克思的《手稿》为自己张本,他从人类自身文明产生之历史过程中,追究人类审美价值、能力产生的根源,这是李泽厚实践美学具有历史感与思维深度的重要原因。

第二,李泽厚将《手稿》中笼统提出的"自然的人化"命题具体化为"外在自然的人化"与"内在自然的人化"两个方面:一方面是"外在自然的人化",即山河大地、日月星空的人化。人类在"外在自然的人化"中创造了物质文明。另一方面是"内在自然的人化",即人的感官、感知和情感欲望的人化。动物也有感知、欲望和情感,动物性的感知、欲望、情感变成人类的感知、欲望和情感,这就是"内在自然的人化"。人类在"内在自然的人化"中创造了精神文明。所以"自然的人化"是物质文明与精神文明双向进展的历史成果。"外在自然的人化",人类物质文明的实现,主要靠社会的物质生产实践;"内在自然的人化",人类精神文明的实现,就总体基础说仍然要靠社会的劳动生产实践,就个体成长说,主要靠教育、文化、修养和艺术。

李泽厚比马克思《手稿》更进一步指出,不能抽象地谈论"自然的人化"。而且马克思的《手稿》着重于人类外在物质自然界的改造,此"自然"是本然的与人类主体相区别对待的自然界。而李泽厚的"自然的人化"中的自然,至少有二分之一的内容,并非指主体之外的物质自然界,乃是指人类主体自身,即主体与动物界相同的自然人性、动物性,这就是"内在自然",由动物性到人性的过程。

第三,"人的自然化"也可从"外在自然化"和"内在自然化"来谈。李泽厚区分了"外在自然化"的三个方面:其一,将自然视为人的家园般的所在;其二,把自然当作人的欣赏和欢娱的地方;其三,与自然的神秘的内在节律合为一体。"人外在自然化"是指"人移居山林,与山川、草木、花鸟为友,包括人在大自然中的旅游和冒险,这些都是为了充分享受和发展人的自然生命和生存。其次是人的体育锻炼和竞技,以追求或实现人的体力可能性的最大自然限度。最后,似乎相当'神秘',是通过气功、瑜伽等方式,使人的生物生理存在与自然节律相共鸣、相同构"[①]。"内在自然化"则指已经"人化"和"社会化"的人的心理、精神又重返大自然,形成人类文化心理结构的自由享受。这主要是美学问题。

(3) 工具本体与情感本体

李泽厚强调以制造—使用工具作为人的实践活动与动物界自然生存的分界线,而不是诸如天地自然、理性或语言等。在此意义上,人类学历史本体论的本体可命名为工具本体。

[①] 李泽厚:《己卯五说》,北京:中国电影出版社1999年版,第159页。

什么是工具？它是人的手段或中介（尤其是指物质性的手段和中介），人以此满足人自身的欲望，达到自身的目的。因此工具服务于、效劳于人的生活。而工具本体则意味着工具是人的实践活动中本源性的存在。它是开端，是根据，是始基。所以李泽厚的工具本体涉及人之作为人的规定，尤其是人与动物的区分。人和动物有许多差异性的标志，如身体、心灵和语言等。即使就人的本能（亦即人的动物性）而言，也不同于动物的本能。比如性本能，动物的交配受季节的限制，而男女交媾却不受时令的影响。尽管如此，李泽厚确认只有工具的制造和使用才是人与动物分离的根本性之所在。它是人的本体，是人之作为人的开端。

但是人与动物的区分作为人的规定只是一个最低的尺度，因为任何一个时代的人，任何一种人都可以描述为使用工具的动物，所以尽管使用工具的历史能够划分人类一般的历史，但它并不解释如李泽厚所深切关注的人类何处去和个体何处去这一根本问题。于是人的规定要求不仅人应与动物相区分，而且应与自身相区分。卢梭说，只有人与自身相区分，人才能够成为公民，亦即成为近代意义上的自由人，从而能自己规定自己。在人与自身相区分的基础上，尼采构想了超人；海德格尔提出了与理性的动物相异的要死者；马克思构想了与雇佣劳动者不一样的共产主义者。特别是马克思的憧憬，给予李泽厚灵感。他虽然没有明确表达人与自身相区分的意义，但其主张的"历史"正是人的不断生成，亦即"人化"。这具体化为"自由"的个体，它正是马克思所说的共产主义新人。作为自由个体，每个人的存在都成为他人存在的条件。于是这成为了人的规定的最高尺度。

情感在文化心理结构中是关键性的要素。什么是情感自身？李泽厚试图在情与欲和性（理）的关联和区分中给予情一个规定。情与欲相关但不是欲，情与性（理）相通但非性（理）。情是欲和性（理）某种比例的构成。李泽厚在此说明了情不是什么，亦即情不是欲望（本能），不是物理（认识），不是伦理（道德）。至于情是什么，它依靠于那些它所不是的要素，也就是由这些要素所构成的关系。因此情自身是一个无。这是文化心理结构中谜一样的东西。但李泽厚给予我们暗示，情感实际上就是关系。当然它不是具体的关系，而是关系的关系，也就是使一切关系成为可能的关系。这最终源于人与自然的关系，亦即自然的人化和人的自然化。在关系中，相互关联者相互给予。所谓给予就是爱，它成为了最高的关系和最高的情感。基于人与自然的关系，基于人与人的关系，基于人与精神的关系，于是情感之谜豁然开朗。

对于情感自身，李泽厚还进行了进一步的划分。它们分别是悦耳悦目、悦情悦意、悦神悦志。它们也就是审美情感所激起的身体的快乐、灵魂的快乐和精神的快乐。这实际上基于中西思想尤其是西方形而上学关于人的身体、灵魂和精神的三层次的区分。当然这三种快乐可以相对分离，但它们又能够统一于一体，融合在一起，使悦耳悦目不同于单纯的感官愉快，也使悦神悦志不同于纯粹的宗教迷狂，而又达到了一种高峰体验。正是在这样的意义上，李泽厚认为最高的美学境界不是感官快乐，而是宗教情感，与天地同流，与天地统一。但这显然也具有人类学的特性，因为它始终是人自身的感官、心意和精神的经验。它不是康德心意诸功能的先验能力，也不是黑格尔的绝对理念的感性显现，更不是海德格尔的存在的去蔽。

由于在文化心理结构中的中心地位，情感具有本体的意义。李泽厚说，作为历史积淀物的人际情感不是当下情感经验以及提升，而是一种具有宇宙情怀甚至包括某种神秘的本体。但是情感本体不是超越的本体（不管内在的超越还是外在的超越），而是无本体。这里否认了情感作为实体和作为存在者的可能。由此本体才真正不脱离现象而高于现象，才真正解构任何定于一尊和将本体抽象化的形而上学。但是情本体之所以谓之本体，是因为它即人生的真谛，存在的真实和最后的意义，是宇宙、人生、心理的本性。

所谓本体就是最后的根据、原因和基础等。对于人类来说，最后的根据只有一个，由此本体也只能有一个。如果承认工具本体的话，情感就不可能作为本体；反之亦同。李泽厚之所以既建构工具本体，又建构情感本体，是因为发现工具不解决人生矛盾，而情感作为人生的要义却没有自身的根据。这要求工具作为基础，情感作为主导。一方面，李泽厚承认工具对于情感的决定性，因此具有本体意义。只有工具本体的巨大发展，才可能使心理本体由隶属到独立而支配工具本体。另一方面，他突出情感的独立性，并由此赋予本体意义。他重申其哲学不关涉真正的自然、人世，而只建设心理本体，亦即构造情感本体。

鉴于对工具和情感本体的如此理解，李泽厚认为其目标不是工具，而是情感。这样工具本体将转向情感本体，从人类学历史本体论的"基础"到文化心理结构的"主导"的位移。他坚信后现代的唯一道路是既执着于感性又超越感性的"情感本体"。于是不是性，而是情；不是性本体，而是情本体；不是道德形而上学，而是审美的形而上学，才是今日的方向。

2. 积淀说

（1）"积淀"说的形成

"积淀"说萌芽于李泽厚1956年的《研究提纲》一文，其在论述美感心理和形象思维特征时，就已经提出与"积淀"十分相似的"沉淀"、"凝冻"等概念，这就是后来"积淀"概念的雏形。此外文中李泽厚还强调了"美感二重性"，即美感的个人心理的主观直觉性和社会生活的客观功利性。这点是李泽厚后来之所以能提出"积淀"说的一个思想契机，他说，"我在五十年代提出的美感二重性，也正是指的这种积淀的审美心理结构"，"从那时起，我就一直认为，要研究理性的东西是怎样表现在感性中，社会的东西怎样表现在个体中，历史的东西怎样表现在心理中。后来我造了'积淀'这个词，就是指社会的、理性的、历史的东西积淀成了一种个体的、感性的、直观的东西，它是通过'自然的人化'的过程来实现的"①。

经过20世纪60年代的长期运思，李泽厚在1979年出版的《批判哲学的批判》一书中明确推出他的"积淀"理论。他从哲学角度阐释了"积淀"说，并将其实践哲学发展为人类学本体论。"通过漫长的历史社会实践，自然人化了，人的目的对象化了。自然为人类所控制改造、征服和利用，成为顺从人的自然，成为人的'非有机的躯体'，人成为掌握控制自然的主人。自然与人、真与善、感性与理性、规律与目的、必然与自由，在这里才具有真正的渗透、交融与一致。理性才能积淀在感性中，内容才能积淀在形式中，自然的形式才能成为自由的形式，这也就是美。美是真、善的对立统一，即自然规律与社会实践、客观必然与主观目的的对立统一，即自然规律与社会实践、客观必然与主观目的的对立统一。审美

---

① 李泽厚：《美学四讲》，北京：生活·新知·三联书店1989年版，第123页。

是这个统一的主观心理上的反映,它的结构是社会历史的积淀。"①之后为了全面论证"积淀"说赖以成立的美学和伦理学上的历史事实,1981年李泽厚出版《美的历程》,对中国各代艺术美的历程做了一次巡礼博征,1985年推出《中国古代思想史论》涂画了中华民族文化心理结构的儒家仁学为核心的历史积淀坐标。

(2)"积淀"的含义

什么是"积淀"？李泽厚指出:"所谓'积淀',正是指人类经过漫长的历史进程,才产生了人性,即人类独有的文化心理结构,亦即从哲学讲的'心理本体',即'人类(历史总体)的积淀为个体的,理性的积淀为感性的,社会的积淀为自然的,原来是动物性的感官人化了,自然的心理结构和素质化成为人类性的东西'。这个人性建构是积淀的产物,也是内在自然的人化,也是文化心理结构,也是心理本体,有诸异名同实。它又可分为三大领域:一是认识的领域,即人的逻辑能力、思维模式,一是伦理领域,即人的道德品质、意志能力,一是情感领域,即人的美感趣味、审美能力。可见,审美不过是这个人性总体结构中有关人性情感的某种子结构。"②按照李泽厚的界定,"积淀"有广义和狭义之分。广义积淀指不同于动物又基于动物生理基础的整个人类心理的产生和发展,包括理性的内化(智力结构)、凝聚(意志结构)、积淀(审美结构)三方面。狭义的积淀专指理性(五官知觉各类情欲)在感性中的沉入、渗透与触合,即审美的心理情感结构的构造。广义的积淀是哲学意义上的,狭义的积淀是审美意义上的。

值得注意的是,在李泽厚的美学理论中,"积淀"这个概念经常是在两种意义上使用。其一,就外在的审美对象而言,它表现为由内容向形式的积淀。在《美的历程》一书中,他在分析山顶洞人"穿戴都用赤铁矿染过"和尸体旁撒红粉的现象时指出:"原始人群之所以染红穿带、撒抹红粉,已不是对鲜明夺目的红颜色的动物性的生理反应,而开始有其社会性的巫术礼仪的符号意义在。也就是说,红色本身在想象中被赋予了人类(社会)所独有的符号象征的观念含义;从而,它(红色)诉诸于当时原始人群的便已不只是感官愉快,而是其中参与了、储存了特定观念意义了。在对象一方,自然形式(红的色彩)里已经积淀了社会内容;在主体一方,官能感受(对红色的感觉愉快)中已经积淀了观念性的想象、理解。"③再比如虫鱼形、鸟形、蛙形演变而来的抽象几何纹样,"它们是由动物形象的写实而逐渐变为抽象化、符号化的。由再现(模拟)到表现(抽象化),由写实到符号化,这正是一个由内容到形式的积淀过程,也正是美作为'有意味的形式'的原始形成过程"。其二,积淀的另一层意义,则主要是指人的感受获得了超感觉的性能和价值,也即人性(心理本体)的真正生成。

但是我们不能把"积淀"的这两种意义割裂开来或对立起来。这两种含义以第二种含义为主要的、根本的含义。因为所谓审美对象的自然形式中"积淀"了社会性的内容,从而变成了一种美的"有意味的形式",不仅对象的这种意义要由人类发现,只有对于人才是真实存在的,而且它根本上就是人的本质力量对象化的一种产物,是人性生成的一种现实的确证。对象的美,只有对于社会的人才是真正有意义的。正如李泽厚所说:"人的审美感

---

① 李泽厚:《批判哲学的批判——康德述评》,北京:人民文学出版社1984年版,第415页。
② 李泽厚:《美学四讲》,北京:生活·新知·三联书店1989年版,第113-114页。
③ 李泽厚:《美的历程》,北京:文物出版社1981年版,第4页。

受之所以不同于动物性的感官愉快,正在于其中包有观念、想象的成分在内。美之所以不是一般的形式,而是所谓'有意味的形式',正在于它是积淀了社会内容的自然形式。"①

(3) "积淀"的过程

概括起来说,人的心理文化结构(即人性),并不是先验性的或自然、神秘力量的恩赐,也不是生来就有,而是人类在漫长的以使用和制造工具为核心的社会物质生产实践过程中逐渐生成的一种巨大历史成果。人们不是在动物式的对自然的被动适应中,也不是在本能式的生活中,也不是在对外物的纯粹静观中,而是在能动的劳动操作的实践中,以及实践基础上形成的人与人之间各种现实的社会关系中,既认识自然,掌握自然,又改造自然、改造社会,并逐步把它们移入、内化、浓缩到人的内心世界,从而才形成为人所独有的文化心理结构。这既是人的内在自然的人化,也是心理本体的建立。这就是积淀的过程,也即人性逐渐生成的过程。

其一,在实践中,在文化—心理结构的建构过程中,积淀的进行中,集体走向个人,社会走向自然,历史走向心理,内容走向形式,观念走向感觉,理性走向感性,人类沿着一条合目的性的道路走向主体本体。这个主体本体既是人类整体的,更是个体的。因为文化—心理结构只有落实到个体身上才有现实的意义,才确证这种结构的存在,这也是"积淀"的内涵所在。把积淀仅理解为类化积淀、仅仅是指归整体,这是片面的。

其二,李泽厚还认为,人类改造自然的物质生产实践活动,虽然是人性形成的根本基础,但它却并不能直接转化为人类的文化心理结构。从物质生产到心理形成,原始的图腾巫术活动起了重要的中介作用。在李泽厚看来,原始的图腾巫术是以使用制造工具的物质生产活动为基础的,是一种系统性的符号活动。正是经过这个活动的中介作用,在制造、使用工具的工艺—社会结构基础上,形成了"文化心理结构"。这就清楚地勾勒出了人类文化心理结构形成的基础、条件和主要环节,它当然也包括人的审美心理结构在内。既然文化心理结构是历史的产物和成果,它就不可能是一成不变的。事实上,随着人类外在物质文明的愈益发达,人类的文化心理结构也随之而不断发展、开拓、创造和丰富,变得更细腻、更复杂、更敏锐。人的内在精神文明与外在物质文明构成双向互动关系。这种积淀的结果,就是"新感性"的建立。

(4) "积淀"的结果——新感性

"我所说的'新感性'就是指的这种由人类自己历史地建构起来的心理本体。它仍然是动物生理的感性,但已区别于动物心理,它是人类将自己的血肉自然即生理的感性存在加以'人化'的结果。这也就是我所谓的'内在自然的人化'。"②

积淀的基本内容是总体积淀为个体、理性积淀为感性、社会积淀为自然,感官的人化、情欲的人化五个方面。从审美心理的角度看,这种"新感性"主要表现在两个方面:

第一,感官的人化。所谓感官的人化,也就是感官所具有的感性功利性的消失,或者说是感性的非功利性的呈现。这当然不是说人的感官就不受生理欲望的控制和支配,而是意味着经过长期的"人化",人的感官逐渐失去了非常狭窄的维持生理生存的功利性质,

---

① 李泽厚:《美的历程》,北京:文物出版社 1981 年版,第 25 页。
② 李泽厚:《美学四讲》,北京:生活·新知·三联书店 1989 年版,第 112 页。

再也不仅仅是为了个体生理生存的感官,而是同时具有了社会性。感官人化的重要意义,不仅在于它使人的感官从生理本能的桎梏中解放出来,使人的物的需要和享受失去了利己主义的狭隘性质,而且同时也使自然失去了自己赤裸裸的有用性。就是说,自然对于人不再只是纯粹的肉体的消费对象,不再只是与个体的直接的功利、生存相关,它对人还具有了社会的意义的价值。因此感官的人化,正是美感得以生成的一个重要的主体条件。

第二,情欲的人化。所谓情欲的人化,就是指人的各种动物本能、生理性欲通过社会性实践和各种社会性文化活动的陶冶和塑造以及社会性内容的积淀,而逐渐转变为人性,转变为渗透着社会性的自然性。

马克思主义从来不否定人的"七情六欲"的存在。他指出:"人作为自然的存在物,而且作为有生命的存在物,一方面具有自然力、生命力,是能动的自然存在物,这些力量作为天赋和才能,作为欲望存在于人身上;另一方面,人作为自然的、肉体的、对象性的存在物,和动植物一样,是受动的、受制约和受限制的存在物。也就是说,他的欲望的对象是作为不依赖于他的对象而存在于他之外的。但这些对象是他的需要的对象,是表现和确证他的本质力量所不可缺少的、重要的对象。"又说:"人作为对象性的、感性的存在物,是一个受动的存在物。因为它感到自己是受动的,所以是一个有激情的存在物。激情、热情是强烈地追求自己的对象的本质力量。"这就说明,人作为一个有生命的存在物,首先是一个有着各种需要和欲望的自然存在物。不管人类进化到何等高的程度,也不可能把自己身上的各种情欲剔除得一干二净。这些情欲是深深伏根于人的生物性存在和生理基础之中的,它也是人之所以不断创造、活动的不竭的动力源泉。但是,必须看到,人的情欲、感性毕竟与动物的有根本不同。同样的饥饿,动物与人并无本质的不同,然而,用刀叉吃熟肉解除饥饿与用手、指甲、牙齿啃生肉解除饥饿却有天壤之别;动物有性欲,人也有对异性的需要,但动物只有性没有爱,由性变成爱却是人独有的。像林黛玉、安娜·卡列尼娜的缠绵悱恻的爱情,就只属于人类。所以,"食色,性也"在人身上并不表现为赤裸裸的动物式的本能欲求。尽管情欲的炽热有时会像汹涌的波涛、有时会像洗劫世界的狂风,与之相比,理性会显得既脆弱又无能为力,然而恰恰正是在理性与非理性的对抗、冲突、撞击中才酿成了一杯混合着痛苦与甜蜜的令人心醉的爱情琼浆,这正是为人所独有的情感体验。所以,正如马克思所说的那样,人的需要不是纯粹的自然需要,而是历史上随着一定的文化水平而发生变化的自然需要。这正是指人的情欲的社会化,即在人的感性中积淀了理性,从而使人的生物性需要具有了超生物的性质。情欲的人化,是美感之所以能够形成的一个更为重要的心理条件。

总之,无论是对感官的人化,还是对情欲的人化,也即关于整个人性的生成,李泽厚都是从"自然的人化"角度来阐释的。这表现了李泽厚美学思想的一贯特征。他曾经做过清楚的说明:"总起来说,美感就是内在自然的人化,它包含着两重性,一方面是感性的、直观的、非功利的;另一方面又是超感性的、理性的具有功利性的。这就是我 1956 年提出的美感的矛盾二重性。……这样,美感便是对自己存在和成功活动的确认,成为自我意识的一个方面和一种形态。它是对人类生存所意识到的感性肯定,所以我称它为'新感性',这就是我解释美感的基本途径。一句话,所谓'新感性',乃'自然的人化'之成果是也。"[①]

[①] 李泽厚:《美学四讲》,北京:生活·新知·三联书店 1989 年版,第 123 页。

(5)"积淀"说的学术意义

李泽厚的"积淀"说在学术界曾引起了极大的反响和争论,肯定者有之,否定者亦有之。应该说,李泽厚的"积淀"理论不无笼统之处。其一,尤其是对于人类外在的物质实践究竟如何内化、积淀为个体内在的心理结构,社会历史的理性内容究竟如何浓缩、积淀到个人感性的心理之中这个至为重要和关键的问题,李泽厚只是从宏观上做了概括性的描述,而未能就其具体的机制给出实证性的回答。其二,李泽厚的"积淀"说主要是对人类整体的文化—心理结构、审美心理结构做历时性的考察,但对个体审美心理的后天成因以及个体审美心理的共时性建构与人类历时性积淀的关系却有所忽略。这不仅湮没了个体存在的独特价值,抹杀了个体心理的创新性,而且还极可能走向心理的遗传决定论和宿命论。这一切无疑是李泽厚"积淀"说的严重缺陷。然而,如李泽厚自己已经声明过的那样,由于生物学、生理学的不成熟,审美心理学就还不可能成为一门精确的科学,因而他只是做哲学上的分析和研究。

那么"积淀"说的价值何在?"积淀"说对我国美学研究的转向发生了影响,它将美学侧重于从客体的研究引向侧重于对主体的研究,从侧重于从客体方面探讨美和美感的根源引向探讨主体的文化—心理结构、审美心理结构及其积淀的实践基础和历史渊源,使萦绕于哲学、社会学、文艺学的美学融入了心理学、人类学、文化学、历史学的内容;强调主体实践对于文化心理结构、文化艺术发生、发展的意义;强调文化—心理结构及其积淀的历史发展性和继承性;强调实践主体对于美和审美、文化和艺术发生、发展的能动性;曾经在很大程度上冲击了当时美学研究上的历史唯心论和机械反映论,赋予了美学历史唯物论的品格,直到今天仍不失其价值和历史地位。"积淀"说本身也是一个有价值的命题,因其丰厚的理论内涵和指涉,是美学研究中必须面对的论题。

【基本概念】

古雅　以美育代宗教　美感经验说　美是主观与客观的统一　审美空间意识　美的客观社会性　工具本体　情感本体　积淀说　新感性

【思考问题】

1. 如何理解王国维《〈红楼梦〉评论》的悲剧美学思想?
2. 简述蔡元培人格美育思想的学术史意义。
3. 如何理解朱光潜《诗论》中的诗歌美学理论?
4. 简述宗白华生命美学思想。
5. 简述李泽厚人类学本体论美学思想。

【扩展阅读】

1. 宗白华:《美学散步》,上海:上海人民出版社2005年版。
2. 朱光潜:《文艺心理学》,上海:复旦大学出版社2009年版。

主要参考文献

吉尔伯特、库恩:《美学史》,夏乾丰译,上海:上海译文出版社1989年版
鲍桑葵:《美学史》,张今译,北京:商务印书馆1985年版
李斯托威尔:《近代美学史评述》,蒋孔阳译,上海:上海译文出版社1980年版
罗素:《西方哲学史》,何兆武等译,北京:商务印书馆1982年版
卡西尔:《启蒙哲学》,顾伟铭等译,济南:山东人民出版社1988年版
车尔尼雪夫斯基:《美学论文选》,郭宏安译,北京:人民文学出版社1957年版
克罗齐:《作为表现的科学和一般语言学的美学的历史》,王天清译,北京:中国社会科学出版社1984年版
哈贝马斯:《合法化危机》,刘北成等译,上海:上海人民出版社2000年版
邓晓芒、易中天:《黄与蓝的交响:中西美学比较论》,武汉:武汉大学出版社2007年版
朱光潜:《朱光潜全集》,全二十卷,合肥:安徽教育出版社1990年版
北京大学哲学系美学教研室编:《西方美学家论美和美感》,北京:商务印书馆1980年版
汝信:《西方美学史论丛续编》,上海:上海人民出版社1983年版
蒋孔阳、朱立元:《西方美学通史》,全七卷,上海:上海文艺出版社1999年版
阎国忠、曲戈:《西方著名美学家评传》,上中下卷,合肥:安徽教育出版社1991年版
单世联:《西方美学初步》,广州:广东人民出版社1999年版
马奇:《西方美学资料选编》,上下卷,上海:上海人民出版社1987年版
朱立元:《西方美学名著提要》,南昌:江西人民出版社2000年版
方珊:《美学的开端:走进古希腊罗马美学》,上海:上海人民出版社2001年版
蒋孔阳:《德国古典美学》,北京:商务印书馆1981年版
朱立元:《法兰克福学派美学思想论稿》,上海:复旦大学出版社1997年版
杨小滨:《否定的美学:法兰克福学派的文艺理论和文化批判》,上海:上海三联书店1999年版
李泽厚、刘纲纪:《中国美学史》,第一卷,北京:中国社会科学出版社1984年版
李泽厚、刘纲纪:《中国美学史》,第二卷(上、下),北京:中国社会科学出版社1987年版
叶朗:《中国美学史大纲》,上海:上海人民出版社1985年版
李泽厚:《华夏美学》,北京:中外文化出版公司1989年版
敏泽:《中国美学思想史》,全4册,北京:中国社会科学出版社2014年版
周来祥:《中国美学主潮》,济南:山东大学出版社1992年版
周来祥:《论中国古典美学》,济南:齐鲁书社1987年版
郁沅:《中国古典美学初编》,武汉:长江文艺出版社1986年版
曾祖荫:《中国古代美学范畴》,武汉:华中工学院出版社1986年版
胡经之:《中国古典美学丛编》,全三册,北京:中华书局1988年版
祁志祥:《中国美学通史》,全三卷,北京:人民出版社2008年版
姜小东:《中国美学家评传》,长春:吉林教育出版社1993年版
徐林祥:《中国美学初步》,广州:广东人民出版社2001年版
施昌东:《先秦诸子美学思想述评》,北京:中华书局1979年版

施昌东:《汉代美学思想述评》,北京:中华书局1981年版
袁济喜:《六朝美学》,北京:北京大学出版社1999年版
霍然:《唐代美学思潮》,长春:长春出版社1997年版
霍然:《宋代美学思潮》,长春:长春出版社1997年版
胡经之:《中国现代美学丛编》,北京:北京大学出版社1987年版
陈文忠:《美学领域中的中国学人》,合肥:安徽教育出版社2001年版
聂振斌:《王国维美学思想述评》,沈阳:辽宁大学出版社1986年版
聂振斌:《蔡元培美学思想述评》,天津:天津人民出版社1984年版
林同华:《宗白华美学思想研究》,沈阳:辽宁人民出版社1987年版
阎国忠:《朱光潜美学思想研究》,沈阳:辽宁人民出版社1987年版
王国维:《王国维文集》,全四卷,姚淦铭等编,北京:中国文史出版社1997年版
蔡元培:《蔡元培全集》,全七卷,高平叔编,北京:中华书局1984年版
宗白华:《宗白华全集》全四卷,合肥:安徽教育出版社1994年版
李泽厚:《中国古代思想史论》,合肥:安徽文艺出版社1999年版
李泽厚:《世纪新梦》,合肥:安徽文艺出版社1998年版
李泽厚:《己卯五说》,北京:中国电影出版社1999年版
李泽厚:《走我自己的路》,北京:生活·读书·新知三联书店1986年版
李泽厚:《美学论集》,上海:上海文艺出版社1980年版
李泽厚:《美学四讲》,北京:生活·新知·三联书店1989年版
李泽厚:《批判哲学的批判:康德述评》,北京:人民文学出版社1984年版
李泽厚:《美的历程》,北京:文物出版社1981年版
汝信、王德胜:《美学的历史:20世纪美学学术进程》,合肥:安徽教育出版社2000年版
周国平:《诗人哲学家》,上海:上海人民出版社1987年版
张辉:《审美现代性批判》,北京:北京大学出版社1999年版
王岳川:《后现代主义文化研究》,北京:北京大学出版社1992年版
易中天:《破门而入:美学的问题与历史》,上海:复旦大学出版社2006年版
周宪:《美学是什么》,北京:北京大学出版社2008年版
王一川:《新编美学教程》,上海:复旦大学出版社2007年版
朱立元:《美学》,北京:高等教育出版社2006年版
胡经之:《文艺美学》,北京:北京大学出版社1989年版
杜书瀛:《文艺美学原理》,北京:社会科学文献出版社1992年版
孔建平:《作为文学元理论的美学》,北京:中国社会科学出版社2008年版
童庆炳:《中国古代心理诗学与美学》,北京:中华书局2013年版
高建平:《西方美学的现代历程》,合肥:安徽教育出版社2014年版
祁志祥:《乐感美学》,北京:北京大学出版社2016年版
云慧霞:《宗白华评传》,合肥:黄山书社2016年版
张法:《西方当代美学的全球化面相(1960年以来)》,北京:中国人民大学出版社2017年版
佩尔尼奥拉:《当代美学》,裴亚莉译,上海:复旦大学出版社2017年版

后 记

当下国内美学界关于美学原理的著作或教材用"汗牛充栋"来形容一点都不过分,稍有资质的高校都有自家教师编写的美学教材。那么我们这部教材是否有编写和出版的必要?如果它仅仅是过去美学教材的同类重复,岂不是浪费纸张,更浪费年轻学子的宝贵生命?对此,我确有踌躇,之所以在踌躇后最终还是决定编写,是认识到可以换一种思路来组织教材内容。

出于上述考虑,再结合几年来实际教学经验,我为本教材确定了一个新的理论框架:以美学的问题(美的研究、审美的研究、艺术的研究)为核心,做一次美学问题的历史巡礼。以点带面,围绕美学问题讲美学史,或历史地讲美学问题,严格贯彻逻辑与历史相一致的原则,突出前人学者为得出某些美学结论的困惑、探索、思考、体验、论证的过程,即某一美学结论究竟从何而来,努力将他们的美学智慧展现于读者的面前。所以教材分美学的问题(第一、第二章)、美学的历史(第三至六章)两大部分,将以往美学教材中所醉心和必讲的美的本质、美感、美学范畴(如优美、崇高、悲剧、喜剧等)果断地予以扬弃,必要时仅仅作为既往美学史知识中的部分内容而概略提及。至于本教材是否达到了上述预期目标,检验的权利则交给广大读者了。在此教材出版之际,期待各方面的批评、指教,以匡正悖谬、补苴罅漏。

在本教材编撰过程中,我吸收了国内诸多美学前辈的研究成果,特别是与教材内容有关的一些专家的学术著作,使我受益良多。邓晓芒、易中天的《黄与蓝的交响:中西美学比较论》使我对美学有了诸多崭新的感悟;易中天的《破门而入:美学的问题与历史》中对美学问题的阐发,对我极富启发意义。此外,我还借鉴和参阅了周宪的《美学是什么》、方珊的《美学的开端:走进古希腊罗马美学》、王一川的《新编美学教程》、朱立元的《西方美学名著提要》、阎国忠的《西方著名美学家评传》、徐林祥的《中国美学初步》等著作,谨向上述学者表示谢忱。

从1994年初涉美学领域,至今已有十数载。期间得到若干师长的谆谆教诲,难以忘怀。至今还记得丁和根老师给我们讲"人体美学"讲座的情景。丁老师平时衣着朴素,但开讲座那天他西装革履,打着领带,他把这一天当作了人生的节日。高小康老师当年给我们上"西方美学史",端着一杯白开水,走到讲台前,惯例一句高亢的"同学们好",一般大学老师很少在上课前有此环节,所以大家都在诧异中长短不齐地回复一句"老师好",声音不知道比高老师的要低多少。可惜高老师实在太忙,经常出差参加学术会议,"西方美学史"只讲到康德部分就匆匆结束了。颜翔林老师是我的美学领路人,正是颜老师的竭力推荐,我才能够顺利加入中华美学学会、江苏省美学学会。当年选修颜老师"怀疑论美学"课程的同学少之又少,能坚持从头至尾听下来的更是寥寥可数,我是其中之一,尽管很多内容根本听不懂。还有潘知常老师,潘老师可能怎么都想不到南师的学生会跑到南大的课堂里去听他讲"生命美学"、"反美学"。潘老师超乎常人的精力和极具感染力的课堂氛围让人钦佩不已。印象最为深刻的当是我的硕士导师姚文放先生,在扬州大学从师问学三年时间里,先生不怒而威的生活脾性、敏锐犀利的学术眼光和严谨务实的写作文风,不仅使我在学术思路上眼界大开,更使我在人生追求上深受启发。本书框架的最终确立也得益于先生的指点。感谢伾荣本、古风、张宏梁、徐林祥等诸位老师,他们辛劳地为我们讲述了三年来的主干课程,并在为学和做人方面言传身教,令我终身受益。学生愚钝,鲜有作为,这本教材就算是给上述师长呈献的一份作业吧。

另外,要感谢盐城师范学院孔建平老师、郑建华老师在本书编写过程中的辛勤付出。特别感谢盐城师范学院文学院陈义海院长对本书编写的大力支持。

美学,是关于爱、美、艺术的智慧哲学,在本教材撰写过程中,爱、美、艺术等体验时时充溢心中。谢林说:"没有审美感,人根本无法成为一个精神富有者。"蒲宁说:"在这个莫名其妙的世界上,无论怎样叫人发愁,但它总还是美的!"巴尔扎克说:"应该永远渴求美!"陀斯妥耶夫斯基说:"美能拯救人类!"史铁生在其作品《我的遥远的清平湾》"代序"中说:"觉得人间真是美好,苦难归苦难,深情既在,人类就有力量在这个星球上耕耘。"

是为记。

马建高谨识
2011 年 8 月 6 日　农历七夕节

修订版后记

本教材是《通识美学教程》的修订版。《通识美学教程》于 2012 年 11 月在南京大学出版社出版,又于 2014 年重印,使用效果良好。

自 2012 年至今,美学学科发展迅猛,科研成果丰硕。作为美学教材,必须要体现出本学科最新的研究成果;同时,在实际教学过程中诸多师生也提出了一些中肯的修改建议和意见,我们积极采纳。特别是西安思源学院徐文老师在本版修订过程中付出了辛勤工作,在此表示感谢!

虽然我们已经进行了严格的资料审核与文字润饰等工作,但学养有限,本修订版教材肯定还会有这样或那样的错误与不足,恳请使用本教材的老师、学生及美学界同仁提出宝贵意见。

马建高谨识
2018 年 1 月 20 日